GISELA BAUR

WARREN BUFFETT – DER JAHRHUNDERTKAPITALIST

VOM ZEITUNGSJUNGEN ZUM MILLIARDÄR – SEIN WEG ZUM ERFOLG

GISELA BAUR

WARREN BUFFETT

DER JAHRHUNDERTKAPITALIST

VOM ZEITUNGSJUNGEN
ZUM MILLIARDÄR –
SEIN WEG ZUM ERFOLG

FBV

Bibliografische Information der Deutschen Nationalbibliothek
Die Deutsche Nationalbibliothek verzeichnet diese Publikation in der Deutschen Nationalbibliografie. Detaillierte bibliografische Daten sind im Internet über http://dnb.d-nb.de abrufbar.

Für Fragen und Anregungen:
info@m-vg.de

5. Auflage 2024

ein Imprint der Münchner Verlagsgruppe GmbH
Türkenstraße 89
80799 München
Tel.: 089 651285-0

Lektorat: Werner Wahls
Korrektorat: Hella Neukötter
Umschlaggestaltung: Marc-Torben Fischer
Umschlagabbildung: Mark Seliger
Satz: Daniel Förster, Belgern; Andreas Linnemann, München
Druck: GGP Media GmbH, Pößneck
Printed in Germany

ISBN Print 978-3-95972-055-7
ISBN E-Book (PDF) 978-3-96092-090-8
ISBN E-Book (EPUB, Mobi) 978-3-96092-091-5

INHALT

VORWORT

Von den zahllosen Begegnungen mit Warren Buffett gibt es eine, die mir ganz besonders im Gedächtnis geblieben ist. Warren Buffett ist zu dem Zeitpunkt fast 80 Jahre alt, er besitzt ein Milliardenvermögen und ist schon lange das »Orakel von Omaha«. Seine Statements bewegen die Weltbörse. Er war Berater von US-Präsident Barack Obama. Ein Mittagessen mit ihm, das er einmal im Jahr für einen wohltätigen Zweck bei eBay versteigert, kostet Millionen.

Er ist früh aufgestanden. Um sechs Uhr am Morgen hat er eine Handvoll schneller Interviews gegeben. Ab sieben ist er – verfolgt von einem riesigen Pulk von Journalisten und Aktionären – einmal durch die Ausstellungshalle des Quest Centers gelaufen, wo die Firmen seiner Holding Berkshire Hathaway den ganzen Tag ihre Produkte an den Aktionär bringen werden. Dann hat er ein Zeitungswettwerfen gegen Bill Gates und einige Besucher absolviert. Anschließend hat er gemeinsam mit seinem Freund und Vize Charlie Munger in der Veranstaltungshalle vor Zehntausenden Zuschauern eine große Show abgezogen – stundenlang. Von halb zehn am Morgen bis kurz vor vier Uhr nachmittags sitzen die beiden auf der Bühne und beantworten Fragen ihrer Anteilseigner, unterbrochen nur durch eine kurze Mittagspause. Warren hat wie immer den größeren Redeanteil, doch alle beide sind so witzig und geistreich, dass das Publikum regelmäßig vor Lachen wiehert und begeistert applaudiert.

Wir treffen Warren Buffett kurz nach Ende der Hauptversammlung in einem fensterlosen Raum im Managementbereich des Quest Centers. Jeder andere wäre nach dem langen Tag todmüde – nicht aber Warren

Buffett. Er ist hellwach und fröhlich und wirkt weit jünger als 80 Jahre. Wir haben uns zu einem Interview verabredet, das mein Kollege Ralph Gladitz und ich für den Film *Das Milliardenversprechen* führen wollen. Wir sind vorbereitet: Bis auf die Scheinwerfer der Kameras ist es dunkel, der Raum ist ruhig und wir beginnen, über sein Leben zu sprechen.

Es geht um moralische Werte, um Omaha und wie es zusammenpasst, dass seine größte Leidenschaft im Leben das Geldsammeln ist und er nun doch so gut wie alles verschenken will. Nach einer Weile kommen wir auf seinen Vater zu sprechen. Warren Buffett erklärt, wie wichtig dessen Unterstützung für sein Leben war, und spricht über die bedingungslose Liebe, die sein Vater ihm gegeben hätte.

»Bedingungslose Liebe ist …«, Warren Buffett zögert und sucht nach den richtigen Worten. Nach einer winzigen Pause entscheidet er sich für »huge in that world« – riesig, gewaltig, überdimensional in dieser Welt. Eine für Warren ungewöhnlich holprige Formulierung, die mich vielleicht deshalb so nachhaltig beeindruckt hat.

Zum ersten Mal bin ich Warren Buffett in den Neunzigerjahren begegnet und dachte, seine größte Lebensleistung sei es, geniale Investmententscheidungen zu treffen – besser als je ein Investor vor ihm. Später, als ich mehr und mehr erkannte, wie seine Firma Berkshire Hathaway funktioniert, glaubte ich, seine Art der Unternehmensführung sei das Wichtigste, was wir von ihm lernen können. Die Holding wird von einem System von Freiheit und Vertrauen getragen, wie ich es nirgendwo anders je gesehen habe. »Capitalism at its best«,* wie es sein Freund Bill Gates mir gegenüber einmal formulierte.

Dann nahm Warren Buffett nach der Jahrtausendwende den Kampf für mehr Steuergerechtigkeit in der US-Gesellschaft auf und begann, so gut wie sein ganzes Vermögen »an die Gesellschaft zurückzugeben«, sprich an wohltätige Organisationen zu verschenken. Und mehr noch: Mit seinen Freunden Bill und Melinda Gates überzeugte er viele andere reiche Menschen, es ihm gleichzutun. Nun war ich überzeugt, das sei der bedeutendste Aspekt in seinem Leben.

---

* »Kapitalismus von seiner besten Seite«

Bis ich irgendwann verstanden habe, dass alles, was Warren Buffett erreicht hat, auf einer einzigen unglaublichen Leistung beruht. Die Fähigkeit, Entscheidungen zwar innerhalb eines Moralgerüsts, aber wirklich vorurteilsfrei und vor allem ohne Egoismus zu treffen. Außer seinem Investmentpartner und Freund Charlie Munger kenne ich niemanden, der das im selben Maße tut. »Sowohl Warren als auch ich glauben, dass Rationalität eine moralische Pflicht ist«, erklärte mir Charlie Munger einmal. »Es ist nicht einfach etwas, das man lernt, um vorwärtszukommen, es ist eine moralische Pflicht.« Ich habe eine Weile gebraucht, um die Bedeutung dieser Sätze zu erfassen.

Als ich gefragt wurde, ob ich dieses Buch schreiben will, habe ich zunächst abgelehnt. Denn viele gute Autoren haben sich in vielen guten Büchern bereits mit Warren Buffett beschäftigt, und ich dachte, ich könne nichts Neues beitragen. Was mich umgestimmt hat, war die Wahl von Donald Trump zum US-Präsidenten. Vorher dachte ich, ich verstehe die Mentalität der US-Amerikaner, danach war ich verwirrt. Wie kann ein Land zwei so ungleiche Menschen wie Donald Trump und Warren Buffett erfolgreich und zu Helden machen? Woher kommen die verschiedenen Sichtweisen von Trump und Buffett, die sich ja in den zwei Hälften der gespaltenen US-Gesellschaft widerspiegeln? Und war der Jahrhundertkapitalist Warren Buffett nur im Jahrhundert des Kapitalismus in den USA möglich? Er selber hat zumindest für die letzte meiner Frage schon einmal eine klare Antwort.

»Ich hatte Glück. Ich bin in den USA geboren.
Ich habe einige glückliche Gene. Ich wurde zur richtigen Zeit geboren.
Wenn ich vor einigen Tausend Jahren auf die Welt gekommen wäre,
wäre ich als Mittagessen für irgendein Tier geendet.
Ich bin nämlich nicht gut im Rennen oder auf Bäume Klettern.«[*]

Warren Buffett

* »I was lucky. I was born in the United States. I had some lucky genes. I was born at the right time. If I'd been born thousands of years ago, I'd be some animal's lunch, because I can't run very fast or climb trees.«

KAPITEL 1

WURZELN

VON WILDWEST ZU MIDWEST

BIS 1929

Die USA haben gerade den Bürgerkrieg hinter sich,
als Sidney Homan Buffett von der Ostküste nach Omaha zieht.
Ein aufstrebender Ort,
der im Eisenbahnboom schnell zur Stadt wird.
Die Familie Buffett steigt in den Lebensmittelhandel ein.

Sidney Homan Buffett geht nach Omaha

Im Frühjahr 1867 steht Sidney Homan Buffett an einem Bahnsteig auf Long Island. Neben ihm wartet der dampfende Zug. Seine Eltern David und Fannie sind da, sein Großvater Zebulon und wohl auch eine hübsche junge Frau, Evelyn Ketcham, die er später heiraten wird. Sie verabschieden Sidney vermutlich mit vielen Umarmungen und ein paar Tränen. Als der Ruf des Schaffners ertönt, »Alles einsteigen«, klettert Sidney in den Wagon und macht sich auf den Weg in sein neues Leben. Er ist 19 Jahre alt und es zieht ihn nach Westen.[1]

Sidney stammt aus einer Familie, die schon ungewöhnlich lange in den USA lebt. Der erste Buffett war ein Hugenotte aus Frankreich und hieß John. Er kam bereits im 17. Jahrhundert an die Ostküste, als das Land noch in Kolonien aufgeteilt war. Zumindest ist belegt, dass er 1696 auf Long Island nahe New York geheiratet hat.[2] Damit waren Warren Buffetts Vorfahren unter den ersten knapp 250.000 Einwanderern der Kolonien in Amerika.[3]

Die Familie Buffett lebte dort über viele Generationen als Farmer.[4] Sie erlebte mit, wie sich die französische und britische Kolonialmacht in die Haare bekamen, wie sich anschließend die Kolonien gegen die britische Krone erhoben und sich die USA am 4. Juli 1776 für unabhängig erklärten. Wie George Washington die Armee der neuen Nation gegen die Briten führte und ganz im Westen ihrer Insel nur um Haaresbreite der kompletten Vernichtung in der Schlacht von Long Island entging. Und wie Washington zum ersten Präsidenten gewählt wurde und die USA den Unabhängigkeitskrieg schließlich gewannen. Da hatte sich die Bevölkerung schon auf rund 2,5 Millionen Menschen verzehnfacht.

Noch einmal 100 Jahre später – zu der Zeit als Sidney nach Omaha aufbricht – gibt es schon mehr als 38 Millionen US-Amerikaner. Die Einwanderung aus Europa hatte kurz vorher einen Höhepunkt erreicht. In nur 20 Jahren vor dem Beginn des Bürgerkrieges 1861 kamen fast 3,5 Millionen Menschen in die USA – vor allem Briten, Iren und Deutsche.[5] Fast jeder zehnte US-Bürger war damit ein Zuwanderer – auf der Suche nach einer besseren Zukunft und persönlichem Glück, wie es in der US-Verfassung versprochen ist.

Genau das schien Ende des 19. Jahrhunderts im Westen des Kontinents erreichbar: 1862 hatte Präsident Abraham Lincoln den »Homestead Act« unterschrieben, ein Gesetz, das Siedlern Land zusprach, wenn sie sich westlich des Mississippi auf unbesiedeltem Grund der USA niederließen. Und zumindest juristisch unbesiedeltes Land im Besitz der jungen Nation – davon gab es in der zweiten Hälfte des 19. Jahrhunderts reichlich. Teils hatten die USA Gebiete wie zum Beispiel Texas durch Kriege erobert. Teils wurden gigantische Landmassen von anderen Regierungen gekauft. Viele heutige Bundesstaaten der USA und Kanadas – praktisch die ganze Mitte der USA – wurden mit dem Louisiana-Kauf 1803 von Frankreich erworben.

Für 15 Millionen US-Dollar,[6] was einem Wert von rund 265 Millionen Dollar heute entspricht[7] – ein Schnäppchen. Dass die Rechte der Ureinwohner dabei komplett ignoriert wurden, kümmerte damals niemanden.

Teil des Louisiana-Deals war auch das Gebiet des heutigen Nebraska. Nach dem »Homestead Act« hatte ein regelrechter Run auf die Region eingesetzt. Innerhalb von nur zehn Jahren hatte sich hier die Bewohnerzahl verdreifacht – eine Region voller Möglichkeiten für einen jungen Mann wie Sidney Homan Buffett. Den kümmert der »Homestead Act« allerdings wenig, denn er hat nicht vor, sein Leben als Farmer zu verbringen.

Statt weiter für einen Hungerlohn auf dem Hof seines offensichtlich geizigen Großvaters Zebulon auf Long Island zu arbeiten,[8] will er sein Glück lieber bei seinem anderen Großvater versuchen, George Homan. Auch der hat ursprünglich auf Long Island gelebt und eine Zeit lang in New York eine Pferdekutschenlinie zwischen Broadway und Bleckerstreet betrieben. George Homan war damit der »erste Busfahrer New Yorks«,[9] bevor er nach Omaha ging. Dort besitzt er nun einen großen Mietstall mit 70 Pferden, übernimmt Transportaufträge mit riesigen Kutschen und betreibt regelmäßige Pendeldienste zu kleineren Orten in Nebraska.[10] Bei George Homan in Omaha will Sidney vorläufig wohnen und arbeiten.

Neustart an einem wilden Ort

Mit der Eisenbahn kommt Sidney 1867 nur bis Council Bluffs in Iowa, dort muss er die Fähre über den Missouri nehmen.[11] Denn hier endet das Schienennetz und eine Brücke gibt es noch nicht. Als er endlich in Omaha eintrifft, findet er nicht mehr als eine Siedlung vor. Gut 2000 Menschen wohnten bei der Ankunft des ersten Buffetts in Omaha,[12] fast alle in Holzhäusern, teilweise mit erhöhten, überdachten Veranden, die als Bürgersteig dienten. Wie der Ort damals ausgesehen hat, kann man heute noch im »Old Market District« erahnen. Noch immer erwartet man hier unwillkürlich die Ankunft einer Horde Abenteurer, die im Salon ihren Whiskey trinken wollen und auf Ärger aus sind, wenn man die wenigen Blocks entlangschlendert.

Obwohl Omaha im Mittleren Westen der USA liegt, dem Midwest, kann man hier vielen Klischees nachspüren, die den kitschigen Mythos der Cowboy- und Indianerzeit ausmachen. Wohl nicht zufällig wurde Buffalo Bill, der mit seiner Wildwestshow das Bild der Pioniere nachhaltig prägte, im Nachbarstaat Iowa geboren und führte seine zirkusähnliche Show »Buffalo Bill's Wild West« 1883 erstmals in Omaha auf.[13]

1867 war der kleine Ort am Missouri eine wichtige Station für alle, die weiter nach Westen wollten. Über den Fluss kamen Dampfschiffe aus St. Louis, die den Ort mit dem Osten verbanden und Waren und Menschen brachten. Abenteurer, Bürgerkriegsveteranen, Pelzjäger, Goldsucher, Halunken und Geschäftsleute kamen und gingen und in dem Ort war vor allem eines zu Hause: das Laster. Einschlägige Etablissements versorgten die Durchreisenden mit dem, was sie suchten: Glücksspiel, Alkohol und Frauen.[14] Laut dem »Collins Omaha Directory« von 1868 gab es in Omaha damals 13 Bäcker, fünf Dampfschiffsagenten und 90 Köche, aber auch 47 Landentwickler, 100 Spekulanten und 60 Kneipenwirte.[15]

Bei der Ankunft von Sidney Homan Buffett zwei Jahre nach Ende des Bürgerkrieges stand der Ort allerdings vor einem bedeutenden Umbruch. Nicht nur weil Nebraska im selben Jahr offiziell als 37. Staat in die USA aufgenommen wurde. Vor allem war Omaha auf dem Weg, auf Dauer zum wichtigsten Drehkreuz im amerikanischen Eisenbahnnetz zu werden. Fünf Jahre zuvor hatte die Regierung in Washington mit dem »Pacific Railroad Act« ein Jahrhundertprojekt gestartet: eine Eisenbahnverbindung von Sacramento oder San Francisco an der Westküste zu einem noch nicht genau bestimmten Punkt am Missouri.

Im November 1863 legte Präsident Abraham Lincoln diesen Punkt persönlich fest: Er wählte Omaha,[16] vermutlich, weil er es gut kannte. Knapp zehn Jahre vorher hatte Lincoln, damals noch ein Anwalt der Eisenbahn aus Illinois, Omaha besucht und die Gegend ausführlich erkundet, weil er ein Grundstück in Iowa als Sicherheit für einen Kredit bewerten wollte.

Der Jubel in Omaha nach Lincolns Entscheidung war riesig. Historische Quellen berichten von einem großen Empfang im Herndon House, ein Steingebäude an der Farnam Street,[17] an der heute Warren Buffetts Büro und Haus unweit voneinander entfernt liegen. Denn allen war klar:

Omaha würde aufblühen, mit der Eisenbahn würden immer Menschen in den Ort kommen, der bald zur Stadt werden würde.

Während die Honoratioren von Omaha die glänzende Zukunft ihrer Stadt feiern, arbeitet Sidney Homan Buffett noch in dem Mietstall seines Großvaters. Mit der Kutsche fährt er eine regelmäßige Tour zwischen Omaha und Nebraska City, dann entschließt er sich 1869 zu einem großen Schritt: Er macht sich selbstständig, zunächst mit einem Obststand.[18] Am 20. August 1869 eröffnet er dann in Omaha einen richtigen Lebensmittelladen. Dort verkaufte er Obst und Gemüse, ein Dutzend Eier oder ein Wildkaninchen für 10 Cent und Präriehühner für einen viertel Dollar das Stück – bis elf Uhr abends.[19]

Regelmäßig bekommt Sidney Post von seinem Großvater Zebulon von der Ostküste, der sich offensichtlich große Sorgen um den Jungunternehmer macht. »Wenn du es nicht schaffst,« so schreibt er, »lass es rechtzeitig sein, um deine Schulden zu bezahlen und dein Ansehen zu sichern, denn das ist besser als Geld.« Dass nichts so wertvoll ist wie der eigene gute Ruf – das ist ein Motto, dem jeder echte Buffett, allen voran Warren, bis heute folgt: Genau wie einem weiteren Ratschlag von Zebulon an seinen Enkel: Möglichst keine Geschäfte mit Menschen machen, mit denen man nicht auskommt.[20]

Aufschwung und Laissez-faire

Sidney Homan Buffett gründete seinen Laden in einer Zeit, in der nicht nur Omaha, sondern die gesamten USA kräftig wuchsen. Nach Ende des Bürgerkrieges zwischen den Nord- und den Südstaaten legten die USA die Grundlagen dafür, die Wirtschaftsmacht Nummer eins der Welt zu werden. Die ständige Einwanderung billiger, tatendurstiger Arbeitskräfte, die Erschließung neuer Territorien, aber vor allem auch der technische Fortschritt setzten eine enorme Dynamik frei.

Und Washington unterstützte die Entwicklung nach Kräften: Zwischen 1869 und 1900 wuchs das Eisenbahnnetz der USA von 5000 auf 322.000 Kilometer und war damit größer als das in Europa. Eine Expansion, die zwar von privaten Eisenbahngesellschaften gestemmt, aber im Hintergrund massiv von der Regierung mit staatlichen Darlehen und kostenlosem Land gefördert wurde.[21] Ansonsten hielt sich die Politik aus dem Leben seiner Bürger weitgehend raus, erhob nur niedrige Steuern und überließ es den Amerikanern selber, für eine umfassende Versorgung mit Schulen, Gesundheitswesen und Ähnlichem zu sorgen. Die verfassungsmäßige Gleichheit wurde als Gleichheit der Chancen ausgelegt, nicht als Gleichheit bei Besitz oder sozialem Status. Chancen hatten allerdings nur weiße Bürger, denn die Regierung in Washington blieb auch in Sachen Bürgerrechte weitgehend untätig und drückte alle Augen zu, als die Südstaaten auch nach dem Bürgerkrieg die Rechte der Schwarzen und selbst deren Teilnahme an Wahlen einschränkten.[22]

Diese »Laissez-faire-Politik« war die herrschende Leitlinie der Politik bis 1933 und lebt bis heute in der Ideologie der Republikanischen Partei fort. Vor allem in der Wirtschaft soll sich der Staat zurückhalten, Sozialausgaben meiden und lediglich für Recht und Ordnung sorgen.[23]

Die Gesellschaft war tief religiös, leistungsorientiert und äußerst optimistisch, was die Zukunft anging.[24] Diese Zeit prägte gleich mehrere Mythen der US-amerikanischen Gesellschaft, die bis heute fortbestehen: Dass wachsender Wohlstand für alle oder zumindest für viele auch ohne staatliche Interventionen oder Programme machbar ist und dass technischer Fortschritt alles immer besser macht. Vor allem aber entstand in dieser Zeit der »American Dream« – die Idee, dass jeder aus jeder Schicht einen unbegrenzten gesellschaftlichen und vor allem finanziellen Aufstieg schaffen kann. Keine Frage: Die jungen USA waren tatsächlich das Land der unbegrenzten Möglichkeiten, und die Bürger lernten, dass ein abwesender Staat unglaubliche Dynamik zu entfesseln vermag.

Räuberbarone und frühe Wall Street

Den »American Dream« vorgelebt hatte zum Beispiel Andrew Carnegie, ein armer schottischer Einwanderer, der Ende des 19. Jahrhunderts ein Imperium aus Stahlwerken und Eisenminen aufbaute und es 1901 für fast 500 Millionen Dollar verkaufte. Oder John D. Rockefeller, der mit seiner Standard Oil Company große Teile der aufstrebenden Ölindustrie kontrollierte. Diese »Räuberbarone« häuften unglaublichen Reichtum mit teils fragwürdigen Methoden an und beeinflussten Märkte und Politik immer wieder zu ihren Gunsten. Ausgerechnet John D. Rockefellers Nachfolger David Rockefeller sollte allerdings rund 100 Jahre später mit seinem Erbe eine wichtige Rolle bei Warren Buffetts Bemühungen spielen, reiche Amerikaner dazu zu bringen, ihr Vermögen an die Gesellschaft zurückzugeben.

Die Unternehmer profitierten von dem Hunger der Wirtschaft nach Energie, Stahl und vielem anderen. Die Wirtschaft boomte. Der technische Fortschritt um die Jahrhundertwende trieb sie voran. Nach und nach wurden Telefon, Wechselstromgenerator und Transformator, Glühbirne, Kino und schließlich das Auto erfunden. In Chicago entstanden die ersten Hochhäuser.[25]

Das notwendige Kapital für den Aufschwung kam vor allem über die Börse in New York ins Land. Der Wertpapierhandel an der Ostküste war dabei so alt wie die Nation. Denn die USA waren von Beginn an auf ausländisches Geld angewiesen, um ihre Kriege, aber auch ihre Expansion zu finanzieren. Der Staat verfügte über wenig eigene Einnahmen und gab daher erstmals 1790 zur Finanzierung der Schulden aus dem Unabhängigkeitskrieg Staatsanleihen aus.

Auch die Handels-, Schifffahrts- und später Eisenbahnunternehmen brauchten Kapital, viel Kapital. Um Geld aus Europa anzulocken, mussten die Staatsschulden und Unternehmensanteile als Anleihen oder Aktien verbrieft und damit handelbar gemacht werden.

Lange Zeit wurden Wertpapiere an den verschiedensten Orten angeboten. In Kneipen oder auch auf der Straße, was erst 1836 verboten wurde. Doch schon Ende des 18. Jahrhunderts, 1792, hatten Wertpapierhändler in der Wall Street ein Abkommen unterzeichnet, in dem sie Provisionen, Zahlungsbedingungen und Handelszeiten für Anleihen und Aktien festlegten, und damit den Grundstein für die heute wichtigste Börse der Welt gelegt.[26] Die New Yorker Börse startete bescheiden: Gerade einmal fünf Titel wurden damals gehandelt, drei Staatsanleihen und zwei Aktien von

Banken. Doch die Auswahl wurde schnell größer. Und bereits zu Sidney Homan Buffetts Lebzeiten bekam die Börse in New York eine ganz neue Dynamik, nachdem technische Innovationen wie der Börsenticker und Telefone eingeführt wurden.[27]

Ohne das Kapital von den Wertpapiermärkten wäre der Aufstieg der USA zur Weltmacht nicht möglich gewesen, und auch in der Familie Buffett sollten die Börsen zukünftig eine große Rolle spielen. Schon Howard Buffett, der Enkel von Sidney und Vater von Warren, wird lange Zeit sein Geld mit dem Handel von Aktien und Anleihen verdienen.

Der gemächliche Aufstieg der Buffetts

Auch in Omaha kommen in der zweiten Hälfte des 19. Jahrhunderts die neuen Zeiten an. In den 1870er-Jahren bekam die Stadt ein Opernhaus, Mitte der 1880er-Jahre überschreitet die Einwohnerzahl die 100.000er-Marke und zur Jahrhundertwende gab es die ersten Hochhäuser.[28]

Stahl machte es möglich, den Fährdienst über den Missouri durch eine Brücke zu ersetzen. 1872 – Sidney Homan Buffett betreibt weiter sein bescheidenes Lebensmittelgeschäft und ist seit zwei Jahren mit seiner Jugendliebe Evelyn Ketcham aus Long Island verheiratet[29] – wurde die erste einspurige Brücke eröffnet, die allerdings bald überlastet war. Schon fünf Jahre später musste sie ersetzt werden, aber auch die neue Brücke erwies sich bald als zu klein, um den gigantischen Zugverkehr von Ost nach West zu tragen, und musste wenig später ebenfalls erneuert werden.

Der Aufstieg der Familie Buffett wirkt dagegen gemächlich. Der Lebensmittelladen schafft ein Auskommen, doch eine große Rolle in der Gemeinde spielt die Familie offensichtlich nicht. Im Archiv der Zeitung der Stadt – dem *Omaha World-Herald*, der ab 1886 erscheint – taucht der Name Buffett in den folgenden Jahrzehnten vor allem in Anzeigen auf: Zweizeiler, in denen für Obst und Gemüse bei Buffett's geworben wird, oder Stellenanzeigen: Mrs Sidney Buffett sucht Hilfe im Haushalt oder für die Wäsche, Mr Buffett braucht kräftige Männer, die seine Lieferwagen fahren, oder er verkauft eine Jersey-Kuh.[30]

Die Familie wächst: Sechs Kinder haben die Buffetts, von denen allerdings einige jung starben. 1877 kommt Ernest Buffett, der Großvater von Warren Buffett zur Welt, der nach acht Jahren die Schule verlässt und 1894 in das Geschäft seines Vaters einsteigt.[31]

Auch um die Jahrhundertwende bleibt das Leben der Buffetts in Omaha bescheiden, aber solide. Sidneys Söhne Ernest und Frank arbeiten beide im Geschäft mit. 1898 heiratet Ernest Henrietta Duvall, eine attraktive Frau, die auch seinen Bruder Frank verzaubert hat. Nachdem Henrietta Ernest gewählt hat, sprach Frank angeblich 25 Jahre lang bis zu ihrem Tod kein Wort mehr mit Ernest.[32]

Ernest Buffett wird ein großer stattlicher Mann und ist sehr aufs Geschäft bedacht. 1902 nimmt ihn sein Vater als Partner bei Buffett & Sons auf – für 2121,75 Dollar, das entspräche heute etwa 65.000 Dollar,[33] erhält er ein Viertel des Geschäfts. Mit Henrietta bekommt er fünf Kinder. Howard Homan, Warren Buffetts Vater, ist ihr dritter Sohn und wird 1903 geboren. Sidney Buffetts Geschäft Buffett & Sons läuft, der Laden zieht 1908 um, weil die alten Räumlichkeiten zu klein geworden sind.[34]

Crashs, Rezessionen und Gewalt

Im Vergleich zur US-Wirtschaft ist der Aufstieg der Buffetts zwar gemächlich, aber immerhin stabil. Denn im späten 19. und frühen 20. Jahrhundert wurde der Aufwärtsdrang der Börse und der Wirtschaft in den USA immer wieder von Zusammenbrüchen, Skandalen und Crashs unterbrochen.[35] Weil es wenig Regulierungen gab, war die Machtkonzentration sowohl am Aktienmarkt als auch in wichtigen Schlüsselindustrien immens. Spekulationen, Manipulationen oder Fehlentscheidungen führten immer wieder zum Zusammenbruch einzelner Märkte und heftigen Konjunktureinbrüchen.

So brachte zum Beispiel die Spekulation eines einzelnen Industriemagnaten den jungen Finanzplatz New York ins Wanken. Jason »Jay« Gould, der sein Vermögen mit Eisenbahnen gemacht hatte, hatte den Goldmarkt unter seine Kontrolle gebracht, indem er und einige Partner einen Großteil der Bestände aufkauften und über Beziehungen dafür sorgte, dass die Zentralbank nicht eingriff. Als der Preis dann um 160 Prozent gestiegen war, hatte Gould einen Gewinn von damals sagenhaften 10 Millionen Dollar gemacht, das entspricht knapp 200 Millionen heute.[36] Die Börse brach allerdings am 24. September 1869, dem sogenannten »Black Friday«, zusammen, und das sorgte für einige wirtschaftliche Turbulenzen. Nur vier Jahre später gab es den nächsten Crash: Dieses Mal verursacht durch den Konkurs von Jay Cook, einem einflussreichen Bankier, der sich mit Eisenbahnpapieren verschätzt hatte.[37]

Neben dem Auf und Ab der Konjunktur belasteten gewaltsame Auseinandersetzungen das Wachstum der USA: zwischen Arbeitern und Industriemagnaten, Schwarz und Weiß, teilweise auch zwischen Religionsgemeinschaften. Auch in Omaha kam es immer wieder zu Kämpfen und Straßenschlachten.

Anfang des 20. Jahrhunderts hatte die Stadt rund 125.000 Einwohner.[38] Das verdankte sie einer neuen Branche, die von der guten Zuganbindung profitierte: dem Schlachthausgeschäft. Denn weil Kühlmöglichkeiten fehlten, trieben die Farmer von nah und fern ihre Rinderherden in die Stadt, wo sie geschlachtet, in Zügen in den Osten gebracht wurden. Schätzungen gehen davon aus, dass bis zu 80 Prozent der Jobs damals von dieser Branche abhingen. Um den Arbeitskräftebedarf zu decken, wurden viele Schwarze aus dem Süden angeworben, die sich vor allem in North Omaha niederließen.

1919 kommt es nur ein paar Blocks entfernt vom Geschäft der Buffetts zu einem Ereignis, das die ganzen USA erschüttern sollte. Willie Brown, ein schwarzer Arbeiter in einer Fleischfabrik, wird beschuldigt, eine weiße Frau vergewaltigt zu haben. Ein Mob von bis zu 10.000 Bürgern stürmt am 28. September das Douglas County Courthouse, lynchen Willie Brown, schießen mehr als 100 Mal auf ihn und verbrennen anschließend seine Leiche. Bürgermeister Edward Smith, der die Angreifer abwehren will, wird verprügelt und an einer Ampel aufgehängt, kann aber schwer verletzt von der Polizei gerettet werden. Ein junger Mann beweist den Geschäftssinn von Omaha: Er verkauft Teile des Seils, mit dem Brown gehängt wurde – für 10 Cent das Stück.[39] Howard Buffett, der Vater von

Warren, ist zu dem Zeitpunkt 16 Jahre alt und wird zufällig Zeuge, wie die Menge Bürgermeister Smith aufhängt – eine Erfahrung, die ihn zutiefst schockiert und ein Leben lang verfolgen wird. Seinen Kindern wird er immer wieder davon erzählen, wie schnell eine Menge Menschen zu einem gefährlichen Mob werden kann.[40]

Die Lynchjustiz in Omaha führt zu Aufständen von Schwarzen in 20 weiteren US-Städten, bekannt als »Red Summer«.[41]

Ernest Buffett

1915 macht sich Ernest Buffett, der Großvater von Warren, selbstständig: Er kauft sein eigenes Lebensmittelgeschäft,[42] die Dundee Grocery, das heute im Durham Museum in Omaha nachgebaut und zu besichtigen ist.[43] Ernest entwirft ein funktionierendes Geschäftsmodell, den Vorläufer des Onlinehandels: Bestellungen können telefonisch aufgegeben werden und werden ausgeliefert und er verkauft auf Kredit.[44] Außerdem wird er ein immer wichtigeres Mitglied der Gemeinde. In den Zwanzigerjahren wird er Präsident der Vereinigung der Lebensmittelhändler in Omaha und in ganz Nebraska. Zudem gründet er die »Buy Rite«-Vereinigung, eine Einkaufsgemeinschaft für kleinere Lebensmittelhändler.[45] Er beginnt, durch das Land zur reisen und wettert auf Kongressen gegen Demokraten und Menschen, die ihre Rechnungen nicht bezahlten.

Seinen Laden führt er mit den Buffett'schen Grundsätzen von Sparsamkeit und Bescheidenheit – und immenser Strenge und Ernsthaftigkeit. »Die Arbeitszeit war lang, das Gehalt niedrig, die Ansichten in Eisen gegossen und es gab keine Dummheiten«, erinnert sich Charlie Munger, Buffetts späterer Investmentpartner, der dort als Jugendlicher gejobbt hatte.[46] »Der Name meines Großvaters war Ernest und vielleicht war nie ein Mann treffender benannt. Niemand arbeitete für Ernest, nicht einmal als Lagerarbeiter, ohne von dieser Erfahrung geprägt zu sein«, schreibt Warren Buffett 2011.[47]

Henrietta, Ernests Frau, verkörpert zu Hause die Buffett'schen Grundsätze von Ordnung und Sparsamkeit fast noch strenger als er. Noch ist die

Familie nicht in die Oberliga der Stadtbevölkerung aufgestiegen. Sie sind zwar angesehene Ladenbesitzer, aber keine Honoratioren der Gemeinde, zu denen die Besitzer der Schlachthöfe, Banken und Warenhäuser gehören.

Doch immerhin schaffen es Ernest und Henrietta, alle fünf Kinder auf die University of Nebraska zu schicken.[48] Keine Selbstverständlichkeit zu einer Zeit, als nur gut 16 Prozent der US-Bevölkerung einen Highschool-Abschluss oder mehr erreichten.[49] Warren Buffetts Vater Howard spürt dort allerdings das soziale Gefälle: »Ich arbeitete als Zeitungsjunge und war der Sohn eines Lebensmittelhändlers. Die Schülerverbindungen an der Highschool interessierten sich nicht für mich. Ich war einer von denen, die man dort als Außenseiter betrachtete«, erinnert er sich später.[50]

Die 1000-Dollar-Frage

Howards Vater Ernest Buffett scheint allerdings kein Problem mit seiner Stellung zu haben, er glaubt an sich und seine Lebensgrundsätze. »Selbstzweifel waren nicht seine Sache«, sagt Warren Buffett. »Er sprach immer mit Ausrufezeichen und erwartete, dass man seine Meinung als die allein gültige akzeptierte.«[51]

Und Ernest hat in vielen Dingen ganz spezielle unverrückbare Grundsätze. Einen davon erklärt er in einem Brief an seinen Sohn Frank und seine Schwiegertochter, den er den beiden 1939 zum zehnten Hochzeitstag schickte – gemeinsam mit einem Umschlag mit 1000 Dollar.

Nach dem Willen von Ernest gehörten sie in ein Bankschließfach, als finanzielle Reserve für Notfälle. »Du magst denken, dass das investiert gehört und dir ein Einkommen bringen sollte – vergiss es«, schreibt Ernest. »Für eine Reihe von Jahren war es mir ein Anliegen, eine Reserve zu halten, sollte ein Ereignis auftreten, bei dem ich schnell Geld brauche, ohne das Kapital zu zerstören, das ich in meinem Geschäft habe. Es gab eine paar Gelegenheiten, bei denen ich es sehr bequem fand, auf diese Ersparnis zurückzugreifen.«[52]

Drei Dinge hat Warren Buffett offensichtlich von seinem Großvater übernommen: feste Grundsätze; die Kunst, treffend und klar zu formulieren; und die Einsicht, dass nur eine Cash-Reserve das sichere Überleben einer Firma garantiert. Zumindest wendet er das Prinzip des Geldcouverts im Banksafe bis heute auch in seiner Holding an. »Bei Berkshire haben wir das 1000-Dollar-Konzept ein bisschen weiterentwickelt und versprochen, immer mindestens 10 Milliarden Dollar Cash zu halten«, erklärt Warren Buffett 2011.[53] Zehn Jahre später – 2021 – spricht er schon von mindestens 20 Milliarden Dollar.

Eine Vorgehensweise, die sich immer wieder einmal ausgezahlt hat. Unmittelbar nach der Finanzkrise 2008 konnte Berkshire dadurch innerhalb von 25 Tagen 15,6 Milliarden Dollar in hoch lukrative Anlagen investieren, während andere um ihr Überleben kämpften.[54]

Geld nicht in gute Firmen zu investieren, weil es als Reserve dient, fiel dem begeisterten Investor dabei wohl nicht immer leicht. So in den Jahren nach der Finanzkrise, als die Zinsen in den USA auf ein Minimum gefallen waren: »Cash ist im Moment ein schreckliches Investment und wird es auf absehbare Zeit bleiben«, erklärte mir Warren Buffett 2011 kurz bevor die Fed die Leitzinsen auf 0 Prozent senkte. »Wir halten es nur deshalb, weil wir buchstäblich zu jeder Zeit für alle widrigen Ereignisse gewappnet sein wollen. Und derzeit streben wir nicht an, mehr Cash zu halten, als nötig ist, um wirklich sicher zu sein, dass wir alles bewältigen werden, was kommen kann.«[55] Dennoch: Warren Buffett hält sich an das Credo seines Großvaters, dass nur ausreichende Reserven das sichere Überleben eines Geschäfts garantieren. Ein Geschäftsgrundsatz der Buffetts eben.

Progressivismus und die Gründung der Fed

Kurz vor dem Ersten Weltkrieg befinden sich die USA wieder einmal in einer Konjunkturflaute. Die neu entstandene Mittelklasse der USA war es nun aber allmählich leid, dass Industriemagnaten, einflussreiche Banker und Politiker miteinander kungelten und immer wieder für Turbulenzen sorgten. Gleichzeitig aber standen sie radikalen Bewegungen, wie sie unter den Farmern und Arbeitern im Westen und Mittleren Westen entstanden waren, äußerst skeptisch gegenüber.[56] Eine neue Idee wurde populär: die des Progressivismus.

Im Gegensatz zu den radikaleren Ideen zum Beispiel der Sozialisten ging es vor allem darum, das System der maximalen Freiheit und die Grundsätze der Laissez-faire-Politik zu erhalten. Dennoch wollte man mit den Problemen besser fertigwerden, die aufgrund der jahrzehntelangen Passivität der Regierung entstanden waren. Anhänger der Idee des Progressivismus gab es sowohl bei den Demokraten als auch bei den Republikanern, und letztendlich lief es darauf hinaus, neue Regeln und Institutionen für die Wirtschaft zu schaffen.[57]

Gesetze zur Regulierung der Eisenbahnwirtschaft und anderer großer Firmen hatte es zwar schon vor der Wende zum 20. Jahrhundert gegeben, umgesetzt wurden sie allerdings nur sehr mangelhaft.[58] Nach der Jahrhundertwende wurde es allerdings ernst: Unter dem republikanischen Präsidenten Theodore Roosevelt Jr. (1901 bis 1909) und dem demokratischen Präsidenten Woodrow Wilson (1913 bis 1921) entstand eine Regulierungsbehörde nach der anderen, von denen viele heute noch existieren.[59]

Unter den neuen Institutionen war auch eine, die für die Stabilität der Finanzmärkte und damit letztendlich später für den Aufstieg Warren Buffetts unerlässlich wurde: das Federal Reserve System. Die Diskussionen über die Notwendigkeit einer Zentralbank wurden jahrelang heftigst geführt. Lange Zeit dominiert der mächtige »Money Trust« in New York den Finanzmarkt. Einige bedeutende Banker um den legendären John Pierpont Morgan übernahmen die Funktionen einer Nationalbank. Sie bestimmten, wie viele Kredite die Wirtschaft bekam und ob sie Anleihen und Aktien kauften oder verkauften. Damit steuerten sie indirekt die Versorgung der Wirtschaft mit Geld – nicht immer mit guten Ergebnissen. J.P. Morgan war ohnehin ein rotes Tuch für viele solide Geschäftsleute, auch weil er nicht nur in der Finanzwelt das große Rad drehte: Er war bekannt für seinen verschwenderischen Lebensstil, sammelte Kunst, lebte in riesigen Häusern und gab legendäre Partys.[60]

Den Ausschlag für die Einrichtung einer Zentralbank gab eine Finanzkrise im Jahr 1907: Nach dem Zusammenbruch des Finanztrusts Knickerbocker kam es am 22. November zu einer Panik an der Börse, die das gesamte Finanzsystem zu erfassen drohte. J.P. Morgan konnte gemeinsam mit anderen Bankern das Schlimmste abwenden, indem sie frisches Geld investierten und so Vertrauen schufen. Die Erkenntnis, dass die Rettung der US-Wirtschaft in Krisenfällen aber vielleicht doch nicht von wenigen privaten Bankiers abhängen sollte und besser in institutionelle Hände gehört, war jedoch nicht mehr aus der Welt zu schaffen.[61]

Im Dezember 1913 unterschrieb US-Präsident Wilson ein Gesetz, das einen Ausgleich der Interessen darstellte: Statt wie in den meisten europäischen Staaten eine neue Behörde zu schaffen, wurde das Fed-System eingeführt. In den neu geschaffenen zwölf Bezirken war fortan jeweils eine Federal Reserve Bank zuständig, die von der privaten Finanzwirtschaft dominiert wurde. Darüber setzte man allerdings das bestimmende Federal Reserve Board ein, das bis heute die Zins- und Kreditpolitik der USA betreibt. Und das wurde politisch besetzt.[62] Eine Zeit lang blieb allerdings offen, wer letztendlich das Sagen hatte: die Privatbanken oder das Fed Board.

Der Erste Weltkrieg

Am 1. August 1914, knapp zwei Wochen vor Howard Buffetts elftem Geburtstag, brach der Erste Weltkrieg aus. »Kaiser Wilhelm erklärt Russland den Krieg und ordnet die Mobilmachung an«, titelte der *Sunday World-Herald* in Omaha am 2. August 1914 und beruhigte seine Leser noch auf der ersten Seite mit einer weiteren Headline: »Die USA werden sich nicht in den europäischen Streit einmischen«, stand da, und im Artikel konnten besorgte Bürger nachlesen, welche Maßnahmen die Regierung ergriffen hatte, damit die Probleme Europas nicht auf die Wirtschaft oder Finanzmärkte der USA durchschlagen.

Das war allerdings leichter gesagt als getan und schnell veränderte sich auch das Leben in Omaha. Die wirtschaftlichen Verbindungen zu

Europa waren immer enger geworden und die USA waren nicht nur von den Geldströmen aus Europa abhängig. Auch die Handelsbeziehungen waren zu Beginn des Weltkrieges eng. 1876 hatten die USA erstmals einen Exportüberschuss erwirtschaftet und zwischen 1900 und 1913 hatten sich die Ausfuhren auf rund 2,5 Milliarden Dollar fast verdoppelt.[63]

Für die Landwirtschaft, aber auch für einige Bereiche der aufstrebenden Industrie war der Export damit zu einem wichtigen Standbein geworden. Gut ein Drittel aller Ausfuhren gingen nach Kontinentaleuropa und Großbritannien. Größter Abnehmer für amerikanische Waren war das Vereinigte Königreich – gefolgt ausgerechnet vom Kriegsgegner Deutschland.[64]

Neutral konnte die USA nicht lange bleiben. Im Prinzip waren es die Briten, die zumindest in Sachen Handel schnell Klarheit schafften. Ihre Handelsblockade für Deutschland und die Mittelmächte war hoch effizient, sodass die US-Ausfuhren dorthin zusammenbrachen, während sich die nach Großbritannien, Italien und Frankreich in den ersten beiden Kriegsjahren vervierfachten.[65]

Am 2. April 1917 gab Woodrow Wilson die militärische Neutralität auf und holte sich im Kongress die Erlaubnis zum Kriegseintritt, den er dann vier Tage später, am 6. April, verkündete. Der neue Boom im Außenhandel mit den Verbündeten und die Bemühungen der Regierung, die Kriegsproduktion anzukurbeln, sorgte anschließend für eine lebhafte Nachfrage, einen soliden Aufschwung und schnell steigende Preise. Und für mehr Eingriffe der Regierung in die Wirtschaft, als den Anhängern der Laissez-faire-Politik lieb sein konnte.

So begann der Staat erstmals, kräftig Steuern einzuziehen. Um die Jahrhundertwende konnten die US-Amerikaner ihr Einkommen noch weitgehend behalten. Lediglich gut 3 Prozent zog der Staat ab – der Löwenanteil davon ging an die Bundesstaaten. Die Zentralregierung kam mit gerade einmal 0,8 Prozent des Bruttoinlandsproduktes zurecht. 1913 wurde dann erstmals eine persönliche Einkommenssteuer eingeführt, die im Krieg schnell erhöht wurde.[66]

Denn in den Kriegsjahren brauchte Washington mehr Geld denn je und der bisherige regelmäßige Kapitalzufluss aus Europa fiel aus. Im Gegenteil:

Nun mussten die USA plötzlich ihren Handelspartnern in Europa mit Krediten aushelfen: Frankreich und Großbritannien erhielten 1915 mit dem »anglo-französischen Darlehen« alleine 500 Millionen Dollar, finanziert durch eine Anleihe, die bisher größte ihrer Art.[67] Zudem stiegen spätestens ab dem Eintritt der USA in den Krieg auch die eigenen Ausgaben.

Die Steuereinnahmen reichten bei Weitem nicht aus, den Geldbedarf zu decken. Daher gab die Regierung ab 1917 Kriegsanleihen heraus. Die »Liberty Loans« wurden ein echter Verkaufsschlager: 1917 gingen Schätzungen von rund 350.000 Käufern am Anleihenmarkt aus, 1919 hatten über 11 Millionen Menschen die Kriegsanleihen gezeichnet.[68] Patriotismus und die gute Einkommenssituation hatten viele Bürger dazu gebracht, »Liberty Loans« zu kaufen. Amerikas Kleinanleger machten ihre ersten – guten – Erfahrungen mit Wertpapieren – die Geburtsstunde der Aktien- und Anleihen-Kultur in den USA.

Harte Zeiten für Familie Stahl

Mit dem Krieg kam in den USA eine ganz neue Strömung auf, die sich schnell verbreitete: eine antideutsche Stimmung. Gerade in Nebraska, wo sich viele deutsche Auswanderer angesiedelt hatten, kannte man so etwas vorher nicht. Doch der U-Boot-Krieg der Deutschen, dem auch amerikanische Zivilisten auf hoher See zum Opfer fielen, empörte die Öffentlichkeit. Am 7. Mai 1915 hatte ein deutsches U-Boot den Passagierdampfer RMS Lusitania angegriffen und ihn versenkt. Dabei starben rund 2000 Menschen, darunter mehr als 120 Amerikaner. Spätestens jetzt war die öffentliche Meinung eindeutig gegen Deutschland und Deutsche.[69]

Nach dem Eintritt der USA in den Krieg nahm die antideutsche Stimmung zu und immer groteskere Züge an. Im Kongress rechtfertigte Präsident Wilson die Kriegsteilnahme mit dem Kampf für »das Recht aller Menschen auf Selbstbestimmung hinsichtlich ihrer Lebensweise«.[70] Doch gleichzeitig lief eine umfangreiche Propagandamaschine gegen den vermeintlichen Feind an – auch im Inneren. Vielerorts wurde es verboten, deutsche Musik zu hören, deutsche Bücher zu verleihen oder auch nur Deutsch zu sprechen. Statt »Sauerkraut« sagten viele nun »liberty cabbage« (Freiheitskohl), statt »Hamburger« »liberty sausage« (Freiheitswurst).[71]

Auch in Nebraska verloren die Einwohner allmählich das Gespür für den demokratischen Umgang mit Minderheiten. Politiker, spontane Bürgerzusammenschlüsse und das neu gegründete »Nebraska Council of Defense« verfolgten Deutsche und andere verdächtige Mitbürger mit Drohbriefen, inquisitorischen Befragungen, Inhaftierungen und Gewalt.[72]

Die wachsenden Spannungen zwischen Antideutschen und Deutschen bekommt auch die Familie Stahl in West Point, Nebraska, zu spüren, ein überwiegend von deutschen Aussiedlern bewohnter Ort mit 2000 Einwohnern. Vater John Ammon Stahl besitzt dort eine Zeitung, den *Cuming County Demokrat*, mit dem er seine Familie mit vier Kindern gerade so über Wasser hält. Wie der Titel der Zeitung verrät, ist Stahl ein Anhänger der Demokraten und will eine Politik, die eher die wachsende Mittelschicht als die Eliten fördert.[73]

Auch die Stahls leben schon seit mehreren Generationen in den USA und haben lange als Farmer gearbeitet. Die Vorfahren von John Ammon immigrierten im späten 19. Jahrhundert aus der Schweiz.[74] Obwohl die Stahls selber deutschstämmig sind, sprechen sie Englisch und sind damit in West Point ziemliche Außenseiter. Als John Stahl in seiner Zeitung auch noch Position gegen Kriegsdeutschland bezieht, kündigt die Hälfte seiner Abonnenten.

Dabei hat es die Familie Stahl ohnehin schwer. Mutter Stella leidet wie einige andere Familienmitglieder unter psychischen Problemen. Behandelt wird so etwas damals in der Regel nicht. Stellas Mutter ist wegen ähnlicher Symptome in der staatlichen Nervenheilanstalt von Nebraska gelandet.[75] Stella lebt daheim, zieht sich aber immer öfter in ein abgedunkeltes Zimmer zurück – unterbrochen nur durch gelegentliche aggressive Ausbrüche gegen ihren Mann und ihre Töchter. John Stahl, der Vater, hat deshalb seinen Job als Schulinspektor aufgegeben und die Zeitung gekauft, damit er daheimbleiben und sich um Stella und die Kinder kümmern kann.

Leila Stahl, Warren Buffetts Mutter, hat keine leichte Kindheit: Die drei Mädchen müssen den Haushalt führen, zudem gilt es, die Mutter zu versorgen. Gemeinsam mit ihrem Bruder helfen sie jeden Donnerstag beim Druck der Zeitung. Die schwere Arbeit an den Maschinen verursacht bei Leila hämmernde Kopfschmerzen. Ab der fünften Klasse hilft sie beim Setzen der Zeitung und schreibt Artikel. Wenn ein Zug in West Point stoppt, befragt sie die Reisenden nach Neuigkeiten für ihre Nachrichtenkolumne.[76]

Leila Stahl gilt als extrem intelligent, besonders in Mathematik glänzt sie. Doch ihre Ausbildung kommt angesichts der schwierigen Situation zu Hause immer wieder ins Stocken. Erst verschiebt sie ihren Collegebesuch um zwei Jahre, um daheim zu helfen, dann unterbricht sie ihr Studium aus demselben Grund für ein weiteres Jahr. 1923 bricht sie aber endlich zum Studium an der Universität von Nebraska auf.[77]

Die Roaring Twenties

Nach Ende des Ersten Weltkrieges blühte die Wirtschaft in Europa, aber auch in den USA schnell wieder auf. Nach den Amtsjahren von Woodrow Wilson schlug das Pendel wieder mehr in Richtung Laissez-faire, mehr Freiheit vor allem für die Wirtschaft. Gesellschaftlich wurden die Freiheiten allerdings eher beschränkt – für alle, die kommunistischer Umtriebe verdächtigt wurden,[78] aber auch für Liebhaber von Wein, Bier oder Schnaps. 1920 wurde der Verkauf und Konsum von alkoholischen Getränken in den gesamten USA verboten. Statt ein Gesetz zu verabschieden, schrieb die Regierung die Prohibition sogar als Zusatz in die Verfassung. Erst 1933 beendeten die Amerikaner das Experiment mit dem Alkoholverbot, das vor allem Schmuggler und die Mafia befördert hatte.[79]

Die Amerikaner fanden allerdings ein neues Rauschmittel: Konsum und Kommerz wurden zum wichtigen Lebensinhalt. Während europäische Intellektuelle und die Oberschicht meist eher abschätzig über Geschäftemacher dachten, machten sich die Amerikaner die Idee des »Moneymakings« enthusiastisch zu eigen.[80] »Das wichtigste Geschäft des amerikanischen Volkes ist das Geschäft«, sagte der damalige US-Präsident Calvin Coolidge in einer Rede 1925. Und mehr noch: Bereits rund zehn Jahre zuvor hatte er die Wirtschaft mit Religion gleichgesetzt: »Der Mann, der eine Fabrik baut, baut eine Kirche«, schrieb er 1916, »und der Mann der dort arbeitet, verrichtet einen Gottesdienst.« [81]

Coolidge, ein Republikaner, glaubte an die Grundsätze des Laissez-faire: Eine möglichst kleine Regierung, die kaum Steuern erhebt und so wenig Regulierung wie möglich zulässt – das ist genau die Art von Politik, der Ernest und inzwischen auch Teenager Howard Buffett applaudieren.[82]

Coolidge schien richtig zu liegen. Während seiner Amtszeit von 1923 bis 1929, blühte die Wirtschaft weltweit auf: Berlin erlebte die »Goldenen Zwanzigerjahre«, die USA die »Roaring Twenties«. Autos, Strom, Radio und Telefon waren jetzt auch für die Massen erschwinglich. Es ging aufwärts, der Optimismus war groß. Charles Lindbergh flog zum ersten Mal nonstop über den Atlantik, in Schottland erfand Alexander Fleming das Penizillin.

In den Jahren zwischen 1920 und 1929 kam der Wohlstand großflächig in die USA: Die Reallöhne stiegen, die Waren wurden billiger. Immer mehr Menschen konnten sich immer mehr leisten. Alleine zwischen 1927 und 1929 legte die Industrieproduktion um ein Viertel zu.

Die Bürger entdeckten den Spaß am Konsum, tranken das neue Modegetränk Coca-Cola, kauften Konfektionskleidung, Kühlschränke und das Auto Ford Model T: Die Fließbandproduktion machte das neuartige Fahrzeug für fast jedermann erschwinglich.[83] Alleine 1929 wurden in Detroit 5 Millionen Autos gebaut und problemlos an Mann und Frau gebracht.[84] Der Aufschwung und vor allem der Optimismus schienen grenzenlos.[85] Herbert Hoover, US-Präsident ab 1929, verkündet im Wahlkampf, dass der Sieg über die Armut nahe sei.

Howard und Leila

Warren Buffetts Vater, Howard, wächst unterdessen zu einem jungen Mann heran. 1921, er ist gerade 18 Jahre alt, stirbt seine Mutter Henrietta nach längerer Krankheit und Howard bedauert in einem Brief an seinen Onkel, dass wir die »wahre Großartigkeit unserer noblen Mutter nicht vollkommen zu schätzen wussten, als sie noch gelebt hat«. Als Beweis für ihre außergewöhnlichen Erziehungsleistungen zählt er auf, dass er und alle Geschwister regelmäßig die Kirche besuchen, keiner der Söhne raucht oder trinkt.[86]

In den Zwanzigerjahren geht er an die University of Nebraska, um Journalismus zu studieren. Dort engagiert er sich für die Sportabteilung der Uni und ist in einer Studentenverbindung aktiv, wo er führende Rollen übernimmt.[87] Als Redakteur der Universitätszeitung *Daily Nebraskan* berichtet er auch für Zeitungen aus anderen Städten über Baseballturniere[88] und steigt 1923 zum geschäftsführenden Redakteur auf.[89]

Leila Stahl ist eine kleine, aber gut aussehende brünette junge Frau mit grünen Augen[90], als sie sich in der Redaktion bei Howard vorstellt. Sie ist neu an der Universität und sucht einen Job. Howard engagiert sie nicht nur vom Fleck weg, sondern verliebt sich offensichtlich auch in sie. »Ich weiß nicht, ob sie viel an der Zeitung gearbeitet hat«, erinnert sich Howard Buffett später, »aber mich hat sie zweifellos bearbeitet. Ich habe das nie bedauert, das war der beste Deal meines Lebens.«[91]

Die beiden werden ein Paar. Die Buffetts sind mittlerweile in Omaha so bekannt, dass selbst der *World-Herald* von der Beziehung Notiz nimmt: Am 19. Dezember 1925 meldet er in der Rubrik »Persönliches« den Besuch von Mr und Mrs J.A. Stahl und ihrer Töchter Leila und Edith im Haus von Ernest Buffett. »Die Fräulein Stahl werden hier das Wochenende verbringen.«[92]

Wenig später, einen Tag nach Weihnachten, heiraten Howard und Leila in West Point. Leila gibt ihr Studium auf, was Ihren Algebralehrer offensichtlich fassungslos macht. Angeblich war er über den Verlust seiner talentierten Schülerin so wütend, dass er sein Lehrbuch auf den Boden warf. Warren Buffett spricht über seine Mutter wenig, doch ein paar entscheidende Zutaten zu seinem unglaublichen Erfolg verdankt er wohl ihr. Den Ehrgeiz und den Wunsch zu gewinnen zum Beispiel, aber vor allem: das mathematische Talent.

Leila Stahl wird nach ihrer Heirat mit Howard rasch die politischen Ansichten ihres Ehemanns übernehmen. Genau wie sein Vater Ernest entwickelt Howard Buffett immer mehr felsenfeste Überzeugungen, ein unverrückbares Selbstbewusstsein – und eine tiefe Abneigung gegen alle, die seine Meinung nicht teilen. Seine ganz eindeutig republikanische Einstellung wird im Laufe der Jahre immer radikaler werden. 1963 – 40 Jahre nach seiner Zeit als Chefredakteur beim *Daily Nebraskan* – wird er als Kongressabgeordneter eine Untersuchung gegen seine ehemalige Redaktion fordern, weil sie ihm zu stark »den liberalen Standpunkt unterstreicht«.[93]

Howard Buffett wird Wertpapierhändler

Das frisch verheiratete Paar Howard und Leila Buffett ziehen in einen kleinen Bungalow an der Barker Avenue. Howard hat sich – auf Drängen seines Vaters Ernest – schweren Herzens gegen einen schlecht bezahlten Job als Journalist entschieden und geht in die Werbeabteilung einer Versicherung[94] – für 25 Dollar im Monat. Leila versucht, den Haushalt zu schmeißen und arbeitet in Gelegenheitsjobs als Sekretärin oder in Druckereien, womit sie öfter mehr verdient als ihr Mann.

Am 28. Mai 1927 stirbt Sidney Homan Buffett mit 78 Jahren in Omaha. Auf seiner Beerdigung werden noch einmal einige der Briefe verlesen, die sein Großvater Zebulon an ihn geschrieben hat. »Wenn du ins Geschäftsleben einsteigst, sei mit kleinen Gewinnen zufrieden. Sei nicht zu ungeduldig, reich zu werden. Wenn du einen Angestellten hast und er mag ehrlich sein, musst du ihn beobachten. Du hast auch einen Bettgenossen. Du darfst ihn dich nicht irreführen lassen.«[95] Ratschläge, die eine Art DNA der Buffett-Familie waren, die sein Nachfahre Warren Buffett später allerdings nicht mehr befolgen würde.

Etwa zur selben Zeit wird Leila mehrmals krank, erst hat sie eine Augenoperation zu überstehen, dann bekommt sie hohes Fieber. Und sie wird schwanger. Im Februar 1928 bekommen Howard und Leila ihr erstes Kind – eine Tochter, die sie Doris nennen. Die Geburt verläuft dramatisch. Leila übersteht eine Infektion nur knapp, doch ihre Kopfschmerzen kehren mit Macht zurück.[96]

Der Boom der Zwanzigerjahre kam auch in Omaha an, das inzwischen mehr als 200.000 Einwohner zählte.[97] 1928 erreichte die Wertschöpfung in der Stadt erstmals 1 Milliarde Dollar – rund 400 Millionen davon aus der Industrie.[98] »Ist es ein Wunder, dass die Anführer der Gemeinde – ohne Ausnahme – Gutes für die Stadt im Jahr 1929 vorhersagen?«, fragte ein begeisterter Kolumnist im *Omaha World-Herald* zum Jahreswechsel 1928/1929. »Diese neue Zuversicht und der erwachte Unternehmensgeist der Bürger werden die Geschäfte und die Industrie sogar noch weiter beschleunigen.«[99]

Seit hier um die Jahrhundertwende die ersten Autos aufgetaucht waren, hatte sich die Stadt auf das neue Zeitalter eingestellt. Straßen wurden gebaut, Tankstellen errichtet und in der Farnam Street entstand eine »Automobil Row«, in der sich Händler und Werkstätten ansiedelten.

Doch mehr noch als für Autos konnten sich die US-Bürger für Aktien begeistern. Die Euphorie trieb immer mehr Kleinanleger an die Börse und Aktienkäufe auf Kredit schienen ein bombensicheres Geschäft für jedermann. Denn die Kursgewinne lagen wesentlich höher als die Kreditzinsen. Zwischen 1920 und 1929 stieg der durchschnittliche Tagesumsatz an der New Yorker Börse von circa 750 Millionen Dollar 1920 auf gut 3,8 Milliarden 1929,[100] der Aktienindex S&P 500 klettert um mehr als 300 Prozent.

Der Erbauer des Empire State Buildings und ehemalige Industriemanager John Jakob Raskob gab im August 1929 dem *Ladies' Home Journal* ein viel beachtetes Interview, das sich viele zu Herzen nahmen. Im Prinzip forderte er alle auf, Schulden zu machen, um damit an der Börse mitspekulieren zu können. »Jeder sollte reich sein« war sein Credo. »Der alte Blick auf Schulden ist ähnlich unlogisch wie der alte Blick auf Investitionen. Wir wissen jetzt, dass es eine Methode sein kann, sich zu verschulden, um Geld zu verdienen.«[101]

Auch Howard Buffett, der innerhalb der Versicherung inzwischen in die Investmentabteilung gewechselt hatte,[102] ist von der Zukunft der Börse überzeugt. 1927 gibt er seinen Job bei der Versicherung auf, um als Wertpapierhändler bei der Union State Bank anzufangen. Später nimmt er einen Kredit über 9000 Dollar auf, um es gemeinsam mit 1000 Dollar Ersparnissen an der Börse zu investieren.[103] Sein Vater Ernest sieht das kritisch. Jeder, der seine ersparten Dollars an die Börse trägt, sei ein »verdammter Idiot« schreibt er in einem Brief.[104] Was Ernest Buffett gar von Spekulieren auf Kredit gehalten hat, kann sich jeder denken.

Wenig später ist der Traum des ewigen Wachstums in den USA erst einmal vorbei: Die Wirtschaft schwächt sich im Jahr 1929 bereits allmählich ab, lediglich am Aktienmarkt ist die Euphorie ungebrochen: »Es sieht so aus, als hätten die Aktienkurse ein permanent hohes Plateau erreicht«, schreibt Irving Fisher, Chef der Wirtschaftsfakultät an der Yale University im Herbst 1929.[105] Wie falsch er damit liegt, zeigt sich kurz darauf: Ende Oktober beginnen die Kurse an der New Yorker Börse zu kollabieren und leiten die schlimmste wirtschaftliche Katastrophe der US-Geschichte ein: die Weltwirtschaftskrise oder die »Great Depression«.

KAPITEL 2

STÜRMISCHE ZEITEN

EINE SCHRECKLICH-SCHÖNE KINDHEIT

1929–1943

Die Great Depression trifft auch die Familie Buffett. 1930 wird Warren geboren und leidet unter den Aggressionen seiner Mutter. Früh beginnt er damit, Geld anzuhäufen. Zum Entsetzen der konservativen Familie Buffett verändert Präsident Roosevelt die USA nachhaltig.

Der Schwarze Donnerstag

Der Handelstag an der New Yorker Börse am Donnerstag, den 24. Oktober 1929 begann ungewöhnlich ruhig, vielleicht auch, weil die Kurse am Vortag ordentlich ins Minus gerutscht waren. Die Umsätze waren hoch gewesen und viele Händler hatten die Deals bis tief in die Nacht nacharbeiten müssen. Ein entspannter Morgen kam für einige vermutlich gerade recht. Doch gegen elf Uhr drehte die Stimmung komplett: Ohne Vorwarnung oder erkennbaren Grund fielen die Kurse kräftig und plötzlich wollte jeder seine Aktien so schnell wie möglich loswerden. Die Händler boten »enorme Mengen an Wertpapieren zu einen Drittel des ehemaligen Preises an«, erinnerte sich der spätere britische Premierminister Winston Churchill an den Tag. Als britischer Schatzkanzler war er an der New Yorker Börse zu Gast und beobachtete die Händler, »eingefroren wie in der Zeitlupenaufnahme eines aufgeschreckten Ameisenhaufens.«[1]

»Aktienkollaps« titelte die *New York Times* am Tag darauf und spekulierte, dass die Anleger an der New Yorker Börse in der Panik zwischen 8 und 9 Milliarden Dollar verloren haben.[2] Doch kurz vor Handelsschluss fingen sich die Stimmung und die Kurse wieder. Denn noch funktionierte die New-Yorker-Bankerszene: Am Nachmittag stützten angesehene Investmenthäuser den Markt mit massiven Käufen und die Verluste wurden kurz vor Handelsschluss fast wieder aufgefangen. Die *New York Times* hoffte am nächsten Morgen, dass diese koordinierte Unterstützung für einen Stimmungswandel sorgen würde und die »Mob-Psychologie, die für das Debakel des Marktes weitgehend verantwortlich ist, gebrochen wird«.[3]

Eine Hoffnung, die nicht lange hielt. Denn die Panik kehrte schnell zurück und niemand war mehr willens oder in der Lage, Aktien zu kaufen. Kredite über 7 Milliarden Dollar hatten die Amerikaner für Wertpapierkäufe aufgenommen, die jetzt auszufallen drohten.[4] Die Banken konnten ihre Stützungsaktionen nicht lange durchhalten, die Zentralbank Fed war nicht wirklich handlungsfähig, weil sie ebenfalls noch stark von privaten Banken abhängig war. Und die meisten Anleger konnten keine Aktien mehr kaufen – sie standen schlicht vor dem Ruin.

Bis zum »Schwarzen Dienstag« am 29. Oktober verloren die Aktien an der Börse in New York sagenhafte 30 Milliarden Dollar an Wert.[5] Viele Anleger waren fassungslos. Draußen vor der Tür patrouillierten berittene Polizisten, um die Menschenmenge im Zaum zu halten, die sich vor der Börse versammelt hatte. Doch die Stimmung war nicht aggressiv: »Die Wall Street war eine Straße der verschwundenen Hoffnungen, der merkwürdig stillen Besorgnis und geprägt von einer Art lähmender Hypnose gestern«, beschrieb die *New York Times* die Lage.[6]

In nur zwei Wochen hatten die Aktien 40 Prozent an Wert verloren, bis 1932 waren es 75 Prozent.[7] Erst in den Fünfzigerjahren sollte der S&P 500 wieder das Niveau vom Beginn des Crashs erreichen. Viele Kleinanleger blieben überschuldet zurück, einige große Vermögen wurden vernichtet, aber vor allem eines war unwiderruflich verloren: die euphorische Zuversicht der »Roaring Twenties«.

Die Buffetts schlagen sich durch

Selbst nach dem Schwarzen Dienstag klammerten sich viele Experten erst einmal weiter vor allem an eines: das Prinzip Hoffnung. »Gesunde und konservative Industrien werden nicht so stark beeinträchtigt, wie es bei ähnlichen Anlässen früher war«, schrieb die *New York Times*. »Wenn die Anpassung beendet ist, wird das Land auf ein neues Wohlstandsniveau vorrücken«, kommentierte der *Kansas City Star*. Der *St. Louis Post-Dispach* appellierte an den amerikanischen Unternehmergeist. »Es gibt immer eine große Zahl an Chancen.«[8]

Auch die Finanzgemeinde in Omaha versuchte, die Ereignisse an der fernen New Yorker Börse als kleinen Unfall abzutun. Der *Omaha World-Herald* betonte am 30. Oktober vor allem die erfolgreichen Stützungsaktionen der Banken für einige ausgewählte Aktien. Die Geldhäuser schraubten die Anforderungen für Wertpapierkredite herunter, weil »die gegenwärtigen Kurse ausreichend attraktiv sind, um diese Maßnahme zu rechtfertigen«.[9]

Doch in den kommenden Jahren wollte keiner mehr Aktien kaufen, die Kurse bröckelten weiter ab.

Das bekommt auch Howard Buffett zu spüren. Der hat nicht nur selber Spekulationsverluste zu tragen. Sein Job als Broker bringt auch fast nichts mehr ein. In den ersten vier Monaten nach dem Crash verkauft er kein einziges Wertpapier, danach nur selten. Das Geld wird knapp im Hause Buffett. Leila dreht jeden Cent dreimal um – sie geht auch lange Strecken zu Fuß, um das Geld für die Straßenbahn zu sparen, sie schwänzt Gemeindetreffen, wenn sie Kaffee mitbringen soll, und sie isst wenig.[10]

Zudem kündigt sich weiterer Nachwuchs an: Am 30. August 1930 bekommen Howard und Leila einen Sohn, Warren Edward Buffett – ein paar Wochen zu früh, aber gesund. Es ist ein heißer Tag in einem Dürresommer, in dem die Wirtschaft so schnell eingebrochen ist, dass die Menschen hoffen, Präsident Hoover würde wie im Krieg Konservendosen an die Bevölkerung verteilen lassen.[11]

Denn nicht nur bei den Buffetts, auch in vielen andere Haushalten wurden Geld und Nahrungsmittel knapp. Anders als erhofft hatte der Börsencrash eben nicht nur die Anleger oder die Finanzbranche getroffen, sondern begann mehr und mehr Bereiche der Wirtschaft zu erfassen. Die Einkommen sanken, die Nachfrage ging zurück und immer mehr Menschen wurden arbeitslos. Die Great Depression begann Fahrt aufzunehmen.

Howard Buffett fragt seinen Vater Ernest, ob er wieder im Lebensmittelgeschäft arbeiten könne. Ernest lehnt ab, doch zumindest erlaubt er Howard, für seine Familie Essen aus dem Laden zu holen – allerdings nicht umsonst, sondern auf Kredit.[12] Dabei läuft Buffett's zu dem Zeitpunkt noch vergleichsweise gut. »Die Depression hat das Lebensmittelgeschäft bis Januar 1931 nicht getroffen und dann auch nicht sehr schwer«, schreibt Ernest Ende 1931 an einen Freund.[13] Doch immerhin hungert die Familie nicht und kommt mehr schlecht als recht über die Runden.

Ein paar Wochen vor Warrens erstem Geburtstag bricht die Welt der kleinen Familie dann aber doch zusammen. Howard Buffett ist inzwischen zum Leiter der Anleihen-Abteilung der Union Securities aufgestiegen.[14] Als Howard Mitte August 1931 zur Arbeit fährt, ist seine Bank geschlossen. Kurz darauf kommt es auch in Omaha wie in den ganzen USA zu mehreren Bankenruns, bei denen Sparer versuchen, ihre Konten leerzuräumen. In brütender Hitze warten die Menschen den ganzen Tag vor den lokalen Bankfilialen, um ihre Ersparnisse abzuheben.

Aber immer noch glauben viele, die Situation wäre noch beherrschbar. Die Menge sei durch zahlreiche Schaulustige vergrößert worden, schrieb die Zeitung am nächsten Tag, und ohnehin »gab es zahlreiche Fälle, in denen Personen, die ihr Geld früher am Tag abgehoben haben, zurückgegangen sind und entweder neue Konten eröffnet oder ihr altes Konto reaktiviert haben«.[15] Doch letztendlich sind weder die Union State Bank noch viele andere Geldhäuser zu retten.

Die Familie Howard Buffett steht nun ohne Familieneinkommen da – und ohne die letzten Ersparnisse, die Howard auf einem Konto der Bank angelegt hatte. Sie ahnen nicht, dass die schlimmsten Jahre für die US-Wirtschaft noch vor ihnen liegen.

Die Politik versagt

Zu dem Zeitpunkt, als Howard Buffett seinen Job verliert, gibt es in den USA bereits rund 7 Millionen Arbeitslose, 3 Millionen mehr als im Jahr zuvor – aber nur die Hälfte derer, die zwei Jahre später ohne Arbeit dastehen werden.[16] Und damit auch ohne jede staatliche Unterstützung auskommen müssen. Denn noch herrscht uneingeschränkt der Geist des Laissez-faire. Präsident Hoover lässt den Dingen ihren Lauf. Er glaubt fest an die Selbstheilungskräfte der Wirtschaft und dass die Krise nicht mehr sei als ein notwendiges Gesundschrumpfen.[17]

Tatsächlich hatte nach dem Börsencrash vieles dafürgesprochen, dass sich die Turbulenzen nur sehr bedingt auf die Wirtschaft übertrugen. Der Crash hatte vor allem Kleinanleger getroffen und viele von ihnen ruiniert, doch nur drei von 100 Amerikanern hatten am Aktienmarkt investiert. Die meisten Reichen, insbesondere die Investmentbanker, konnten ihr Vermögen retten. Jack Morgan zum Beispiel, der Erbe von J.P. Morgan, sorgte mit seinem Lebensstil weiter für Aufsehen und 1930 für Schlagzeilen, als er die damals größte Jacht der USA zu Wasser ließ.[18]

Dem Gewerbe der Investmentbanker sollte es auch über die gesamte Great Depression gut gehen: 2,4 Milliarden Dollar verdienten die Mitglieder der New Yorker Börse zwischen 1928 und 1933, während das Land darbte. Ein Großteil davon waren Zinsen, die Leerverkäufer* zahlen mussten, aber die Aktienhändler verdienten auch gut am damals üblichen

* Leerverkäufer verkaufen Aktien, die sie noch gar nicht besitzen, auf Termin. Wenn die Lieferung fällig wird, müssen sie die Aktien an der Börse besorgen. Das rentiert sich nur, wenn die Kurse dann niedriger sind. Leerverkäufe sind also eine Spekulation auf fallende Kurse.

»Front-Runnig«,* mit dem sie ihre Kunden schädigten.[19] Die mächtigen Herren des Geldes in New York hatten also überhaupt keinen Anlass, etwas zu verändern oder gar den Einfluss der Regierung auf die neue Zentralbank Fed zu erhöhen.

Die Untätigkeit der Regierung Hoover gemeinsam mit der Schwäche der Zentralbank Fed waren aber ein fatales Gemisch. Denn der mehr oder weniger offene Machtkampf zwischen dem privaten Federal Reserve von New York, das von den wichtigen Investmentbankern dominiert wurde, und dem politisch besetzen Fed Board machte die Geldpolitik zahnlos. Mit der Folge, dass vor dem Crash kein wirklich effektives Mittel gefunden wurde, die Wertpapierkredite einzuschränken, nach dem Crash aber viel zu wenig Kredit gegeben wurde, um die Wirtschaft zu stützen.[20] Zudem gab es so gut wie keine Aufsicht der Privatbanken.

Mit fatalen Folgen: Ende 1930 brach in New York die Bank of United States zusammen, eigentlich eine lokale New Yorker Bank, die vor allem Einlagen von Einwanderern verwaltete. Die Eigentümer hatten allerdings jahrelang und ohne jede Aufsicht die Kundengelder für Aktienspekulationen auf eigene Rechnung missbraucht. Der Crash ruinierte die Bank und damit auch die rund 300 Millionen Dollar Spareinlagen der rund 400.000 Kunden.[21]

Sparer in den gesamten USA begannen, die Solidität ihrer Bank zu hinterfragen, zumal weitere Bankzusammenbrüche und Betrugsfälle folgten. Die Menschen holten ihre Ersparnisse von ihren Konten und die massiven Geldabzüge gaben den Banken reihenweise den Todesstoß. Denn ohnehin litten sie unter der Geldpolitik: Die Fed hatte beschlossen, die Zinsen massiv anzuheben. Die Idee dahinter war, dass man so Kapital ins Land locken konnte, doch weltweit brach die Krise aus und kaum jemand hatte die Mittel und das Interesse, in den USA zu investieren. Stattdessen waren nun Kredite für die heimische Wirtschaft unerschwing-

* »Front-Running« ist eine heute verbotene Form des Insiderhandels. Ein Wertpapierhändler, der einen großen Auftrag zum Kauf eines Titels erhält, deckt sich erst selber mit dem Papier ein und profitiert dann vom Kursgewinn, den der große Auftrag verursacht. Dasselbe funktioniert auch mit Leerverkäufen.

lich, die hohen Zinsen trieben weitere verschuldete Betriebe und Privatleute in die Pleite.[22]

Der Nobelpreisträger Milton Friedman ist nur einer der Ökonomen, die später der Fed die Hauptschuld an der Weltwirtschaftskrise zuschrieben. Doch auch die Regierung Hoover hatte einen großen Anteil. Hoover glaubte nicht an strukturelle Schwächen und machte weiter wie bisher. Die Gegenmaßnahmen der Regierung beschränkten sich auf ein paar Einfuhrzölle, die die heimische Wirtschaft schützen sollten. Letztendlich trugen sie aber dazu bei, dass die Krise zu einer Weltwirtschaftskrise wurde, was wiederum die Situation in den USA verschärfte.[23]

Erst 1931 gab es erste Maßnahmen zur Rettung der angeschlagenen Finanzwirtschaft, und zwar einen gemeinsamen Rettungsfonds der Regierung mit den Banken, der allerdings nie wirklich funktionierte. Denn Hoover hatte es sich mit den Bankern gründlich verscherzt. Er hatte einen Kreuzzug gegen Spekulanten begonnen, die auf fallende Kurse wetteten, und berief 1932 eine Untersuchungskommission ein, die die Geschäfte der Börse unter die Lupe nehmen sollte. Zwar ohne große Ergebnisse, aber mit der Folge, dass Regierung und Finanzwirtschaft nun gegeneinander arbeiteten.[24]

Die Folgen des gemeinsamen Versagens von Politik und Finanzmärkten sind bekannt: Zwischen 1929 und 1933 schrumpfte das Bruttosozialprodukt der USA um ein Drittel, der Außenhandel brach zusammen und viele Menschen mussten um die nackte Existenz kämpfen.[25]

Der Charme der Einsamkeit

Auch Howard Buffett steht im Spätsommer 1931 vor dem Nichts: Er hat kein Einkommen, muss aber seine kleine Familie ernähren und neue Arbeit gibt es nirgendwo. Daher entschließt er sich zu einem mutigen Schritt, der das Leben seines Sohns Warren nachhaltig prägen wird: Gemeinsam mit zwei Freunden, Karl Falk und George Sklenicka, gründet er wenige Wochen nach dem Ende der Union State Bank eine Firma und verkauft nun Wertpapiere auf eigene Rechnung. Er konzentrierte sich auf sichere Anlagen wie Anleihen und Aktien von lokalen Energieversorgern und Kommunen.[26]

Ernest rät ihm überraschenderweise zu dem Schritt, obwohl er ja von der Börse angeblich gar nichts hält. Er schreibt einem Freund: »Letztendlich ist das seine Zukunft, und es ist jetzt eine genauso gute Zeit dafür wie irgendwann, um es auszuprobieren.«[27] Ernest steht der Börse zwar weiter skeptisch gegenüber und schimpft über die Spekulationslust der Amerikaner in den späten Zwanzigerjahren. Dennoch diskutiert er in einem Brief an seinen Sohn George die Chancen einzelner Aktien und rät zu konservativen Papieren und bescheidenen Erwartungen: »Vermutlich wird nie ein Buffett Millionär werden«, schreibt er George, »aber ich weiß auch von keinem, der verarmt ist. Sie alle haben es mit ihren eigenen Anstrengungen geschafft und monatlich etwas von ihrem Einkommen gespart.«[28]

Unterstützung bekommt Howard von seinem Vater dennoch nicht. Denn der hält offensichtlich wenig von den Fähigkeiten seines Sohnes. Seinen Freunden bei den Rotariern rät er, die neue Firma nicht zu unterstützen. »Er sagte, sein Sohn sei ein netter junger Kerl«, erzählt Warren Buffett später, »aber er versteht nicht wirklich etwas von Aktien.«[29]

Der Gegenwind für Howard ist ohnehin gewaltig. Denn auch in Omaha bricht die Wirtschaft ein. Seine Firma startet in einer Zeit, in der auch die Menschen im Midwest immer weniger Geld zum Investieren übrighaben und die meisten ohnehin die Nase voll haben von Börse und Finanzmärkten. Zudem verließ das hochverschuldete England im Herbst 1931 den Goldstandard* – nur wenige Wochen nachdem »Buffett, Sklenicka & Co.« ihre Geschäfte aufgenommen hatten. Das versetzte die Finanzmärkte weltweit erneut in Panik, die Kurse an der Wall Street brachen zwischen Sommer 1931 und Frühjahr 1932 nochmals um mehr

* Im Goldstandard konnten Papiergeldnoten bei der Zentralbank gegen eine bestimmte Menge Gold getauscht werden. Damit war die Menge an Banknoten eines Landes an die Goldreserven der entsprechenden Zentralbank gekoppelt. Die Regierung konnte also nicht beliebig viel Geld drucken, um z. B. einen Krieg zu finanzieren, was dann in der Regel eine hohe Inflation zur Folge hatte. Das System war lange Zeit weit verbreitet, auch die USA nahmen daran teil.

als die Hälfte ein. Ab 1932 wurden auch Zinspapiere vom Abwärtsstrudel erfasst: Reihenweise wurden vor allem Auslandsanleihen wertlos.[30]

Doch Howard lässt sich nicht beirren. Er folgt seinem Lieblingszitat des Philosophen Ralph Waldo Emerson: »Es ist einfach, in der Welt nach der Meinung der Welt zu leben; es ist einfach, in der Einsamkeit nach seiner eigenen zu leben; doch der großartige Mann ist der, der in der Mitte der Menge mit perfekter Anmut die Unabhängigkeit der Einsamkeit behält.«[31] Denn er glaubt, dass die »innere Anzeigetafel« jedes Menschen seine Handlungen bestimmen sollte und nicht das Urteil anderer oder gar das Streben nach viel Geld.

Und das Unwahrscheinliche passiert: Howard hat Erfolg. Innerhalb von vier Wochen arbeitet die Firma profitabel und erzielt Einnahmen von 400 Dollar[32] – damals ein anständiger Monatslohn. Zunächst hat er vor allem Freunde als Kunden, doch das Geschäft kommt schnell auf die Beine. Denn sein extrem vorsichtiger Ansatz trifft den Zeitgeist. Die ganz bitteren Zeiten für die Familie Howard Buffett sind vorbei.

Howard fügt der Buffett'schen Familientradition damit einen wichtigen Grundsatz hinzu, der für den Erfolg seines Sohnes Warren später von entscheidender Bedeutung sein wird: Unabhängiges Denken und antizyklisches Verhalten ist das neue Familienmotto: Tu einfach das, wovon du überzeugt bist, auch wenn alle anderen dagegenhalten.

Naturgewalten und Proteste

Während Howard Buffett mit seiner neuen Firma Erfolge feiert, versinken die USA und Omaha immer tiefer im Chaos der Great Depression. Downtown Omaha wurde wieder zu einem gefährlichen Ort. Armutskriminalität und der organisierte Alkoholschmuggel machten die Stadt unsicher. Unter der Prohibition blühte der Mafiaclan unter Tom Dennison auf, gewalttätige Auseinandersetzungen und Morde waren die Folge.[33] Und das Umland verarmte: Die Umgebung von Omaha ist bis heute ein landwirtschaftlich geprägtes Gebiet und die Farmer waren schon lange vor der Depression die Stiefkinder des Aufschwungs gewesen. Während ein Industriearbeiter 1929 rund 1500 Dollar im Jahr verdiente, brachte es ein Farmer im Durchschnitt gerade einmal auf rund 400 Dollar.[34] Im Jahr 1933 waren es nur noch 232 Dollar.[35]

Zwar waren nicht alle Farmer in der Umgebung von Omaha vom Niedergang betroffen, denn in Nebraska wurde vor allem Mais angebaut und Rinderzucht betrieben und am härtesten war die Situation für Weizenfarmer. Viele Höfe in Nebraska konnten den Preisverfall für Fleisch und Mais mit Produktionssteigerung ausgleichen.[36] Doch viele andere konnten von den Erträgen ihrer Höfe bald nicht mehr leben. Angefeuert durch Spekulationen gegen einzelne Agrarprodukte sanken die Preise so schnell, dass sich die Ernte mancher Güter nicht mehr lohnte.[37] Und wer auf Hypotheken saß, war schnell von Zwangsversteigerungen bedroht. Die verzweifelten Farmer organisierten Proteste und teils kam es zu gewalttätigen Auseinandersetzungen.[38] Die Zeit der Unruhen und Gewalt war zurück in Omaha.

Zudem schien sich die Natur mit der Großen Depression zu verbünden. Extreme Hitze bis zu 50 Grad im Sommer, eisige Kälte im Winter, Dürre und Sandstürme machten das Leben Mitte der Dreißigerjahre noch schwieriger. Die Menschen schliefen im Sommer in den Parks, um der Hitze zu entfliehen. An Warrens vierten Geburtstag fegte ein Sandsturm die Papierservietten und Pappteller von der Veranda und begrub alles unter rotem Staub. Und als ob Dürre, Hitze und Sturm nicht ausreichten, fiel im selben Jahr ein gigantischer Heuschreckenschwarm über den Mittleren Westen her und fraß die Ernte, manchmal sogar die Zaunpfähle oder die Wäsche von der Leine.[39] In vielen Bezirken Nebraskas musste die Regierung dem Insekt den »Heuschrecken-Krieg« erklären.[40]

Erfolg und Schrecken in Familie Buffett

Währenddessen läuft Howards Firma immer besser, 1934 wird sie in »Buffett & Co.« umbenannt und zieht in neue Büroräume.[41] Während die Welt 1935 noch mit den Folgen der Wirtschaftskrise zu kämpfen hat, kauft Howard einen fabrikneuen Buick. Ein Jahr später – Warren ist sechs Jahre alt – zieht die Familie in ihr neues zweistöckiges Ziegelhaus in Dundee,[42] dem gehobenen Stadtteil von Omaha, in dem Ernest auch seinen Laden hat. Warren Buffett kauft später hier sein Haus und wohnt bis heute dort.

Die Schrecken der gefährlichen Stadt sind hier weit weg und die Familie kann sicher leben. Eine ruhige Gegend, die in der ersten Hälfte des 20. Jahrhunderts »voller deutscher Kultur« war, wie Charlie Munger, Buffetts späterer Investmentpartner, sagt, der selber dort einen Teil seiner Kindheit verbrachte. »Als ich jung war, gab es zwei deutschsprachige Zeitungen, es gab vier oder fünf deutsche Brauereien und mein bester Freund hieß Schneider. Die Deutschen hatten einen immensen Einfluss.«[43]

Die Buffetts und ihre Werte passen hervorragend in die Umgebung. Howard ist fleißig und erfolgreich und engagiert sich in der Kirche und im Schulkomitee der Gemeinde. Leila ist nach außen die Liebenswürdigkeit in Person. »Mein Vater sagte, sie konnte mehr Freunde gewinnen, als er verlieren konnte«, erinnert sich Warrens Schwester Doris.[44]

Doch zu Hause bricht bei den Buffetts immer wieder die Hölle aus: Leila Buffett terrorisiert die Kinder, vor allem Warrens ältere Schwester. Stundenlang schreit sie Doris an, hält ihr vor, dass sie dumm ist und was alles an ihr falsch sei. »Sie war nie zufrieden, bevor ich nicht schluchzte«, erinnert sich Doris Buffett.[45]

Leila kann offensichtlich keine normale Beziehung zu ihren Kindern aufbauen oder gar Zuneigung zeigen. »Ich habe nie die Worte ›Ich liebe dich‹ gehört, mir wurde nie eine Geschichte vorgelesen und ich bin fast nie ins Bett gebracht worden«, erzählt Doris später. Stattdessen attackiert sie die beiden, obwohl sie noch so jung sind.

Warren steht zwar etwas weniger im Fadenkreuz, bekommt aber immer noch mehr als genug ab und kann seine Schwester nicht beschützen, obwohl er es gern möchte. »Ich machte es nicht, weil ich Angst hatte, dann selber zum Ziel zu werden«, sagt er.[46] Beide Kinder erleiden nach Einschätzung von Warren dadurch schon sehr früh ein Trauma, »das nicht mehr zu reparieren« war.[47]

Noch schwieriger für die Kinder ist es, dass Leila zwei ganz unterschiedliche Seiten hat. »Unsere Mutter präsentierte dem Rest der Welt immer dieses vollkommen sonnige Naturell. Es gab also diesen Widerspruch zwischen öffentlichem und privatem Verhalten«, sagt Warren Buffett. »Ich bin sicher, dass es schwer für Doris und mich war, das als Kind komplett zu verstehen.«[48]

Genau genommen nimmt Leila drei Rollen ein: In der Öffentlichkeit kann sie unglaublich charmant sein. »Es machte Spaß, ihr dabei zuzusehen, wie sie sich durch einen Raum arbeitete«, erinnert sich Doris, »sie war eine geborene Aktivistin.«[49] Gegenüber ihrem Ehemann Howard ist sie die perfekte Ehefrau und ordnet sich seinen Bedürfnissen bedingungslos unter. Nach Doris' Erinnerung erklärt Leila gegenüber Howard öfter, ihr Lebenszweck bestehe darin, sich »um dich, Daddy, zu kümmern«.[50] Doch gegenüber den Kindern ist sie hemmungslos aggressiv.

Mit der Geburt der jüngsten Schwester Bertie 1933 verbessert sich die Lage ein wenig. Ihr gegenüber empfindet Leila offensichtlich Zuneigung und die Abstände zwischen ihren aggressiven Ausbrüchen gegenüber Warren und Doris werden größer.[51]

Doris Buffett wird trotz eines IQ von 150 ein Leben lang unter einem schwachen Selbstwertgefühl leiden. Sie vermutet, dass ihre Mutter bipolar war, andere sprechen von Depressionen oder machen die starken Kopfschmerzen verantwortlich, unter denen Leila litt.[52]

An Spekulationen über die psychischen Probleme seiner Mutter oder der anderen weiblichen Mitglieder der Stahl-Familie will sich Warren Buffett nicht beteiligen. Nachdem er lange Zeit kaum über Leila gesprochen hat, unterstützt er seine Schwester Doris aber, als sie das Verhalten ihrer Mutter 2007 in einer Biografie offenlegen will. »Warren war eine große Hilfe«, erinnert sich Autor Michael Zitz, »er hat das Vorwort geschrieben und mir alle Interviewzeit gegeben, die ich wollte.«[53]

Warrens Held

Howard Buffett arbeitet viel und ignoriert die Ausbrüche seiner Frau gegenüber den Kindern. Dennoch rettet er sie und ihr Vertrauen in die Welt, denn wenn er zu Hause ist, schlüpft Leila in die Rolle der treusorgenden Ehefrau und lässt die Kinder in Ruhe.

Als Warren alt genug ist, verschwindet er einfach regelmäßig von zu Hause, sobald der Vater nicht da ist. Er sucht und findet viel weibliche Unterstützung in seinem Umfeld. Oft ist er bei Freunden wie Jack Frost, dessen Mutter Hazel besonders warmherzig ist. Ganz eng ist das Verhältnis zu Tante Alice, einer Schwester von Howard, die unverheiratet bei Ernest lebt und Warren die Liebe und Aufmerksamkeit gibt, die Leila ihm nicht zu geben vermag.[54]

Leilas Verhältnis zu ihren Töchtern ist dennoch ein anderes als das zum einzigen Sohn. Leila – aber auch Howard – hätten eine für die Zeit übliche »viktorianische« Einstellung gehabt, wie Doris später erklärt. »Warren war ein Junge und Jungen waren nach Ansicht meiner Mutter wertvoller als Frauen.«[55] Dadurch bekommt er mehr Unterstützung als die Mädchen. Leila hilft Warren zum Beispiel, als er später beginnt, Zeitungen auszutragen; sie weckt ihn früh und macht ihm Frühstück.[56] »Sie hatte höhere Erwartungen an ihn und ich glaube, das war sehr ermutigend«, sagt Doris.

Sein Grundvertrauen in sich und seine Fähigkeiten bekommt er aber von seinem Vater, den er abgöttisch liebt. »Mein Vater glaubte an mich«, sagt Warren Buffett. »Was immer ich tat, er stand voll hinter mir. Es war nicht wichtig, wie viel Geld ich verdiente oder etwas in der Art. Es ging einfach darum: Gib dein Bestes, was immer du anfängst.«[57] Und genau das ist für Buffett das größte Glück seines Lebens, die »bedingungslose Liebe, wie ich sie im Wesentlichen von meinem Vater bekommen habe. Ich denke, bedingungslose Liebe ist großartig in dieser Welt, und wenn du sie bekommst, bist du sehr glücklich.«[58]

Auch wenn Howard Buffett seine Frau nicht stoppt und zusieht, wie die Kinder leiden: Anders als sein eigener Vater Ernest will er seine Kinder unterstützen, besonders Warren. In Warren Buffetts Büro hängt bis heute nur einziges großes Porträtbild – von Howard Buffett. Über dessen Tod will er nicht reden.

In einem ist Howard Buffett seinem eigenen Vater Ernest aber doch extrem ähnlich: Auch Howard spricht gerne mit Ausrufezeichen und hat felsenfeste Ansichten, die er vehement vertritt. Er ist religiös und glaubt an das Prinzip des »guten Bürgers«, der sich einbringt und hilft, Probleme zu lösen.[59] Er hat unverrückbare, sehr konservative politische Einstellungen. Er ist Isolationist, glaubt also, dass die Interessen der USA am besten gewahrt bleiben, wenn sich das Land aus den Angelegenheiten anderer heraushält. Er ist fast schon ein fanatischer Anhänger der Laissez-faire-Politik.

Eine der erstaunlichsten Entwicklungen von Warren Buffett wird sein, dass er sein Leben lang nie die abgöttische Bewunderung und Liebe zu seinem Vater aufgibt, dennoch mit dessen meisten gesellschaftlichen und vor allem politischen Ansichten bricht.

New Deal

Im Sommer 1932, mitten in der Großen Depression, begann einer der kontroversesten und leidenschaftlichsten Wahlkämpfe der US-Geschichte. »Das ist keine politische Kampagne, sondern ein Ruf zu den Waffen«, sagte Franklin D. Roosevelt bei seiner Nominierung als demokratischer Kandidat im Juli 1932.[60] Ein Riss ging durch die Gesellschaft, der im Prinzip derselbe war, der heute noch besteht: Etwa die Hälfte der US-Bürger glaubt an den republikanischen Ansatz, der die Rolle des Staates so klein wie irgend möglich halten will. Die andere Hälfte ist von der Idee der Demokratischen Partei überzeugt, dass die Freiheit von sozialen und wirtschaftlichen Lenkungsmaßnahmen durch den Staat flankiert sein sollte.

Hoover trat noch einmal mit seinem bekannten Laissez-faire-Ansatz an. Er und viele Amerikaner waren unverdrossen davon überzeugt, dass die Probleme mit einem »weiter so« früher oder später am nachhaltigsten geheilt werden könnten. Franklin D. Roosevelt hingegen wollte endlich ein Eingreifen des Staates und soziale und wirtschaftliche Reformen, wie sie in Europa damals schon üblich waren.[61]

Roosevelt gewann die Wahl überraschend deutlich mit rund 57 Prozent der Stimmen. Er hatte die Gefühlslage der Amerikaner besser getroffen, die von den langen schlechten Zeiten mürbe waren. »Auf den Farmen, in den großen Metropolen, in Kleinstädten und Dörfern geben sich Millionen unserer Bürger der Hoffnung hin, dass ihr alter Standard zu leben und zu denken nicht für immer vorbei ist. Diese Millionen können und werden nicht umsonst hoffen«, hatte er im Wahlkampf verkündet.[62]

Denn auch bei seinem Amtsantritt war immer noch keinerlei Besserung der Lage zu erkennen. Im Gegenteil: Die Wirtschaft schrumpfte weiter und die Menschen verarmten immer mehr. Zudem hatte sich die Bankenkrise noch einmal deutlich verschärft: In der Amtszeit von Hoover mussten 5000 Geldinstitute ihre Türen schließen und ein Bundesstaat nach dem anderen kündigte 1932 die Suspendierung sämtlicher Bankgeschäfte an. Zum Ende von Hoovers Amtszeit gab es in 24 US-Staaten keine Banken mehr.[63]

»Ich verspreche Ihnen, ich verspreche mir selber, einen neuen Deal für Amerika«,[64] war Roosevelts Wahlkampf-Motto gewesen, und er lieferte: Die Regierung Roosevelt verabschiedete ein Feuerwerk an Gesetzen. Sie legte ein Programm auf, das Prämien für die Stilllegung von Agrarflächen einführte, und beseitigte so die Überkapazitäten. Agrargüter wurden nun wieder teurer und das Einkommen der Farmer stieg langsam. Die Rechte von Arbeitnehmern wurden gestärkt und so die Einkommen in der Industrie stabilisiert. Die Umschuldung für Hauseigentümer und Farmer wurde gesetzlich erleichtert, und Roosevelt führte das Trennbankensystem ein, das kommerziellen Banken die Spekulationsgeschäfte von Investmentbanken untersagte.[65] Nie wieder sollte mit Spareinlagen gezockt werden. Und mit France Perkins als Arbeitsministerin berief er die erste Frau ins Kabinett.[66]

Der »Banking Act« beendete endgültig die Zeiten, in denen die New Yorker Banker die Finanzmärkte alleine gesteuert hatten.[67] Roosevelt konnte endlich den Einfluss der Regierung auf die Geldpolitik der Fed und die Bankenaufsicht sicherstellen. Zudem begann die Regierung, gründlich an der Börse aufzuräumen. Verschiedene Gesetze und vor allem die Gründung der heute mächtigen Börsenaufsicht SEC im Jahr 1934 beendeten viele schädliche oder betrügerische Praktiken an der Wall Street. Gründungsdirektor der Behörde wurde Joseph P. Kennedy Sr., der Vater des späteren US-Präsidenten John F. Kennedy. Er und seine Nachfolger sorgen bis heute dafür, dass die Macht der Wall-Street-Banker zwar nicht gebrochen ist, der Staat ihnen aber zumindest auf Augenhöhe begegnen kann.

Die New-Deal-Maßnahmen zeigten schnell Wirkung: Die Kurse an der Börse stiegen bereits ab 1933, in nur 100 Tagen hatte Roosevelt die jahrhundertealte Ära des Laissez-faire beendet und das Land grundlegend verändert. Und führte die USA damit allmählich aus dem Tal der Tränen.

Die Faszination von Zahlen

Im Hause Howard Buffett in Omaha wird der Wahlsieg Roosevelts 1933 und jede seiner Maßnahmen mit blankem Entsetzen aufgenommen. Howard glaubt, dass Roosevelt das Land endgültig zugrunde richten wird und besorgt einen großen Sack Zucker, den er für schlechte Zeiten auf dem Speicher bunkert.[68] Als Roosevelt dann am 19. April 1933 Privathaushalten verbietet, Gold zu besitzen, und damit den Goldstandard für die USA praktisch aufhebt, ist Howard sicher, dass der Dollar bald wertlos sein wird. Er kauft Edelmetalle für seine Kinder und teure Dinge für das Haus, er lagert Konservendosen und kauft eine Farm, damit sich die Familie notfalls selbst versorgen kann, falls die Hölle der Inflation losbricht.[69]

Warren ist bei der Wahl Roosevelts gerade einmal zwei Jahre alt und ein vorsichtiges Kind. Als er laufen lernt, beugt er die Knie, damit er nicht so tief fallen kann.[70] Er beschäftigt sich mit seiner kleinen H0-Modelleisenbahn oder vertieft sich stundenlang in einen Katalog aus dem Spielwarengeschäft mit den vielen Lokomotiven und Gleisen. Er scheint ein ganz normaler Junge zu werden, spielt Baseball und Trompete.

Doch schon bald wird er ganz besondere Eigenschaften entwickeln: Sobald er denken kann, beginnt er zu sammeln und zu rechnen. Er sammelt Münzen, Briefmarken und Flaschenverschlüsse, die er überall aufliest, nach Marken sortiert und wie einen Schatz hütet. Und er sammelt Fakten: Mit einer Stoppuhr, die ihm seine Tante Alice geschenkt hat, misst er im Alter von sechs Jahren immer wieder und wieder die Zeit, die Murmeln brauchen, um vom Badewannenrand bis zum Stöpsel zu rollen.

Später sitzt er mit seinem Freund Bob stundenlang auf der Veranda der Russels und erforscht die Häufigkeit von Zahlen und Buchstaben in den Nummernschildern der vorbeifahrenden Autos.

Er rechnet schnell und verwendet die gesammelten Daten systematisch. Er analysiert die Beliebtheit verschiedener Getränke aus seiner Kronkorken-Sammlung oder die durchschnittliche Zeit für seine Murmeln in der Badewanne. Als er sich beim sonntäglichen Kirchgang langweilt, berechnet er aus dem Gesangsbuch die Lebenszeit der Komponisten und stellt erstaunt fest, dass religiöse Menschen im Durchschnitt nicht älter werden als die anderen. »Ich war immer an Statistiken interessiert«, sagt Buffett.[71]

Sobald er lesen kann, wird er ein Bücherwurm. Viele der Werke, die er in die Hände bekommt, kann er schnell auswendig: Ein Buch über die Baseballsaison 1938 zum Beispiel oder den World Almanach von 1939. Mit seinem Freund Bob zählt er um die Wette Millionenstädte oder die exakte Einwohnerzahl amerikanischer Großstädte auf.[72] Er hat ein fotografisches Gedächtnis und bis heute benutzt Warren Buffett keinen Computer, um die Massen an Zahlen und Fakten für seine Investitionen zu analysieren. Das muss er auch nicht: »Ich bin ein Computer«, sagt er. [73]

Zwei Bücher werden ihn aber sein ganzes Leben lang beeinflussen. Zum einen ein Buch über Bridge, das ihm seine Tante Alice schenkt. Bis ins hohe Alter bleibt er ein leidenschaftlicher Bridgespieler und hat tatsächlich heute daheim einen Computer stehen – aber nur um abends online Bridge zu spielen. Denn es verbindet drei wichtige Dinge, die Warren Buffett liebt: eine mentale Herausforderung, den Wettbewerb und die Zusammenarbeit mit einem Partner. »Es ist ein Spiel, bei dem man im ganzen Leben nicht zweimal dieselbe Hand bekommt. Jede Hand ist etwas, was du noch nie gesehen hast. Aber all deine Erfahrungen gehen in das Spiel mit dieser Hand ein. Und es ist ein Partnerschaftsspiel. Du musst mit jemanden zusammenarbeiten.«[74]

Wichtiger noch ist aber ein Buch, das seine Zahlenleidenschaft auf ein neues Gebiet lenkt. In der Bibliothek entdeckt er den Titel *One Thousand Ways to Make $1000* und verschlingt es. In dem Buch werden Geschäftsideen vorgestellt, etwa eine Puppenklinik, eine Ziegenmelkerei oder münzbetriebene Personenwaagen, die Warren allesamt analysiert.[75]

Von da an hat Warren Buffetts Leben ein neues Ziel: Seine Leidenschaft für Zahlen und Daten richtet sich von nun an auf die Beschäftigung mit aussichtsreichen Geschäftsmodellen und das wird sich niemals wieder ändern. Nur dass er später nicht mehr »One Thousand Ways« zum Geldverdienen sucht. Aber auch nicht mehr mit nur 1000 Dollar Ertrag zufrieden ist. »Wir brauchen keine 1000 Investmentideen, aber ein paar sehr gute, und die müssen sehr groß sein«, sagt er rund 60 Jahre später, als er mir zum ersten Mal seine Investmentgrundsätze erklärt.[76]

Die Faszination vom guten Geschäft

Münzen sammeln ist schon früh eine Leidenschaft von Warren Buffett und sein wichtigster Besitz ist eine Münzzählmaschine, die ihm seine Tante Alice geschenkt hat. Er kann sie am Gürtel tragen, und um sie zu füllen, tut er einiges. Seine ersten Pennys verdient er mit fünf Jahren. Er verkauft Kaugummipackungen, indem er an Türen klingelt und Leute auf der Straße anspricht. Etwas später erweitert er sein Angebot um Cola-Flaschen. Für 25 Cent besorgt er ein Sixpack bei seinem Großvater, die einzelne Flasche verkauft er für 5 Cent – macht 5 Cent Gewinn je sechs Flaschen und 2 Cent je Kaugummipackung.[77]

Warren Buffett hat das Arbitragegeschäft entdeckt. Ganz Geschäftsmann verlegt er seine Aktivitäten aber vor das Haus seines Freundes, weil es dort mehr Kundschaft auf der Straße gibt. Doch Warren arbeitet nicht nur systematisch, er ergreift auch einzelne Chancen, seine Münzensammlung zu vergrößern. Sein Cousin Bill erzählt, wie Großvater Ernest Warren einmal 25 Cent für einen Haarschnitt gegeben hat. Doch statt zum Friseur um die Ecke zu gehen, nahm Warren die Straßenbahn in die Innenstadt. Denn dort gab es eine Friseurschule, wo der Haarschnitt kostenlos war. Für die Fahrkarten musste er 10 Cent bezahlen, »15 Cent hat er eingesteckt«, erzählt Bill Buffett. »Es gibt nicht viele Leute, die so denken.«[78]

Ein paar Jahre später entdecken er und sein Freund Stuart »Stu« Erickson ein neues lukratives Geschäftsfeld. Sie sammeln verschlagene Golfbälle auf, die sie auf dem nahegelegenen Golfplatz Elmwood Park finden, sortieren sie nach Marken und verkaufen sie. Das Geschäft läuft so gut, dass Warren weitere Freunde für das Aufsammeln rekrutiert, bald ist die halbe Nachbarschaft für ihn unterwegs.[79] Warren sortiert körbeweise Bälle in seinem Zimmer und Stu und er verkaufen sie – zuletzt mit einem improvisierten Stand in Elmwood Park.

Doch irgendwann kommt die Polizei und schließt das unangemeldete Geschäft. Als die Beamten mit Leila und Howard sprechen, reagieren die eher stolz als wütend.[80] »Moneymaking« ist auch im Hause Buffett – wie in der gesamten US-Gesellschaft – eine sehr positive Eigenschaft.

Mit einem Freund sammelt er systematisch Wettscheine auf der Pferderennbahn vom Boden auf, weil immer einmal wieder versehentlich auch einer mit einem Gewinn darauf weggeworfen wurde. Fasziniert von den Daten der Rennpferde errechnet er Gewinnchancen für die einzelnen Tiere und gibt mit seinem Freund Bob Russel später die »Stable-Boy Selection« heraus, ein Blatt mit Wetttipps, das sich gut verkauft. Doch die Polizei schließt auch dieses Geschäft nach einer Weile.

Mit elf Jahren hat Warren Buffett 120 Dollar angesammelt, und er erklärt seinem Freund Stu Erikson, dass er mit 35 Jahren Millionär sein wird.[81] Eine Vision, die er sich nicht sehnlich herbeiwünschte wie andere, die später goldene Wasserhähne haben wollen und allen zeigen müssen, wie wichtig sie sind. Er hoffte auch nicht einfach nur, dass er viel Geld verdienen würde. Er wusste es. Schließlich hatte er es ausgerechnet. »Es ist nicht, dass ich das Geld will«, erklärte Warren Buffett der Frau von Howards Geschäftspartner Mary Falk etwas später, »es ist der Spaß dabei, Geld zu verdienen und es wachsen zu sehen.«[82]

Second New Deal

Während sich der junge Warren Buffett dem Sammeln seiner ersten Dollar widmete, erholte sich die US-Wirtschaft nur allmählich. Zwar hatten die ersten Maßnahmen von Roosevelt vielen Bürgern geholfen, endgültig beendet war die Krise aber noch lange nicht. Nebraska litt weiter besonders stark. Die Bevölkerung der USA wuchs weiter – zwischen 1930 und 1940 um knapp 9 Millionen Menschen –, doch Nebraska verlor im selben Zeitraum fast 5 Prozent seiner Einwohner. Und Omaha, um die Jahrhundertwende noch auf Rang 35 der großen US-Städte, verlor an Bedeutung.[83]

Doch immerhin: Es ging langsam wieder aufwärts, die depressive Stimmung legte sich allmählich. Die Investitionen zogen an, das Wirtschaftswachstum legte ab 1934 zu, die Menschen konnten wieder mehr konsumieren.[84] Das größte Problem blieb aber die Arbeitslosigkeit, die weiter hartnäckig hoch war. Auch 1935 suchten noch gut 10 Millionen Amerikaner vergeblich nach einem Job.[85]

Zum Entsetzen von Howard Buffett verabschiedete die Regierung zwischen April und August 1935 eine ganze Reihe weiterer, eher langfristiger Gesetze zu Stabilisierung der Wirtschaft. Auch weil der Supreme Court, der Oberste Gerichtshof der USA, zuvor ein paar der ersten New-Deal-Maßnahmen kassiert hatte, was heftige Diskussionen um die Rolle und Besetzung des Gremiums ausgelöst hatte.

Herzstück des »Second New Deal« war der »Social Security Act«, der nun auch in den USA eine Arbeitslosenversicherung und eine Altersversorgung etablierte. Roosevelt scheiterte allerdings mit seinen Versuchen, auch eine Krankenversicherung einzuführen.[86] Zudem griffen die neuen Versicherungen wie viele der New-Deal-Maßnahmen einmal mehr vor allem bei weißen Bürgern. Obwohl Roosevelt publicityträchtig auch Schwarze in seine Verwaltung berief, profitierten schwarze Pächter vom Land zum Beispiel nicht von der Förderung der Landwirtschaft, und viele schwarze Arbeiter fielen nicht unter die neuen Sozialversicherungen.

Roosevelt schaffte nicht nur neue Gesetze und Behörden, er ging noch weiter: Er folgte den Lehren des britischen Ökonomen John Maynard Keynes, einem leidenschaftlichen Gegner von Laissez-faire und Goldstandard.[87] Keynes hatte wissenschaftlich nachgewiesen, dass das Spiel der freien, marktwirtschaftlichen Kräfte eben nicht automatisch über kurz oder lang zu Wohlstand und Vollbeschäftigung führt.[88] Er wird bis heute als Kronzeuge für staatliche Ausgabenprogramme aller Arten angeführt.

Keynes argumentierte, dass es Phasen gebe, in denen der Staat die Nachfrage durch Investitionen ankurbeln müsse. Eine These, die auch die Nationalsozialisten, die 1933 in Deutschland an die Macht gekommen waren, mit dem beschleunigten Ausbau der »Reichsautobahnen« vertraten. Roosevelt setzte die keynesianischen Ideen mit der »Work Progress Administration« um und ließ Gebäude, Straßen, Flughäfen und Schulen bauen und beschäftigte staatliche Schriftsteller und Künstler.[89]

Mit Erfolg: Die Wirtschaft belebte sich zumindest ein wenig und Roosevelt wurde 1936 mit überwältigender Zustimmung wiedergewählt. Er erreichte 60,8 Prozent der Stimmen und gewann 46 der 48 Bundesstaaten – abgesehen von den einstimmigen Wahlen von George Washington und James Monroe im Wahlmännergremium das beste Ergebnis in der Geschichte der USA.

Doch in seiner zweiten Amtszeit erlahmte der Reformeifer von Roosevelt. Zwar setzte er noch den Mindestlohn durch, doch der Widerstand gegen seine Politik wuchs auch in seiner eigenen Partei.[90] Dennoch war der Staat nun zu einem wichtigen Mitspieler in der Wirtschaft geworden: Er dominierte die Geldpolitik und beaufsichtigte die Banken und die Börse. Er verteilte Einkommen um, indem er mehr Steuern erhob und Sozialleistungen gewährte. Er regulierte wichtige Branchen wie das Transportwesen, den Wohnungsbau, die Forst- und Landwirtschaft. In vielen Branchen wie der Bauwirtschaft war der Staat nun ein wichtiger Auftraggeber, in manchen wie der Energieerzeugung mit eigenen Firmen sogar ein Mitbewerber.[91] Roosevelt hatte das Wirtschaftssystem der USA nachhaltig verändert.

Die dritte Amtszeit

Am 1. September 1939 überfiel Hitlers Wehrmacht Polen. Der Zweite Weltkrieg war ausgebrochen. Gesetze aus den Jahren 1935 bis 1937 hatten die USA auf einen strikt neutralen Kurs festgelegt und den Handel mit oder Kredite an kriegführenden Parteien verboten. Und zunächst schien es so, als würde die Regierung Roosevelt dieser Maxime folgen.

Doch spätestens 1940, nachdem Deutschland Frankreich erobert und den Luftkrieg gegen Großbritannien begonnen hatte, wurden die Rufe nach Hilfe für die bedrängten Demokratien in Europa immer lauter.[92] Roosevelt schlug sich klar auf die Seite der Alliierten: Mitten im Wahlkampf für seine dritte Amtszeit übertrug er den Briten 50 ältere amerikanische Zerstörer gegen das Recht, britische Basen im Atlantik für 99 Jahre zu pachten.[93]

Isolationist Howard Buffett war entsetzt. Die Tatsache, dass Roosevelt es darüber hinaus auch noch wagte, für eine dritte Amtszeit zu kandidieren, brachten ihn und seinen Vater Ernest in Rage. Bisher war das zwar in der Verfassung nicht verboten, doch das Ausscheiden nach zwei Amtszeiten war für US-Präsidenten ein ungeschriebenes Gesetz, an das sich alle Vorgänger Roosevelts gehalten hatten.[94] Wie viele andere, so mutmaßen auch die Buffetts, dass Roosevelt eine Diktatur errichten will.

Ernest Buffett entwirft »I Am Against The Third Term«-Sticker, die er in 922 Städte in 48 Staaten verschickt. Er will damit dazu beitragen, »dass die Vereinigten Staaten eine Demokratie bleiben«.[95] Howard Buffett ist ohnehin gegen so gut wie alles, was von den New-Deal-Politikern kommt. Wahre »Social Security« müsse von innen kommen, von Individuen, nicht von der Regierung, verkündete er 1939 bei einer Rede als Lokalpolitiker und fordert, dass die Nation wieder zu Erziehung und Religion als Leitbild zurückkehren solle. In letzter Zeit hätten Politiker übernommen: »Und schaut auf den Schlamassel, den sie angerichtet haben.«[96]

Der New Deal wird für Howard Buffett ein Leben lang ein rotes Tuch bleiben. Obwohl er ein sanfter und freundlicher Mann ist, wird er die Vertreter der Idee verbal immer wieder hart attackieren. Einmal bezeichnet er die Regierung Roosevelt als »gewissenlose Bande«,[97] einmal will er alle »Spinner, Wichtigtuer, Spitzel, Schnüffler, stolpernde Schnorrer, Schlafwandler und Snobs« aus Washington verjagen.[98]

Klar schlägt sich Howard im Wahljahr 1940 auf die Seite des republikanischen Kandidaten Wendell Willkie, und Warren lernt auf die bittere Art, dass Politik und Geschäft nicht immer zusammenpassen. Mit zehn hat er einen Job als Erdnuss- und Popcornverkäufer bei den Footballspielen der Universität von Nebraska ergattert – eine gute Möglichkeit, seine Münzensammlung zu vergrößern.

Als echter Buffett trägt er einen »Willkie«-Wahlanstecker, doch sein Chef fordert ihn auf, ihn abzunehmen. Als sich der Anstecker, den er in die Tasche geschoben hatte, bei der Abrechnung in die Münzen verheddert und mit den Tageseinnahmen auf dem Tisch landet, nimmt ihm sein Chef alles ab – auch sein Geld. Warren hat seine Lektion gelernt. Auch als sein Einfluss wächst, wird er sich künftig viele Jahrzehnte lang aus der Politik heraushalten – bis ihn schließlich die wachsende Ungleichheit Ende des 20. Jahrhunderts dazu bringen wird, seinen Grundsatz zu brechen.

Die Faszination der Börse

Wenn der junge Warren Buffett nicht damit beschäftigt ist, Geld zu verdienen, verbringt er seine Freizeit am liebsten im Büro seines Vaters. Howards Brokerfirma läuft nach wie vor gut, seit 1934 residiert »Buffett & Co.« im Omaha National Bank Building in der Farnam Street.[99] Für Warren ein Paradies: Nicht nur, dass er ohnehin nicht gerne zu Hause bei seiner Mutter Leila ist, die Börsenmaklerfirma bietet ihm auch alles, was er liebt: unendlich viel Lesestoff und eine Fülle an Zahlen.

Stundenlang vertiefte er sich in die Börsenzeitung *Barron's* oder liest in den Büchern, die dort im Regal stehen. Oft läuft er zwei Stockwerke tiefer, um in einer anderen Maklerfirma, Harris Upham, die Aktienkurse zu verfolgen. Die wichtigsten Werte werden dort auf einer elektronischen Tafel angezeigt, andere mit Kreide auf eine Schiefertafel gemalt. Manchmal darf er dort an Samstagen die Kurse anschreiben.[100]

Für ihn sind die Zahlen und Informationen ähnlich fesselnd wie die auf der Pferderennbahn. »Es gibt eine Menge Gemeinsamkeiten zwischen Pferdewetten und Investitionen«, erklärt Warren Buffett später. Es gehe nicht darum herauszufinden, wie viel für ein Pferd oder ein Wertpapier bezahlt wird, sondern wie schnell es rennen beziehungsweise steigen kann.[101] Dann hat man die Chance, einen echten Überraschungsgewinner zu finden. Warren Buffett weiß zu dem Zeitpunkt nur noch nicht genau, wie er das bei Aktien machen soll.

Mit zehn Jahren sieht er zum ersten Mal die Wall Street. Sein Vater hat ihn dorthin mitgenommen und er ist beeindruckt. Besonders imponiert ihn ein Börsenhändler, der sich seine Zigarre nach dem Essen aus vorher gewählten Tabakblättern drehen lässt. »Ich dachte: Das ist es. Besser geht es nicht. Eine maßgefertigte Zigarre!«[102] Warren wird zwar sein Leben lang nicht rauchen, aber er erkennt, dass die Börse der Ort ist, an dem man richtig viel Geld sammeln kann.

Ein Jahr später probiert er es zum ersten Mal selber aus. Für sich und seine Schwester Doris kauft er drei Vorzugsaktien der Öl- und Gasfirma Cities Services, für je 38,25 Dollar. Er weiß nicht viel von der Firma, außer dass sein Vater sie mag und seit Jahren seinen Kunden empfiehlt. Kurze Zeit später steht der Kurs bei 27 Dollar und seine Schwester erinnert ihn jeden Tag daran. Als er sich auf 40 Dollar erholt, verkauft Warren die Aktien mit einem Gewinn von rund 5 Dollar. Doch Cities Services steigt weiter – bis auf 202 Dollar.[103]

Eine fast schon maßgeschneiderte Lektion für Warren, der nun gelernt hat, wie wichtig Geduld für Anleger ist. Von da an wird er mehr davon aufbringen als die meisten anderen Investoren, bei Wertpapierverkäufen genauso wie beim Kauf von Aktien oder Unternehmen. »Geduld ist essenziell. Wenn die Preise nicht stimmen, muss man warten«, erklärt er mir später. »Wer jünger ist als 90, wird noch genügend gute Gelegenheiten im Leben finden – und wer älter ist, ist ohnehin ein Glückspilz.«[104] Oder wie sein Investmentpartner Charlie Munger gerne sagt: »Wir wissen nicht, wie man schnell reich wird, aber wir wissen, wie es langsam geht.«

Howard Buffett wird Politiker

Am 7. Dezember 1941 sind die Buffetts gerade auf dem Heimweg von einem Besuch bei Opa Stahl in West Point, als sie im Autoradio hören, dass Japan den amerikanischen Stützpunkt Pearl Harbor auf Hawaii angegriffen hat.[105] Um 7:55 Uhr Ortszeit fallen dort die ersten Bomben von japanischen Kampfflugzeugen und knapp zwei Stunden später sind fünf US-Schlachtschiffe versenkt, drei weitere schwer getroffen, 188 Flugzeuge vernichtet und etwa 2400 Menschen tot.

Präsident Roosevelt, der im Jahr zuvor tatsächlich zum dritten Mal gewählt worden war, sprach vom »Tag der Schande, an dem Japan urplötzlich und vorsätzlich die USA angegriffen habe«, und erklärte Japan den Krieg.[106] Bis heute halten sich Spekulationen darüber, warum die Japaner die USA damals so überrumpeln konnten.

Howard Buffett glaubt wie viele Amerikaner, Roosevelt habe den Angriff nicht verhindert oder sogar bewusst provoziert, um den Kriegseintritt zu rechtfertigen. Er bezeichnet die Regierung als »skrupellose Bande, die unter dem Deckmantel des Krieges Pläne schmiedet, die Ketten der politischen Knechtschaft um Amerikas Nacken zu straffen«.[107]

Mehr denn je ist Howard Buffett nun überzeugt, dass die USA auf dem falschen Weg sind, und engagiert sich in der Republikanischen Partei. Ein Jahr später soll er für die Kongresswahlen einen Gegenkandidaten gegen den populären demokratischen Amtsinhaber Charles McLaughlin finden. Doch niemand will die aussichtslose Tortur auf sich nehmen – also macht es Howard selber.

Die ganze Familie, auch Warren, tourt mit ihm durch den Wahlkampf. Howard, Leila und die Kinder geben ein Radiointerview inklusive Gesangseinlage, besuchen Volksfeste und kleben Wahlwerbung auf Laternen. Warren steht sehr früh am Morgen Schmiere, wenn sein Vater unangemeldet bei den traditionell demokratischen Arbeitern in den Schlachthöfen Wahlkampf macht – falls es zu Gewalt kommt, soll er die Polizei holen.[108] Und zum zweiten Mal im Leben von Howard Buffett geschieht das eigentlich Unmögliche: Sein intensiver Wahlkampf zahlt sich aus, er gewinnt die Wahl.

»Er war so ein unwahrscheinlicher Kandidat«, sagt Warren Buffett, »dass weder er selbst noch sein Gegner ihn ernst nahmen.«[109] Am Wahlabend ging Howard um neun Uhr ins Bett und wachte am nächsten Morgen auf, um zu erfahren, dass er gewonnen hatte. Als er gegenüber der Presse ein Statement abgeben soll, weiß er nicht, was er sagen soll.

»Alles was ich vorbereitet habe, ist, meine Niederlage einzuräumen«, erklärt er.[110]

Im Januar 1943 vermietet die Familie Buffett ihr Haus in Dundee, Omaha, und zieht nach Washington, wo Howard die erste von vier Amtszeiten als Kongressabgeordneter antritt.

KAPITEL 3

ACHTERBAHN

JUGENDLICHE REBELLION

1943–1950

Die Welt leidet unter dem Grauen des Zweiten Weltkrieges und die USA werden zur globalen Wirtschaftsmacht. In Washington wächst Warren Buffett zu einem wütenden Teenager heran. Mit 20 besitzt er dennoch ein kleines Vermögen und einen guten Schulabschluss.

Abschied in Raten

Warren Buffett ist zutiefst unglücklich. Er sitzt in einem viel zu großen Haus in Fredericksburg, Virginia, fest – etwa eine Stunde Fahrt von Washington entfernt. Kurz vorher hat die Familie Buffett die Zelte in Omaha abgebrochen, ihr Zuhause vermietet und einen Zug bestiegen, der sie in ihr neues Leben gebracht hat.

Warrens Vater Howard lebt unter der Woche in einer winzigen Wohnung in Washington, D.C. und arbeitet sich in sein neues Leben als Abgeordneter ein. Die Kinder sind also alleine mit Leila, die ungewöhnlich reizbar ist. Sie macht sich Sorgen um ihre Schwester, die wie zuvor schon ihre Mutter Stella wegen psychischer Probleme in das Norfolk State Hospital eingeliefert worden ist.

Warrens Schwestern Doris und Bertie kommen mit der Zeit ganz gut zurecht und finden neue Freunde. Doch Warren ist in seiner Klasse an der Alice-Deal-Junior-Highschool einsam und unterfordert. Er will nichts als zurück nach Omaha. Auf einen Schlag hat er alles verloren, was ihm wichtig ist: seine Freunde, das Büro seines Vaters, seine Tante Alice, seine Tischtennisplatte, auf der er in jüngster Zeit exzessiv gespielt hat, seine Trompete. »Ich hatte elendes Heimweh«, erzählt er.[1] In der Schule ist er unterfordert, weil die Klasse weit hinter dem Stand seiner alten Schule in Omaha zurück ist. Und der Job, den er in einer Bäckerei findet, bringt zwar neue Münzen, langweilt ihn aber, weil es so gut wie nichts für ihn zu tun gibt. »Ich habe nicht gebacken und nicht verkauft«, erinnert er sich.[2]

Warren schreibt verzweifelte Briefe an seinen Großvater Ernest und setzt seine Eltern unter Druck. Er erzählte ihnen, dass er nicht mehr gut atmen und schlafen könne. »Ich sagte ihnen, sie sollten sich aber keine Sorgen machen, damit sie selber gut schlafen. Ich würde einfach die ganze Nacht aufbleiben.«[3] Die Methode wirkt: Wenige Wochen später sitzt Warren wieder in einem Zug, diesmal Richtung Omaha, wo er bei Ernest und Alice wohnen und die achte Klasse beenden soll.

Zurück in seiner alten Umgebung blüht Warren auf und findet schnell wieder neue Wege, Münzen zu verdienen. In der Nachbarschaft sammelt er Altpapier und Zeitschriften, die er für ein paar Cent verkauft, und an den Wochenenden arbeitet er im Lebensmittelgeschäft seines Großvaters. Der zieht vom mageren Tagesgehalt seiner Aushilfskräfte mit großem Tamtam 2 Cent ab, um ihnen klarzumachen, welch immense Kosten die unnützen Regierungsprogramme wie die Social Security verursachen.[4]

Ernest lässt Warren hart arbeiten, er muss schwere Lasten heben, Böden und Regale putzen oder helfen, die Lebensmittelmarken zu sortieren, ohne die im Krieg auch bei Buffett's niemand mehr einkaufen kann. Abends diktiert sein Großvater Warren neue Kapitel für das Buch, an dem er arbeitet. Es trägt den Titel *Wie man ein Lebensmittelgeschäft führt und einige Dinge, die ich beim Angeln gelernt habe* und wird nie erscheinen. Warren muss die Texte auf die Rückseite alter Geschäftsbücher schreiben, denn bei Ernest wurde noch nie etwas verschwendet.[5]

Für Warren könnte sein Leben ewig so weitergehen, doch als der Sommer kommt, ist die Schonfrist vorbei. Der Rest der Familie kommt aus Washington für die Ferien nach Omaha, und als sie zurückfahren, nehmen sie Warren endgültig mit.

Kriegswirtschaft

Als die Buffetts nach Washington zurückkehren, haben sie endlich ein Haus in einem Vorort der Stadt gefunden und Howard kann auch unter der Woche wieder bei seiner Familie sein. Die Suche nach einer Bleibe war schwer gewesen, denn während der ersten Amtszeit von Howard platzte Washington aus allen Nähten.

Seitdem die USA aufseiten der Alliierten in den Krieg eingetreten waren, brauchte die Regierung ständig neue Mitarbeiter, um die Armee zu führen, Kriegsmaterialien zu beschaffen oder die Rationierung von Lebensmitteln, Benzin und Kleidung zu organisieren. Zahlreiche neue Behörden wurden geschaffen und sie verbrauchten immens viel Geld: Die Staatsausgaben, die 1940 noch bei rund 175 Milliarden Dollar gelegen hatten, sprangen bis 1943 auf fast 700 Milliarden und in den Jahren 1944 bis 1946 sogar auf über 1 Billion Dollar.[6]

Das Land stellte seine Wirtschaft – wie im Ersten Weltkrieg – konsequent auf Kriegsgüterproduktion um und die höheren Staatsausgaben brachten die Wirtschaft auf Hochtouren. Zwischen 1940 und 1944 stieg das Bruttoinlandsprodukt preisbereinigt um fast 75 Prozent. Ein Boom, der die neu regulierte Börse aber nur teilweise erreichte: Der S&P 500 legte zwar zwischen 1940 und 1945 unter Schwankungen um knapp 40 Prozent zu, blieb aber weiter deutlich unter dem Höchststand von 1929 zurück.[7]

Die Kriegswirtschaft und die neuen Vorschriften brachten so einige Einschränkungen der persönlichen Freiheit mit sich. So wurden Arbeitskräfte nach 1942 von der War Manpower Commission gesteuert, die die Wochenarbeitszeit in den kriegswichtigen Industrien auf 48 Stunden heraufsetzte und sogar einen Arbeitsplatzwechsel untersagen konnte.[8] Während der Wirtschaftskrise hätten die Menschen fast alles getan, um auch nur für Tage schlecht bezahlte Jobs zu bekommen, jetzt plötzlich waren Arbeitskräfte gefragte Mangelware. 16 Millionen Amerikaner dienten während des Krieges in der Armee, viele Millionen wurden in Industrie und Landwirtschaft gebraucht.[9] Die Arbeitslosigkeit sank rasch – von 8 Millionen Menschen 1940 auf 1 Million 1945.[10] Die Welt versank in den Schrecken des Weltkrieges, doch in den USA markiert der Eintritt in den Krieg gleichzeitig zumindest das definitive Ende der Great Depression.

Blanke Wut

In Washington ist von dem Grauen der Schlachten in Europa und anderswo in der Welt wenig zu spüren. Doch der Alltag wird auch hier beschwerlicher. Viele Konsumgüter sind rationiert, allen voran Lebensmittel, aber auch Kleidung oder Benzin gibt es nur noch gegen Marken. Einiges ist echte Mangelware, zum Beispiel Butter, und alles rund ums Auto ist so gut wie gar nicht mehr zu bekommen, da die Autofabriken auf Kriegsgüterproduktion umgestellt haben. Und ab und zu ziehen Luftschutzwarte durch die Wohngegenden und überprüfen, ob auch jedes Haus eine korrekte Verdunkelung hat, falls es je zu einem Luftangriff kommen sollte.

Warren ist wieder mit seiner Familie zusammen, aber in der Schule und seiner Freizeit ist er wieder einsam und unglücklich. Seine Eltern haben beschlossen, dass er eine Klasse überspringen sollte, doch er ist zurück an der Alice-Deal-Junior-Highschool. Dort ist er nicht nur der Jüngste in seinem Jahrgang, er ist auch ein eindeutiger Außenseiter. Als unverkennbares Produkt einer bürgerlichen Familie aus dem Mittleren Westen[11] fühlt er sich fremd unter den Sprösslingen aus etablierten Familien und Diplomatensöhnen.

Aus dem 13-jährigen schüchternen Jungen wird zunehmend ein wütender Teenager. »Ich wusste nicht genau, wohin ich diese Wut richten sollte, ich wusste nur, dass ich jetzt ganz erheblich weniger Spaß hatte als früher«, erinnert er sich.[12] In der Schule sackt er ab, plötzlich hat er nur noch durchschnittliche Noten – selbst in Mathematik.

Doch damit nicht genug. Warren verliert mehr und mehr das Gespür für die Buffett'sche Redlichkeit. Schon im Frühjahr in Omaha hatte er das erste Mal die Familienwerte von Ehrlichkeit und Anstand verletzt: Weil er sich ein Fahrrad wünschte, schnappte er sich ungefragt einfach das Mädchenfahrrad seiner Schwester Doris, das diese bei Großvater Ernest untergestellt hatte, und gab es für ein eigenes Fahrrad in Zahlung. Doris war außer sich vor Wut, als sie den Diebstahl bemerkte, doch Warrens Eltern ließen es durchgehen.[13]

Zurück in Washington wird die Sache nicht besser. Warren hat kein Interesse mehr, die Erwartungen seiner Lehrer oder Eltern zu erfüllen. »Ich brachte Aktiencharts in die Schule mit und passte im Unterricht nicht auf. Dann freundete ich mich mit John McRae und Roger Bell an. Und ich wurde aufsässig«, erinnert er sich.[14] Zu dritt spielen sie ohne Erlaubnis Golf auf einer privaten Golfanlage einer reichen Familie, Golfschläger, -taschen und -bälle haben sie im Warenhaus Sears geklaut.[15] Wegen seines allgemein schlechten Verhaltens schließt ihn die Schule später sogar von der offiziellen Zeugnisverleihung aus. Allmählich machen sich auch Leila und Howard Sorgen.

Im Juni 1943, am Ende eines langen, unglücklichen Schuljahrs, reißt Warren aus. Er packt seine Zahnbürste ein und trampt mit seinen Freunden John und Roger nach Hershey, Pennsylvania. Sie wollen dort erst einmal auf einem Golfplatz als Caddys arbeiten. Doch schon nach der ersten Nacht im Gasthof werden sie von der Polizei festgesetzt. Die Jungs, Warren ist noch nicht einmal 13, können sich herausreden und überzeugen die Beamten, dass sie mit Einverständnis der Eltern unterwegs sind. Doch als sie gehen dürfen, wollen sie nur noch nach Hause. Nach einer abenteuerlichen Tramptour zurück ist nicht nur der Ausflug vorbei. Auch die Geduld seiner Eltern ist am Ende. »Mein Vater regte sich nicht auf, er ließ mich nur wissen, dass er von mir enttäuscht war«, erinnert sich Buffett.[16] Eine Therapie, die sein Vater mit einem zusätzlichen Druckmittel verstärkt: Howard droht Warren an, ihm das wegzunehmen, was ihm am wichtigsten ist: seinen Job als Zeitungsausträger.[17]

500.000 Zeitungen

Natürlich hatte sich Warren gleich nach seiner Rückkehr aus Omaha einen Job gesucht und wurde zunächst Caddy in einem Golfclub. Doch die Arbeit war körperlich für ihn fast nicht zu schaffen, die Golftaschen waren für den schmächtigen Jungen viel zu schwer.

Doch dann findet er etwas, das ihm liegt. Er ergattert seine erste Zeitungsroute für die *Washington Post.* Zeitungsaustragen wird von nun an seine Leidenschaft und wichtigste Einnahmequelle. Kurze Zeit später nimmt er zwei weitere Routen für den *Times-Herald* an und dann noch eine Nachmittagsroute für den *Evening Star.*

Warren geht sein neues Tätigkeitsfeld hoch professionell an. Die Außenstände von seinen Kunden treibt er konsequent ein und macht das Falten und Werfen der Zeitungen zu einem Wettbewerb gegen sich selber, um schneller zu werden. Zudem verkauft er Magazine an der Haustür. Und er liest vieles von dem, was er verteilt.

Denn die Leidenschaft seines Vaters für Journalismus und Informationen hat auch Warren Buffett bis heute in sich. Schon während seiner frühen Phase als Investor kauft er Zeitungen auf, später ist er Miteigentümer der *Washington Post* und eine Zeit lang gehören rund 40 Tageszeitungen in zehn US-Staaten zum Imperium von Berkshire.

Wie man Zeitungen ohne Gummi faltet und präzise vor eine Haustür wirft, hat er auch mit weit über 80 Jahren nicht verlernt. Zu den Höhepunkten der jährlichen Hauptversammlung in Omaha gehörte lange ein Wettbewerb, bei dem Aktionäre gegen ihn oder Bill Gates antreten können. Gefaltet und geworfen wurde der *Omaha World-Herald,* der heute zu Berkshire gehört, auf eine genau 35 Fuß entfernte Zielmarke auf der Veranda eines Fertighauses von Clayton Home, das natürlich auch zu Berkshire gehört. Kinder, die antraten, und Erwachsene, die gegen Buffett

Erfolg hatten, erhielten einen Eisriegel einer weiteren Berkshire-Firma. Viel Eis musste Buffett aber nicht spendieren. »Als Teenager habe ich – während meines kurzen Flirts mit ehrlicher Arbeit – rund 500.000 Zeitungen ausgeliefert«, warnte Buffett seine Aktionäre in der Einladung zu einer Hauptversammlung.[18]

Mit dem Zeitungsjob katapultiert sich der Teenager Warren Buffett vom Sammler von Münzen zu einem von Geldscheinen. 1944 verdient er mit seinen Routen 409 Dollar, andere Geschäfte bringen noch einmal 228 Dollar. Mit 14 Jahren erstellt er seine erste Steuererklärung und setzt von den 637 Dollar Einnahmen 30 Dollar für sein nicht ganz redlich erworbenes Fahrrad und 10 Dollar für eine Reparatur seiner Armbanduhr ab. Seine Einkommenssteuer beträgt 7 Dollar.[19]

Inzwischen hat Warren Buffett rund 2000 Dollar angesammelt und baut seine Verdienstquellen weiter aus. Und investiert erstmals in Immobilien: Mit 14 Jahren kauft er für 1200 Dollar eine Farm in Nebraska – der Pächter gibt ihm die Hälfte seines Ertrags.[20]

Der Fluch der Prinzipien

Am 1. April 1945, kurz vor Ende des Zweiten Weltkrieges, stirbt Präsident Franklin D. Roosevelt an einer Gehirnblutung. Die ganze westliche Welt steht unter Schock, doch Nachbarn finden die Familie Buffett am Abend vor, wie sie ausgelassen feiert. Warren ist nicht dabei, er nutzt die Gelegenheit, Sonderausgaben seiner Zeitungen an der Straßenecke zu verkaufen.[21] Zur Empörung von Howard war Roosevelt doch tatsächlich 1944 noch ein viertes Mal als Präsidentschaftskandidat angetreten und hatte wieder, wenn auch etwas knapper, gewonnen. Nebraska war nur einer von zwölf US-Staaten, die der republikanische Gegenkandidat erobern konnte.

Zwar waren die USA so mit dem Krieg beschäftigt, dass Roosevelt keine weiteren großen Reformschritte im Inneren durchführte. Doch stattdessen setzte der Präsident außenpolitisch alles um, was der Isolationist Howard Buffett für grundfalsch hielt: Roosevelt hatte sich nicht nur in den Weltkrieg verwickeln lassen. Er trieb auch internationale Kooperationen voran: Er brachte Josef Stalin dazu, der Gründung der Vereinten Nationen zuzustimmen. Auch für die Nachkriegsordnung in Europa hatte Roosevelt eine eigene Vision. Letztendlich lehnte er den Morgenthau-Plan ab, der das Nachkriegsdeutschland in ein Agrarland verwandeln sollte. Stattdessen wollte er Europa wiederaufbauen, Deutschland zu einem demokratischen Rechtsstaat machen und einen europäischen Einigungsprozess in Gang bringen. Einen Plan, den Howard Buffett als »Operation Rattenhöhle«[22] bezeichnete. Roosevelt schuf die Strukturen, die Amerika auf den Weg in seine künftige Rolle als Weltenlenker führen sollte.

Howard Buffett erlebt das alles im Zentrum der Macht, als Abgeordneter im US-Kongress. Und bleibt dennoch ein Zaungast. Insgesamt vier Amtszeiten wird er dort verbringen, allerdings wenig bewegen. »Er verlor ständig diese Abstimmungen im Kongress, vielleicht mit 412 gegen drei Stimmen. Mein Vater gehörte zu den dreien«, erzählt Warren Buffett.[23]

Denn Howard Buffett lebt weiter nach dem Motto von Ralph Waldo Emerson: »Mit perfekter Anmut die Unabhängigkeit der Einsamkeit«. Er macht sich nicht nur unter den Kollegen unbeliebt, weil er alle Privilegien für Politiker ablehnt – unter anderem verweigert er die Annahme einer Gehaltserhöhung für Abgeordnete, weil er ja für das alte Gehalt gewählt worden sei. Vor allem isoliert er sich durch eine radikale politische Agenda. Ein Autor des ökonomisch rechten Mises Institutes* bezeichnet Howard Buffett mehr als 50 Jahre später lobend als »vielleicht bestes Beispiel für einen »Old Right«-Politiker.[24]

Howards politische Agenda unterscheidet sich nur wenig von der des späteren Präsidenten Donald Trump. Er misst alle politischen Entscheidungen nach dem einen Kriterium: Wird die persönliche oder finanzielle Freiheit der Amerikaner eingeschränkt oder vergrößert? Bei den Maßnahmen der demokratischen Regierung kommt er in der Regel zu einem klaren Schluss. Nach dem Krieg stimmt er gegen Hilfeleistungen für das ausgebombte Großbritannien, gegen Schulessen, gegen europäische Weizenexporte und gegen Hilfspläne für leidende Länder.[25]

---

* Benannt nach dem österreichisch-amerikanischen Ökonom Ludwig von Mises, der ein strikter Verfechter der freien Marktwirtschaft und Gegner jeder Form staatlicher Intervention war.

Als Wertpapierhändler wird Howard in den Finanzausschüssen aktiv und beschäftigt sich dort vor allem mit seinem Lieblingsthema: der Rückkehr der USA zur Praxis, dass jeder jederzeit seine Dollar in Gold tauschen kann. Es sei kein Zufall, dass auch Hitler und Mussolini sehr schnell den individuellen Besitz von Gold verboten hätten, meint er. Denn so seien die Regierenden uneingeschränkte Herren des Geldes und könnten die Bürger in Unfreiheit, ja Sklaverei halten. »So wie ich das überblicke, tragen Papiergeldsysteme immer Kollaps und wirtschaftliches Chaos in sich«, sagt er. Warren, der Jahrzehnte später mit dem Zitat konfrontiert wird, meint: »Das klingt nach meinem Vater, ja. Ich habe das lange Zeit jeden Tag beim Abendessen gehört.«[26]

Howards radikale ökonomische Ansichten brachten ihn 1948 auf die »Nicht wiederwählen!«-Liste der *Washington Post*, die ihn als »beinharten Reaktionär« bezeichnete.[27] Howard Buffett war klar ein Vertreter des Teils der US-Gesellschaft, die letztendlich Donald Trump als Präsidenten hervorgebracht hat.

Ob er ihn unterstützt hätte, ist allerdings fraglich. Denn moralisch gesehen stammte Howard aus einer anderen Galaxie. Er setzte eine sehr hohe Messlatte an, die er selber lebte: »Er war mit sich im Reinen«, sagt Warren Buffett. »Er dachte, er tut sein Bestes. Er ging seinen eigenen Weg und wusste, warum er da war – für uns Kinder.«[28]

The Wilson Coin Operated Machine Company

Im Herbst 1945 ist der Krieg für die USA siegreich beendet, Deutschland hat am 8. Mai bedingungslos kapituliert und Japan im Sommer nach dem Abwurf der Atombomben.

Howard setzt sich nach dem Krieg in Washington vehement gegen die anhaltende Preisbindung vieler Waren ein und wird in Omaha von seinem Vater unterstützt. »Der Krieg ist gewonnen«, schreibt Ernest im Herbst 1945 an den Senator von Nebraska, »doch es gibt bestimmte Bürokraten, die sagen, dass wir weiter kontrolliert werden sollten und deshalb reglementiert werden müssen.«[29]

Im Herbst 1946 stirbt in Omaha Warrens Großvater Ernest mit 69 Jahren. Sein Geschäft vererbt er seinem Sohn Frank, seine politischen Ansichten hat er vor allem an Howard weitergegeben. Warren ist traurig über den Tod seines Großvaters – und immer noch auf Krawall gebürstet. Seit dem Frühjahr geht er an die Woodrow Wilson Highschool. Noch immer ist er ein Außenseiter, der ständig – auch im tiefsten Winter – in denselben Turnschuhe unterwegs ist, sich schlecht kleidet und sich aus den beginnenden Flirtereien mit Mädchen heraushält.

Er verbringt viel Zeit mit seinem Freund Donald »Don« Danly, einem begeisterten Tüftler und Wissenschaftsfan. Der teilt Warrens Freude an Musik und Begeisterung für Zahlenspiele. Doch die gemeinsamen Aktivitäten sind nicht alle harmlos. Sie machen gemeinsame Raubzüge bei Sears und lernen, wie man Spielautomaten manipulierte, indem man etwa Bier hineinschüttete, damit ein Münze hängen blieb und man spielen kann, bis das Gerät seine kompletten Geldstücke ausschüttet. Irgendwann fangen sie an, selber Münzen in einem Münzbrett zu gießen und damit die Gewinne aus Automaten zu holen.[30] »Ich habe einiges gemacht, auf das ich heute nicht stolz bin«, sagt Buffett.

In der Schule tut er alles, um seine Lehrer zu ärgern. »Ich habe ein paar Aktien von American Telephone leerverkauft. Ich wusste, dass meine Lehrer sie besaßen. Sie dachten, dass ich mich mit Aktien auskenne, und ich dachte, so könnte ich sie mit Sorgen über ihre Altersvorsorge terrorisieren.«[31] Wohl das einzige Mal, dass Warren Buffett eine Investitionsentscheidung aus rein emotionalen Gründen getroffen hat.

In zweiten Jahr an der Woodrow Wilson High sind die Freunde oft im Keller der Danlys und spielen stundenlang auf einem gebrauchten Flipperautomaten, den Donald für 25 Dollar gekauft hat. Don ist außerordentlich geschickt darin, das altersschwache Gerät immer wieder zur reparieren.

Warren entwickelt daraus eine Geschäftsidee: Sie überreden einen Friseur, den Automaten in seinem Geschäft aufzustellen und die Einnahmen mit ihnen zu teilen. Dabei geben sie sich als Angestellte von »Mr. Wilson« aus, damit sie seriöser wirken. Außerdem haben sie Angst, ins Fadenkreuz der Mafia zu geraten, die damals Glücksspiele aller Art kontrolliert, und fühlen sich so besser geschützt.

Die »Wilson Coin Operated Machine Company« ist ein voller Erfolg. Nach einer Woche holen Warren und Don einen riesigen Berg an Münzen aus dem Automaten. Ihr Anteil summiert sich auf rund 25 Dollar und so können sie einen weiteren Automaten kaufen, den sie bei einem anderen Friseur aufstellen. Die Wilson Coin Op. wächst schnell. Warren Buffett hatte mit nicht einmal 17 Jahren seine erste Goldgrube gefunden.

Der Internationale Feuerwehrmann

Franklin D. Roosevelts Tod hatte unterdessen die politischen Dinge aus Sicht von Howard Buffett nicht verbessert. Denn sein Nachfolger, der bisherige Vizepräsident Harry S. Truman, machte genau da weiter, wo Roosevelt aufgehört hatte. Als er nur neun Minuten nach dem Tod von Roosevelt vereidigt wurde, hielten ihn viele für unfähig, die gewaltigen Fußstapfen von Roosevelt auszufüllen. Auch er selber fühlte sich von der Aufgabe überfordert oder gab es zumindest vor: »Ich habe dieses Amt nicht gewollt«, behauptete er damals, »betet für mich, dass ich es schaffe.«[32]

Und innenpolitisch schien er tatsächlich erst einmal zu scheitern. Er stand hinter dem Sozialsystem und plante die Fortsetzung des New Deal mit einem Fair Deal, zu dem unter anderem eine Krankenversicherung für alle und bessere Bildungsangebote des Staates gehörten. Doch von diesen Vorhaben brachte er nur wenige durch: Nach den langen Roosevelt-Jahren war die Gesellschaft reformmüde geworden und entwickelte mehr und mehr eine fast hysterische Abneigung gegen alles, was »sozialistisch« oder gar »kommunistisch« anmutete.[33]

Doch Truman erwies sich rasch zumindest außenpolitisch als beinharter Politiker. Er ordnete nicht nur wenige Monate nach seinem Amtsantritt den Abwurf der Atombomben auf Japan an, er zeigte sich auch unnachgiebig im neuen Konflikt mit der Sowjetunion. Denn schnell nach dem Sieg der Alliierten in Europa wurde klar, dass die ehemaligen Verbündeten nun Gegner waren: Die Sowjetunion und die USA versuchten beide, ihr Einflussgebiet zu erweitern, nicht nur im besiegten Teil Europas, sondern bald auch auf der ganzen Welt.[34]

Bis fast zwei Jahre nach Kriegsende hielten Truman und seine Regierung offensichtlich an der Hoffnung fest, dass die Sowjetunion im Rahmen der UN mit den USA zusammenarbeiten würde – obwohl das Land unter Stalin in Mittel- und Osteuropa mehrfach das Gegenteil bewiesen hatte. Als Großbritannien aber 1947 überraschend verkündete, seine finanzielle und militärische Hilfe für Griechenland und die Türkei zu beenden, kam es zu einem Wendepunkt in der US-Außenpolitik. Denn ohne Unterstützung drohten beide Länder in die Machtsphäre der Sowjetunion zu geraten.

In einer dramatischen Rede vor beiden Parlamentskammern der USA am 12. März 1947 verkündete Truman seine neue Gangart im Konflikt mit der Sowjetunion. Ab sofort »muss es die Politik der Vereinigten Staaten sein, freie Völker in ihrem Widerstand gegen Unterwerfung durch bewaffnete Minderheiten oder durch äußeren Druck zu unterstützen«, sagte er.[35] Der Satz, der bald als »Truman-Doktrin« bekannt wurde, markierte den Beginn des Kalten Krieges und bestimmte für Jahrzehnte die Außenpolitik der USA. Nicht nur in Europa wurde um jeden Zentimeter Einflussgebiet gekämpft. Anderswo wie in Korea oder Vietnam wurde der große Ost-West-Konflikt bald in Stellvertreterkriegen mit Waffengewalt ausgetragen.

Howard Buffett erweist sich wieder einmal als Sprecher der anderen Hälfte der US-Amerikaner: Am 18. Mai 1947 – nur zwei Monate nach der Rede Trumans – spricht er im Repräsentantenhaus. Er skizziert dabei Gedanken, die Donald Trump 70 Jahre später zum Schrecken vieler Verbündeter als »America First«-Politik umsetzen will: Wenn die USA in Griechenland und der Türkei eingreifen würden, glaubt Howard Buffett, würde das Land »bald wie ein Feuerwehrmann Hilferufe aus aller Welt beantworten, die unsere Ressourcen abpumpen. Was wird währenddessen zu Hause passieren? Alle Wirtschaftspläne werden in Rauch aufgehen.«[36]

Mit dem ersten Teil seiner Prognose hatte Howard recht. Im Wettstreit mit dem Ostblock wurden die USA tatsächlich zum Feuerwehrmann der westlichen Welt. Doch ökonomisch lag er falsch: Das Jahrhundert des US-Kapitalismus nahm gerade erst richtig Fahrt auf.

Systeme für Pferde und Menschen

Obwohl Warren jeden Tag beim Abendessen die Ansichten seines Vaters erläutert bekommt, ist Politik für ihn uninteressant. Sein Interesse gilt nach wie vor dem Geldverdienen. Er ist weiter Bücherwurm und saugt alles auf, was er zu Geschäftsleben und Börse finden kann – oder über Pferdewetten. Fast schon fanatisch studiert er Rennstatistiken und wertet die Informationen systematisch aus. Während andere auf die Hemdfarbe des Jockeys oder den Namen der Pferde setzen, errechnet Warren die Wahrscheinlichkeiten, mit denen ein Pferd gewinnen kann. »Der Trick besteht darin, in einer Gruppe zu sein, in der niemand analytisch vorgeht, und selber eine Menge Daten zur Verfügung zu haben«, sagt er.[37]

Doch eines Tages geht die Sache schief: Warren ist alleine auf die Rennbahn nach Charleston gefahren und verliert seine erste Wette. Anstatt mit seinem Verlust heimzugehen, will er ihn wettmachen und setzt weiter – bis er schließlich 175 Dollar verspielt hat. »Mir ging es danach furchtbar schlecht«, erinnert sich Warren Buffett, »das war das letzte Mal, dass ich so etwas gemacht habe.«[38]

Nach den Erfahrungen mit seiner ersten Aktie war das eine weitere fast maßgeschneiderte Lehre für Warren, die er auch am Aktienmarkt von da an immer beherzigen wird: Jede Wette, jeder Aktiendeal muss für sich systematisch auf Chancen und Risiken bewertet werden – egal was vorher war. Vor allem sollte man nicht versuchen, Geld auf dieselbe Art zurückzugewinnen, auf die man es verloren hat.

Warren ist weiterhin ein aufsässiger Jugendlicher, der nur mit einzelnen Freunden klarkommt. Doch offensichtlich will er auch von allen anderen anerkannt werden. Eine Zeit lang versucht er, mit Hanteltraining attraktiver zu werden.[39] Doch es sind nicht die Muskeln, die fehlen.

Im Haus seines Großvaters Ernest entdeckt er schließlich ein Buch, das ihn sofort fesselt. *How to Win Friends and Influence People* ist der Titel, und es stammt aus der Feder des ehemaligen Verkäufers Dale Carnegie. Ein typischer amerikanischer Ratgeber, der verspricht, dass er das Leben des Lesers sofort von Grund auf verändern wird. Doch Warren ist fasziniert. Im Wesentlichen fordert Carnegie in seinem Buch dazu auf, den anderen viel Respekt entgegenzubringen und direkte Konfrontationen zu vermeiden: »Kritisiere andere nicht offen und lass sie immer ihr Gesicht wahren«, empfiehlt Carnegie, und »stelle Fragen und gib keine Anweisungen.« Zudem plädiert er dafür, eigene Fehler schnell und unumwunden einzugestehen und anderen offene Anerkennung zu zollen, wenn sie aufrichtig gemeint ist.[40]

Warren beginnt, Carnegies Regeln systematisch auszuprobieren und wertet statistisch aus, ob sie wirken. Und tatsächlich: Es liegt ihm nicht nur und entspricht seinem Naturell, es funktioniert auch. Im Golfteam der Woodrow Wilson Highschool zumindest kommt er nun gut zurecht.

Warren Buffett wird das Carnegie-System sein Leben lang perfektionieren. In so gut wie jedem der berühmten *Briefe an die Aktionäre*, die er zum Jahresbericht seiner Holding Berkshire Hathaway schreibt, gibt es eine Passage, in der er aufzeigt, welche Fehler er im abgelaufenen Jahr gemacht hat und wie viel sie Berkshire gekostet haben.

Und in jedem der Briefe gibt es viel Lob für hervorragende Leistungen seiner Manager, auf eine ganz besondere, persönliche Art. Wie zum Beispiel das Lob für ein extrem erfolgreiches Jahr bei der Berkshire-Versicherung Geico 2005. Dessen Geschäftsführer hieß Tony Nicely und Warren Buffett beschrieb ihn als brillant. Er schloss die Passage mit einer Empfehlung an seine Aktionäre: »Wenn sie 2006 einen neuen Enkel oder Sohn bekommen, nennen sie ihn Tony.«[41]

Kritiker werfen Warren Buffett vor, dass er seinen Charme für Manipulationen nutzt. Auch er selber spricht davon, dass er seine Mitarbeiter und Manager »carnegiesiert«. Klar ist, er nutzt seinen Charme exzessiv und bringt damit alle Menschen in seinem Umfeld dazu, freiwillig ihr Bestes zu geben. Man findet aber auch nach Jahrzehnten dieses Managementstils kaum jemanden, der im Nachhinein davon spricht, dass er ausgenutzt wurde. Denn Warren Buffett schafft Win-win-Situationen und die Früchte der Anstrengung gehen immer an beide. Nie »carnegiesiert« Buffett nur für seinen eigenen Nutzen, im Gegenteil: Oft hat er keinen persönlichen Vorteil davon. Als die Tochter einer entfernten Freundin bei einem Referat in der Schule versagt, schreibt er einen motivierenden Brief, der das Mädchen wiederaufbaut.[42]

Auch in den Notizen oder Mails an mich sparte er nicht mit aufbauenden Komplimenten. 2009, nachdem meine Redaktion nach Frankfurt gezogen war und ich plötzlich ohne Job dastand, hatte ich ihm geschrieben, dass ich wohl nicht zur Hauptversammlung kommen kann, weil ich weder Aktionärin noch Journalistin bin. »Es ist mir egal, als was du kommst, als Journalistin oder als russischer Spion«, war seine Antwort. »Wir werden das Meeting ohne dich nicht abhalten.«[43]

Wer manipuliert, macht falsche Komplimente, die dazu dienen, Menschen zu etwas zu bringen, das sie eigentlich nicht tun wollen. Doch Warren Buffett beherzigt auch den wichtigsten Teil von Carnegies System: Ehrlichkeit. Konfrontationen geht er aus dem Weg, indem er sich nur mit Leuten umgibt, die er schätzt. Getreu dem Motto seines Vorfahren Zebulon Buffett, der empfahl, möglichst keine Geschäfte mit Menschen zu machen, mit denen man nur schwer auskommt.[44]

Die Lektüre von Dale Carnegie verändert Warrens Leben als Teenager Stück für Stück, denn endlich hat er eine Anleitung zum Umgang mit Menschen gefunden. »Es hat nicht über Nacht funktioniert, aber es hat mich zum Laufen gebracht und mein Leben stark verändert.«[45]

Wharton

Im Juni 1947 schließt Warren Buffett die Highschool als einer der 20 Besten der rund 350 Absolventen ab.[46] Das ist angesichts seiner rebellischen Jahre hervorragend und Howard und Leila Buffett machen Pläne für seine weitere Karriere. Warren wickelt unterdessen sein Leben in Washington ab. Er und Dan verkaufen die Wilson Coin Op. für 1200 Dollar an einen Kriegsveteranen und Warren gibt seine Zeitungsrouten auf.[47]

Er ist jetzt knapp 17 Jahre alt und besitzt rund 5000 Dollar; er fühlt sich reif für ein Leben als Geschäftsmann. Zudem will er immer noch nach Omaha zurück. Doch sein Vater drängt ihn, an die Wharton School of Business an der Universität von Pennsylvania zu gehen, eine Eliteuniversität, die später auch Donald Trump besucht. Warren ist nicht glücklich über die Aussicht, an der Ostküste zu bleiben: »Nebraska hat gelockt, Wharton hat abgestoßen«, erinnert er sich, doch er gibt nach.[48] In Wharton ist Warren wieder einmal krasser Außenseiter: Die amerikanischen Universitäten sind in den Nachkriegsjahren voll junger Männer, die als GI im Zweiten Weltkrieg gedient haben. Denn die Regierung finanziert rund 8 Millionen ehemaligen Soldaten eine Fortbildung oder ein Studium.[49] Mit den viel älteren und kriegsgestählten Männern kann der 17-jährige, ungelenke, schlecht gekleidete Warren, der immer noch auf der Suche nach einem Weg zu sich selbst ist, natürlich nicht mithalten.

Zudem langweilt ihn der Unterricht. Die Lehrbücher hatte er schon vor Beginn des ersten Semesters durchgeblättert und dann nie wieder aufgemacht. Sein Computergehirn läuft zur Höchstform auf, ganze Passagen des Lehrmaterials kann er auswendig, sobald er es einmal gelesen hat. Und ohnehin glaubt er, dass er in Sachen Business schon fast alles weiß. »Ich hatte nicht das Gefühl, dass ich sehr viel lernte«, meint Buffett.[50] Warren ist ohne Mühe ein erstklassiger Schüler und gilt bald als kleines Genie. Mit der Buchführungsprüfung ist er fertig, bevor die Aufgabenblätter in dem Saal an alle 200 Studenten verteilt sind. Damit frustriert er natürlich seine Kommilitonen, denn Wharton ist kein Spaziergang, ein Viertel der Studenten seines Jahrgangs werden die Prüfungen nicht bestehen.

Warren ist unausgelastet, denn auch für sein wichtiges Ziel – das Geldsammeln – findet er keine befriedigende Aktivität. Deshalb verbringt er viel Zeit in einem nahegelegenen Brokeroffice oder spielt exzessiv Tischtennis. Er schließt sich einer Studentenverbindung an, auf deren Partys er die älteren Kommilitonen mit Vorträgen über Aktien oder den Goldstandard fesselt. Ab und zu versucht er sich an einem Date mit einem Mädchen, das aber zu nichts führt.[51]

In den Semesterferien kehrt er nach Washington zurück und arbeitet sofort wieder daran, seine Geldscheinsammlung zu vergrößern. Er bekommt einen Job als Auslieferungsmanager für den *Times-Herald* und dirigiert nun ein Rudel Zeitungsjungen. Mit seinem Freund Don vermietet er einen alten Rolls-Royce, den Don für 350 Dollar gekauft hat – für 35 Dollar die Stunde.

Zurück in Wharton findet er in seinem zweiten Jahr endlich einen Kurs, der ihn interessiert. In Professor Hockenberrys *Industry 101* geht es um die Eigenarten verschiedener Branchen und um technische Details in Produktionsprozessen – Warren lernt hier tatsächlich etwas Neues. Zudem wird er Präsident der »jungen Republikaner« auf dem Campus. Denn noch teilt Warren die politischen Traditionen der Familie, ohne allerdings durch große Reden oder hohes Engagement aufzufallen. Nach dem zweiten Jahr in Wharton sehen sich die meisten Studenten mitten in dem wichtigsten Ausbildungsabschnitt für ihre künftige Karriere. Doch Warren Buffett findet, dass es ihm nicht viel bringt. Immerhin aber beeindruckt er viele seiner Kommilitonen so nachhaltig, dass einige von ihnen zu seinen ersten Investoren gehören werden, als er einige Jahre später auf der Suche nach Kapital ist.

Boom und Inflation

Während Warren in Wharton studiert, nimmt die US-Wirtschaft immer mehr Fahrt auf. Die USA waren aus dem Zweiten Weltkrieg als die unangefochtene Weltmacht Nummer eins hervorgegangen – lediglich herausgefordert von der Sowjetunion und ihren Verbündeten. Noch waren sie die einzige Atommacht. Doch vor allem waren sie wirtschaftlich allen andern unglaublich überlegen.

Zum Ende des Krieges erwirtschafteten die USA 50 Prozent des Welt-Bruttosozialproduktes und produzierten 60 Prozent der weltweiten Industriegüter.[52] Sie besaßen zwei Drittel der weltweiten Goldreserven und sie dominierten den Finanzmarkt und den verbliebenen Handel der westlichen Welt. Während die Industrien der zerstörten Staaten in Europa, den Ostblockstaaten und Japan 1945 am Boden lagen, hatten die USA im Krieg ihre Produktion sogar deutlich steigern können.[53]

Und die USA hatten ein neues Handels- und Währungssystem durchgesetzt, das ihre Vormachtstellung ausbauen sollte. Schon 1944 hatten sich Vertreter aus 44 Ländern im amerikanischen Ferienort Bretton Woods getroffen und eine Reihe neuer internationaler Regeln festgelegt und die Gründung mehrerer Institutionen beschlossen. Denn nach den langen Jahren der Great Depression und dem Krieg lag der Welthandel am Boden und die alten Strukturen funktionierten nicht mehr.

Beschlossen wurde die Gründung des Internationalen Währungsfonds IWF und der Weltbank, die beide in den USA angesiedelt wurden. Es wurde ein Währungssystem mit fixen Wechselkursen und dem US-Dollar als Referenz- und Leitwährung vereinbart. Das Ergebnis war im Wesentlichen nach den Vorstellungen des US-Finanzministeriums:[54] Die Fed legte von da an indirekt den Kurs der Geldpolitik in allen Ländern fest, die am Bretton-Woods-System beteiligt waren. Wenn die amerikanische Zentralbank nun mehr Geld druckte und so den Dollar entwertete, mussten die anderen mitziehen, damit sich die Wechselkurse nicht verschoben.

In den ersten Jahren des neuen Währungssystems hatte die Regierung der USA ein Interesse an billigem Geld – und an einer Inflation. Denn New Deal und der Krieg waren teuer gewesen. Die Staatsschulden hatten sich zwischen 1938 und 1945 verfünffacht.[55] Die niedrigen Zinsen halfen, den Schuldendienst für die neuen Kriegsanleihen zu bewältigen und die Inflation machte die Rückzahlungssumme real niedriger – beides auf Kosten der Zinsanleger.

Die Inflation stieg in den Nachkriegsjahren also stark an und lag von 1946 bis 1948 zwischen gut 8 und mehr als 14 Prozent.[56] Doch immerhin bewältigte die Wirtschaft die Umstellung von Kriegs- auf Zivilwirtschaft fast reibungslos, obwohl die Regierung in Sachen Staatsausgaben eine Vollbremsung hinlegte: Schon im Juni 1946 waren die Streitkräfte von 8 Millionen auf 1,8 Millionen Mann reduziert worden[57], und die Verteidigungsausgaben, die in den letzten Kriegsjahren fast 38 Prozent des Bruttosozialproduktes ausgemacht hatten, wurden bis 1950 auf 5 Prozent heruntergefahren.[58]

Die US-Wirtschaft verarbeitet diesen Schock erstaunlich gut: Zwar sank das Bruttoinlandsprodukt wegen der geringeren Militärausgaben inflationsbereinigt zwischen 1945 und 1949 um rund 10 Prozent. Doch die Zivilisten in den USA spürten davon nichts – ihnen ging es gut. Die Arbeitslosigkeit zog nur leicht an,[59] der private Verbrauch legte in derselben Zeit um 20 Prozent zu, die privaten Investitionen sogar um mehr als das 2,3-Fache.[60]

An der Börse kam diese Stärke allerdings kaum an. Denn einerseits hatten die Kriegsanleihen viel Anlegergeld absorbiert. Andererseits konnten sich viele Bürger nach dem Krieg den Traum vom eigenen Haus verwirklichen, denn die Immobilienpreise waren deutlich gesunken.[61] Vielen Anlegern steckte außerdem der Schock des Börsencrashs von 1929 immer noch in den Knochen. Aktien fristeten daher ein Schattendasein. Der große Boom der US-Wirtschaft und der Börse sollte noch kommen – rechtzeitig zu Warren Buffetts ersten Schritten als Investor.

Endlich daheim

1948 fühlt sich Howard Buffett zweifach siegessicher. Einerseits ist er zuversichtlich, dass Harry S. Truman die anstehenden Präsidentschaftswahlen verlieren wird und sich die New- und Fair-Deal-Ära endlich dem Ende zuneigt. Andererseits rechnet er fest damit, seinen Wahlbezirk in Nebraska verteidigen zu können – obwohl er kurz vorher in einem Baseballstadion vom Publikum ausgebuht wird, weil er einem Gesetz zugestimmt hat, das die Macht der Gewerkschaften erheblich einschränkt.[62] Er irrt sich in beiden Fällen: Truman bleibt US-Präsident und Howard Buffett verliert sein Mandat an den demokratischen Konkurrenten.

Im Januar 1949 kehrt Howard folglich nach Omaha zurück und steigt wieder in seine Investmentfirma ein, die sein Partner Karl Falk weitergeführt hatte. Er wohnt zunächst bei seiner Schwester Alice, kündigt aber den Mietern in seinem Haus und will die Familie möglichst schnell nachholen. Die ganze Familie – bis auf Warren. Der soll nach dem Willen seines Vaters sein Studium in Wharton abschließen.[63]

Doch diesmal gibt Warren nicht nach und setzt sich durch. Statt sein drittes Jahr in Wharton zu absolvieren, schreibt er sich an der University of Nebraska in Lincoln ein, etwa eine Autostunde von Omaha entfernt. Warren ist endlich wieder da, wo er sein will, und nimmt sofort sein Geschäftsleben wieder auf. Für das *Lincoln Journal* wird er Vertriebsmanager für sechs Bezirke und dirigiert nun 50 Zeitungsjungen, die ihn »Mr. Buffett« nennen. Eigentlich ein Vollzeitjob mit einem Vollzeitgehalt, doch nebenher meistert er auch noch sein Studium mit ausgezeichneten Noten, arbeitet im Sommer im Kaufhaus JCPenney, wo er Herrenbekleidung verkauft, und steigt erneut ins Geschäft mit gebrauchten Golfbällen ein. Diesmal rekrutiert er allerdings keine Bällesammler, sondern kauft sie bei einem Geschäftspartner, mit dem er schon in Washington Geschäfte gemacht hat.[64]

Im Frühjahr 1950 hat Warren Buffett seinen Abschluss in der Tasche und ist bereit, sich noch einmal an die Ostküste zu begeben. Er besorgt sich ein Stipendium, auf das er durch eine kleine Notiz im *Daily Nebraskan* aufmerksam geworden ist. Er ist der einzige Bewerber und hat nun weitere 500 Dollar im Jahr zur Verfügung.[65] Ein Studium an der berühmten Harvard Business School, so hofft er, würde ihm viel Prestige und vor allem gute Beziehungen verschaffen. Er zweifelt keine Sekunde daran, dass er dort willkommen ist.

Doch sein Vorstellungsgespräch läuft katastrophal. Denn immer noch ist Warrens Auftritt der eines unreifen Jungen. »Ich sah aus wie 16 und emotional war ich vielleicht neun«, sagt er.[66] Harvard sucht aber gefestigte Persönlichkeiten, die künftig die neue Führungsriege der US-Wirtschaft stellen sollen. »Das Interview in Chicago dauerte ungefähr zehn Minuten«, erinnert er sich, »und dann haben sie mich rausgeschmissen.«[67]

Warren Buffett ist jetzt fast 20 Jahre alt, er besitzt rund 10.000 Dollar und einiges an Erfahrungen im Geschäftsleben. Er hat die mathematische Begabung seiner Mutter geerbt und ein fotografisches Gedächtnis. Von seinem Vater hat er gelernt, immer unabhängig zu denken und sich von der Mehrheitsmeinung nicht aus der Spur bringen zu lassen. Sein Computergehirn ist voller Zahlen und Daten zum Aktienmarkt. Er besitzt alles, was einen erfolgreichen Investor ausmacht – außer einem systematischen Ansatz, chancenreiche Aktien zu finden. Doch das sollte sich bald ändern.

KAPITEL 4

STARTKLAR

ZWEI ENGEL FÜR WARREN

1950–1953

Die Wirtschaft boomt, doch die Kurse am Aktienmarkt bleiben niedrig. Warren Buffett findet in Benjamin Graham einen Mentor, der ihm zeigt, wie er seine Talente in geniale Investitionen umsetzen kann. Und seine Frau Susan hilft ihm, seine persönlichen Defizite zu heilen.

Neue Ziele

Warren Buffett braucht einen Plan. Gerade ist er von Harvard abgelehnt worden und weiß nicht so recht, wie es weitergehen soll. Sein Vater ist wieder im Wahlkampf unterwegs, um sein Mandat im Repräsentantenhaus zurückzuerobern. Seine Schwester Doris studiert an der University of Omaha und verlobt sich im August mit Steven Wood. Sie wollen im kommenden Jahr heiraten.[1] Schwester Bertie verlässt Omaha Ende August Richtung Chicago, wo sie an der Northwestern University studieren wird.[2]

Nur Warren ist noch auf der Suche nach einer Universität. Als er dabei den Prospekt der Columbia University in New York durchsieht, weiß er aber sofort, was er will. In der Liste der Professoren der Columbia entdeckt er die Namen Benjamin Graham und David Dodd. Die beiden hatten 1934 zusammen das Buch *Security Analysis* über Wertpapieranalyse geschrieben und Graham hatte später die wichtigsten Thesen daraus als *The Intelligent Investor* veröffentlicht.

Warren Buffett kennt dieses Buch, er hatte es kurz vorher in der Bücherei entdeckt und entgegen seiner Gewohnheit sogar mehrmals gelesen. »Ich dachte damals, dass dies das bei Weitem beste Buch über Investieren ist, das je geschrieben wurde, und ich denke es immer noch.«[3]

Denn Graham und Dodd betrachten den Aktienmarkt ähnlich wie Warren früher seine Pferdewetten: Es kommt nicht darauf an, auf etwas zu hoffen oder zu raten oder gar das zu tun, was die meisten anderen machen. Es ist entscheidend, dass es eine hohe Wahrscheinlichkeit dafür gibt, dass man gewinnt. Mehr noch: Die beiden stellen eine Methode vor, wie man ausrechnen kann, ob eine Aktie zu einem bestimmten Kurs ein guter Kauf ist. »Ich möchte nicht wie ein religiöser Fanatiker oder so etwas klingen«, sagt Buffett später, »aber das hat mich wirklich gepackt.«[4]

Obwohl die Bewerbungsfrist für Columbia eigentlich schon abgelaufen ist, schreibt Warren einen Brief an David Dodd und hat Glück: Dodd nimmt ihn an. Im Herbst 1950 zieht er in ein Zimmer des YMCA in der Nähe der Penn Station in New York, um sein Studium an der Columbia University anzutreten.

Hexenjagd

Als Warren Buffett sein Studium in New York aufnahm, war die Angst vor einem Rückfall der USA in die Great Depression weitgehend verschwunden. Die Fabriken produzierten wieder Autos statt Panzer, die Amerikaner hatten Arbeit, bauten Häuser und kauften Kühlschränke und andere Konsumgüter. Und sie begannen, Familien zu gründen – die »Babyboomer«-Jahre standen kurz bevor.[5]

Nur wenig konnte den Aufschwung stören: Gleich nach dem Krieg 1946 hatten die Gewerkschaften, die aus dem New Deal gestärkt hervorgegangen waren, die Wirtschaft noch mit den schwersten Arbeitskämpfen der US-Geschichte fast lahmgelegt. 4,8 Millionen Arbeitnehmer streikten damals und 116 Millionen Arbeitstage gingen verloren.[6] Doch 1947 wurde die Macht der Arbeitnehmervertreter gebrochen. Beide Parlamentskammern verabschiedeten gegen das Veto von Präsident Truman ein Gesetz, das den Einfluss und den Handlungsspielraum der Gewerkschaften wesentlich einschränkte.[7]

Denn nach vielen Jahren der demokratischen Vorherrschaft hatte sich die politische Stimmung in den USA gedreht. Seit den Wahlen 1946 gab es wieder eine republikanische Mehrheit in beiden Kammern des Parlaments. Gleichzeitig kam eine fast schon hysterische Angst vor dem Kommunismus auf.

Gewerkschaften mit ihren tendenziell sozialistischen Ansätzen waren da natürlich hoch suspekt, aber auch andere gerieten reihenweise unter den Generalverdacht, die freiheitliche kapitalistische Ordnung der USA anzugreifen. Wie schon während des Ersten Weltkrieges mit den deutschstämmigen oder – noch wesentlich drastischer – im Zweiten Weltkrieg mit japanischstämmigen Bürgern[8] begannen die US-Amerikaner eine Minderheit aus ihrer Mitte zu verfolgen. Dabei erwiesen sich Gesellschaft und Regierung im »Land der Freien«, wie es im Refrain der amerikanischen Nationalhymne heißt, wieder einmal als keinesfalls zimperlich im Umgang mit Bürgerrechten und Meinungsfreiheit.[9] »Amerikanismus mit aufgerollten Hemdsärmeln« nannte der Vorreiter der Antikommunistischen Bewegung, Senator Joseph McCarthy, seine Maßnahmen. Er setzte in den frühen Fünfzigerjahren eine regelrechte Hexenjagd gegen echte oder vermeintliche Kommunisten in Gang, die schnell auch in nationalistische und antisemitische Töne abrutschte.[10]

Schon seit 1938 gab es im Repräsentantenhaus einen Ausschuss zur Untersuchung »unamerikanischer Umtriebe«. 1952 – nachdem die Republikaner das Weiße Haus endlich zurückerobert hatten – wurde er von McCarthy geleitet und mit mehr Geld und Befugnissen ausgestattet. Menschen wurden nun oft nur auf bloße Beschuldigungen hin öffentlich verhört, verfolgt und ins Gefängnis geworfen. Zahlreiche Karrieren vor allem von Politikern und Hollywood-Größen waren mit dem alleinigen Verdacht der Nähe zum Kommunismus beendet. Erst Ende 1954 stoppte der Senat die Umtriebe und entlarvte die fragwürdigen Methoden McCarthys.[11]

Selbst Howard Buffett, dem wohl kaum etwas fremder war als ein dirigistisches kommunistisches System, wurde im Kampf um seine Wiederwahl 1950 beschuldigt, in der Vergangenheit für »enorme Ausgaben gestimmt zu haben, die den Kommunismus gemästet haben, während kleine Kinder in Europa verhungerten«.[12] Er gewann sein Mandat dennoch zurück – unterstützt von der allgemeinen Stimmung für die Republikaner, vielen politischen Freunden, einem Veteranenverein, einer Ärztevereinigung und dem *Omaha World-Herald*, der unter der Headline »Für das Wohl Amerikas« zu seiner Wahl aufrief.[13]

Money For Nothing

Im Investmentseminar von David Dodd, das Warren Buffett 1950 in seinem ersten Semester an der Columbia University besucht, fällt er seinem Dozenten sofort auf. Denn viele Studenten belegen den Kurs nur, weil es ein Pflichtfach ist, und interessieren sich kaum für den Lehrstoff. Anders Warren: Er beeindruckt Dodd mit seinem Wissen über Aktien und Börse und damit, dass er das Buch *Security Analysis* so gut wie auswendig kann. »Ich kannte damals buchstäblich jedes einzelne Beispiel, das in den 700 oder 800 Seiten des Buches vorkam«, erinnert sich Buffett.[14] Dodd kümmert sich um Warren, stellt ihn seiner Familie vor und lädt ihn zum Abendessen ein.[15]

Doch Warren weiß, dass nicht Dodd, sondern Graham die treibende intellektuelle Kraft hinter der Investmenttheorie der beiden ist. Noch kann Warren Buffett keinen Kurs bei Benjamin Graham belegen. Dennoch ist er auf dem Laufenden, was immer Graham tut. Besonders verfolgt er alle Aktien, die von Grahams Investmentfirma Graham-Newman Corp. gehalten werden, und kauft einige davon für sein eigenes Depot.[16] Sein Vermögen wächst dadurch sprunghaft, er besitzt nun fast 20.000 Dollar. Eines Tages entdeckt er im *Moody's Manual*, einem Nachschlagewerk über Firmen, dass Graham Aufsichtsratschef* eines Unternehmens in Washington ist: der Government Employees Insurance Company, kurz Geico, einer Versicherungsgesellschaft für Regierungsangestellte.

Warren ist neugierig geworden und beschließt, sich die Firma genauer anzusehen. Eines Samstags fährt er mit dem Zug nach Washington und geht zum Gebäude, in dem Geico sitzt. Dort klopft er an die Tür und fragt den verdutzten Wachmann, ob denn irgendjemand im Haus sei, der ihm ein paar Fragen beantworten könne. Er hat Glück. Der Finanzchef Lorimer Davidson will in seinem Büro gerade liegengebliebene Arbeit erledigen und den neugierigen Studenten eigentlich möglichst schnell wieder loswerden. Doch letztendlich dauert das Gespräch mehr als vier Stunden. »Nach 15 Minuten wusste ich, dass ich mit einem außergewöhnlichen Menschen spreche«, erinnerte sich Davidson später. »Er stellte gründliche und höchst intelligente Fragen.«[17]

Lorimer Davidson erklärt Warren alles, was es über Geico und den amerikanischen Versicherungsmarkt zu wissen gibt: Dass sich Geico auf Angestellte der Regierung konzentriert, weil Schadenssumme und Zahlungsausfälle bei dieser soliden Kundschaft besonders niedrig sind. Dass die Firma auf ein kostspieliges Vertreternetz verzichtet und die Policen ausschließlich per Post abgeschlossen werden. Und vor allem: Dass die Versicherungsunternehmen nicht unbedingt davon leben, mehr Prämien einzunehmen, als sie für Schadensfälle auszahlen müssen. Im Gegenteil: Oft ergibt sich aus der Differenz von Prämien und Schadensausgleich sogar ein Verlust, der »underwriting loss«. Ihren Gewinn erwirtschaften die Versicherungen, weil die Prämien eine ganze Zeit lang auf ihren Konten liegen, bevor damit Schäden ausgeglichen werden müssen. Das ist Kapital, das Zinsen und Rendite bringen kann, wenn man es gut investiert. Wer darüber hinaus noch den »underwriting loss« vermeidet, hat also kostenlos viel Geld zur Verfügung und kann die Rendite für sich einstreichen – money for nothing.

---

* Das amerikanische Managementsystem unterscheidet sich von dem deutschen, einen Aufsichtsrat gibt es eigentlich nicht. Die Position von Graham bei Geico im »Board« von Geico wird hier als »Aufsichtsrat« bezeichnet, weil es dem am nächsten kommt. Als »Director« in einem US-Board ist man nicht im Tagesgeschäft tätig, sondern überwacht – ähnlich wie ein Aufsichtsrat in Deutschland – das Management und die Geschäfte.

Warren Buffett ist begeistert. Zurück in New York recherchiert er weiter und liest alles, was über Geico und Versicherungen zu finden ist. Einige Versicherungsanalysten, mit denen er spricht, glauben allerdings, dass Geico kaum eine große Zukunft hat. Der Versicherungsmarkt werde von riesigen Konzernen dominiert, ein kleiner Anbieter wie Geico könne da auf Dauer nicht mithalten. Warren hört sich das alles an, doch es überzeugt ihn nicht. Er ist nicht umsonst Howard Buffetts Sohn: Gegen die Meinung der mutmaßlich erfahrensten Experten der Wall Street verlässt er sich als 20-jähriger Student auf seine eigenen Überlegungen und investiert rund drei Viertel seines über Jahre mühsam angesammelten Geldes in eine einzige Idee: Er kauft damit Geico-Aktien im Wert von fast 15.000 Dollar.[18]

Der zweite Held

Im zweiten Semester ist es endlich so weit. Warren Buffett kann sich für das »Seminar zur Bewertung von Stammaktien« einschreiben, geführt von Benjamin Graham.[19] Dort ist er wieder einmal der Jüngste, denn unter den etwa 20 Teilnehmern sind nicht nur Kriegsveteranen, sondern auch gestandene Männer, die bereits an der Wall Street arbeiten. Aber natürlich ist Warren der mit dem größten Wissen, und schnell entwickelt sich die Lehrveranstaltung zu einem Dialog zwischen Warren Buffett und Benjamin Graham.[20] Warren Buffett ist aber nicht nur von Grahams Wissen fasziniert, sondern auch von dessen Persönlichkeit. Er ist dem zweiten Helden seines Lebens begegnet: »Für mich war Benjamin Graham mehr als ein Autor oder Lehrer. Mehr als jeder andere Mann, mit Ausnahme meines Vaters, hat er mein Leben beeinflusst.«[21]

Benjamin Graham ist zu dem Zeitpunkt Ende 50 und in vielerlei Hinsicht eine Ausnahmeerscheinung. Geboren wurde er 1894 als Benjamin Grossbaum in London. Als seine Familie in die USA kam, änderte der Vater, ein Porzellanhändler, den Familiennamen in Graham. Die Familie war wohlhabend, doch als der Vater 1903 starb, investierte die Mutter das Vermögen in Aktien und verlor alles im Crash von 1907.[22] Die Schule schloss Graham mit hervorragenden Noten ab, aber die Familie kämpfte um jeden Cent und an die Finanzierung eines Studiums war nicht zu denken. Benjamin nahm daher erst einmal verschiedene Jobs an – unter anderem arbeitete er als Türklinkeninstallateur.

Erst im zweiten Anlauf gelang es ihm, ein Stipendium für Columbia zu ergattern, wo er Mathematik, Englisch und Griechisch studierte und sofort als intellektueller Überflieger auffiel. Als er 1914 seinen Uni-Abschluss in der Tasche hatte, wurden ihm dort Stellen in drei Fakultäten angeboten: Graham stand eine wissenschaftliche Karriere in Literatur, Mathematik oder Philosophie offen. Doch er lehnte ab und ging stattdessen lieber an die Wall Street. »Ich wollte teilhaben an diesen mysteriösen Ritualen und epochalen Ereignissen«, begründete Graham den Schritt später.[23]

Sein Leben lang blieb er dennoch umfassend interessiert. Er begeisterte sich für viele Arten von Wissenschaft: Mathematik, aber auch Philosophie, Sprachen und Kultur. Er dichtete und schrieb erfolglos ein Theaterstück. Angeblich langweilten ihn die meisten Menschen – außer wenn er seiner Neigung zu Affären mit Frauen nachgehen konnte. Partys verließ er wohl gern, um sich lieber alleine mit einer mathematischen Formel, einem Proust-Stück in Originalsprache oder einer Oper zu beschäftigen.[24]

Mit nur 62 Jahren zog er sich ganz vom Investmentgeschäft zurück und widmete sich seinen anderen Interessen. Doch da hatte er mit seinem Investmentansatz die Welt der Anleger bereits revolutioniert – und das eher nebenbei. Er habe die Theorie entwickelt, ohne sich einzig darauf zu konzentrieren, schrieb Warren Buffett 1976, kurz nach Ben Grahams Tod, in einem Nachruf im *Financial Analyst Journal*. »Es war eher ein zufälliges Nebenprodukt eines Intellekts, dessen Umfang jede Definition überschritten hat.«[25]

»Dead or Alive«

An den »mysteriösen Ritualen und epochalen Ereignissen« der Börse nahm Graham zunächst als Laufbursche einer Brokerfirma teil. Bereits wenig später wurde er Finanzstatistiker und schließlich Partner einer Investmentfirma. 1923, mit noch nicht einmal 30 Jahren, war er schon so bekannt, dass ihm eine Gruppe von Investoren 250.000 Dollar Kapital gab, das er für sie an der Börse anlegen sollte, und Graham machte sich selbstständig.

Zwei Jahre später gründete er seine eigene Firma, in der er rund 450.000 Dollar eigenes Geld und Kundenkapital verwaltete, und nahm wenig später Jerome Newman als Partner auf. Doch die junge Firma geriet in den Crash von 1929 und die nachfolgende Kursimplosion. Das Kapital, das zwischenzeitlich 2,5 Millionen Dollar betragen hatte, war bis 1932 auf 375.000 Dollar zusammengeschmolzen. Wie viele andere drohte die Great Depression auch Graham in die Pleite zu ziehen. Er musste in eine billigere Wohnung ziehen und seine erste Frau, eine Lehrerin, musste wieder arbeiten.

1932 waren Aktien dermaßen unbeliebt geworden, dass wirklich niemand mehr welche kaufen wollte. Die Kurse sackten so weit ab, dass rund ein Drittel der Unternehmen an der Börse weniger kostete, als die »Quick Assets« des Unternehmens wert waren.[26] Das sind all die Vermögenswerte, die innerhalb eines Jahres problemlos in Bargeld umgewandelt werden können – also nicht nur Bankguthaben und Wertpapiere, sondern auch Lagerbestände, Immobilien und alle verkäuflichen Teile der Firma wie Maschinen und Büroausstattung.

Wer eine dieser Firmen also über die Börse gekauft, anschließend geschlossen und ihre Vermögenswerte versilbert hätte, hätte ein richtig gutes Geschäft gemacht. »Ist Amerikas Wirtschaft tot mehr wert als lebendig?«, fragte Benjamin Graham 1932 daher berechtigterweise in einer Artikelserie für das Wirtschaftsmagazin *Forbes* und rechnete es den Lesern vor. [27]

Eine Einlage von Newmans Schwiegervater von 50.000 Dollar bewahrte Graham & Newman* 1932 vor der Pleite. In den kommenden Jahren lief Graham zur Höchstform auf und setzte seine Erkenntnisse in bares Geld um. Innerhalb von zwei Jahren verdreifachte er das Kapital und holte die Verluste aus den schlechten Börsenjahren wieder rein.[28]

---

* Unter Graham & Newman werden hier alle Firmen von Benjamin Graham und Jerome Newman verstanden. Aus steuerlichen Gründen gab es ab 1936 zwei Firmen: die börsennotierte Graham-Newman Corporation und Newman & Graham.

Er war dabei allerdings nicht an dem Tod der amerikanischen Wirtschaft interessiert, sondern an ihrem Weiterleben – sofern die Unternehmen ihn als Aktionär an ihren Schätzen beteiligten.

Wie das gehen konnte, hatte er schon 1926 gezeigt: Damals hatte er 2000 Aktien der Northern Pipeline gekauft, ein Unternehmen, das mit Öltransporten sein Geld verdiente und von der Familie Rockefeller dominiert wurde. Die Aktien wurden mit 65 Dollar pro Stück an der Börse gehandelt, aber Graham hatte herausgefunden, dass Northern Pipeline einen riesigen Haufen Eisenbahnanleihen besaß, die pro Aktie 95 Dollar wert waren. Graham benötigte zwei Jahre, um so viele Anteile und damit Stimmrechte zusammenzukaufen, dass er sich mit anderen Aktionären zusammenschließen und eine Klage vorbereiten konnte. Und schließlich gewann er: Die Firma verkaufte die Anleihen und schüttete 70 Dollar je Aktie an die Aktionäre aus, plus andere Aktien aus ihrem Bestand im Wert von 40 Dollar. Graham hatte also weit mehr als seinen Einsatz zurückbekommen und immer noch Anteile an Northern Pipeline – einem Unternehmen, das lebendig und nicht tot war, denn die Geschäfte liefen auch ohne die Anleihen weiter.

Gebrauchsanleitung für Computergehirne

1934, als Graham und Dodd ihr Buch *Security Analysis* veröffentlichten, waren die meisten anderen Wissenschaftler und Investoren mit ihrer Weisheit am Ende. Zwischen 1929 und Mitte 1933 waren die Kurse an der Börse permanent gefallen. Immer wenn es so aussah, als könnte es nicht noch schlimmer werden, ging es dennoch weiter bergab. Sogenannte Experten erklärten, dass erfolgreiches Investieren am Aktienmarkt schlicht unmöglich sei. Wer das wolle, müsse eben Anleihen kaufen.[29] »Der Markt kann länger irrational bleiben, als du solvent bleiben kannst«, stellte der Star der Wirtschaftswissenschaften, John Maynard Keynes, einmal fest,[30] und viele hatten das zu spüren bekommen.

Selbst als die Kurse ab Mitte 1933 ganz langsam wieder zu klettern begannen, konnte niemand erklären, welche Aktie warum und um wie viel stieg oder doch wieder fiel. Es gehe einfach darum zu erraten, was andere vorhätten, und schneller zu sein, war die allgemein verbreitete Ansicht.[31] Insiderinformationen und Gerüchte trieben die Kurse, und das ganz legal, denn der Insiderhandel wurde erst 1934 mit dem Security Exchange Act verboten.

Doch Benjamin Graham ging die Sache ganz anders an: Er wollte nicht *spekulieren*, er wollte gezielt *investieren*. »Eine Investition ist eine Handlung, die aufgrund sorgfältiger Analyse die Sicherheit des eingesetzten Kapitals und eine angemessene Rendite verspricht. Alle anderen Aktivitäten, die diese Kriterien nicht erfüllen, sind Spekulationen«, definierte er den Unterschied in *Security Analysis*.[32]

Wie Investieren funktioniert, erklärt Graham seinen Studenten ganz genau, am liebsten an einem Beispiel, und Warren Buffett ist begeistert. Graham sucht nach »Zigarrenstummeln«, die andere achtlos weggeworfen haben, obwohl noch ein paar gute Züge drin sind. Also Unternehmen, die vielleicht keine glänzende Zukunft vor sich haben, aber mehr wert sind, als sie an der Börse kosten. Um das herauszufinden, schaut er sich die Situation der Unternehmen ganz genau an.

Für die »sorgfältige Analyse« lässt Graham seine Studenten so viele öffentliche Informationen auswerten, wie sie zu der aktuellen Beispielfirma nur bekommen können. Die Bilanzen der Firmen sowieso, Zeitungsartikel, Marktstudien und Einträge in Handbücher. Das ist heute eine Selbstverständlichkeit in der Finanzwelt, doch damals war es eine Revolution.

Eine Information lässt Graham zunächst aber links liegen: den Börsenkurs. Was für eine Aktie an der Börse gezahlt wird, ist der *Preis*, Graham will aber den *Wert* der Aktie ermitteln. Um den zu errechnen, muss er den »inneren Wert« eines Unternehmens finden, wie er es nennt.

Denn eine Aktie ist für Graham immer mehr als ein Wertpapier und ist es für die Heerscharen der Anhänger der sogenannten Value-Investment-Lehre, die nach dem Wert einer Aktie suchen, bis heute: Eine Aktie macht den Anleger zum Teilhaber an einer Firma und ihrem Vermögen. Dem Aktionär gehören damit also ein genau festgelegter Anteil an den Maschinen, den Immobilien, den Konten und allem anderen, aber auch ein Anteil an allen Schulden und an den künftigen Gewinnen.

Wie viel dieser Anteil wert ist, kann man ausrechnen und sollte es gemäß Graham genauso sorgfältig tun, als würde man das gesamte Unternehmen kaufen wollen. Manchmal ist das eine Detektivarbeit und bedeutet stunden- oder gar tagelanges Studieren von Unterlagen. Vermögensteile sind in den Bilanzen zum Beispiel oft irreführend bewertet und die Rechte von Aktionären können unterschiedlich geregelt sein – doch beides genau zu kennen ist wichtig. Sobald der Anleger aus all diesen Daten den »inneren Wert« der Firma ermittelt hat, muss er den nur noch durch die Zahl der ausgegebenen Aktien teilen. Nun weiß er, wann eine Aktie »fair« bewertet ist.

Zu einem guten Investment wird die Aktie laut Graham aber erst dann, wenn sie mit einer »Margin of Safety«, einer Sicherheitsmarge, zu haben ist, das heißt, wenn der Preis niedriger ist als der errechnete »faire« Wert. Dann gibt es Spielraum für Fehler, Irrtümer und unerwartete Ereignisse. Jetzt gilt es nur noch abzuwarten. »Es ist eines der Mysterien unseres Geschäfts und für mich genauso ein Mysterium wie für jeden anderen«, erklärte Benjamin Graham 1955 vor dem Bankenkomitee des Senats, »aber wir wissen aus Erfahrung, dass der Markt irgendwann zu dem Wert aufschließt.«[33]

Und da sieht Graham die Börse und ihre irrationalen Spekulationen als Segen an, denn immer wieder werden hier Aktien oft weit unter oder über ihrem fairen Wert gehandelt. »Benjamin Graham hat das einmal so erklärt«, erzählt mir Warren Buffett Ende der Neunzigerjahre. »Sie besitzen ein Geschäft oder wollen eines kaufen und jeden Tag kommt ein gewisser Mr. Market bei Ihnen vorbei und macht Ihnen ein Angebot. Das ist deshalb so schön, weil Mr. Market ein glücklicher, manisch-depressiver Alkoholiker ist und entsprechende Preise ausruft.«[34]

Mr. Market ist natürlich die Börse, an der jeden Tag Preise für Unternehmen angeboten werden. Er hat zudem eine andere sehr praktische Eigenschaft. Es macht ihm nichts aus, wenn man ihn wegschickt. Er kommt dennoch unverdrossen am nächsten Tag mit einem neuen Angebot wieder. Ist Mr. Market also gerade in der falschen Stimmung, ignoriert man ihn einfach. Sind die Preise aber gut, sollte man zuschlagen. Manchmal ist das ein Geduldsspiel, denn Mr. Markets Stimmungslagen können lange anhalten. Aber wie wichtig Geduld für Anleger ist, hat der 20-jährige Warren Buffett ja schon bei seinem ersten Aktienkauf gelernt. Und nun hat er mit Grahams Konzept auch noch eine Gebrauchsanleitung für die Datenbank in seinem Computergehirn in der Hand. Er weiß jetzt, wie er all die Zahlen und Fakten über Aktien und Unternehmen und seine Erfahrungen mit seinen eigenen Kleinunternehmen am Aktienmarkt nutzen kann.

Geld oder Spaß

Sehr zum Ärger seines Partners Jerome Newman ist der Unterricht im Seminar von Benjamin Graham alles andere als theoretisch. Graham lässt seine Studenten gerne an Beispielen von Aktien lernen, die er für seine Investmentfirma Graham & Newman aufgespürt hat. Einige Studenten gehen regelmäßig vom Seminarraum direkt zu ihrem Broker und kaufen Grahams neueste Entdeckungen. Oft sind die Kurse der Aktien also schon ein Stück gestiegen, wenn Graham seine Ideen für seine Firma umsetzt. Newman ist wütend, dass Graham so freizügig mögliche Gewinne teilt. Doch für Graham ist es nicht die Sucht nach einem möglichst hohen persönlichen Reichtum, der ihn antreibt. »Ben kümmerte sich eigentlich nicht darum, wie viel Geld er hatte«, erinnert sich Warren Buffett. »Wenn er seiner Meinung nach genug hatte, war ihm alles andere völlig egal.«[35]

Es ist die Detektivarbeit, die Schatzsuche und vermutlich auch das Vergnügen daran, wieder einmal recht gehabt zu haben, was ihn anspornt. Warren Buffett übernimmt diese Einstellung von seinem zweiten Helden. Er will nicht mehr einfach nur irgendwie Geld anhäufen, er will gute Firmen finden. Ab sofort verbringt er Stunden und Tage in Bibliotheken. Er liest und rechnet und rechnet und liest – Handbücher, Bilanzen und alte Zeitungen, nicht nur den Wirtschaftsteil, sondern die kompletten Ausgaben mit allen Artikeln, Bildern und sogar Anzeigen.[36] Warren kann alle Beispiele von Graham herunterbeten und findet eigene. Mit einer Hand voll Kommilitonen aus dem Seminar und Walter Schloss, einem Angestellten von Graham & Newman, diskutieren sie einzelne Aktien bis zur Erschöpfung – allesamt eingefleischte Fans von Benjamin Graham.

Genau das wird er sein Leben lang weiter tun: Noch heute sitzt er jeden Tag in seinem Büro in Omaha und liest und rechnet oder diskutiert mit Vertrauten über Anlageideen oder Unternehmen. »Ziemlich langweilig« nennt er das selber.[37]

Aber auch ziemlich ertragreich, doch das ist für Warren Buffett seit seiner Begegnung mit Benjamin Graham plötzlich nicht mehr das Wichtigste. Der Münzen- und Scheinesammler wird zum Sammler von Erfolgen. »Ich arbeite nicht, um Geld anzuhäufen, sondern ich arbeite, weil ich es liebe«, erklärt er uns bei Dreharbeiten für unseren Dokumentarfilm *Das Milliardenversprechen* in Köln. Da war er etwa 60 Jahre älter und etliche Milliarden reicher. »Aber es ist einfach so, dass ich in einem Geschäft bin, in dem eine Menge Geld hereinkommt, wenn ich es richtig mache.«[38]

Genau diese von Graham übernommene Lässigkeit gegenüber dem eigenen Reichtum ist vermutlich eine der wichtigsten Voraussetzungen dafür, dass Warren Buffett in seinem Leben Milliarden über Milliarden verdient hat. Die Methode von Graham verlangt Genauigkeit und eine unvoreingenommene und vor allem emotionsfreie Sicht auf die Fakten: Angst und Gier, Vorurteile oder Hoffnungen machen das schnell kaputt.

Allerdings ist Buffett sehr viel mehr als Graham darauf konzentriert, besser zu sein als andere. Das misst sich an den Finanzmärkten eben in Geldeinheiten. Sehr sorgfältig achtet er daher darauf, dass andere nicht von seinen Aktienideen profitieren, und wäre auch nie wie sein Mentor Graham auf die Idee gekommen, den Job mit 62 Jahren an den Nagel zu hängen. Warren Buffett will genau sein, Dinge verstehen, richtigliegen und gewinnen. Steinreich sein ist seit den Jahren in New York nicht mehr das wichtigste Ziel.

Er verdient bis heute jeden Tag immer noch so viel er kann, verbraucht aber so gut wie nichts davon. »Ich brauche das Geld nicht. Ich bin sehr glücklich mit meinem Leben und wäre ganz genauso glücklich, wenn ich weit weniger Geld hätte«, sagt er uns in Köln noch. Und fügt allerdings hinzu: »Aber ich denke, ich wäre nicht gerne pleite.«[39]

Berufsberatung

1951 schließt Warren Buffett seine Ausbildung ab. Er hat nun ein Diplom der Columbia University in der Tasche und ein gutes Abschlusszeugnis. Selbst bei Benjamin Graham hat er die bestmögliche Note erreicht, ein A+, vergleichbar einer Eins plus – als erster und einziger Schüler jemals. Die meisten seiner Kommilitonen gehen von der Columbia direkt zu einem der großen aufstrebenden Industrieunternehmen – zu Procter & Gamble etwa oder U.S. Steel.

Das legt nicht nur Howard Buffett auch seinem Sohn Warren ans Herz. Selbst Benjamin Graham rät Warren von einer Karriere im Investmentbusiness ab.[40] Für Warren ist das eine schwierige Situation. Ausgerechnet seine beiden Helden – »Ben mit seinem IQ von 200« und sein Vater, für den er »aus dem Fenster gesprungen wäre, wenn er es verlangt hätte«[41] – denken, dass eine Stellung in einem Industrieunternehmen jetzt der richtige Schritt sei.

Denn die zwei bezweifeln, dass man an der Börse tatsächlich gutes Geld verdienen kann. Mr. Market war auch Anfang der Fünfzigerjahre nach wie vor ein äußerst schwieriger Geschäftspartner und die Kurse an der Wall Street waren nun mehr als 20 Jahre Achterbahn gefahren: Nachdem der S&P 500 in den Crashjahren von 1929 bis 1932 um fast 85 Prozent eingebrochen war, stieg er bis Anfang 1937 unter heftigen Schwankungen um fast das Vierfache, um sich dann bis 1942 wieder mehr als zu halbieren.

Jetzt, im Jahr 1951, war er zwar gegenüber 1942 wieder um rund zwei Drittel gestiegen, doch immer noch lag er weit unter dem Niveau von 1929 vor dem Crash.[42] Wie nervös die Anleger waren, zeigte sich zu Beginn des Koreakrieges im Juni 1950: In wenigen Tagen fielen die Kurse an der Börse um 10 Prozent. Wieder einmal wollten alle auf einmal ihre Aktien loswerden.[43]

Warren denkt gründlich nach und setzt sich schließlich über die Meinung seiner Helden hinweg. Er hat unzählige Unternehmen mit Grahams Technik untersucht und das Ergebnis ist für ihn offensichtlich. »Es erschien mir einfach verrückt, jetzt keine Aktien zu kaufen.«[44]

Er will einfach weiter genau das tun, was er in Grahams Seminar gelernt hat und was ihn unglaublich zufrieden macht: Unternehmen bewerten und gute Investments finden.

Um seinem Vorbild noch länger möglichst nahe zu sein, bietet er Benjamin Graham an, ohne Gehalt für Graham & Newman zu arbeiten. Doch der lehnt ab. Er stellt ausschließlich Juden ein. Nicht, weil die Wall Street, wie Verschwörungstheorien gerne behaupten, jüdisch dominiert ist, sondern weil damals genau das Gegenteil der Fall ist: Auch in den USA gibt es Anfang des 20. Jahrhunderts eine antisemitische Grundstimmung und die meisten Firmen an der Wall Street heuern keine Juden an. »In den Fünfzigerjahren gab es wirklich noch viele Vorurteile gegen Juden«, sagt Warren Buffett, »daher konnte ich das verstehen«.[45]

Warren Buffett beschließt, nach Omaha zurückzukehren und dort seiner Leidenschaft auf eigene Rechnung nachzugehen. Denn es gibt dort noch ein anderes für ihn sehr wichtiges Vorhaben, das ihn zurück in den Mittleren Westen zieht: Es heißt Susan Thompson.

Der Korea-Boom

Noch während Warren Buffett in New York studiert und Howard Buffett sein letztes Mandat als Kongressabgeordneter absolviert, wird der Kalte Krieg im fernen Korea zu einer brutalen, blutigen und direkten Auseinandersetzung. Nach dem Zweiten Weltkrieg war das von Japan zurückeroberte Land, genau wie Deutschland, aufgeteilt worden.[46] Aus der sowjetischen Besatzungszone im Norden wurde 1948 die »Volksrepublik Korea«, aus der US-amerikanischen im Süden die »Republik Korea«. Der nordkoreanische Machthaber Kim Il-Sung, Großvater des derzeitigen »Obersten Führers« Kim Yong-Un, überschritt am 25. Juni 1950 mit seiner Armee die Demarkationslinie – aufgerüstet und ermutigt von der Sowjetunion und später unterstützt vom kommunistischen China.[47]

US-Präsident Truman nutzte den damaligen Boykott der UdSSR des Weltsicherheitsrats, wodurch sie kein Veto einlegen konnten, und holte sich ein UN-Mandat, um zurückzuschlagen. 90 Prozent der hastig zusammengestellten UN-Truppen kamen aus den USA. In den folgenden drei Jahren eroberten die Kriegsparteien zwischenzeitlich große Teile des jeweils gegnerischen Gebiets – und beide Seiten gingen dort mit unglaublicher Brutalität vor. Flächenbombardements, massenhafte Napalmeinsätze durch die USA und Kriegsverbrechen kosteten etwa 4,5 Millionen Menschen das Leben, ein Drittel davon Zivilisten.[48] Etwa 40.000 Soldaten der UN-Truppen starben – vor allem US-Amerikaner[49]. Von den 22 größten Städten in Korea waren 18 am Ende der Auseinandersetzungen bis auf die Grundmauern zerstört.[50]

Als die Teilung Koreas im Juli 1953 mit einem Waffenstillstand und minimalen Gebietsgewinnen der UN-Truppen besiegelt wurde, war nichts erreicht. Für die Wirtschaft nicht nur der USA war der Krieg dennoch ein wichtiger Faktor. Denn die USA machten ihre Partner in Europa und Asien nun endgültig stark. Sie wollten – wo immer möglich – ein Bollwerk gegen die »sowjetische Gefahr« schaffen und unterstützten ihre Verbündeten vor allem ökonomisch. Damit sorgte Amerika letztendlich in den entsprechenden Nationen für Wohlstand. In Deutschland brachte die wirtschaftliche und wenig später auch militärische Wiedereingliederung – gemeinsam mit der Währungsreform 1948 – in den Fünfzigerjahren das Wirtschaftswunder. Der Koreakrieg kurbelte den Welthandel an, der Absatzmarkt für Unternehmen war fast über Nacht die ganze westliche Welt geworden: In einem einzigen Jahr, zwischen 1950 und 1951, stieg der Wert der gehandelten Waren weltweit um rund ein Drittel.[51]

Auch in den USA blühte die Wirtschaft auf. Anders als im »Wirtschaftswunderland« Deutschland und dem übrigen Westeuropa verlief der Aufschwung allerdings mit angezogener Handbremse. Zwar brauchte auch der Koreakrieg wieder Personal und Güter und kurbelte so die Nachfrage an. Doch Truman wollte diesen Krieg nicht wieder durch gigantische Staatsschulden bezahlen. Daher erhöhte er die Steuern und entzog der Wirtschaft Kaufkraft. Zwischen 1950 und 1953 stiegen die Einnahmen der Zentralregierung aus der persönlichen Einkommenssteuer um fast 90 Prozent, die aus der Unternehmenssteuer verdoppelten sich sogar, während der Output der Wirtschaft gerade einmal um 28 Prozent zulegte.[52] Die Verfechter des ungebremsten Kapitalismus waren entsetzt.

Susan Thompson

Als Warren Buffett im Sommer 1951 nach Omaha zurückkehrt, wohnt er zunächst wieder im Haus seiner Eltern und muss erst einmal in die Nationalgarde einrücken. Das ist zwar unvergleichlich viel besser, als als Soldat nach Korea geschickt zu werden, doch die Grundausbildung und die regelmäßigen Dienste sind für ihn vergeudete Zeit.

Die verbringt er lieber anders: Schon Jahre vorher, kurz bevor er zu seinem Studium nach New York aufbrach, hatte er Susan Thompson kennengelernt. Susan hatte sich mit Warrens Schwester Bertie angefreundet, denn beide waren dabei, ein Studium an der Northwestern University in Chicago zu beginnen, und wollten sich dort ein Zimmer teilen. Warren war sofort hingerissen. »Zuerst hielt ich sie für eine Art Fälschung«, sagt er. »Ich konnte überhaupt nicht glauben, dass es jemanden wie sie überhaupt gab.«[53]

Auch Susan, genannt Susie, stammt aus einer erzkonservativen, bürgerlichen Familie aus Omaha. Ihr Vater, Dr. William H. Thomson, ist genau wie Warren Buffetts Vater und Großvater ein angesehener Mann in Omaha mit stahlharten Ansichten. Er ist Dekan der Fakultäten für Kunst und Naturwissenschaften an der University of Omaha, lehrt dort Psychologie und leitet das Sportprogramm. Und »Doc« Thompson ist ein strammer Republikaner: 1948 hat er den vergeblichen Wahlkampf von Howard Buffett für ein weiteres Mandat als Kongressabgeordneter geleitet.

Susans Kindheit war eine traurige Zeit, denn sie war krank: Sie litt unter Rheuma und chronischen Ohrenentzündungen. Sie musste sich vielen Operationen unterziehen und oft zu Hause bleiben, wenn andere Kinder zur Schule gingen oder spielten. »Man ist viel alleine und man akzeptiert das«, sagt Susan später. »Doch wenn man dann Menschen trifft, denkt man: ›Wow, Menschen sind wirklich faszinierend!‹.«[54]

Diese Begeisterung für Menschen wird Susan ihr Leben lang behalten, und sie hat ein ausgeprägtes Talent dafür, sich um all die zu kümmern, die weniger Glück im Leben haben. Später wird sie sich in den verschiedensten Wohltätigkeits- und Bürgerrechtsorganisationen engagieren, doch zunächst kümmert sie sich um die Menschen in ihrem direkten

Umfeld – auch um Warren. Denn er ist zwar ein Genie mit Zahlen und Fakten, doch sozial ist er immer noch unreif und hilflos.

Susies größtes Talent sei es, Menschen zu erkennen und mit ihren Stärken und Schwächen gut umzugehen, sagt ein Freund.[55] Das gilt auch für Warren: Irgendwie schaut sie durch seine linkische Fassade und störte sich nicht an den Mängeln, verursacht durch die Aggression seiner Mutter und die unglückliche Zeit in Washington. »Ich war mit mir selber nicht zufrieden«, erinnert sich Warren Buffett. »Sie sah wahrscheinlich Dinge in mir, die andere Menschen nicht sehen konnten. Sie löste in mir das Gefühl aus, dass ich jemanden mit einer Gießkanne hatte, der dafür sorgte, dass die Blumen wachsen würden.«[56]

Als Warren Susie kennenlernte, waren ihre Beschwerden abgeklungen und sie genoss ihr Leben in vollen Zügen. Sie war eine hübsche, brünette junge Frau geworden, und keine Schmerzen zu haben, war für sie ein wunderbarer, freier Zustand.[57] Sie engagierte sich in Clubs an der Highschool, war Mitglied einer Studentenverbindung und schmiss Teepartys für Freundinnen.[58] Und sie sang hervorragend, unter anderem trat sie auf der Bühne ihrer Highschool auf.[59]

Warren genoss jede Minute mit ihr. Wann immer es ging, traf er sich seit ihrem Kennenlernen mit ihr, sobald er in den Semesterferien in Omaha war. Aber jetzt, nachdem er ganz zurückgekommen ist, will er sie unbedingt noch öfter sehen. Doch er hat ein Problem: Susie ist vergeben. Sie trifft sich mit Milton Brown, einem Studienfreund, den sie schon lange kennt.

Warren geht die Sache strategisch an. Weil er Susie nicht direkt erreichen kann, wählt er einen Umweg: »Er machte meinem Vater den Hof«,[60] erzählt Susan. Denn für »Doc« Thompson ist Milton absolut inakzeptabel für seine Tochter. Erstens stammt er aus ganz einfachen Verhältnissen, sein Vater ist ein ungebildeter Immigrant aus Russland, ein Arbeiter bei der Union Pacific Railroad. Milton muss sich sein Studium daher mit verschiedenen Jobs selber verdienen. Und zweitens – aus »Doc« Thompsons Sicht noch viel schlimmer – ist Milton Jude.

Warren findet heraus, dass Thompson seit seinem 20. Lebensjahr Mandoline spielt, und taucht von da an regelmäßig mit seiner Ukulele im

Haus der Thompsons auf. Er und Susies Vater machen gemeinsam Musik oder Warren lauscht den Tiraden von »Doc« Thompson auf die Politik in Washington. »Warren hat das jeden Abend gemacht, während ich mit jemand anderem aus war«, erzählt Susan.[61]

Die Strategie wirkt: Nach einer Weile hat Warren sein Zwischenziel erreicht. Er ist wie wild in Susan verliebt und sie zwar wie wild in einen anderen. Doch »mein Vater war wie wild in Warren verliebt. Er erzählte mir die ganze Zeit, was für ein fantastischer Mensch Warren war«, erinnert sich Susan.[62]

Irgendwann ist es so weit: »Doc« Thompson hat seine Tochter Susie endlich dazu gebracht, mit Milton zu brechen. Angeblich hat sie den ganzen Sommer über geweint.[63] Doch im Herbst 1951 sind Warren Buffett und Susan Thompson ein Paar.

Dornröschenschlaf

Warren Buffett steckt in zwei Jobs fest, die er nicht mag. Einerseits muss er immer wieder in der Nationalgarde einrücken und mit den Kameraden vor allem Zeit totschlagen, andererseits ist er als Broker in der Firma seines Vaters eingestiegen. Dort ist er dafür zuständig, Kunden Aktien zu verkaufen. Doch Warren Buffett ist damals schon vieles – ein guter Verkäufer ist er trotz der Verhaltensschule von Carnegie aber nicht. Er ist 21 Jahre alt, sieht aber jünger aus und ist immer noch nicht wirklich geschickt im Umgang mit Menschen. »Ich ging zu all diesen Leuten, um ihnen Aktien zu verkaufen, und wenn ich alles erklärt hatte, sagten sie: ›Und was meint dein Vater dazu?‹«, erinnert er sich.[64] Der ist allerdings in Washington, Warrens Chef ist Howards Partner Karl Falk.

Seinen Kunden empfiehlt er Geico und viele andere Unternehmen, die er mit Grahams Methode gefunden hat und die ihn so begeistern, dass er selber Anteile kauft. Zweimal arbeitet er die Handbücher von Moody's durch, Zehntausende Seiten mit Daten über Firmen aus der Industrie, des Transportwesens und der Finanzwirtschaft. Er findet dabei so viele unterbewertete Aktien, dass ihm bald das Geld ausgeht, um alle auch für sich selber zu kaufen. Wieder einmal setzt sich Warren Buffett über eiserne Regeln seiner Familie hinweg. Gegen den Grundsatz der Buffetts nimmt einen Kredit über 5000 Dollar auf, um an der Börse zu investieren.

Denn Mr. Market hatte zwar seine instabilen Jahre hinter sich. Nun befand er sich aber in einer Art erschöpften Dornröschenschlaf. Während die Unternehmen aufblühten, war die Börse für die meisten Menschen noch immer ein riskantes, unkalkulierbares Abenteuer. Wenige wollten Aktien kaufen und die Kurse stiegen nur langsam.

Dabei liefen die Geschäfte der Unternehmen hervorragend. Die US-Wirtschaft wuchs und die Amerikaner konnten wieder einmal gar nicht genug von ihrem neuen Lebensstil bekommen: dem Konsum. Jetzt hatten sie auch immer mehr Geld dafür. Zwischen 1950 und 1960 stieg das durchschnittliche jährliche Haushaltseinkommen von 3319 Dollar auf 5620 Dollar. Die Haushalte von Schwarzen verfügten allerdings nach wie vor nur über etwa die Hälfte.[65] Selbst nach Bereinigung um die Inflation war das ein Wohlstandsgewinn von knapp 40 Prozent in nur zehn Jahren.

Die Kunden der Unternehmen wurden aber nicht nur immer reicher. Es wurden auch immer mehr. Um 28 Millionen Menschen wuchs die Bevölkerung der USA in den Fünfzigerjahren.[66] Immer noch waren die USA ein Einwanderungsland, zudem stieg die Lebenserwartung und der Babyboom sorgte für reichlich Nachwuchs. Und alle kauften weiter alles, was das Leben angenehmer machte: Sie reisten mit den neuen Fluglinien, sie schafften sich Autos, Radios und immer öfter auch Fernseher an. 1950 gab es in nur 9 Prozent der Haushalte ein TV-Gerät, fünf Jahre später waren es schon 63 Prozent und nach weiteren fünf Jahren 85 Prozent.[67]

Und besser noch: Die Wirtschaft konnte all den zusätzlichen Menschen einen Job bieten und damit Geld für noch mehr Konsum. Die Arbeitslosigkeit blieb niedrig,[68] weil die boomende Wirtschaft Massen an Arbeitskräften brauchte: Zwischen 1950 und 1960 entstanden in den USA weit mehr als 10 Millionen Arbeitsplätze.[69] Zwar nahm die Bedeutung der Landwirtschaft als Arbeitgeber weiter deutlich ab, doch nicht nur in der Industrie, vor allem auch im Dienstleistungssektor boomte der Arbeitsmarkt. Ende der Fünfzigerjahre hatte die Zahl der sogenannten »White

Collar«-Jobs die der »Blue Collar«-Mitarbeiter* in der Produktion überholt.[70] Industrie- und Dienstleistungsunternehmen standen bombenstark da – auch all die, die an der Wall Street gehandelt wurden.

Mr. Market schien das alles aber zu verschlafen. Die boomenden Firmen waren immer noch zu Spottpreisen zu haben. Lediglich die Wirtschaft selber schien zu bemerken, welch fantastisch günstigen Preise für Unternehmen verlangt wurden, und begann, sich selbst aufzukaufen. Es entstanden riesige Konglomerate, wie das von International Telephone and Telegraph, das die Sheraton Hotels, Continental Banking, Hartford Fire Insurance, Avis Rent a Car und einige andere Unternehmen schluckte.[71] Kapitalinvestoren schienen die nur langsam ansteigenden Kurse allerdings als unattraktiv anzusehen – die meisten zumindest, außer Warren Buffett.

Neustart

Warrens berufliche Situation ist immer noch nicht besser. Er vertickt weiter Aktien für Buffett & Co. und fühlt sich damit unwohl. Vor allem stört ihn, dass sein Verdienst davon abhängt, möglichst *viele* Wertpapiere zu verkaufen und nicht möglichst *gute*. Er fühlt sich wie ein Arzt, der seinen Patienten so viele Pillen wie möglich verschreibt, vor allem die Sorten, an denen er am meisten verdient – egal ob sie den Patienten guttun oder nicht.[72] Einen Job bei einer renommierten Vermögensverwaltung in New York, den er auf Empfehlung von Benjamin Graham angeboten bekommt, kann er nicht annehmen, weil ihn die Nationalgarde, in deren Diensten er immer noch steht, nicht umziehen lässt.[73]

Einen Lichtblick gibt es allerdings: Er hat um Susans Hand angehalten und die beiden wollen im Frühjahr 1952 heiraten. Ausgerechnet die Nationalgarde droht ihm aber, auch seinen großen Tag zu verderben. Kurz vorher war der Missouri über die Ufer getreten und nun wird die gesamte

* »Weißkragen« und »Blaukragen« steht für Dienstleistungsjobs, die vor allem in weißen Hemden erledigt werden, und Industriejobs, in denen Mitarbeiter einen Blaumann tragen.

Garde einberufen, um Sandsäcke gegen die Flut zu füllen. Doch die Geschichte kommt rechtzeitig Warrens General zu Ohren und erweicht offensichtlich dessen Herz. Warren wird vom Dienst freigestellt und am 19. April 1952 um vier Uhr nachmittags heiraten Warren und Susan in der presbyterianischen Kirche in Omaha.[74] Susan ist 19 Jahre alt, Warren 21.

Am 20. April schafft es Warren Buffett somit das erste Mal in seinem Leben auf die Titelseite des *Omaha World-Herald*. Dort wird berichtet, dass Korporal Buffett von der Brigade General Warren Wood vom Dienst befreit wurde, um zu heiraten. »Liebe ist das Einzige, das uns stoppen kann«, wird der General zitiert.[75]

Das Paar zieht in eine kleine, billige Wohnung. Denn obwohl Warren Buffett für sein Alter ja bereits ein kleines Vermögen angehäuft hat, ist das Geld eher knapp. Die Dollar sind so gut wie alle investiert. Warren hat nicht nur Aktien gekauft. Gemeinsam mit einem Freund von der Nationalgarde hat er wenige Monate vorher eine Sinclair-Tankstelle erworben.

Tatsächlich scheiterte Warren Buffett damit zum ersten Mal als Geschäftsmann. »Meine Tankstelle war ein idiotischer Einfall, ich verlor damit 2000 Dollar, und das was damals eine Menge Geld für mich«, erinnert er sich. Denn gleich nebenan gibt es eine Texaco-Tankstelle, die von einem sehr etablierten und sehr beliebten Besitzer betrieben wird. Warren hat nicht damit gerechnet, dass die Kunden eben nicht rein rational nach Preis und Service entscheiden. »Damals lernte ich, wie wichtig die Loyalität der Kunden ist«, sagt er. Eine Lektion, die ihm später noch viel einbringen wird.

Nach der Hochzeitsreise verkauft Warren weiter Aktien für Buffett & Co. – am liebsten seine Lieblingswerte wie Geico an Freunde und Verwandte. Unter seinen Kunden sind seine Tante Alice und einige seiner Studienfreunde aus Wharton oder deren Eltern. Doch das alleine ist nicht genug, also versucht er weiter, auch anderen Kunden möglichst viele »Pillen« anzudrehen. Glücklich ist er dabei nicht.

Glücklich macht ihn aber die Jagd auf weitere Zigarrenstummel, über die er sich ständig mit Benjamin Graham austauscht. Regelmäßig fährt er nach New York und besucht so oft es geht seinen Mentor oder die Büros von Graham & Newman. Denn noch immer hofft er, dass er vielleicht doch die Chance bekommt, die Genialität seines zweiten Helden noch einmal von Nahem zu erleben.

Warren Buffett arbeitet zudem an seinen Fähigkeiten, in der Öffentlichkeit aufzutreten. Er investiert 100 Dollar in einen Carnegie-Kurs, um zu lernen, besser vor Publikum aufzutreten – für ihn eine hohe Ausgabe, aber das Thema war ihm wichtig. »Ich war ein Desaster. Ich konnte im Grunde nicht in der Öffentlichkeit reden«, gesteht er mir später. Gut reden und gut schreiben sind für ihn aber Grundvoraussetzungen für Erfolg. »Ich habe das Diplom von diesem Kurs in meinem Büro aufgehängt, nicht die von der University of Nebraska oder Columbia, aber das schon.«[76]

Im Herbst 1952 arbeitet er daran, seine im Carnegie-Kurs gelernten Fähigkeiten auszubauen und übernimmt eine Abendklasse über Aktieninvestments an der University of Omaha. Zunächst unterrichtet er gemeinsam mit einem Freund, später hat er seinen eigenen Kurs und nennt ihn »Vernünftiges Investieren in Aktien«.[77] Er übernimmt viele der Lehrmethoden von Graham – allerdings nie an einem Beispiel, an dem er gerade selber interessiert ist – und fasziniert seine Klasse. Er nimmt sogar an einer Fernsehdiskussion teil, wo er als junger Unternehmer den republikanischen Standpunkt vertritt.[78]

Einige Monate nach der Hochzeit kündigt sich Nachwuchs bei den Buffetts an. Am 30. Juli 1953 bekommen sie ihr erstes Kind, ein Mädchen, das sie Susan Alice nennen. Und dann ein Jahr später erbarmt sich endlich Benjamin Graham. Nach jahrelangem Hinhalten bietet er Warren endlich einen Job bei Graham & Newman an.

Im August 1954 ist Warren Buffett endlich da, wo er seit Jahren sein will: Er ist von der Nationalgarde befreit und muss keine Aktien mehr verkaufen. Er wird ab sofort nur noch eines tun: gute Investitionsmöglichkeiten finden und damit viel Geld verdienen. Er hat Susan an seiner Seite, die ihm hilft, besser mit sich selber klarzukommen. Wie wichtig das für ihn ist, erklärt er mir später so: »Wen du als Lebensgefährten wählst, ist die wichtigste Entscheidung im Leben«, sagt er. »Dein Partner wird dich verändern. Du wirst entweder besser oder schlechter. Ich hatte in dieser Beziehung sehr viel Glück.«[79]

KAPITEL 5

DIE FRÜHEN JAHRE

FANCLUBS UND ZIGARRENSTUMMEL

1953–1957

Warren Buffett gelingen reihenweise ertragreiche Aktiendeals – erst bei seinem Mentor Graham in New York, dann mit eigenen Investmentpartnerschaften in Omaha. Während der Kalte Krieg seinen Höhepunkt erreicht, boomt die Wirtschaft und endlich auch der Aktienmarkt.

Howard im Abseits

Wieder einmal ist Howard Buffett auf Kriegsfuß – natürlich wieder gegen seine größten Feinde: die New-Deal-Politiker. Doch diesmal sind es nicht die Demokraten, gegen die er wettert. Diesmal richtet sich sein Zorn gegen einen Flügel in der eigenen Partei. Im Frühjahr 1952 zieht er durch das Land und macht Werbung für Senator Robert A. Taft. Der ist ein Freund von Howard, hat fast ähnlich radikale Einstellungen und will Präsidentschaftskandidat der Republikaner werden. Howard leitet den Wahlkampf von Taft in Nebraska.[1] Die Chancen stehen ganz gut, dass nach 20 Jahren endlich wieder ein Republikaner Präsident wird. Und Howard kann mit einer wichtigeren Position in der Politik rechnen, wenn sein Freund Taft gewählt wird.

Das Problem ist, dass ein bedeutender Teil der Republikaner nicht mehr so radikal ist wie früher einmal. Zwar liegt Taft in den bisherigen Vorwahlen vorne, doch Parteifunktionäre haben den parteilosen Ex-General und Kriegsheld Dwight D. Eisenhower zu einer Gegenkandidatur überredet. »Ike« Eisenhower ist in der Bevölkerung äußerst beliebt – im ganzen Land entstehen »I Like Ike« Clubs. Für Howard ist Eisenhower aber viel zu liberal und sozial eingestellt. Er poltert daher gegen »den Versuch von New-Deal-Elementen aus dem Osten, die Republikanische Partei zu übernehmen. Indem sie der Partei diktieren – oder besser sich verschworen haben –, wer als Präsidentschaftskandidat nominiert wird.«[2]

Doch die »New-Deal-Elemente« der Partei behalten die Oberhand: Auf einem der kontroversesten Parteitage in der Geschichte der Republikaner setzt sich Eisenhower durch, nachdem einige Staaten ihre Wahlmänner von der Pflicht befreit haben, für Taft zu stimmen.[3] Taft gibt auf und bittet seine Anhänger, Eisenhower zu unterstützen, doch Howard bleibt einmal mehr seinen Prinzipien treu: Als er seine Stimme gegen den neuen Shootingstar der Republikaner abgibt, ist er endgültig in der Partei isoliert. »Er hatte sich selbst in die Ecke gestellt«, erzählt Warren Buffett.[4]

Howard Buffett beendet seine Amtszeit und kehrt im Januar 1953 nach Omaha zurück, ohne dass er eine weitere Kandidatur gewagt hat. Ein Jahr später stirbt der Senator von Nebraska, und Howard wittert eine Chance, nach Washington zurückzukehren. Doch »Parteifreunde« verhindern seine Nominierung, indem sie seine Bewerbung – regelwidrig – einfach nicht annehmen.[5] Nun ist es endgültig klar: Howards politische Laufbahn ist zu Ende. Er ist jetzt 51 Jahre alt und zutiefst frustriert. Während sein Sohn Warren kurz davorsteht, nach New York zu gehen, um dort seinen Wunschjob anzutreten, hat Howard seinen gerade verloren. Den Rest seiner beruflichen Laufbahn wird er wieder Aktien verkaufen und als Lehrer arbeiten.

White Plaines

Warren Buffett kommt am 1. August 1952 in New York an und gleich am nächsten Tag geht er zu seinem neuen Arbeitsplatz – obwohl er eigentlich erst im September anfangen soll. Graham & Newman residieren in der 42ten Straße in Manhattan, ein ganzes Stück entfernt von der Wall Street. Doch Anfang August 1952 ist Benjamin Graham nicht im Büro, denn kurz vorher hatte dessen erwachsener Sohn Newton Selbstmord begangen. Ein Drama, das Graham nachhaltig prägen wird.[6]

Warren stürzt sich dennoch sofort in seine neue Arbeit: Insgesamt acht Mitarbeiter hat Graham & Newman, die alle dieselben grauen Jacketts tragen und nichts anderes tun, als »Zigarrenstummel« zu suchen. Sie wühlen sich den ganzen Tag durch Nachschlagewerke, Zeitungen oder die Pink Sheets, auf denen wöchentlich Informationen über kleine und kleinste Unternehmen auf rosa Papier gedruckt erscheinen.

Wenn einer der Analysten etwas entdeckt hat, geht er zu Benjamin Graham oder – aber nur wenn es sein muss – zu Jerome Newman, und die entscheiden, ob die Aktie für das Depot gekauft wird. Die Kurse an der Börse sind noch so niedrig, dass Graham & Newman nur Unternehmen kauft, die mit einer Sicherheitsmarge von mindestens einem Drittel zu haben sind – das heißt, der Kurs muss ein Drittel niedriger sein, als das anteilige Firmenvermögen wert ist. Benjamin Graham will 1 Dollar Wert für 66 Cent haben.

Warren macht sich sofort an die Arbeit. Gleichzeitig sucht er eine Unterkunft für seine Familie, denn er will Susan und seine kleine Tochter Susie so schnell wie möglich nachholen. In White Plaines, einer Mittelklassestadt etwa 50 Kilometer außerhalb von New York, mietet er ein Apartment mit drei Schlafzimmern, und während Susan, die wieder schwanger ist, ihr Leben dort einrichtet, pendelt Warren jeden Tag mit dem Zug nach Manhattan.[7]

Die Buffetts befreunden sich mit den Familien anderer Börsianer, meistens sind die Männer wie Warren eingefleischte Graham-Fans. Das Paar trifft sich ab und zu mit Wall-Street-Kollegen, und nach dem Essen führt Susan intensive Gespräche mit den anderen Frauen, während Warren den Männern Vorträge über Aktien hält. Oft sitzen die Zuhörer dabei auf dem Boden um Warren Buffett herum, sodass eine Freundin sie »Jesus und die Apostel« tauft.[8]

Im Dezember 1954 bekommt Susan ihr zweites Kind. Es ist ein Junge und sie nennen ihn nach den beiden Helden in Warrens Leben: Howard Graham. In der Nachbarschaft gilt Warren als äußerst sparsam; er zettelt sogar einen Kleinkrieg gegen einen Verlag an, der Susan an der Tür die Zeitung *Parents* verkauft hat. Er organisiert eine gemeinsame Klage mit anderen Nachbarn, die aber nie vor Gericht kommt, weil Warren vorher den Streitwert von 17 Dollar ausbezahlt bekommt.[9]

Denn Warren Buffett braucht jeden Dollar. Durch seine Arbeit bei Graham & Newman entdeckt er jeden Tag neue, unglaublich günstige Aktien. Und die besten davon will er unbedingt auch für sich selber kaufen.

Ertragreiche Lehrjahre

Wann immer Warren Buffett eine gute Aktie findet, zeigt er sie zuerst Benjamin Graham. Der kauft die meisten davon auch für Graham & Newman – allerdings oft nur mit kleinem Einsatz, manchmal sogar nur für ein paar 1000 Dollar. Denn Graham traut dem Aktienmarkt immer noch nicht, obwohl – oder gerade weil – die Börse inzwischen aus ihrem Dornröschenschlaf erwacht ist. Zwischen Mai 1949 und Dezember 1955 steigt der S&P 500 um mehr als 300 Prozent und klettert Mitte 1954 sogar über seinen alten Höchststand von 1929.[10] Graham hat Angst, dass das eine Blase ist, die wieder in einem baldigen Crash enden wird. Warrens Mentor wartet quasi stündlich auf einen Zusammenbruch der Börse und drängt seine Anteilseigner zum Frust von Warren sogar dazu, ihr Kapital aus dem Fonds abzuziehen. Graham will statt mehr lieber weniger investieren. Einige der Ideen von Warren setzt er daher gar nicht um. Zum Beispiel die Versicherung Home Protective, die nicht börsennotiert ist. Warren kauft sie für 15 Dollar die Aktie von einem Broker in Philadelphia für sein privates Depot und wenig später steigt sie auf 70 Dollar.[11] Buffett ist dabei alles andere als vorsichtig. Meistens setzt er einen Großteil seines eigenen

Geldes auf eine einzige, aktuell beste Idee – wie er es vor Jahren mit Geico-Aktien gemacht hat, die er inzwischen mit Gewinn verkauft hat.

Als Graham die Aktie von Union Street Railway of New Bedford entdeckt, ist Warren so fasziniert von den Chancen, dass er gar nicht genug davon bekommen kann. Er schaltet sogar Anzeigen mit einem Kaufgebot in Zeitungen in der Gegend von New Bedford, um möglichst viele Anteile von Privatleuten zu ergattern.[12] Die Firma ist ein klassisches Graham-Investment: Die Aktie kostet etwa 35 Dollar, hat aber anteilig 120 Dollar Bankguthaben, Wertpapiere und Bustickets in den Büchern. Wenig später schüttete die Firma eine Sonderdividende von 50 Dollar je Aktie aus und Warren Buffett, der wieder einmal einen Großteil seines Vermögens auf eine einzige Chance gesetzt hat, ist mit einem Schlag um rund 20.000 Dollar reicher.

Graham dagegen bleibt vorsichtig. Anders als Warren will er nicht mehr unbedingt möglichst schnell sein Kapital mehren – er will vor allem keine Verluste machen. Ganz nach Grahams Geschmack ist daher ein anscheinend bombensicheres Geschäft, mit dem er Warren beauftragt. Um Steuern zu sparen, nimmt die Schokoladenfabrik Rockwood & Co. ihre eigenen Aktien gegen Kakaobohnen zurück, die mehr wert sind, als die Aktien an der Börse kosten. Warren pendelt einige Wochen mit der U-Bahn zwischen seinem Arbeitsplatz und einem Broker, wo er Aktien gegen Lagerhausbelege eintauscht, die er dann für Graham & Newman gewinnbringend verkauft.

Auch für sich selber kauft er Rockwood & Co., allerdings lässt er den sicheren Gewinn mit dem Kakaobohnentausch links liegen. Wenn eine Firma nämlich eigene Aktien zurücknimmt, werden sie quasi vernichtet. Von da an gehört das Unternehmen also weniger Aktionären, deren Anteil am Vermögen entsprechend steigt. Warren hat ausgerechnet, dass das Vermögen je Aktie von Rockwood & Co. nach der Rücknahmeaktion wesentlich höher sein wird als vorher – trotz der Minimierung des Kakaobohnenlagers. Und er hat recht: Kurze Zeit später steigt der Kurs von Rockwood & Co. von 15 auf 85 Dollar.[13]

Buffett hat einmal mehr viel auf eine Idee gesetzt und viel gewonnen. Anders als die Börsianer in den Dreißigerjahren hat er bei seinen ersten großen Deals Glück: Der von Graham befürchtete Rückschlag durch einen Einbruch am Aktienmarkt bleibt aus und sein Kapital wächst beständig.

Wie man Schätze birgt

Warren Buffett bewundert Benjamin Graham weiter uneingeschränkt. Dennoch sind sich die beiden nicht immer einig. Nicht nur dass Warren Grahams Angst vor einem neuen Crash für übertrieben hält. Graham hält sich zudem absolut strikt an seine eigenen Methoden und kauft stur ausschließlich Unternehmen, die ein entsprechend hohes Vermögen haben – den Dollar für 66 Cent.

Deshalb lehnt er auch ein Investment in Western Insurance ab, die Warren entdeckt hat, eine Versicherung, deren Aktie 3 Dollar kostet, die aber einen jährlichen Gewinn pro Aktie von unglaublichen 29 Dollar erwirtschaftet. Für Warren ist das ein Investment, bei dem man innerhalb von einem Jahr den Dollar für wenig mehr als 10 Cent kaufen kann, und er setzt sein Geld begeistert dafür ein. Für Graham ist es eine No-go-Spekulation.[14]

Denn die *Geschäfte* eines Unternehmens sind Graham vollkommen egal. Er will das *Vermögen* haben, entweder indem er darauf wartet, dass die Kurse entsprechend steigen, oder indem er eine Ausschüttung an die Aktionäre erhofft, wie gerade eben wieder bei Union Street Railway of New Bedford. Oder diese Ausschüttung sogar erzwingt, wie er es in den Zwanzigerjahren schon bei Northern Pipeline getan hat.

Besonders interessiert verfolgt Warren Buffett aber eine dritte Möglichkeit, die schlummernden Schätze in einer Firma zu bergen. Das Rezept dazu: Man kaufe billig eine schlechte Firma und lasse sie anschließend mit ihrem Vermögen einfach eine gute Firma zu Marktpreisen kaufen. Eine Idee, die Warren Buffett später selber mehrfach durchführen wird, unter anderem mit einer abgewirtschafteten Textilfirma namens Berkshire Hathaway.

Graham macht es ihm Ende 1954 mit der Philadelphia and Reading Coal & Company vor. Die Firma fördert und verkauft Kohle, ein Geschäft, das die besten Jahre hinter sich hat, und es ist klar, dass sie demnächst in die Verlustzone rutschen wird. Doch sie hat einiges an Vermögen, und Graham & Newman hat billig so viele Anteile gekauft, das Benjamin Graham im Aufsichtsrat der Firma sitzt.

Er sorgt dafür, dass das Unternehmen eine andere Firma, die Union Underware Company, aufkauft und zur Philadelphia and Reading Corporation umfirmiert. Statt einem abgewirtschafteten Kohleunternehmen hat Graham & Newman für den ursprünglich günstigen Kurs also nun eine gutgehende Firma im Wäschebusiness im Portfolio, deren Aktienkurs steigt.[15]

Die Methode hat allerdings einen Haken: Der Investor braucht so viel Geld, dass er genügend Anteile kaufen kann, um die Geschäftspolitik zu beeinflussen. Nach Jahren an Benjamin Grahams Seite weiß Warren Buffett also nun, dass er zwar kein großes privates Vermögen zu seinem persönlichen Glück braucht, aber für das, was er vorhat, viel, sehr viel Kapital.

Abschied und Neuanfang

Seit dem Selbstmord seines Sohnes verliert Benjamin Graham zunehmend das Interesse an seinen Investmentgeschäften. 1956, mit 62 Jahren, hat er endgültig genug. Die Börse scheint ihm ohnehin zu hoch zu fliegen und er will mehr Zeit für seine vielseitigen anderen Interessen haben. Im Frühjahr verkündet er daher seinen Rückzug: Er will nach Kalifornien ziehen. Dort wird er die kommenden Jahre weiter unglaublich viel lesen und Musik hören, unterrichten, Ski fahren und abwechselnd Zeit mit seiner Frau und seiner französischen Geliebten verbringen, der ehemaligen Freundin seines verstorbenen Sohns. Was er von seinem Geld nicht aufbraucht, wird er systematisch für wohltätige Zwecke verschenken. Er war nämlich der Meinung, dass jeder, der mit mehr als 1 Million Dollar Guthaben stirbt, ein Trottel ist.[16]

Graham schlägt Warren vor, die Firma Graham & Newman gemeinsam mit Jerome Newmans Sohn Mickey weiterzuführen. Das ist eine große Ehre, aber Warren Buffett lehnt, ohne zu zögern, ab. Für Graham war er gerne an die Ostküste gezogen, doch ansonsten hält ihn nichts hier. »In New York zu leben gefiel mir nicht«, erinnert er sich. »Ich war ständig am Zugfahren.«[17] Die Buffetts beschließen, nach Omaha zurückzukehren. Denn auch Susan ist nicht wirklich zufrieden. Sohn Howard ist ein schwieriges, unglaublich lebhaftes Kind und in Omaha hat sie mehr Unterstützung.

Warren Buffett ist jetzt 26 Jahre alt. In den fünf Jahren seit seinem Abschluss an der Columbia University hat er sein Vermögen von rund 10.000 auf etwa 175.000 Dollar gesteigert. Etwa 12.000 Dollar, so rechnet er aus, braucht er im Jahr, um den Lebensunterhalt seiner Familie zu bestreiten. Damit er sein Kapital nicht antasten muss, müsste er also eine Rendite von 6,8 Prozent im Jahr erwirtschaften. Allerdings sollte er zusätzlich alljährlich das Kapital um die Inflationsrate ausgleichen. Vielen würde diese Aufgabe die Schweißperlen auf die Stirn treiben.

Nicht aber Warren Buffett. Er hofft nicht, er *weiß*, dass er wesentlich mehr erwirtschaften wird. »Mein Kapital wuchs immer mehr«, erinnert er sich.[18] Statt sich Sorgen um seine Zukunft zu machen, macht er sich Gedanken darüber, ob sein künftiger Reichtum seine Kinder einmal verderben könnte.[19]

Als Warren Buffett im Frühjahr 1956 nach Omaha zurückkommt, steht für ihn vor allem eines fest: Er will weiter investieren und nie wieder für jemanden arbeiten und etwas tun, das ihm nicht gefällt. »Wir beide, Warren und ich haben immer die Unabhängigkeit gesucht«, erklärt Warren Buffetts Freund und Partner Charlie Munger mir später. »Keiner von uns wollte ein loyaler Unterstützer in einer dominanten Hierarchie sein, die uns erzählt, was wir tun und denken sollen.«[20] Um einen Job bemüht sich Warren Buffett daher nicht. »Ich wollte in den Ruhestand gehen«, sagt er.[21]

Wohlstand für alle

Etwa ein Jahrzehnt nach dem Zweiten Weltkrieg schien die westliche Welt schwer in Ordnung zu sein: Nicht nur in Deutschland realisierte sich der von Wirtschaftsminister Ludwig Erhard proklamierte »Wohlstand für alle«, auch in den USA ging es nur in eine Richtung: aufwärts. Zwar bedrohte der Kalte Krieg den Frieden in der Welt, doch die Menschen schienen sich mehr und mehr daran zu gewöhnen.

Ende der Fünfzigerjahre war eine neue – weiße – Mittelschicht entstanden und sie hatte eine neue Infrastruktur geschaffen. Immer mehr Menschen hatten genug Geld, um ein Haus zu bauen, und der Platz in den großen Metropolen wurde knapp. Überall entstanden Vororte – Schlafstädte für die neuen Mittelstandsfamilien – und lösten einen Bauboom aus. Nicht nur Kühlschrank, Waschmaschine, Fernseher und Radio gehörten dabei zur Standardausrüstung. Oft wurde eine der modernen Klimaanlagen eingebaut. Und vor jedem der neuen Häuser standen inzwischen selbstverständlich ein oder mehrere Autos, denn einen öffentlichen Nahverkehr gab es nicht. Die Vororte wurden mit gigantischen mehrspurigen Straßen an die Städte angebunden. Eingekauft wurde gerne in den aus dem Boden schießenden Shoppingcentern: Bei Kriegsende gab es genau acht davon, 1960 waren es schon 3840.[22]

Überzeugte Republikaner wie Howard Buffett fürchteten aber, dass der neue Wohlstand die USA verweichlichen und letztendlich dem kommunistischen Feind ausliefern würde. Der Kalte Krieg spitzte sich weiter zu, 1961 wurde die Teilung Europas mit der Berliner Mauer buchstäblich in Beton gegossen. Die politische und wirtschaftliche Dominanz der USA über die Welt, die sie nach dem Zweiten Weltkrieg innehatten, schwächte sich ganz allmählich ab. Als die UdSSR als erste Nation mit ihrem Sputnik-Programm 1957 ein Raumschiff in den Weltraum schoss, war die ganze Nation geschockt. Die Börse reagierte mit einem Kurseinbruch und Eisenhower mit der Gründung der NASA.

In den Augen echter Republikaner war die Politik von Eisenhower grundsätzlich kaum von derjenigen der »New Deal«-Politiker zu unterscheiden: Zwar beendete er den Koreakrieg und senkte anschließend die Steuern für Unternehmen wieder etwas.[23] Doch er stärkte die internationale Zusammenarbeit und Verteidigungsfähigkeit der NATO mit viel Geld. Er legte ein riesiges Programm zum Bau eines Interstate-Straßennetzes auf. Und vor allem baute er die Social Security weiter aus.[24] Für Howard Buffett war das wohl ein Ärgernis, für einige aber auch sehr beruhigend: Denn in der älteren Generation war die Erinnerung an die Great Depression noch sehr lebendig. Während die Wirtschaft boomte und ständig neue technische Erfindungen das Leben verbesserten, blieb die Gesellschaft vordergründig konservativ. Zwei Drittel aller Frauen waren mit 24 Jahren bereits verheiratet.[25] Sie trugen weibliche, aber unpraktische Kleidung wie Schuhe mit Pfennigabsätzen und Petticoats und die Rollenverteilung in der neuen Mittelschicht war klar: Der Mann ging zur Arbeit, die Frau war für den Haushalt und die Kinder da. Mr und Mrs Warren Buffett in White Paines, New York, waren da keine Ausnahme.

Unterschwellig bahnte sich allerdings das kommende Jahrzehnt der Emanzipation und des Protestes bereits an. Ganz allmählich nahmen auch verheiratete Frauen einen Job an und Ende der Fünfzigerjahre war bereits fast ein Drittel aller Beschäftigten weiblich.[26] Die Jugend begeisterte sich für rebellische Dinge: Elvis Presley und James Dean waren ihre Helden. Die Bluejeans wurde von der Arbeiterkleidung zum Symbol der Freiheit.

Doch nicht nur die Jugend begann, gegen ihre Eltern zu rebellieren, auch in lange unterdrückten Gruppen der Gesellschaft formierte sich allmählich Widerstand gegen die eingefahrene Rangordnung. Besonders der schwarze Teil der Bevölkerung hatte die ständigen Diskriminierungen und wirtschaftlichen Benachteiligungen satt. Bürgerrechtsbewegungen entstanden und fanden dabei auch Unterstützung in Teilen der weißen Mehrheit, trafen aber auch auf erbitterten Widerstand in der konservativen Hälfte der Bevölkerung.

Der Kampf um den richtigen Weg verlagerte sich zunehmend vom Streit um das richtige Maß an staatlicher Fürsorge hin zum Kampf um die Rechte der Minderheiten. Einige radikale Konservative reagierten mit blanker Gewalt: Das Jahrzehnt der politischen Attentate gegen die Anführer liberaler Bewegungen stand kurz bevor.

»Ruhestand«

Die Wohnung in der Underwood Avenue, in die die Buffetts im Frühjahr 1956 nach ihrer Rückkehr aus New York einziehen, liegt nur zwei Blocks entfernt vom Lebensmittelladen der Buffetts, der inzwischen von Warrens Onkel Fred geführt wird, und in der Nähe der Häuser der Schwiegereltern und Eltern von Warren.

Sosehr er seinen Vater weiter verehrt, sosehr meidet Warren allerdings immer noch den Kontakt zu seiner Mutter. Denn Leila macht ihren Kindern Doris und Warren nach wie vor mit ihren aggressiven Ausfällen das Leben schwer. Fast mehr noch als Howard leidet sie unter dem Imageverlust, den das Ende seiner politischen Karriere bedeutet, und lässt ihren Frust an den Kindern aus. Irgendwann gehen Warren und Doris zu ihrem Vater und bitten ihn einzugreifen. »Sie muss uns in Ruhe lassen, sonst ziehen wir weg«, drohten sie und tatsächlich wird es ein bisschen besser.[27]

Warren Buffett hat die Wohnung in der Underwood Avenue nicht gekauft, sondern er mietet sie – eine ungewöhnliche Aktion für einen jungen, relativ wohlhabenden US-Amerikaner in jener Zeit. Doch Warren hat keine Dollar zu vergeben. Was er nämlich unter »Ruhestand« versteht, wird allen in seinem Umfeld schnell klar: Er will einfach weiter sein Geld vermehren – und das von anderen gleich mit.

»Investieren ist eine Tätigkeit, bei der heute auf Konsum verzichtet wird, um zu einem späteren Zeitpunkt einen höheren Verbrauch zu ermöglichen«, erklärt Warren Buffett die Motivation für sein vergleichsweise sparsames Leben.[28] Allerdings verzichtet er mehr oder weniger bis heute auf den »höheren Verbrauch«. Denn zu jeder Zeit seines Lebens gilt: Je mehr Kapital er jetzt für seine Ideen zu Verfügung hat, desto mehr Möglichkeiten kann er realisieren und desto mehr hat er künftig.

1956 entdeckt er den Geschmack daran, sein verfügbares Kapital durch Einlagen anderer zu mehren. Mit seinem Vater hat er schon vor Jahren eine Partnerschaft gegründet. Buffett & Buffett war im Wesentlichen mit dem Geld von Howard bestückt, Warren brachte einen symbolischen Betrag und seine Arbeit mit ein.[29] Im Frühjahr 1956 – quasi bei der Ankunft in Omaha – organisiert Warren eine ähnliche Partnerschaft für weitere Freunde und Verwandte: Seine Tante Alice, Schwester Doris und ihr Mann, Doc Thompson, sein Zimmerkollege aus Wharton, Chuck Peterson und dessen Mutter, die auch in Omaha wohnen, und sein Anwalt und Kindheitsfreund Dan Monem bringen zusammen 105.000 Dollar in die »Buffett Associates Ltd.« ein.

Auch hier trägt Warren nur einen symbolischen Beitrag von 100 Dollar bei. »Die ersten Investoren von Warren waren eine Omaha-Familie. Keine Leute mit viel Geld, und niemand von ihnen lebte großspurig.«, erzählte mir Warrens enger Freund Dick Holland später. »Da war nichts Überwältigendes dran. Sie dachten einfach: ›Warren ist ein kluger Junge. Lass es uns versuchen und sehen, was er schafft.‹«[30]

Bei einem Abendessen im Omaha-Club erklärt Warren Buffett seinen neuen Partnern die Regeln: Er will kein Gehalt. Dafür will er die Hälfte von jedem Gewinn über 4 Prozent, den er künftig für die Partnerschaft erwirtschaftet, behalten. Liegt der Gewinn darunter, gleicht er ein Viertel davon aus. Und gibt es Verluste, wird er sie persönlich übernehmen – unbeschränkt aus seinem eigenen Vermögen. Dafür verlangt er Vertrauen und keine Diskussionen über seine Entscheidungen. Und die Gewinne werden nicht ausgeschüttet, sondern reinvestiert. Die Partner stimmen zu und lernen auch gleich, dass Warren kein Geld für die Partnerschaft verschwenden wird: Ihr Abendessen müssen sie selber bezahlen.[31]

Ein paar Wochen später fährt ein Auto mit einem hölzernen Bootsanhänger und einem blauen Kanu vor dem Haus der Buffetts in der Underwood Avenue vor. Homer Dodge, ein Professor mit Harvard-Abschluss und Präsident einer Universität in Vermont ist auf dem Weg in den Westen, um Urlaub zu machen, und stoppt in Omaha. Er will Warren Buffett kennenlernen. Dodge ist lange ein Investor von Benjamin Graham gewesen und der hat ihm empfohlen, sein Geld künftig von Warren verwalten zu lassen.

Als Dodge das Haus nach einer Weile wieder verlässt, sind sich die beiden einig: Im September 1956 gründen Warren und Dodge eine weitere Gesellschaft, die Buffett Fund Ltd., in die Dodge 120.000 Dollar steckt. Wenig später kommt John Cleary, der ehemalige Sekretär von Howard im Kongress, auf Warren zu und investiert 55.000 Dollar in noch eine Gesellschaft, die sie B-C Ltd. nennen.

Warren stürzt sich begeistert in die Arbeit. Das Hauptquartier für alle Partnerschaften schlägt er in einem kleinen Raum neben dem Schlafzimmer in der Underwood Avenue auf. Dort studiert er nun Tag und Nacht

Unterlagen, gibt seine Aktienorder über das einzige Telefon im Haus auf, macht die Buchhaltung und die Steuererklärung für die Partnerschaften, tippt die gesamte Korrespondenz selber auf einer IBM-Schreibmaschine und bringt die Aktienzertifikate, die er sich schicken lässt, in einen Tresor zur Omaha National Bank, wo er auch die Dividendenschecks einreicht.[32] »Ich war eine One-Man-Show«, sagt Warren.[33]

Susan stellt währenddessen sicher, dass Warren möglichst wenig gestört wird. Sie sorgt für einen ständigen Vorrat an Pepsi-Cola, Popcorn und Chips, denn Warren hat nach wie vor die Essgewohnheiten eines Zehnjährigen. Sie kümmert sich um den Haushalt, die Kinder und die sozialen Kontakte. Die bestehen vor allem aus Partys und Treffen mit Freunden, bei denen Warren fast immer Vorträge über Aktien hält.

Doch am liebsten ist er ganz alleine in seiner Kammer. Dort tut er, was er am meisten liebt: Er sucht nach »Zigarrenstummeln«. Gemeinsam mit seinem eigenen Geld hat Warren nun fast eine halbe Million Dollar in fünf Depots zur Verfügung und ist ein professioneller Vermögensverwalter geworden.

Zigarrenstummel aller Art

Im Mai 1956, als Warren Buffett seinen »Ruhestand« begann, schien Mr. Market psychisch viel stabiler geworden zu sein. Seit Sommer 1949 war er grundsätzlich in prächtiger Laune gewesen und hatte die Kurse unter nur wenigen Schwankungen an der Börse nach oben getrieben. Der S&P 500 lag im Juli 1956 etwa dreimal so hoch wie Mitte 1949.[34] Die Kurse kletterten, obwohl das Angebot an Aktien allmählich größer wurde. Immer mehr junge Unternehmen entdeckten die Wall Street als Finanzquelle. 1929 waren rund 850 Unternehmen an der Wall Street gehandelt worden, 1960 schon rund 1150.[35] Und sie wurden immer wertvoller: Allein zwischen 1950 und 1960 stieg der Wert der Unternehmen, die an der Amex, der Muttergesellschaft der Wall Street, gelistet waren, von 12 auf 23 Milliarden Dollar.[36]

Für Benjamin Graham war das alles bekanntermaßen viel zu euphorisch, und als er Anfang 1956 seinen Rückzug verkündete, schien er tatsächlich recht zu haben: Ab Frühsommer 1956 fiel Mr. Market zurück in eine depressive Phase, die bis Ende 1957 anhalten sollte.[37] Plötzlich schien er keine Lust mehr zu haben, hohe Preise für Unternehmen zu bezahlen, und bot seine Anteile billig an. Der S&P 500 verlor in 18 Monaten knapp 20 Prozent seines Wertes.

Warren Buffett dagegen verliert nichts: Früh im Jahr 1958 setzt er sich an seine IBM-Schreibmaschine in der Kammer in der Underwood Avenue und schreibt einen Brief an seine Partner. Er erklärt, wie das vergangene Jahr gelaufen ist – eine Tradition, die er bis heute auch als Chef von Berkshire Hathaway fortführt und damit Abertausende Investoren Jahr für Jahr begeistert. In seinen Briefen listet Warren Buffett nicht nur auf, welche Ergebnisse er erzielt hat, er erklärt auch, wie er arbeitet. Und das in einer Sprache, die jeder verstehen kann. Was er genau gekauft hat, enthüllt er aber erst, wenn ein Geschäft abgewickelt ist. Denn immer noch wacht er eifersüchtig darüber, dass niemand von seinen Ideen profitieren kann und ihm am Ende noch die Kurse für Zukäufe verdirbt.

Die Bilanz für 1957 ist durchaus ansehnlich. Der Dow-Jones-Index, mit dem Buffett seine Ergebnisse damals noch vergleicht,* hat seinen Anlegern Verluste gebracht. Selbst wenn man berücksichtigt, dass Dividenden das Minus etwas ausgeglichen haben, sind es im Jahr 1957 noch genau minus 8,47 Prozent, wie Warren Buffett ausrechnet. Seine drei Partnerschaften dagegen haben ihr Kapital im Jahresverlauf um 6,2 beziehungsweise 7,8 und 25 Prozent gesteigert. Den Unterschied erklärt Warren seinen Partnern genau. »Die dritte Partnerschaft wurde erst später im Jahr 1956 gestartet, als der Markt niedrig und die Kurse vieler Wertpapiere besonders attraktiv waren«, schreibt er. »Die Ergebnisse zeigen die – kurzfristige – Bedeutung von Glück, besonders in Bezug darauf, wann das Kapital eingesetzt wird.«[38]

---

* Der Dow-Jones-Index wird aus den Kursen von 30 großen US-Unternehmen berechnet, die an der Wall Street gehandelt werden. Der S&P 500 dagegen umfasst 500 Unternehmen und berücksichtigt daher mehr Branchen und auch kleinere Firmen. Er ist der bessere Vergleichsmaßstab für Warren Buffetts Aktivitäten, der auch später nur noch den S&P 500 als Messlatte für sich verwendet.

Doch Glück ist nicht das, worauf sich Warren Buffett verlassen will, und er beruhigt seine Partner auch, dass sich die Ergebnisse der Partnerschaften über die Jahre angleichen werden, weil er sie mit denselben Wertpapieren bestückt. Seine »Zigarrenstummel« aller Art findet er wie schon bei Graham & Newman in öffentlich zugänglichem Material, in Handbüchern, Zeitungen, Bilanzen und den Pink Sheets, die er in seiner Kammer durcharbeitet.

Im Jahr 1956 stößt er dabei eines Tages auf ein Unternehmen, das einmal für einen großen Betrug gestanden hatte: Windige Geschäftsleute hatten den Farmern in der Umgebung von Omaha Aktien der fast wertlosen National American Fire Insurance angedreht und sie gegen Liberty Bonds aus dem Ersten Weltkrieg getauscht. Doch der Mehrheitseigner Howard F. Ahmanson und sein Bruder Hayden haben das Unternehmen inzwischen saniert und erwirtschaften damit nun einen Jahresgewinn von 29 Dollar je Aktie. Im großen Stil kauft Ahmanson nun Aktien zurück und bietet 30 Dollar pro Stück – für viele Farmer, die die Papiere für wertlos hielten, ein attraktives Angebot.

Warren erkennt sofort, dass hier ein gutes Geschäft lockt. Er hat allerdings ein Problem: Die Aktie wird nicht an der Börse gehandelt und er weiß nicht, welcher Farmer wie viele Anteile besitzt. Eine Anzeige schalten, wie er es in New York für die Union Street Railway of New Bedford gemacht hat, will er nicht. Denn er fürchtet, dass die Brüder Ahmanson dann in einen Bieterwettbewerb einsteigen und die Aktien teurer werden.

Also überredet Warren seinen Freund und Anwalt Dan Monem, dessen Kapital aus der Partnerschaft abzuziehen und sich gemeinsam mit Geld von Warren daranzumachen, die Aktien erst aufzuspüren und dann aufzukaufen. Sie orientieren sich an den Wohnorten der Aufsichtsräte der National American Fire Insurance im Jahr 1920, denn sie gehen davon aus, dass dort besonders viele Aktien im Umlauf sind. Wochenlang fährt Monem mit seinem rot-weißen Chevrolet kreuz und quer durch Nebraska, klopft an Türen, isst Apfelkuchen in Küchen, trinkt Eistee auf Veranden und wedelt mit Geldscheinen.

Er kauft den Farmern ihre Anteile aber nicht ab, sondern belässt sie auf deren Namen und sichert sich nur eine Vollmacht. So sollen die Brüder Ahmanson möglichst spät bemerken, dass Warren Buffett ihre Firma kauft. Buffett und Monem bieten zunächst 35 Dollar für jede Aktie, später erhöhen sie auf bis zu 100 Dollar, denn die Farmer haben mitbekommen, dass es gleich zwei Interessenten für die Wertpapiere gibt. 10 Prozent der National American Fire Insurance kauften Buffett und Monem so zusammen, bevor sie alle Aktien auf Warrens Namen eintragen und letztendlich für 125 Dollar je Aktien wieder verkaufen. Der Gewinn beträgt etwa 100.000 Dollar – der bisher größte Coup von Warren Buffett.[39]

»Buffetts Torheit«

Während Warren sein erstes volles Jahr mit den Partnerschaften erfolgreich abschließt, hat Susan mit den Kindern alle Hände voll zu tun. Vor allem Howard ist ein echtes Energiebündel und hält seine Mutter auf Trab. Ende 1957 ist klar: Die Wohnung in der Underwood Avenue wird bald zu klein sein, denn Susan ist wieder schwanger. Warren Buffett entscheidet sich daher zu einem großen Schritt: Er kauft ein Haus für seine Familie.

Und dieses eine Mal ist er nicht bescheiden: Im Februar 1958 berichtet der *Omaha World-Herald* mit einer Abbildung des Hauses, dass Warren Buffett ein Anwesen samt gut eingewachsenem Garten, insgesamt elf Zimmern, einer Küche und fünf Badezimmern in der Farnam Street gekauft hat.[40] 31.500 Dollar gibt er dafür aus plus 15.000 Dollar, die Susan für die Einrichtung und kleine Reparaturen bezahlt. Das entspricht einer Summe von knapp 440.000 Dollar heute, wert ist es aber vermutlich das Doppelte[41]. Es liegt natürlich in Dundee, der Gegend, in der Warren aufgewachsen ist und schon immer gewohnt hat. »›Buffett's Torheit‹ hat eine Menge Platz«, schreibt er einem Freund »sowohl im Haus als auch im Garten.«[42]

Als Torheit empfindet Warren das Haus aus denselben Gründen, aus denen er seine erste eigene Bleibe in Omaha nur gemietet hatte: Der Kauf bedeutet für ihn, dass er nun 46.500 Dollar weniger für Investitionen zur Verfügung hat. Der Betrag, den er für seine Partnerschaften und sein persönliches Depot 1957 verdient hat, gleicht das zwar aus, doch immer noch kann Warren Buffett erst rund eine halbe Million Dollar in gute Aktien stecken. Zu wenig für die vielen Ideen, die er hat.

Warren Buffett wird seine »Torheit« in den folgenden Jahrzehnten immer wieder einmal renovieren und erweitern. Doch noch einmal viel Kapital abziehen, um eine größere Immobilie in Omaha zu kaufen, wird er nie wieder. »Das Haus erfüllt all meine Bedürfnisse«, sagt er auch noch mit 80 Jahren.[43]

Auch Jahrzehnte später, als es mehr und mehr rechnerisch unmöglich wird, dass ein Geldabfluss für eine Immobilie jemals wieder einen ähnlich großen Einschnitt für sein Kapital bedeuten könnte wie 1957, bleibt er in der Farnam Street. Jeden Tag fährt er von hier aus in sein Büro, das nur ein paar Blocks weit entfernt liegt, und stoppt dabei gerne bei McDonald's, um sich für ein paar Dollar ein Frühstück zu holen. Das trägt ihm den Titel »Der Milliardär von nebenan«[44] ein.

»Buffett's Torheit« ist bis heute ein echter Magnet für alle Buffett-Fans. Jedes Jahr kommen Zehntausende von ihnen für die Hauptversammlung von Berkshire Hathaway nach Omaha, und ein Teil davon verwandelt die ruhige Nachbarschaft für ein paar Tage in ein Bienennest. Autos und Busse parken die Straßen zu. Aktionäre aus aller Welt bestaunen das Gebäude, das jedem besserverdienenden Zahnarzt gehören könnte, plaudern und machen Selfies und Fotos. Inzwischen sind es so viele geworden, dass Buffett einen stabilen Eisenzaun um sein Grundstück gezogen hat, um die Massen aus seinem Garten herauszuhalten.

»Es ist lustig, die Menschen zu beobachten und die Faszination von dem ›ich war da‹«, sagt Warrens Nachbarin Addie, die die Buffetts von nebenan als ganz normale Mitbürger empfindet. »Seine Frau kümmert sich gut um den Garten«, lobt sie. Auch wenn sie einen Witz erzählt, der in der Nachbarschaft herumgeht. Wenn jemand Warren Buffett in der Einfahrt liegen sähe, wäre es schlau, zuerst den Broker anzurufen und seine Berkshire-Aktien zu verkaufen und dann erst den Notarzt, heißt es.

Der »Milliardär von nebenan« ist aber viel mehr als der Ausdruck von Sparsamkeit oder gar Geiz. Er steht für eine grundsätzliche Lebenseinstellung: Warren Buffetts Begriff von einem reichen Leben wird es nie sein, möglichst luxuriös zu leben. »Ich könnte ein Chateau in Frankreich haben und Warren könnte zehn haben«, sagt mir sein Freund Dick Holland, der sein Geld früh bei Warren Buffett investiert hat und dadurch auch Milliardär geworden ist. »Keiner von uns beiden hat aber eines. Wir denken da gleich: Dinge anhäufen trägt einfach kein bisschen zu deinem Glück bei.«[45] Auch Holland wohnt immer noch ein paar Straßen weiter in einem Mittelklassehaus in Dundee, Omaha.

Neue Dimensionen

Kurz nachdem die Buffetts ihr neues Haus in der Farnam Street bezogen haben, bekommt Susan Buffett einen weiteren Sohn, den sie Peter nennen. Sie hat jetzt nicht nur drei kleine Kinder und Warren zu versorgen, sondern auch ein richtig großes Haus, und die Buffetts beschließen, eine Haushälterin einzustellen.[46] Die schwarze Willa Johnson entlastet Susan dermaßen, dass sie plötzlich wieder Zeit für andere Dinge hat.

Sie gründet mit einer Freundin eine Kunstgalerie und beginnt, ihre sozialen Kontakte auszubauen. Das riesige neue Haus wird ein Zentrum für Familienfeiern und zum inoffiziellen Standort von Susans Studentenverbindung. Regelmäßig laden die Buffetts auch die Mitglieder einer Theatergruppe, der sie sich angeschlossen haben, nach den Vorstellungen ein.[47] Susan ist diejenige, die ständig Freunde gewinnt: »Sie war unglaublich empathisch und hat sich für jeden persönlich interessiert«, sagt Warren.[48]

Die Arbeitsteilung im Hause Buffett ist klar: Susan ist für die Kindererziehung, die Organisation des Haushalts und die Freunde zuständig. Warren arbeitet viel. Abends unterrichtet er weiter seine Investmentklassen und verbessert so seine Vortragstechnik oder er frönt seiner Leidenschaft für Bridge. Seine Aufmerksamkeit gilt aber weiter vor allem den Handbüchern, Zeitungen und Verzeichnissen, die er in einem der vielen neuen Zimmer tagein, tagaus nach neuen Investmentideen durchstöbert.

Susan ist währenddessen aber nicht nur auf soziale Kontakte und Partys aus. Sie beschäftigt sich mit intellektuellen Dingen, hält Vorträge in ihrer alten Verbindung über »Wissenschaft und Religion – Konflikt oder Zusammenschluss?«[49] oder »Freud und das 20. Jahrhundert«[50]. Und sie engagiert sich im städtischen Büro für Freiwilligenarbeit.[51] Denn ihr Mitleid mit denen, die Probleme haben, ist nicht geringer geworden. »Sie hat jedem geholfen, egal ob sie ihn kannte oder nicht oder ob sie einer Meinung mit ihm war – sie hat ihm geholfen«, erinnert sich ihr Sohn Howard.[52]

Mehr und mehr verlagert sich Susans Hilfsbereitschaft und Empathie aber von einzelnen privaten Unterstützungsaktionen auf eine gesellschaftliche Ebene – und sie zieht Warren mit. »Ich weiß, dass die Begeisterung für meinen Vater, für seinen Erfolg und was er damit gemacht hat, riesig ist«, sagt mir Sohn Peter Jahrzehnte später, nachdem Warren Buffett begonnen hat, Milliarden an wohltätige Organisationen zu verschenken. »Aber auch meine Mutter war eine außergewöhnliche Person – sicher auf dem Niveau meines Vaters –, mit ihrer Zuwendung zu humanitären Dingen, ihrem Bewusstsein für die Ungerechtigkeiten auf der Welt und ihren Ideen, wie wir sie gerechter machen können.«[53]

Die Tochter eines beinharten Republikaners beginnt sich für die Rechte von Minderheiten zu interessieren. Und mehr noch: Sie öffnet dem Aktienfreak Warren Buffett, Sohn eines noch radikaleren Republikaners, die Augen und holt ihn aus seiner Zahlenwelt. Susan sorgt dafür, dass er sich auch für gesellschaftliche Themen interessiert und schleppt ihn zu Vorträgen – auch zu einem von Martin Luther King, dem Vorkämpfer der Rechte der Schwarzen. »Das war eine der am meisten inspirierenden Reden, die ich je gehört habe«, erinnert sich Warren Buffett. »Das hat mich aus dem Sitz gerissen und meine Frau hat dasselbe erlebt.«[54]

Warren Buffett, der ohne den Einfluss seiner Frau vielleicht einfach nur ein sehr, sehr reicher Mann geworden wäre, entwickelt nach und nach ein neues ethisches Verständnis und beginnt, die Welt mit anderen Augen als denen seines Vaters zu sehen. 1960 lässt er sich noch als Delegierter für den Parteitag der Republikaner wählen.[55] Aber 1964 tritt er aus der Partei aus und schließt sich den Demokraten an.[56]

Sein Vater Howard ist da bereits schwer krank und Warren hat eine schwierige Diskussion über den Parteienwechsel mit ihm im Krankenhaus. Seinen Entschluss macht er erst nach Howards Tod publik.[57] »Ich hätte mich in der Öffentlichkeit, was unsere politische Ansicht anging, nie gegen meinen Vater gestellt«, sagt Buffett.[58] Warren Buffett gehört nun aber nicht mehr zu der Hälfte der Amerikaner, die glauben, dass Freiheit nur möglich ist, wenn der Staat die soziale Gerechtigkeit, soweit es geht, den Bürgern einfach selber überlässt.

Die schwarze Bürgerrechtsbewegung

Bereits bei der Gründung der USA stritten die Bürger heftig über ein Thema, das bis heute hoch brisant ist: die Rassenfrage. Schon 1619, kurz nach der Gründung der ersten britischen Kolonie Jamestown, hatten die neuen Kolonisten Menschen aus Afrika als Arbeitskräfte nach Virginia geholt. Zunächst wurden die Schwarzen – wie viele weiße Einwanderer auch – nach einigen Jahren harter Arbeit noch in die Freiheit entlassen, doch ab 1661 galt diese Praxis plötzlich nur noch für Weiße. Die Afrikaner und ihre Nachkommen wurden zum Eigentum ihrer Arbeitgeber, die Sklaverei war etabliert.[59]

Die Zahl der unfreien Menschen stieg durch »Importe« und durch Geburten in den folgenden Jahrzehnten rasch an. Die Gründungsväter der USA standen Ende des 18. Jahrhunderts daher vor einem moralischen Dilemma. Einerseits wollten sie einen Staat etablieren, dessen Fundament die Freiheit des Individuums und Chancengleichheit für jeden sein sollte. Andererseits waren die schwarzen Sklaven gerade im Süden für die wirtschaftliche Entwicklung unverzichtbar. Denn vor allem das Geschäftsmodell der großen Plantagen im Süden funktionierte nur mit billigen Arbeitskräften. Es siegte der Pragmatismus: Sklaverei wurde in der Verfassung nicht verboten, lediglich der »Neu-Import« wurde Anfang des 19. Jahrhunderts für illegal erklärt.[60]

Im jungen »Land der Freien« waren daher fast ein Jahrhundert lang zwischen 10 und fast 18 Prozent der Einwohner ultimativ unfrei, nämlich Sklaven ohne jedes Recht auf Wahl ihres Arbeitsplatzes oder ihres Wohnortes und ohne das Menschenrecht auf Unversehrtheit oder gar Leben. 1830 – rund 50 Jahre nach Gründung der USA – lebten rund 1 Million Sklaven in den jungen USA, bei einer Gesamteinwohnerzahl von etwa 6,5 Millionen Menschen.[61]

Dieser wachsende Konflikt zwischen dem liberalen Norden und den Südstaaten eskalierte und mündete schließlich im Bürgerkrieg. Nach dem Sieg der Nordstaaten wurde am 18. Dezember 1865 der 1. Verfassungszusatz der USA in Kraft gesetzt und die Sklaverei offiziell abgeschafft. Fünf Jahre später gab es nun plötzlich 2,4 Millionen schwarze Bürger, etwa 12 Prozent der Bevölkerung,[62] denen eigentlich wie ihren weißen Mitbürgern alle in der Verfassung garantierten Rechte zustanden.

Doch die weiße Mehrheit vor allem in den Südstaaten erwies sich als ungeheuer kreativ darin, die Afroamerikaner über Jahrzehnte weiter zu diskriminieren. Wirtschaftlich waren die Schwarzen ohnehin abgehängt, doch viele Staaten verweigerten ihnen darüber hinaus so gut wie alle Bürgerrechte: Das auf Bildung ebenso wie den Zugang zu gut bezahlten Jobs oder zu staatlichen Programmen wie der Social Security. Und in so gut wie allen Belangen des täglichen Lebens wurden für Afroamerikaner eigene Bereiche eingerichtet, egal ob bei Toiletten, in Bibliotheken oder öffentlichen Verkehrsmitteln.

Vor allem aber schloss man die Afroamerikaner so weit wie möglich vom Wahlrecht aus: Die herrschende weiße Klasse erfand neue Anforderungen für den Eintrag ins Wahlregister, etwa einen bestimmten Bildungsabschluss oder eine gewisse Steuerzahlung, was die wenigsten Schwarzen erfüllen konnten. 1965, als die Proteste der schwarzen Bürgerrechtsbewegung in Selma, Alabama, blutig niedergeschlagen wurden, waren in dem kleinen Ort von 15.000 erwachsenen Afroamerikanern gerade einmal 335 als Wähler registriert.[63]

Am 1. Dezember 1955 – Warren Buffett arbeitet noch in New York für Benjamin Graham – weigerte sich eine Näherin namens Rosa Parks in Montgomery, Alabama, ihren Platz in einem Bus für einen Weißen freizumachen und wurde verhaftet.

Der ortsansässige Pfarrer, Martin Luther King, organisierte gewaltlose Proteste und erreichte schließlich nicht nur die Freilassung von Rosa Parks, sondern auch eine Änderung der Gesetze in Alabama.[64] Er wurde in der Folge zum Anführer einer Bürgerrechtsbewegung, die bald das ganze Land erfasste und die schließlich auch von Susan und Warren Buffett in Omaha gutgeheißen wurde.

Der Fanclub wächst

Im Sommer 1957, kurz bevor er seine »Torheit« kaufen wird, ist Warren Buffett ganz mit seinem Investmentjob beschäftigt und versucht, so viel Kapital wie irgend möglich für seine Partnerschaften zu beschaffen. Denn die Kurse an der Wall Street fallen weiter und für ihn gibt es jetzt noch mehr unglaublich gute Gelegenheiten, um ganz leicht Geld zu verdienen. Nach Grahams Methode werden jetzt viele Aktien weit unter ihrem fairen Wert gehandelt. »Das war so, wie Fische aus einem Fass zu fangen«, sagt Buffett. Wie viele Fische Warren herausholen kann, ist nur von einem beschränkt: der Endlichkeit des Kapitals.

Warren Buffett beginnt, sich aktiv um neue Investoren zu bemühen. Unter Ärzten, bei Bekannten und Nachbarn macht er Werbung für sich. Dabei ist sein Auftreten auch mit Ende 20 noch alles andere als beeindruckend. Er ist ein schlaksiger, junger Mann, der sich bewusst oder unbewusst mit der Aura eines Wunderkinds umgibt. Immer noch sieht Buffett viel jünger aus, als er ist, immer noch kleidet er sich schlecht und trägt zu große Mäntel und abgetragene Pullis und immer noch spricht er extrem schnell.[65] Er wirkt unreif – außer, wenn er über Investitionen spricht.

Ausgerechnet dieser sonderliche junge Mann will nun richtig viel Geld von gestandenen Geschäftsleuten und Honoratioren einsammeln. Dass es ihm gelingt, ist erstaunlich. Zumal er seinen Anlegern keinerlei Möglichkeit gibt zu sehen, was er mit ihrem Geld macht, in was er investiert oder ob er überhaupt etwas investiert. »Es gab Leute in Omaha, die dachten, dass ich eine Art Schneeballsystem* hatte«, erinnert sich Buffett.[66] Einige vorsichtige Menschen schicken Warren Buffett daher weg, als er ihnen eine Beteiligung vorschlägt, und dürften das später bitter bereut haben.

---

* Bei einem Schneeballsystem sammelt ein Betrüger Geld für angebliche Investitionen ein. Er legt es aber nicht an, sondern verwendet es zum Teil für sich selber, zum anderen Teil, um seinen Anteilseignern attraktive Ausschüttungen auszuzahlen. Das zieht neue Investoren an, die wiederum die Rendite für die alten finanzieren. Ein Schneeballsystem geht so lange gut, bis sich keine neuen Anleger mehr finden. Das größte Schneeballsystem jemals betrieb Bernie Madoff, ein ehemals angesehener Finanz- und Börsenmakler aus New York. 2008 wurde Madoff verhaftet und zu lebenslanger Haft verurteilt. In seinem Prozess wurde der Schaden, den er verursacht hatte, auf mindestens 65 Milliarden Dollar geschätzt.

Doch genügend andere ergreifen die Chance: Im Juni 1957 steckt Chuck Petersons Mutter Elizabeth, die schon bei der allerersten Partnerschaft investiert hatte, weitere 85.000 Dollar in eine neue Gesellschaft, die »Underwood«. Sein Freund Dan Monem bringt seine Gewinne aus dem National American Fire Insurance Deal in eine neue Partnerschaft ein, die »Mo-Buff«. Eine Gruppe von Ärzten schließt sich zu einer Gesellschaft mit Buffett zusammen und andere treten in bestehende ein. Dick Holland überlässt Warren 1961 praktisch sein komplettes Vermögen in Höhe von 125.000 Dollar, nachdem sie sich kennengelernt haben, und die beiden gründen die »Buffett-Holland«. Selbst Ben Grahams Frau Estelle lässt Warren einen Teil ihres Geldes verwalten.[67] 1958 führte Warren Buffett nicht mehr drei, sondern schon fünf Partnerschaften, drei Jahre später, 1961, sind es bereits zehn.[68]

An einem Sonntagnachmittag im Sommer 1957 laden ihn der damals bekannte Urologe Dr. Davis und seine Frau zu sich ein, denn ein Investor hatte Warren als Vermögensverwalter empfohlen. Warren bombardiert die beiden mit seinen Ansichten zur Börse und betet ihnen die Bedingungen für seine Partnerschaft herunter: Keine Mitsprache, nur einmal im Jahr die Gelegenheit, Kapital abzuziehen, und ein fester Anteil an jeder Rendite über 4 Prozent geht an Warren. Eddie Davis scheint im Gegensatz zu seiner Frau nicht wirklich zuzuhören. Doch am Ende sagt er: »Geben wir ihm 100.000 Dollar.« Als Warren Dr. Davis fragt, wie er ihn hat überzeugen können, antwortet der: »Na ja, Sie erinnern mich an Charlie Munger.«[69] Noch weiß Warren Buffett nicht, wer dieser Charlie Munger ist, doch auf jeden Fall ist er ihm in diesem Moment sehr sympathisch.

Er kann nicht ahnen, dass Charles T. Munger nach seinem Vater, seinem Lehrer Benjamin Graham und seiner Frau Susan der vierte Mensch werden wird, der sein Leben in hohem Maße beeinflusst. Doch die beiden sollten sich schon bald kennenlernen.

KAPITEL 6

NEUE PARTNER

DIE ERSTEN PAAR MILLIONEN

1957–1968

Warren Buffett investiert mit gigantischen Erfolgen und löst sich unter Charlie Mungers Einfluss allmählich von einigen von Grahams Glaubenssätzen. Die Börse boomt, aber die US-Gesellschaft ist wegen des Vietnamkrieges und der Rechte von Schwarzen gespalten.

Charles T. Munger

Im Sommer 1959 hat Warren Buffett einen Termin. Er und Susan sind von Neal Davis und einigen seiner Geschwister zum Essen eingeladen, und mit dabei sind auch Neals bester Freund aus Kindertagen, Charlie Munger, und dessen Frau Nancy. Neal ist der Sohn von Dr. Davis, für den Warren seit zwei Jahren 100.000 Dollar verwaltet, weil er ihn an »Charlie Munger erinnert« hat – ebendiesen Charlie, dem Warren jetzt in dem kleinen Extraraum des Omaha-Club gegenübersitzt.[1]

Charles T. Munger ist zu dem Zeitpunkt 35 Jahre alt und lebt in Kalifornien. Dort arbeitet er als Anwalt und nebenbei macht er Immobiliengeschäfte, um sein Einkommen aufzubessern. Ursprünglich stammt er aber aus Omaha, eine Weile hat er sogar nur ein paar Blocks von dem Haus entfernt gewohnt, in dem Warren Buffett aufgewachsen ist. Doch er ist sechs Jahre älter, und die beiden haben sich nie getroffen, weil Warren ausgerechnet in jenen Jahren, als die beiden quasi um die Ecke voneinander wohnten, in Washington lebte. »Ich kannte also all die anderen Buffetts, nur nicht Warren«, erzählt mir Munger.

»Die anderen Buffetts« beinhalteten auch Warrens Großvater Ernest, denn Charlie jobbte als Jugendlicher jeden Samstag in dessen Lebensmittelladen. »Der Familienbetrieb der Buffetts bot eine sehr erstrebenswerte Einführung ins Geschäftsleben«, schrieb Charlie Munger später einem Freund. »Er erforderte harte, akkurate Arbeit über viele Stunden, die viele der jungen Arbeiter, einschließlich mir (und später Ernests Enkelsohn Warren), dazu brachten, nach einer leichteren Karriere Ausschau zu halten und bei der Entdeckung von Nachteilen darin fröhlich zu sein.«[2]

Auch die Mungers sind eine uramerikanische Familie. Der erste Vorfahr von Charlie Munger, der den nordamerikanischen Kontinent betrat, kam sogar schon Anfang des 17. Jahrhunderts mit den ersten britischen Siedlern nach Neuengland.[3] Der Zweig der Mungers, der schließlich auf dem späteren Gebiet von Nebraska landete, hatte über mehrere Generationen mit Armut zu kämpfen. Charlies Urgroßvater arbeitete als Lehrer und verdiente damit nur einen Hungerlohn. Doch sein Sohn Thomas konnte sich eindrucksvoll aus der prekären Situation befreien: Weitgehend im Selbststudium wurde er Jurist und so brillant, dass ihn Präsident Theodore Roosevelt 1907 zum Bundesrichter ernannte. Er arbeitete und lebte in Lincoln, eine Autostunde entfernt von Omaha.

Ähnlich wie Warren Buffetts Großvater Ernest war »Judge Munger« ein sehr ernster, prinzipientreuer Mann. Er verabscheute Kneipengänge und Glücksspiel und war sehr sparsam.[4] Er behauptete, keine Hobbys zu haben, und war der festen Überzeugung, Arbeit sei der beste Weg, um jung zu bleiben.[5] Trotz dieses konservativen Lebensstils folgte er im Beruf aber neuen, eigenen Ideen und seine Rechtsprechung galt als progressiv.[6]

Auch Thomas Mungers Sohn wurde Jurist. Alfred »Al« Munger verlegte seine Anwaltskanzlei nach Omaha, um nicht mit dem Amt seines Vaters in Konflikt zu geraten. Dort gründete »Al« eine Familie und am 1. Januar 1924 wurde sein einziger Sohn, Charles Thomas Munger, geboren. Charlie hatte ein sehr enges Verhältnis zu seinem Vater und bewunderte ihn: »Er war einer der glücklichsten Menschen, die je gelebt haben, und er hat genau das erreicht, was er erreichen wollte, nicht mehr und nicht weniger«, sagt er. »Problemen ist er mit weniger Getue begegnet als sein Vater und sein Sohn.«[7]

Charlie war ein lebhaftes und interessiertes Kind und wurde schnell zum hervorragenden Schüler und Bücherwurm. In der Schule war er der Kleinste und Jüngste, doch er schlug sich gut durch. Er begeisterte sich für Wissenschaft und las sich durch die Sammlung medizinischer Werke von Dr. Davis, dem Vater seines besten Freundes Neal.[8]

Sechs Jahre älter als Warren erlebte er die Great Depression während der Grundschulzeit und erinnert sich später deutlich an die allgegenwärtige Armut. Zwar waren die Finanzen seines Vaters weitgehend stabil, doch einige andere Mitglieder der Familie waren ernsthaft in ihrer Existenz bedroht. Großvater Judge Munger rettete sie alle und Charlie bezeichnet das als eine der wichtigsten Lektionen in seinem Leben: »In meinem frühen Leben hatte ich in meiner Familie Vorbilder, die sich unter Stress sehr gut benommen haben.«[9]

Charlie verließ Omaha 1941 mit 17 Jahren, um an der Universität von Michigan Mathematik zu studieren, doch in seinem zweiten Jahr ging er zur Armee und ließ sich in Wetterkunde ausbilden. Im Zweiten Weltkrieg diente er als Meteorologe in Alaska, New Mexico und Texas. Er heiratete ziemlich überstürzt Nancy Huggins, eine Freundin seiner Schwester, und bekam mit ihr drei Kinder.

1946 folgte er der Familientradition: Er verließ die Armee und ging nach Harvard, um Jura zu studieren. Dort war er ein ungewöhnlich guter Student, seinen Abschluss macht er 1948 mit summa cum laude. Munger zog nach Kalifornien und wurde Anwalt. Knapp zehn Jahre später ging er jedoch für kurze Zeit zurück nach Omaha, denn sein Vater war gestorben und Charlie sollte sein Erbe regeln.

Ein Essen mit Folgen

Das Abendessen der Davids im Sommer 1959 birgt für alle – aber besonders für Warren – eine große Überraschung: Der schnell sprechende, immer intellektuell überlegene, unglaublich belesene Warren Buffett trifft auf einen ebenbürtigen Partner – ähnlich informiert, brillant und scharfzüngig wie er. »Warren war normalerweise so viel schneller und klüger als jeder andere. Und plötzlich war da Charlie und ›hob ab‹«,[10] erinnert sich Susan Buffett später. Und Warren erzählt: »Irgendwann während des Abends, als Charlie begann, vor Lachen über seine eigenen Witze auf dem Boden herumzurollen, wusste ich, dass ich einen Seelenverwandten getroffen habe. *Ich* war dafür bekannt, dass ich auf dem Boden rollte und über mein eigenes Zeug lachte.«[11]

Natürlich werden die anderen Gäste zu Zuschauern der ersten Begegnung zwischen Warren Buffett und Charlie Munger degradiert, und Susan fragt sich, ob das womöglich die Intention von Neal gewesen ist: die beiden zusammenzubringen, »weil er sehen wollte, was passiert, wenn diese zwei Egos aufeinanderprallen«.[12]

Die beiden Egos entdecken viele Gemeinsamkeiten, unter anderem die Tatsache, dass sie eine frühe Erfahrung als Arbeiter in dem Lebensmittelladen von Ernest Buffett verbindet. Doch das ist bei Weitem nicht alles: »Wir reagieren auf dieselbe Weise, wir haben ähnliche Standards und mögen oder verabscheuen in etwa dieselben Dinge«,[13] versucht mir Munger später die Bindung der beiden zu beschreiben.

Doch einiges unterscheidet sie auch: Anders als Warren hat Charlie bereits einige Schicksalsschläge hinter sich. Seine überstürzte frühe Ehe mit Nancy Huggins scheiterte und er hat sich – untypisch für die Zeit – scheiden lassen. Seine Finanzen sind eine Zeit lang desaströs gewesen. Aber vor allem hat er ein Kind verloren, die wohl schlimmste Erfahrung, die ein Mensch machen kann: Sein Sohn Teddy ist einige Jahre zuvor an Leukämie gestorben und Charlie hat hilflos zusehen müssen.

Doch inzwischen hat er sich ein neues Leben aufgebaut. Er arbeitet in einer Anwaltskanzlei und investiert in Immobilien, sein Einkommen ist stabil. Und er hat wieder geheiratet. Mit seiner neuen Frau, wieder eine Nancy, wird er seine zwei, ihre zwei und vier gemeinsame Kinder aufziehen. Die zehnköpfige Familie zu versorgen, ist allerdings eine ständige finanzielle Herausforderung, und auch Charlie will zwar nicht reich sein, aber versucht mit großer Energie, finanziell unabhängig zu werden. Sehr interessiert hört er sich daher genau an, was Warren Buffett tut. Die Methoden von Graham leuchten ihm sofort ein. Und als Charlie Munger nach Kalifornien zurückkehrt, beginnt er zu investieren. Dabei geht ihm der Rat von Warren, eine eigene Partnerschaft zu gründen, nicht mehr aus dem Kopf.

Munger wird von da an aber nicht nur selber ein äußerst erfolgreicher Investor, sondern auch immer mehr zum wichtigsten Partner von Warren Buffett. Auch er wird Milliarden verdienen und wenig davon ausgeben. Außer einigen wenigen Dingen wie einem großen Katamaran wird er ein sparsames Mittelklasseleben führen. In Omaha erzählt man sich heute noch eine Geschichte, in der Charlie Munger nach einer Hauptversammlung von Berkshire Hathaway zurück nach Kalifornien fliegt. Während er sich den Weg zu seinem Economy Sitz hinten im Flugzeug bahnt, stehen so gut wie alle Passagiere der ersten Klasse auf, um ihm stehende Ovationen zu zollen: Es sind Aktionäre von Berkshire, die er und Warren zu Millionären gemacht haben. Charlie Munger ist da längst Milliardär. Charlie hat »sich entschlossen, ein lebendes Beispiel dafür zu werden, Zinseszinsen anzuhäufen, und frivole (definiert als jegliche) Ausgaben zu vermeiden, die die Macht seines Beispiels abschwächen könnten«, sagt Warren Buffett.[14]

Warren Buffett und Charlie Munger werden nie gemeinsam in einem Büro arbeiten. Doch seit sie sich kennengelernt haben, telefonieren sie fast täglich, oft stundenlang. Dass sich die beiden vom ersten Treffen an gemocht haben, findet Charlie allerdings wenig erstaunlich: »Wie hätte ich einen Mann nicht sympathisch finden können, der das Lesen und Denken der Auslieferung von Lebensmitteln vorzieht und der aus allem, was er je gelesen hat, etwas gelernt hat, einschließlich des Manuskripts, das sein Großvater hinterlassen hat, mit dem Titel *Wie man einen Lebensmittelladen führt und ein paar Dinge, die ich über das Fischen gelernt habe?*[15]

Dicke Fische und eine Lehre fürs Leben

Der Mann, der aus allem, was er liest, etwas lernt, ist unterdessen mit seinem »Zigarrenstummel«-Ansatz ungeheuer erfolgreich. Als Mr. Market Anfang 1960 in eine längere euphorische Phase eintritt, hat Warren Buffett mit dem frischen Kapital seiner neuen Partner eine ansehnliche Sammlung von Fischen aus dem Fass voll unterbewerteter Aktien geangelt – darunter auch ein paar richtig große.

Schon 1958 hat er eine Firma entdeckt, die genau seinen Vorstellungen von einem billigen Investment entsprach, und begonnen, nach und nach möglichst viele Aktien aufzukaufen. Sanborn Maps stellt Karten zu Starkstrom- und Wasserleitungen oder Dachstrukturen her, die vor allem Versicherungen brauchen. Die Nachfrage nach diesen Karten geht zwar zurück, doch Warren ist vor allem an dem Investmentportfolio der Firma interessiert, das mehr wert ist, als die Aktie kostet.[16] Im Laufe der Zeit investiert er mehr als zwei Drittel der Mittel seiner Partnerschaften in diese Firma, und bald besitzt er so viele Aktien, dass er in den Aufsichtsrat einzieht – zum ersten Mal in seinem Leben.

Mit seiner Idee, das versteckte Vermögen an die Aktionäre auszuzahlen, beißt er bei seiner ersten Sitzung des Aufsichtsrates im März 1959 bei den anderen Direktoren aber auf Granit. Die reichen währenddessen lieber teure Zigarren auf Firmenkosten herum – etwas, das Warren Buffett vollkommen auf die Palme bringt. Denn ihm gehört inzwischen fast ein Drittel der Firma. »Ich hatte 30 Prozent jeder einzelnen dieser Zigarren bezahlt. Ich war derjenige, der nicht rauchte. Sie hätten mir ein Drittel meines Kaugummis bezahlen sollen.«[17]

Ein Jahr später hat er den Kampf um den verborgenen Schatz von Sanborn gewonnen: Nachdem er weitere Anteile gekauft und Verbündete gefunden hat, tauscht die Firma eigene Aktien gegen Anteile an dem Investmentdepot.[18]

Parallel dazu macht ihm aber ein anderes Investment schwer zu schaffen. Seit Gründung der ersten Partnerschaft 1956 hat Buffett Aktien der Dempster Mill Manufacturing gekauft, einem Hersteller von Windmühlen und Bewässerungssystemen in der kleinen Stadt Beatrice in Nebraska.

Warren hat für die Aktien etwa 25 Prozent ihres fairen Wertes bezahlt – ein waschechtes Graham-Schnäppchen – allerdings ist das Vermögen vor allem in fertiggestellten Produkten, unverbrauchten Teilen oder der Maschinenhalle gebunden. Und Warren hat seine Anteile an Dempster über Jahre langsam aufgestockt: Insgesamt steckt er rund 1 Million Dollar in das Unternehmen und besitzt im August 1961 etwa 70 Prozent der Firma.

Dempster Mill war seit ihrer Gründung 1878 in Familienbesitz und ist inzwischen zum bei Weitem größten Arbeitgeber in der kleinen Gemeinde geworden.[19] Als der letzte Geschäftsführer der Familie Dempster im September 1961 in Ruhestand geht, übernimmt Warren Buffett den Aufsichtsrat[20] und hat sofort ein Riesenproblem: Der neue Geschäftsführer, Lee Dimon, kommt aus dem Einkauf und füllt das Lager mit günstig erworbenen neuen Bauteilen, während er immer weniger fertige Anlagen verkauft. Die finanzielle Lage des Unternehmens verschlechtert sich daher rasant und Warren muss handeln, wenn er die Firma nicht in die Pleite rutschen lassen will.

Warren entlässt Dimon und heuert auf Empfehlung von Charlie Munger Harry Bottle an, einen beinharten Manager, der das Unternehmen innerhalb von einem Jahr saniert und wieder ertragreich macht. »Harry ist ohne Frage der Mann des Jahres«, schreibt Warren Buffett seinen Aktionären in seinem Rückblick auf das Jahr 1962.[21]

Aus wirtschaftlicher Sicht ist das wohl richtig, denn Harry Bottle gelingt ein Turnaround, der letztendlich die Firma und alle verbliebenen Arbeitsplätze gerettet hat. Doch die Sache hat einen hohen Preis: Bottle musste Hunderte Mitarbeiter entlassen und wird in Beatrice leidenschaftlich gehasst, genau wie Warren Buffett. Die Wut auf Warren wird noch größer, als er 1963 einen Käufer für die Firma sucht und die Einwohner von Beatrice mit Recht befürchten, dass die verbliebene Fertigung anschließend verlagert wird.[22]

Letztendlich verkauft Buffett die Firma mit einem hohen Gewinn an eine Investorengruppe rund um einen Enkel des Unternehmensgründers. Damit hat die Sache für die Gemeinde ein relativ gutes Ende genommen. Doch Warren Buffett hat eine Lektion fürs Leben gelernt: Er weiß jetzt genau, was er nicht will. Ein Konflikt um die Ausschüttung verborgener

Schätze ist vielleicht noch okay, ein harter Sanierungsfall mit all den brutalen Folgen für die Mitarbeiter und die Gemeinde ist nichts für ihn.

»Warum soll man sich in etwas verwickeln lassen, bei dem die Entscheidungen jeden Tag furchtbar sind, wenn man in Geschäfte einsteigen kann, die sehr leicht sind?«[23], fragt er sich und wird künftig Firmen meiden, bei denen harte Einschnitte absehbar sind. Ab sofort wird ein gutes Geschäft für ihn nur noch ein Investment sein, bei dem es keine grundsätzlichen Interessenskonflikte gibt und von dem alle profitieren, die daran beteiligt sind. »Ein guter Deal ist wie eine gute Ehe«, erklärt er mir, »etwas, das im Grunde genommen für immer hält. Wenn man mag, in was man gerät.«[24]

Die Sammlung (von Geld und Menschen) wächst

1960 verwaltet Warren Buffett knapp 2 Millionen US-Dollar. Es sind nicht nur immer mehr Partner dazugekommen, er hat auch das Geld aus den ersten Partnerschaften weit mehr als verdoppelt. 1958 erzielt er fast 41 Prozent Gewinn, 1959 und 1960 noch einmal jeweils rund 25 Prozent.[25]

Sein persönliches Kapital in den alten und neuen Partnerschaften ist dabei erheblich gestiegen, weil er bei allen Einkünften über 4 Prozent seinen Anteil bekommt. Aus den symbolischen Einlagen sind inzwischen 243.494 Dollar[26] geworden und Warren ist seinem Ziel, mit 35 Jahren Millionär zu sein, bereits jetzt sehr nahe. Denn er hat auch sein eigenes Vermögen gut angelegt. Doch auch seine Investoren dürfen sich freuen: Obwohl Warren seinen Anteil am Gewinn abzieht, haben sich ihre Einlagen in vier Jahren verdoppelt, während der Dow Jones gerade einmal um gut 40 Prozent gestiegen ist.[27]

Zwar denkt Warren Buffett über Betriebsausgaben ähnlich wie über jede Art von Ausgaben: Jeder Dollar, den er heute ausgibt, schmälert sein Vermögen. Er ist nicht nur einmal weg, in einigen Jahren könnte er zu 10, 20 oder 100 Dollar werden. Doch allmählich wächst ihm die Arbeit über den Kopf und er heuert seinen ersten Angestellten an: Bill Scott. Scott entlastet Warren in vielen Belangen und investiert ebenfalls in die Partnerschaft und später in Berkshire, womit er Milliarden verdient. Und Bill Scott ist ein typisches Beispiel für die Menschen, die Warren zunehmend um sich versammelt. Trotz seines Reichtums wird auch Bill ein bescheidenes Leben in Omaha führen, bis zum Rentenalter zumindest Teilzeit bei Berkshire Hathaway arbeiten, gerne deutsche Volksmusik hören, in einer Polka-Band Trompete spielen und einen Großteil seines Vermögens später an wohltätige Zwecke verschenken. Ein Haufen Geld sei wie ein großer Misthaufen, glauben Bill Scott und seine Frau Ruth. »Keiner von beiden tut viel Gutes, wenn man ihn nicht ausbringt.«[28]

Und Warren Buffett versammelt immer mehr Menschen mit dieser Lebenseinstellung um sich: Charlie Munger, seinen Freund Dick Holland, der Anwalt Dan Monen, seinen Jugendfreund Walter Scott Jr. und viele mehr: Alle denken in der Beziehung ähnlich und die Freundschaften werden ein Leben lang halten. »Mein Bruder hat eine eigene Kultur geschaffen für alle, die in Berkshire involviert sind«, sagt mir seine Schwester Doris später, »egal ob die Menschen dort arbeiten oder investieren.«[29]

Warren Buffett arbeitet zwar fern der Wall Street, doch er ist keineswegs vollkommen abgekoppelt von der dortigen Finanzszene. Er reist regelmäßig nach New York und trifft sich mit seinen Kontakten, meist alte Gefolgsleute von Benjamin Graham. Dort arbeitet er in einem schäbigen Büro bei seinem Makler Tweedy Brown. Er sitzt dabei im Trading-Room an einem Tisch, der vom Sperrmüll stammt, und liest, oder er diskutiert mit Grahams ehemaligen Angestellten Walter Schloss, der von hier aus eine eigene Investmentpartnerschaft führt.[30]

Um neue Investoren muss Warren Buffett nun nicht mehr werben, denn sein Erfolg hat sich in Omaha herumgesprochen. Mehr noch: Inzwischen hat er auch unter seinen Kontakten in New York den Ruf, ein begnadeter Investor zu sein, und gewinnt auch hier ständig neue Partner.[31] Und mit seinen rigiden Bedingungen zieht er auch die passende Sorte von Investoren an, die Geduld und Vertrauen mitbringen. Immer öfter lädt er Gruppen von Investoren zu sich nach Hause ein, wo er all ihre Fragen beantwortet[32] – ein Vorläufer der heutigen Hauptversammlung von Berkshire, nur dass das Auditorium damals noch nicht aus Zehntausenden begeisterten Fans besteht.

Zudem beeindruckt er potenzielle Anleger jetzt nicht mehr nur mit seinen analytischen Fähigkeiten. Ganz allmählich übernimmt er die Fähigkeit von Susan, andere zu sehen und auf sie einzugehen. Er gewinnt Menschen mit seinem Charme und legt sich seinen typischen Humor zu. Warren Buffett ist eine einnehmende Persönlichkeit geworden. Für seine Familie ist er dennoch oft abwesend, auch wenn er von zu Hause aus arbeitet. Meistens ist er in seine Lektüre oder Gedanken vertieft und die Kinder bekommen nur wenig Aufmerksamkeit. Als Tochter Susie am ersten Tag nach ihrem Führerschein in einen kleinen Unfall verwickelt wird und einen Kratzer in sein Auto fährt, läuft sie in Tränen aufgelöst zu ihm, um zu gestehen: »Daddy, ich habe dein Auto ruiniert.« Doch Buffett ist gerade in eine Zeitung vertieft, schaut nur kurz auf und fragt: »Ist jemand verletzt?« – Mehr kommt nicht. Erst Minuten später steckt er noch einmal den Kopf in Susies Zimmer und sagt: »Susie, denk dran, der andere Kerl ist ein Trottel.«[33]

John F. Kennedy

Während Warren Buffett in Omaha noch Dempster-Mill-Aktien sammelte, lief in den USA einmal wieder ein Präsidentschaftswahlkampf. Nach zwei Amtszeiten wurde ein Nachfolger für Eisenhower gesucht und am 26. November 1960 hatte es eine Premiere in den USA gegeben. Zum ersten Mal fand eine TV-Debatte zur Präsidentschaftswahl statt. Es traten an: Richard Nixon für die Republikaner und John F. Kennedy für die Demokraten. Nixon war zwar erst 47 Jahre, dennoch war er ein alter Hase im Weißen Haus, er hatte als Vizepräsident unter Eisenhower gedient. Und bereits den Spitznahmen »Tricky Dick« erhalten, denn er hatte die Verfolgungswelle von angeblichen Kommunisten in den Fünfzigerjahren geschickt genutzt, um politische Konkurrenten auszuschalten.

John F. Kennedy war dagegen ein strahlender Charismatiker und gerade einmal 43 Jahre alt. Er kam aus einer vermögenden, einflussreichen Ostküsten-Familie und war in mehrfacher Beziehung ein Held: ein Kriegsheld mit vielen Auszeichnungen und ein angesehener Autor, der für das Buch *Zivilcourage* (Originaltitel: *Profiles in Courage*) 1957 den Pulitzerpreis erhalten hatte. Später würde sich allerdings herausstellen, dass dieses Buch überwiegend von seinem langjährigen Chefberater Theodore Sorenson verfasst wurde.[34] Vor allem aber war Kennedy ein begnadeter Redner und Hoffnungsträger der Amerikaner, die eine neue Art des Zusammenlebens herbeisehnten – was besonders für die Afroamerikaner galt.

Nachdem sein älterer Bruder Joe im Krieg gefallen war, machte sich John auf den Weg, den Traum seines Vaters zu erfüllen, einen seiner Söhne als ersten katholischen Präsidenten der USA zu sehen. John F. Kennedy gab seine Pläne für eine Karriere als Journalist auf und wurde Senator, und nun war er Präsidentschaftskandidat für die Demokraten.

Die Wahl im November 1960 entschied er äußerst knapp für sich, doch als er mit seiner glamourösen Frau Jacqueline und zwei kleinen Kindern 1961 ins Weiße Haus einzog, verkörperte er die Sehnsucht vieler nach einer strahlenden Zukunft. Die wenigsten wussten, dass John F. Kennedy durch eine seltene Krankheit unter ständigen Rückenschmerzen litt, von Tabletten abhängig und süchtig nach Affären mit Frauen war.[35]

John F. Kennedy trat sein Amt in innen- und außenpolitisch herausfordernden Zeiten an: Zwar war die Wirtschaft in Schwung, doch der Rassenkonflikt im Süden der USA eskalierte immer weiter. Kennedy stellte sich auf die Seite der Afroamerikaner und initiierte ein Bürgerrechtsgesetz, dessen Umsetzung er aber nicht mehr erlebte.

Außenpolitisch traf Kennedy auf einen höchst impulsiven Gegner. Seit 1953 war Nikita Sergejewitsch Chruschtschow als Nachfolger von Josef Stalin Partei- und Regierungschef der Sowjetunion. Und der setzte sich zwar offiziell für eine friedliche Koexistenz der beiden Weltmächte ein, trieb aber gleichzeitig die Aufrüstung und Ausdehnung des sowjetischen Einflussbereichs aggressiv voran.[36]

So hatte Chruschtschow bei verschiedenen Treffen mit US-Präsident Eisenhower Hoffnungen auf ein Ende des Kalten Krieges genährt und 1959 sogar eine ausführliche Reise durch die USA absolviert, den Krieg in Korea beendet und seine Truppen aus Österreich abgezogen.[37] Doch gleichzeitig hatte er als eine seiner ersten Amtshandlungen am 17. Juni

1953 sowjetische Panzer gegen die protestierenden Bürger in Ostberlin auffahren lassen und 1956 die Aufstände in Polen und Ungarn gegen die kommunistische Regierung dort gewaltsam niedergeschlagen. Auch den Bau der Berliner Mauer im Jahr 1961 verantwortete er.

Kurz bevor Kennedy sein Amt antrat, hatte Chruschtschow die US-Bürger mit einem denkwürdigen Auftritt in der UN-Hauptversammlung endgültig in Angst und Schrecken versetzt: Als ein philippinischer Delegierter die Politik der Sowjetunion in Osteuropa angriff, ereiferte er sich so sehr, dass er einen beängstigenden Wutausbruch hinlegte und dabei mit dem Schuh auf sein Pult schlug.[38]

Kennedy verfolgte nach seinem Amtsantritt aber eine ähnlich zweigleisige Politik wie sein Gegenspieler aus Moskau: Einerseits traf er sich mit Chruschtschow zu Verhandlungen, andererseits ordnete er 1961 einen Angriff auf Kuba an, um das kommunistische Regime unter Fidel Castro zu beseitigen. Die Invasion in der Schweinebucht scheiterte komplett und Chruschtschow begann nun, Kuba zum Bollwerk der Sowjetunion gegen die USA auszubauen.

Im Oktober 1962 war klar, dass dort Basen für atomare Mittelstreckenraketen gebaut wurden – eine direkte Bedrohung für das amerikanische Festland. Die Seeblockade für sowjetische Schiffe, die Kennedy daraufhin anordnete, gilt heute noch als gefährlichste Phase des Kalten Krieges und wurde erst nach zwei Wochen aufgehoben. Die Sowjetunion verzichtete auf die nukleare Aufrüstung von Kuba, im Gegenzug zogen die USA Atomwaffen aus der Türkei ab, die das Staatsgebiet der UdSSR bedroht hatten, und sicherten zu, Kuba nicht wieder anzugreifen.[39]

Während sich 1962 die Krise immer mehr zuspitzte, verfielen die meisten Anleger an der Börse zunehmend in Panik und verkauften massenhaft Aktien.

Nicht so Warren Buffett: Obwohl er sich ernsthafte Sorgen um den Frieden in der Welt macht,[40] nutzt er die günstigen Kurse. Der Dow Jones verliert 1962 fast 8 Prozent, doch Warren Buffett erzielt ein Plus von knapp 14 Prozent. Kubakrise hin oder her: Mit dem Ergebnis von mehr als 45 Prozent aus dem Jahr 1960 hat er das eingesetzte Kapital innerhalb von nur zwei Jahren wieder einmal um fast zwei Drittel vermehrt. [41]

Große Schritte

Charlie Munger und Warren Buffett sind seit ihrem ersten Treffen in engem Kontakt geblieben. Stundenlang telefonieren die beiden und schreiben sich Briefe – lange Briefe, die auch einmal neun Seiten haben können.[42] Charlie hat sich direkt nach seinem ersten Treffen mit Warren Buffett systematisch daran gemacht, Geld anzuhäufen. Er arbeitet zwar weiter als Anwalt und entwickelt Immobilienprojekte, doch nun investiert er auch sein eigenes Geld. Dabei geht Charlie ungeduldiger und aggressiver vor, als Warren es je war. In ein fast risikoloses Arbitragegeschäft mit der Britisch Columbia Power* steckt er später nicht nur sein komplettes Kapital, sondern leiht sich dazu noch 3 Millionen Dollar von der Bank.[43]

Doch der Erfolg gibt ihm Recht. Nach zwei Jahren hat Charlie Munger 300.000 Dollar angehäuft und gründet 1962 damit gleich zwei Unternehmen: einerseits mit sechs Partnern eine Anwaltskanzlei – Munger, Tolles & Olson –, andererseits eine Investmentpartnerschaft mit seinem Freund Jack Wheeler, ein Broker, der einen Sitz an der Pacific Coast Stock Exchange hat. Wheeler, Munger & Co. residiert dort in einem kleinen Büro mit einer Sekretärin und einem Assistenten. Charlie Munger investiert vor allem sein eigenes Geld, denn er hasst es, um Investoren zu werben. »Es gefiel mir nicht wirklich, Geld zu beschaffen«, sagt er später. »Ich war immer der Auffassung, dass ein Gentleman sein Geld haben sollte.«[44]

Während Charlie Munger 1962 also klein startet, dreht Warren Buffett in Omaha ein immer größeres Rad. Inzwischen verwaltet er mehr als 7 Millionen Dollar. Sein Zweimannbetrieb, den er nach wie vor aus einem Zimmer in seinem Haus in der Farnam Street führt, ist nun größer, als die Firma von Benjamin Graham je war.[45] Und er ist mit gerade einmal 32 Jahren schon längst Millionär. Weil er rechtlich nur 100 Partner haben darf, ohne sich bei der SEC als Investmentberater anzumelden, beginnt er sogar, einzelne Investoren zu Gruppen zusammenzufassen, die er dann

---

* Ein Arbitragegeschäft lebt von Unterschieden von Preisen an verschiedenen Handelsplätzen. Im Fall von Britisch Columbia Power war die Aktie für etwa 19 Dollar an der Börse zu haben, die Regierung von Kanada kaufte das Unternehmen aber für 22 Dollar je Aktie auf.

als nur einen Partner registriert – ein Vorgehen, das er später selbst als fragwürdig bezeichnete.[46]

Warren führt inzwischen elf Partnerschaften und allmählich nehmen die Verwaltungsaufgaben überhand. Daher entschließt er sich zu zwei großen Schritten: Er vereinfacht die Abläufe, indem er alle Partnerschaften in einer einzigen zusammenschließt, der Buffett Partnership Ltd., kurz BPL, und bringt nun auch sein eigenes Geld mit ein – inzwischen fast 450.000 Dollar –, zusätzlich zu den aufgelaufenen Provisionen der vergangenen Jahre.[47] Und er mietet ein kleines Büro. Gemeinsam mit seinem Vater Howard, der seit einiger Zeit mit einem Krebsleiden kämpft, und Bill bezieht er ein paar Zimmer im neu gebauten Kiewit Plaza. Das damals hochmoderne Bürogebäude liegt nur gut 20 Blocks oder zwei Meilen entfernt von seinem Wohnhaus. Bis heute residiert hier das Hauptquartier von Berkshire Hathaway, einem der größten Unternehmen der Welt, mit nur gut 20 Angestellten und auf einem angemieteten Stockwerk.

Anfang der Sechzigerjahre konzentriert er sich weiter darauf, Aktien nach Grahams Lehre zu finden, die mit einer Sicherheitsmarge im Vergleich zum Vermögen oder den aktuellen Erträgen zu haben sind. Das wird allerdings ganz allmählich schwerer, denn die Wirtschaft boomt zwar, die krasse Unterbewertung der Aktien ist aber im Laufe der Fünfzigerjahre bereits sehr weit abgebaut worden. Zwischen 1950 und 1959 ist das Bruttoinlandsprodukt (nominal, also nicht um die Inflation bereinigt, da der S&P auch nicht preisbereinigt ist) um etwa drei Viertel gestiegen, der S&P 500 hat sich aber mehr als verdreifacht. Und Anfang der Sechzigerjahre geht das so weiter: Die Wirtschaft wächst bis 1965 um 37 Prozent, der S&P 500 legt aber um knapp 50 Prozent zu.[48]

Regelmäßig diskutieren er und Charlie Munger grundlegende Investmentideen, wobei Warren anders als Charlie nie erzählt, was genau er derzeit kauft. Zu jeder passenden und unpassenden Gelegenheit wartet Warren dabei mit den Lehren von Graham auf. Er habe sich wie ein Veteran aus dem Bürgerkrieg benommen, sagt Charlie Munger später, der bei jeder Unterhaltung nach einigen Minuten sagt: »Bumm, bumm, das erinnert mich an die Schlacht von Gettysburg.«[49]

Während Warren also nach den wenigen verbliebenen *billigen* Zigarrenstummeln sucht, die im Zweifel tot mehr wert sind als lebendig, beginnt sich Charlie immer mehr dafür zu interessieren, was ein wirklich *hervorragendes* Unternehmen ausmacht. Zwar investiert auch er viel im Graham-Stil, doch er macht sich Gedanken über Kapitalbedarf und Erträge, darüber, was ein Markenname bedeutet, welche Rolle das Management spielt und vieles mehr. Und vor allem: Was genau ein Wettbewerbsvorteil sein kann. Allmählich beginnt sich in seinem Kopf ein Satz zu formulieren, der später so etwas wie ein Leitsatz für Berkshire Hathaway werden sollte: Es ist besser, einen mittelguten Preis für ein erstklassiges Unternehmen zu bezahlen, als einen extrem guten Preis für ein mittelklassiges Unternehmen.

Kampf der Weltanschauungen

In den Sechzigerjahren war das Leben in den USA prächtig und beängstigend zugleich. Denn wirtschaftlich ging es allen, selbst den Ärmeren, so gut wie noch nie. Doch gleichzeitig mussten die Bürger mit der ständigen Bedrohung durch den Kalten Krieg und mit den Auseinandersetzungen um die Bürgerrechte umgehen. Die junge Generation begann irgendwann, die Grundwahrheiten ihrer Eltern zu hinterfragen. Sorgen Wirtschaftswachstum und technischer Fortschritt alleine tatsächlich dafür, dass automatisch alle Probleme gelöst werden können?

Die Bilanz war für viele aufwühlend: Einerseits hatte der technische Erfindungsreichtum nicht nur Kühlschränke für alle, sondern auch die Atombombe hervorgebracht und damit das drohende Ende der Menschheit. Andererseits störten sich immer mehr auch privilegierte Menschen wie die Buffetts in Omaha an einem gigantischen Widerspruch: Die USA generierten sich als Land der unbegrenzten Möglichkeiten und im Kalten Krieg als leuchtendes Vorbild der freien Welt. Gleichzeitig waren viele Gruppen – allen voran die Schwarzen – vom steigenden Wohlstand schlicht ausgegrenzt und wurden im Alltag ständig gedemütigt und in ihrer Freiheit eingeschränkt.[50] Mit dem Einzug von John F. Kennedy ins Weiße Haus schöpften sie Hoffnung. Er und besonders sein Bruder, Justizminister Robert Kennedy, schienen Verbesserungen in die Wege leiten zu wollen.[51]

Am 22. November 1963 wurde John F. Kennedy in Dallas erschossen. Die Börse schloss, aber auch Schulen und Geschäfte, das ganze Land verfiel in Schockstarre. Das ganze Wochenende über saß Warren Buffett wie die meisten anderen US-Bürger vor dem Fernseher.[52]

Noch am Tag des Attentats wurde Kennedys Nachfolger, sein Vize Lyndon B. Johnson, an Bord der Air Force 1 vereidigt. Johnson machte sich daran, das Werk seiner demokratischen Vorgänger fortzusetzen. Er erklärte einen »Krieg gegen Armut«. Er bekämpfte den Analphabetismus, verbesserte die Bildungschancen für viele und vor allem setzte er sich für die Belange der schwarzen Bürgerrechtsbewegung ein. Nach seiner Wiederwahl 1964 unterschrieb er den Civil Rights Act (1964), das Bürgerrechtsgesetz, und den Voting Act (1965), das Wahlgesetz. Beide verbesserten die Lage der Schwarzen zumindest auf dem Papier deutlich. Und er ernannte 1967 mit Thurgood Marshall, dem Urenkel eines Sklaven, den ersten Afroamerikaner zum Richter am Obersten Gerichtshof.[53]

Die Lage der Afroamerikaner verbesserte sich aber nicht überall, denn in den konservativen Kreisen und Staaten war der Widerstand immens. Völlig ungeniert versuchten Politiker vor allem in den Südsaaten, die Umsetzung der Gleichberechtigung zu verhindern. Um schwarzen Studenten Zugang zu Schulen und Universitäten zu verschaffen, musste teilweise Militär entsandt werden.[54]

Martin Luther King organisierte die Proteste grundsätzlich als friedliche Demonstrationen und mobilisierte so Hunderttausende. Gewalt lauerte in dem Konflikt dennoch ständig unter der Oberfläche und brach immer wieder grausam hervor: So schossen weiße Ordnungskräfte in der Stadt Selma in Alabama 1965 am »Schwarzen Sonntag« auf farbige Demonstranten und prügelten Menschen nieder, die für ihr Wahlrecht demonstrierten. Auch ein weiterer Protestmarsch wurde von der Polizei mit Gewalt beendet, bevor die Armee und die Nationalgarde einen dritten Marsch absicherten.[55] Im Gegenzug organisierten sich Teile der Schwarzen als kampfbereite Gruppen, wie die »Black Muslims« unter Malcolm X, der aus Omaha stammte. Und in Schwarzen-Gettos kam es immer wieder zu blutigen Aufständen, so im August 1965 in Los Angeles, wo nach fünf Tagen Chaos 30 Tote, fast 900 Verletzte und rund 200 Millionen Dollar Sachschaden zu beklagen waren.[56]

Einzelne Radikale gingen noch weiter: Nicht nur John F. Kennedy fiel einem Attentat zum Opfer: 1965 wurde Malcolm X, der sich allmählich von seinen ganz radikalen Thesen gelöst hatte, bei einem Vortrag in einem Hotel erschossen, 1968 Martin Luther King und im selben Jahr »Bobby« Kennedy, der gerade sehr aussichtsreich um die Präsidentschaftskandidatur kämpfte.

Lyndon B. Johnsons Politik und die Proteste erreichten viel für die Afroamerikaner in den USA. Eine echte Gleichberechtigung gibt es aber bis heute nicht – auch nicht nach dem ersten schwarzen Präsidenten Barack Obama. Zwar verbesserte die gute Konjunktur bis 2019 die Beschäftigungschancen von Farbigen. Doch die Corona-Krise 2020 machte alle Fortschritte wieder zunichte. Im April 2021 war die Arbeitslosenquote unter den schwarzen und afro-amerikanischen Bürgern der USA wieder fast doppelt so hoch, wie die der Weißen.[57] An wichtigen Universitäten und in Spitzenjobs sind Schwarze nach wie vor unterrepräsentiert. Schwarze Familien besitzen im Durchschnitt gerade einmal 15 Prozent des Vermögens, das weiße Familien haben.[58]

Und vor allem: Immer wieder machen Fälle Schlagzeilen, bei denen unschuldige farbige Bürger der Polizeigewalt zum Opfer fallen. Als ein weißer Polizist den Schwarzen Georg Floyd am 20. Mai 2020 bei einer Festnahme ermordete, indem er mehr als 9 Minuten mit vollem Körpergewicht auf seinem Nacken kniete, brach sich der Frust erneut Bahn. Die »Black Lives Matter«-Bewegung führte weltweit zu Massendemonstrationen und in den USA zu teils gewalttätigen Auseinandersetzungen. Angefeuert vom Präsidenten Donald Trump höchstpersönlich, der den Rassismus schon zuvor wieder salonfähig gemacht hatte. Im Sommer 2019 hatte der zum Beispiel vier weibliche Abgeordnete der Demokraten wegen ihres ethnischen Hintergrundes angegriffen. Er wollte, dass sie »in ihre Länder zurückgehen«, obwohl alle US-Bürgerinnen und drei sogar in den Staaten geboren waren.

Der Teil der US-Bürger, der die USA als Land der weißen Mehrheit sieht und dies gerne mit einer gottgewollten Ordnung gleichsetzt, verlor in den Sechzigerjahren zwar an Boden, verschwunden ist er aber nie und gewann unter Trump nun neuen Zulauf. Die Brücke in Selma, die am »Schwarzen Sonntag« 1965 Schauplatz unglaublich brutaler Polizeigewalt gegen schwarze Demonstranten wurde, heißt immer noch »Edmund Pettus Bridge«. Benannt ist sie also bis heute nicht nach einem der Opfer oder Organisatoren der friedlichen Proteste, sondern nach einem Südstaaten-Held aus dem Bürgerkrieg, einem radikalen Verfechter der Sklaverei und hochrangigen Mitglied des Ku-Klux-Klan.[59]

Bambi und der Salatöl-Skandal

Während der kurzen Amtszeit von John F. Kennedy löst sich Warren Buffett unter dem Einfluss von Charlie Munger ganz allmählich weiter von der reinen Lehre von Benjamin Graham. Denn der zählte zum fairen Wert eines Unternehmens ausschließlich materielle Vermögenswerte, die im schlimmsten Fall möglichst schnell zu Geld gemacht werden können: Konten, Wertpapiere, wenn es sein muss auch fertige Produkte, Rohstoffe, Maschinen oder Immobilien. Erträge der Zukunft – selbst wenn sie relativ sicher kommen, und das schon in naher Zukunft – interessierten Graham nicht, doch hier hatte Warren Buffett schon in New York eine andere Ansicht vertreten.

Jetzt geht er aber noch einen Schritt weiter. Bei einem Urlaub mit der Familie in Kalifornien besuchen die Buffetts gemeinsam mit den Mungers Disneyland und Warren fährt anschließend zu Walt Disney, um ihn kennenzulernen. Kurz darauf beginnt er, Disney-Aktien zu kaufen, obwohl die Firma nach Grahams Einmaleins alles andere als ein »Zigarrenstummel« ist. Warren rechnet aber anders: Er weiß, wie beliebt die klassischen Trickfilme wie »Bambi« (1942), »Susi und Strolch« (1955) oder »101 Dalmatiner« (1961) sind. Weil sie noch lange hohe Erträge einspielen werden, bewertet er sie als hohes Vermögen und stellt fest, dass Disney damit weit unter dem fairen Wert gehandelt wird. Zum ersten Mal setzt Warren Buffett auf *langfristige* Einkünfte und hat recht: 55 Prozent verdient er mit der Aktie in den kommenden Jahren.

Eines kümmert Warren dabei aber nicht und wird ihn sein Leben lang nicht interessieren: Die Frage, wie die Aussichten für die Wirtschaft aktuell sind, ob eine Konjunkturflaute droht oder ein Boom bevorsteht und die Einkünfte dadurch vielleicht schlechter oder besser ausfallen. Warren Buffett glaubt fest daran, dass das System Kapitalismus über kurz oder lang immer zu mehr Wohlstand führt. »Man muss sich nur anschauen, was in den vergangenen paar Hundert Jahren passiert ist«, sagt er. »Kapitalismus funktioniert sehr gut darin, mehr und mehr Güter und Dienstleistungen zu produzieren, die die Menschen brauchen.«[60]

Gute Unternehmen mit einem dauerhaften Geschäftsmodell werden seiner Meinung nach immer gut verdienen, sofern sie solide genug sind, eine Flaute durchzuhalten. Und damit werden sie über die Zeit auch immer wertvoller. Als Investor wird er daher nie versuchen, die Unternehmen zu finden, die in der aktuellen Situation vielleicht einen Extraschub erhalten. Im Gegenteil: Wenig später findet er Geschmack daran, solide Firmen zu kaufen, die gerade in vorübergehenden Schwierigkeiten stecken. »Wir lieben es, Unternehmen zu kaufen, während sie auf dem Operationstisch liegen«, erklärt das Charlie Munger.[61]

1963 war das eindeutig American Express. Das Unternehmen hatte ein äußerst ertragreiches Geschäftsmodell. Es war Marktführer bei Reiseschecks. Immer mehr Menschen waren weltweit unterwegs und das System war einfach und sicher. Man kaufte die Reiseschecks bei einer Bank und unterschrieb sie und konnte sie dann fast überall auf der Welt in einer anderen Bank gegen eine weitere Unterschrift und mit Ausweis gegen Bargeld tauschen oder gleich beim Einkaufen mit ihnen bezahlen. Ein Geschäft wie eine Versicherung, denn die Einnahmen aus dem Verkauf fielen früher an, als die Auszahlungen fällig wurden. 1963 waren American-Express-Reiseschecks im Wert von einer halben Milliarde Dollar im Umlauf. Zudem war das Unternehmen ein Pionier in einem ganz neuen Geschäftsfeld: Bereits rund 1 Million US-Amerikaner besaßen eine der neuen Amex-Kreditkarten.

Doch zu dem Riesenkonzern gehörte auch ein kleines Lagerhaus in New Jersey und hier gab es gerade gewaltigen Ärger: Dort lagerte ein dubioser Geschäftsmann namens Anthony De Angelis riesige Mengen an Fässern mit Salatöl ein, für die er sich Lagerscheine ausstellen ließ. Diese Scheine benutzte er, um Kredite für Spekulationen zu besichern. Seine

Spekulation ging allerdings komplett schief, und als das Salatöl verkauft werden sollte, war das Entsetzen groß: In den Fässern war Meerwasser, lediglich in den Schläuchen für Probeentnahmen und auf der Oberfläche schwamm ein bisschen Öl, um die Kontrolleure zu täuschen.[62] American Express musste plötzlich für wertlose Lagerscheine im Wert von 60 Millionen Dollar geradestehen. Der Kurs der Aktie rauschte in den Keller.

De Angelis' Pleite traf die Wall Street auch direkt: Zwei hoch angesehene Mitglieder der Börse waren finanziell so eng mit ihm verbunden, dass sie mit einem Sanierungspaket von der Börse gerettet werden mussten. Das war allerdings nur der Beginn einer großen Welle von Problemen an der Wall Street. In den wilden Go-go-Jahren, wie die Zeiten der fast ununterbrochenen Kursgewinne in den späteren Sechzigerjahren genannt wird, meldeten rund 150 Firmen Konkurs an.[63]

American Express war alles andere als ein Graham-Investment: Es besaß so gut wie keine Vermögenswerte, alles, was es hatte, war sein ertragreiches Geschäftsmodell, das von seinem guten Ruf profitierte. Warren Buffett schickte einen Bekannten los, um in Geschäften zu beobachten, ob der Salatöl-Skandal das Vertrauen der Kunden und Händler in die Marke erschüttert hatte, und stellte fest: Die meisten hatten die Schlagzeilen im Wirtschaftsteil gar nicht wahrgenommen, das Geschäft brummte weiter wie zuvor. Buffett begann, American Express zu kaufen, langsam und vorsichtig, damit der Kurs nicht stieg, und sammelte über die Zeit Aktien für 13 Millionen Dollar ein. Etwa 40 Prozent seines BPL-Kapitals investierte er also in etwas, das Graham nie angelangt hätte, und verdiente damit am Ende 20 Millionen Dollar – ein Plus von etwa 150 Prozent. 2020 besitzt Berkshire nach einigen Nachkäufen 18,8 Prozent von American Express im Wert von mehr als 18 Milliarden Dollar.[64]

Selbstzweifel

Disney und American Express tragen wesentlich dazu bei, dass Warren Buffett seine Erfolgsserie mit der BPL fortsetzen kann. Auch in den Sechzigerjahren übertrifft er die Gewinne des Dow Jones um Längen und steigert das Vermögen zwischen 1961 und 1968 im Durchschnitt jedes Jahr um ein Drittel. Weil er kein persönliches Kapital entnimmt und immer noch seinen Anteil an den Gewinnen über 4 Prozent behält, wächst sein eigenes Vermögen in den Sechzigerjahren sprunghaft um weit mehr als 1000 Prozent und auch die Partner werden allmählich ernsthaft reich: Wer 1961 10.000 Dollar in Buffetts Vermögensverwaltung investiert und bis 1968 nichts abgezogen hat, besitzt jetzt mehr als 72.000 Dollar.[65]

Zunehmend leidet Warren aber unter dem Erfolgsdruck, den er sich vor allem selber macht. Seit 1960 vergleicht er seine Ergebnisse in seinen Briefen an die Partner nicht nur mit dem Dow Jones, sondern auch mit großen Investmentfonds und hat dabei immer gut abgeschnitten. »Ich kann nicht anders als wettbewerbsorientiert sein«, schreibt er 1969.[66] Doch er hat zunehmend Zweifel, dass er diesen Wettbewerb auch gewinnen kann, und warnt seine Leser regelmäßig davor, dass seine Ergebnisse in Zukunft schlechter ausfallen könnten.[67]

1964 stirbt sein Vater. Warren Buffett ist tief getroffen und verstummt für eine Weile. In seinem Büro bringt er ein großes Schwarz-Weiß-Porträt hinter seinem Schreibtisch an, das dort bis heute seinen Platz hat. Howards Porträt beobachtet in den kommenden Jahren, wie Warrens Geschäfte immer schwieriger werden: Aktien werden zum Verkaufshit und die Kurse an der Börse steigen und steigen. Im Februar 1966 erreicht der Dow Jones Index erstmals kurzfristig die 1000-Punkte-Marke. Die Go-go-Jahre an der Börse sind in voller Fahrt.

Seit Anfang der Sechzigerjahre hat ein Generationenwechsel an der Wall Street stattgefunden. Die alten »Veteranen«, die noch den Crash 1929 und die Great Depression erlebt haben, sind in Rente gegangen, und junge, wagemutige Investoren sind nachgewachsen. Aktien sind wieder beliebt und gehen weg wie warme Semmeln, auch wenn es ab und zu Rücksetzer am Markt gibt. Denn die Konjunkturzyklen der Sechzigerjahre verlaufen sehr prägnant und enden ein paarmal in einer kurzen Schwächephase. Der Aufschwung danach ist dann aber umso dynamischer. Die US-Wirtschaft und ihre Unternehmen werden immer stärker: Um durchschnittlich fast 4,4 Prozent wächst die Wirtschaft preisbereinigt in den zwei Jahrzehnten zwischen 1950 und 1969.[68]

Die Amerikaner sind nun reich genug, um Geld zu investieren, und Investmentfonds schießen wie Pilze aus dem Boden. Die agieren wesentlich aktiver als Privatanleger und das Handelsvolumen an der Wall Street explodiert: 1968 wurden im Durchschnitt pro Tag gigantische 13 Millionen Aktien gehandelt, das war schon 30 Prozent mehr als im Jahr davor, und im Juni musste die Börse sogar schließen, als an einem Tag 21 Millionen Aktien den Besitzer wechselten und die Systeme mit der Abrechnung überlastet waren.[69]

Je stärker Mr. Market in Partylaune gerät, desto heftiger werden die Zweifel von Warren Buffett. Er kämpft zudem mit dem Vormarsch der Informationstechnologie an der Börse. Ob ein Unternehmen unterbewertet ist oder nicht, rechnet nun außer ihm kaum mehr jemand selber aus. Computer übernehmen die Aufgabe und erledigen sie schneller und umfassender denn je. Richtig günstige Graham-Schnäppchen gibt es daher kaum noch, vor allem nicht unter den großen Firmen, die jeder beobachtet. Unter den kleinen Werten findet Warren zwar immer noch den einen oder anderen »Zigarrenstummel«, doch das hilft ihm nur bedingt: In sie kann er nur einen Bruchteil seiner Millionen stecken, und oft steigen die Kurse schneller, als er investieren kann.

1965 hat Warren Buffett daher ein ganz neues Problem: Er hat viel Geld in Disney, American Express und einige Zigarrenstummel gesteckt, darunter auch eine Textilfirma namens Berkshire Hathaway. Zudem hat er rund 7 Millionen Dollar auf den Absturz besonders gehypter Aktien gesetzt. Zum ersten Mal in seinem Leben hat er trotzdem Kapital in Millionenhöhe *übrig*.[70]

1966 schließt er daher seine BPL für neue Partner, ein Jahr später senkt er die Ziele für die Partnerschaft auf 5 Prozent mehr als der Dow Jones oder 9 Prozent absolut – was immer gerade höher ist – und bietet den Teilhabern an, ihr Geld zurückzuzahlen. Doch gerade einmal 1,6 Millionen fließen ab, lediglich gut 3 Prozent der Einlagen. Seine Anleger sind eben eher ein treuer Fanclub als ein gewinnorientierter Haufen Investoren.

Warren enttäuscht sie nicht und erzielt weitere Traumrenditen, doch andere sind plötzlich noch besser. Denn nach Telefon, TV und Klimaanlagen steht die nächste technologische Revolution ins Haus. Vor allem an der Westküste des Landes machen sich Ingenieure und Freaks daran, die Computertechnik zu entwickeln. Ähnlich wie im Dotcom-Boom um die folgende Jahrtausendwende treibt der technische Fortschritt nun die Börse an. Elektronik ist der Hit und mit Aktien wie Xerox, Electronic Data Systems oder Polaroid sind hohe Gewinne zu erzielen, mit kleineren Tech-Firmen oder – teilweise dubiosen – Neuemissionen sogar gigantische Gewinne.[71]

Doch genau an die will Warren Buffett nicht ran. Er traut sich nicht zu, den technischen Fortschritt so gut zu beurteilen, dass er erkennen kann, welche Unternehmen wertvoll sind und welche nicht. »Ich halte es für verrückt, etwas zu kaufen, das man nicht versteht«, sagt er mir noch Jahrzehnte später. »Verstehen heißt für mich, eine ziemlich genaue Vorstellung davon zu haben, wo das Unternehmen in zehn Jahren stehen wird.«[72] Genau dafür fehlt ihm bei den Tech-Aktien der Sechzigerjahre aber der Einblick: »Ich weiß über Halbleiter und integrierte Schaltkreise so viel wie über das Balzverhalten des Chrząszcz – das ist ein polnischer Käfer«, erklärt er 1967.[73]

Warren steckt in einem Dilemma und wendet sich noch einmal an seinen großen Mentor Benjamin Graham. Er versammelt einige gleichgesinnte Investoren zur »Graham-Gruppe«, die sich in Kalifornien trifft. Doch Benjamins Interesse an der Börse ist weitgehend erloschen und Hilfestellungen bekommt Warren hier nicht.[74]

Warren Buffett, der aufstrebende Investor aus Omaha, sucht also weiter mit einer Methode aus den Dreißigerjahren nach »Zigarrenstummeln« aus traditionellen Branchen wie Einzelhandel, Energie und Textil und verweigert sich der neuen Technologie. Und sieht plötzlich alt aus. Als einer der letzten Männer unter 40 trägt er auch noch Ende der Sechzigerjahre einen Bürstenhaarschnitt und schlecht sitzende Anzüge, während andere sich lange Haare und dicke Koteletten wachsen lassen und bunte Hemden anziehen. Rückblickend auf 1967 schreibt er seinen Partnern: »Es war ein Jahr, in dem die erzielten Gewinne umgekehrt proportional zum Alter waren – und ich bin philosophisch in der geriatrischen Abteilung.«[75]

Make Love, Not War*

Auch wenn US-Präsident Johnson viele Gesetze durchsetzte, die die Lage der Minderheiten in den USA verbesserten – gerade unter den jungen Menschen war er regelrecht verhasst und galt als Vertreter eines verlogenen, skrupellosen Systems. Denn nicht nur im Inneren war der Widerspruch zwischen Anspruch und Wirklichkeit im »Lande der Freien« immens: Der Kalte Krieg brachte die USA immer wieder dazu, die eigenen Vorstellungen von Menschenwürde und Freiheit eklatant zu verletzen. Außenpolitisch folgten die USA ohne jede moralische Messlatte dem Motto: Wer auch immer der kommunistischen Sache schadet, ist gut für die USA. Johnson unterstützte daher Militärregierungen und Diktaturen in der Karibik, Südamerika und anderswo, selbst wenn die jede Idee von Freiheit und Menschenrechten mit Füßen traten.[76]

So auch in Vietnam. Nach dem Befreiungskampf des kommunistischen Viet Minh gegen die französische Kolonialherrschaft war das Land 1954 wie Korea geteilt worden und wie dort stand der Norden unter kommunistischem Einfluss, während der Süden vom Westen unterstützt wurde. Und wieder rüsteten die konkurrierenden Weltmächte UdSSR und USA beide Seiten immer stärker auf und die Auseinandersetzung zwischen den Landesteilen eskalierte zunehmend.[77]

Im Sommer 1964 wurde ein US-Zerstörer auf Streifzug in nordvietnamesischen Gewässern attackiert, und Lyndon B. Johnson nutzte den Vorfall, den er höchstwahrscheinlich auch noch mit unwahren Behauptungen dramatisch überhöhte,[78] um sich vom Kongress die Vollmacht für ein direktes Eingreifen von US-Truppen geben zu lassen. Ab 1964 schickten die USA rund eine halbe Million Soldaten in das Inferno in Indochina. Etwa jeder zehnte US-Soldat starb, unzählige kamen traumatisiert oder verwundet zurück.[79]

Der Krieg wurde mit Brutalität und neuen technischen Mitteln geführt – rund 2 Millionen Zivilisten und 1 Million vietnamesischer

* Dies war der Slogan für die Friedensbewegung gegen den Vietnamkrieg und für die Hippiegeneration, die sich den eingefahrenen Lebensweisen verweigerte und neue Wege suchte.

Soldaten fielen ihm zum Opfer.[80] Die USA setzen flächendeckend chemische Kampfmittel und Brandstoffe wie Napalm ein und beide Seiten begingen unglaubliche Kriegsverbrechen. Das Massaker von My Lai vom 16. März 1968 gilt dabei als eines der schlimmsten Verbrechen, das die US-Armee je verübt hat: An einem Tag wurden hier rund 500 Zivilisten von US-Soldaten ermordet.[81]

Und erstmals in der Geschichte erreichten Bilder davon die Menschen daheim und empörten sie. Ein südvietnamesicher Militär, der einen nordvietnamesischen Vietkong hinrichtet, ein Mädchen, das weinend und ohne Kleider vor einem US-Angriff mit dem Kampfstoff Napalm flieht – die Fotos aus dem fernen Indochina brachten die Brutalität des Krieges bis in die Wohnzimmer der USA.

Eine nie gekannte Friedensbewegung entstand und vermischte sich mit der Popkultur der jungen Menschen. Die waren ohnehin auf Sinnsuche und experimentierten mit neuen Lebensformen in Kommunen, mit Drogen und fernöstlichen Religionen, hörten Bob Dylan und Joan Baez. Die Hippiebewegung war entstanden und der Widerstand erreichte auch bürgerliche Kreise. Als es 1969 zu einer riesigen Demonstration mit 500.000 Teilnehmern in Washington kam, war die Bewegung allerdings bereits gespalten. Viele wollten einfach ein Ende des Krieges und forderten mehr Moral von der Politik, andere riefen zum ernsthaften Kampf gegen das kapitalistische System der USA auf und stellten sich auf die Seite der Nordvietnamesen.[82] Tatsächlich breitete sich so was wie Angst vor einer Revolution aus.[83]

Warren Buffett hat zwar mit Sicherheit nicht das Ende des Kapitalismus im Sinn, doch auch er kämpft zunehmend für eine neue Moral. Fern davon, ein bedingungsloser Pazifist zu sein, ist er gegen den Vietnamkrieg, doch vor allem setzt er sich für die Minderheiten in den USA ein: Bei einer öffentlichen Anhörung argumentiert er für die gesetzliche Freigabe aller Wohnhäuser in Omaha auch für Schwarze.[84] Er bringt sich im Finanzausschuss des Grindell College in Iowa ein, eine liberale Schule, die sich sehr für die Gleichheit der Rassen einsetzt.[85] Er berät den schwarzen Baseballspieler Bob Gibson, als der sich mit einem Autohaus eine Existenz nach seiner Karriere aufbaut.[86] Und er tritt bei den Rotariern aus, wegen rassistischer Tendenzen.

Susan kämpft derweil weiterhin unerschrocken für die Rechte der Schwarzen. Sie ist schon Anfang der Sechzigerjahre dem »Panel of the Americans« beigetreten, einer Diskussionsrunde mit Frauen aus verschiedenen ethnischen Gruppen.[87] Im Hause Buffett gehen zum Entsetzen einiger Nachbarn schon lange auch schwarze und jüdische Freunde ein und aus.[88] Susan kümmert sich um viele Schicksale persönlich, und als 1968 in Omaha gewalttätige Rassenkämpfe ausbrechen, fährt sie trotzdem weiter in die Schwarzenviertel von North Omaha.[89]

Während Susan also direkt einzelnen Menschen und Familien hilft, ist Warren eher darauf aus, diskriminierende Strukturen zu beseitigen. So zwingt er den Omaha-Club mit einem Trick dazu, auch jüdische Mitglieder aufzunehmen: Er tritt einfach in den jüdischen »Highland«-Club ein und entkräftet damit das Argument, dass die Gegenseite ja auch auf einer Trennung der Religionen bestehe.[90] Später wird er diese Aktion mit der für ihn typischen Beiläufigkeit abtun und behaupten, der Grund sei gewesen, dass »das Essen dort besser war«. Kaum glaubhaft, denn Warrens Speiseplan besteht damals wie heute vor allem aus Hamburgern, Steaks, Kartoffelpüree und Eiscreme.

Plan B

Ende der Sechzigerjahre beginnt Warren Buffett darüber nachzudenken, was er mit seinem restlichen Leben anfangen will. Das ständige Suchen nach unterbewerteten Aktien, die er dann nach ein paar Jahren mit Gewinn verkauft, wird immer zermürbender, auch wenn Warren inzwischen einen zweiten Angestellten, John Harding, eingestellt hat. Er ist nun knapp 40 Jahre alt und muss in seinem Leben nie wieder Geld verdienen. Selbst wenn er seine Millionen, die er inzwischen besitzt, nur mäßig gut anlegt, würde sein Vermögen schneller wachsen, als er es aufbraucht. Auch öffentlich spricht er nun darüber, dass er künftig etwas kürzertreten will.[91]

Warren Buffett entwickelt einen Plan B: Statt jeden Tag quasi von vorne anzufangen und neue Investments zu suchen, will er sich auf wenige Firmen konzentrieren, die er *behalten* kann.[92] Dazu will er möglichst Mehrheiten oder ganze Unternehmen kaufen. Das lockt ihn, zumal seine Leidenschaft für ein gutes Geschäftsmodell, wie es sein Golfball-Business oder die Wilson Coin Op. gewesen sind, immer noch da ist. Zwar will er selber keine Managementaufgaben im Alltag übernehmen, doch als Aufsichtsrat und Eigentümer von Firmen würde er in engem Kontakt mit dem Management und der Geschäftspolitik stehen.

Dass er seine Ertragsziele für die Partnerschaft senkt, begründet er daher im Herbst 1967 unter anderem mit einer Investition in ein »zufriedenstellendes Unternehmen (aber fern von Spektakulärem), in dem ich die Menschen und die Art des Geschäfts mochte, obwohl andere Investments höhere Gewinne erwarten ließen«.[93]

Tatsächlich gibt es zwei Unternehmen, die die Partnerschaft zu dem Zeitpunkt kontrolliert: Bereits seit 1962 hat Buffett systematisch die Aktien einer Textilfirma aus New Bedford eingesammelt und ab 1965 hatte die Partnerschaft das Management in dem Unternehmen übernommen. Berkshire Hathaway ist mäßig ertragreich, aber Warren Buffett nutzt das Kapital der Firma, um einige andere, gewinnträchtigere Unternehmen damit zu kaufen.

1966 hatte Buffett zudem gemeinsam mit Charlie Munger und einem weiteren Investor die Diversified Retailing Company (DRC) gegründet und für sie erst das Kaufhaus Hochschild-Kohn in Baltimore gekauft. Später kamen die Associated Cotton Shops dazu, eine Kette, die in schlechten Gegenden von Großstädten billige Klamotten für Frauen verkauft. Deren Gründer, Benjamin Rosner, war ein Mann ganz nach Warrens Geschmack: Rosner hatte einmal die Blätter einer Klopapierrolle in seinem Lager durchgezählt, um herauszufinden, ob es tatsächlich 500 waren oder ihn sein Lieferant betrogen hatte (es waren keine 500).[94]

Warren mag den Umgang mit den Managern und die Einblicke in die Firmen, allerdings hat er ein Problem: Anders als beim Aufspüren unterbewerteter Aktien liegt seine Trefferquote eben nicht nahe bei 100 Prozent. Die Einzelhandelsketten laufen mäßig und auch das Textilgeschäft ist auf dem absteigenden Ast. Warren Buffetts Ergebnisse drohen nicht nur ein bisschen schlechter zu werden, sondern in die Mittelmäßigkeit abzurutschen. Denn noch hat er keine Methode entwickelt, zuverlässig die wirklich hervorragenden Unternehmen zu finden.

Der zweite Ruhestand

Fast 100 Prozent erreicht Buffett aber immer noch beim Aufspüren unterbewerteter Aktien: 1969 ist Warren Buffett so erfolgreich wie nie. Inzwischen besteht die BPL aus etwa 300 Partnern und hat fast 105 Millionen Dollar Kapital. Mehr als 40 Millionen davon hat Buffett alleine 1968 verdient. Er hat sein bislang bestes Resultat erzielt und unglaubliche 59 Prozent Rendite erwirtschaftet.[95] Mr. Market war in absoluter Hochstimmung und bezahlte für Buffetts alte Zigarrenstummel, aber auch für Disney-Aktien und American Express immense Summen. Warren Buffett ist steinreich, er wird von seinen Anlegern bewundert und er wird allmählich bekannt: Im angesehenen Wirtschaftsmagazin *Forbes* erscheint ein großes Porträt über ihn und seine Erfolge.[96]

Doch er ist nicht zufrieden. Er leidet darunter, dass er so viel Geld verwalten soll, ohne dass er eine Methode hat, wie er es in egal welchem Marktumfeld *sicher* vermehren kann. Das Börsenklima ist für ihn nach wie vor »frustrierend«.[97] Nach der langen, rauschenden Party von Mr. Market, die ab 1968 allmählich zu Ende geht, gibt es so gut wie keine unterbewerteten Aktien mehr. Benjamin Grahams Ansatz funktioniert daher schlicht nicht mehr. Und einen neuen hat Warren bisher nicht gefunden. »Vielleicht mangelt es mir einfach an geistiger Flexibilität«, schreibt er Ende Mai 1969 an seine Partner.[98]

Gleichzeitig ist er mit dem Versuch gescheitert, die Partnerschaft mit mehr langfristigen Beteiligungen und weniger Aufwand zu führen: »Solange ich ›auf der Bühne stehe‹, regelmäßig Berichte veröffentliche und für buchstäblich fast 100 Prozent des Vermögens einiger Partner verantwortlich bin, werde ich nicht die Möglichkeit haben, Energie in irgendeine andere Aktivität außerhalb BPL zu stecken«, stellt er zermürbt fest.[99]

Warren Buffett zieht daher die Reißleine: Er kündigt die Auflösung der BPL an. Geld mit dem Verkauf der Partnerschaft oder auch nur am Verkauf der Adressen seiner Anleger an andere Investmentgesellschaften will er nicht verdienen, stattdessen wird er die Firma bis Ende des Jahres abwickeln: Alle Beteiligungen der BPL sollen verkauft und der entsprechende Gegenwert ausgezahlt werden. Nur bezüglich der Textilfirma Berkshire Hathaway und der Einzelhandelsgruppe Diversified Retailing stellt er die Partner vor die Wahl: Sie können entweder ihre jeweiligen Anteile daran übernehmen oder den entsprechenden Barwert bekommen. Seinen Anlegern empfiehlt er, ihr Geld künftig in Anleihen zu stecken oder bei seinem Freund Bill Ruane in dessen Sequoia-Fonds zu investieren, der in Omaha eine Filiale eröffnet und Buffetts Angestellten John Harding übernimmt.[100]

Zwischen 1957 und 1968 hat Warren Buffett in seinen Partnerschaften regelmäßig gut 30 Prozent Rendite erwirtschaftet. Aus 10.000 Dollar sind so mehr als eine Viertel Million geworden. Die Partner haben davon gut die Hälfte bekommen, Warren den Rest. Jetzt will er wirklich in den Ruhestand: Er plane nicht wieder in ein Unternehmen einzusteigen, das viel seiner Zeit beanspruche, erklärt Warren dem *Omaha World-Herald*, stattdessen wolle er »in jeder intelligenten und effektiven möglichen Art helfen, die Problem der Menschheit zu lösen«.[101]

Ein guter Vorsatz, der allerdings nicht sehr lange Bestand haben wird.

KAPITEL 7

SAMMELWUT

EIN IMPERIUM WÄCHST

1968–1971

Während die USA in den Siebzigerjahren immer tiefer in politische und wirtschaftliche Schwierigkeiten geraten, kauft Warren Buffett einen Unternehmensanteil nach dem anderen. Dabei lebt er auch seine Leidenschaft für Journalismus aus – und wird immer reicher.

Industrieruinen

Anfang 1970 schien es so, als hätten sich alle Buffetts in Omaha vom Geschäftsleben zurückgezogen. Nicht nur Warren Buffett hatte seine Investmentpartnerschaft geschlossen, auch sein Onkel Fred löste den Lebensmittelladen in Dundee auf, nachdem keins seiner Kinder ihn weiterführen wollte.[1] Nach 100 Jahren und drei Generationen verabschiedeten sich die Buffetts aus dem Lebensmittelhandel.

Und erstmals seit 1960 schien auch der US-Wirtschaft die Puste auszugehen: Statt einem dicken Plus gab es 1970 gerade einmal 0,2 Prozent

Zuwachs.[2] Dabei deutete noch wenig auf eine wirkliche Krise hin. Denn politisch kehrte zunächst wieder mehr Ruhe ein: Zwar war der Vietnamkrieg noch nicht beendet, doch die Proteste ebbten ab. Die Gesellschaft blieb allerdings gespalten zurück – in ein sehr offenes, liberales und ein sehr konservatives Lager. Die liberale Lebensart schien zu gewinnen: 1969 markierte das Woodstock-Festival den Höhepunkt der Hippiezeit, schon ein Jahr zuvor war die erste schwarze Abgeordnete, Shirley Chisholm, gewählt worden und in New York nahm mit den Auseinandersetzungen von Homo- und Transsexuellen mit der Polizei die Schwulenbewegung ihren Anfang. Doch gleichzeitig entschied die konservative Hälfte der Amerikaner die Präsidentschaftswahlen 1968 für sich und wählte Richard Nixon zum Präsidenten.

Nixon regierte ein weiter vermeintlich starkes Land: Im Sommer 1969 hatten die USA ihre technologische Überlegenheit gegenüber der Sowjetunion mit der Landung von Apollo 11 auf dem Mond bewiesen. Die Wirtschaft wuchs zwischen 1971 und 1973 wieder kräftig[3] – der Vietnamkrieg und die umfangreichen Sozialausgaben aus der Amtszeit von Johnson sorgten für Nachfrage.[4]

Vor allem aber schienen die großen Industrieunternehmen unzerstörbar. Rund um die großen Seen im Nordosten der USA hatten sich bereits im 19. Jahrhundert zuerst die Stahlindustrie, später auch viele andere Branchen angesiedelt und unzählige Einwanderer und Afroamerikaner aus dem Süden angezogen. Denn in dem »Industrial Belt« gab es gutbezahlte Arbeit.

20 Jahre vorher war die Region unangefochten *das* ökonomische Powerhaus der Welt gewesen. Hier waren mehr als 50 Prozent aller Industriearbeitsplätze der ohnehin dominanten USA angesiedelt und rund 43 Prozent aller Jobs landesweit.[5] Die großen Industriegiganten wie General Motors und U.S. Steel beherrschten ihre jeweilige Branche und gehörten nicht nur zu den größten, sondern auch zu den profitabelsten Unternehmen der Welt. Sie bedienten rund 90 Prozent des US-Marktes und hatte genug Einfluss in Washington, um ihre Märkte gegen Konkurrenz abzuschotten.[6]

Doch obwohl die Region auch in den Sechzigerjahren weiter boomte, hatte im Jahr 1970 der Abstieg zum »Rust Belt« bereits lange begonnen.

Die Arbeitsproduktivität im Industrial Belt stieg in den Jahren von 1950 bis 1980 um durchschnittlich 2 Prozent, während sie in den übrigen USA um 3 Prozent zulegte. Lange ohne ernsthafte Wettbewerber, hatten die Unternehmen notwendige Innovationen verpasst und die wachsende Konkurrenz nicht ernst genommen. Die kam zum Teil aus dem Süden der USA, wo im »Sun Belt« neue industrielle Zentren südlich des 37. Breitengrades entstanden. Sie kam aber auch vermehrt aus dem Ausland. Denn das Zeitalter der Globalisierung hatte begonnen.

Flugzeuge, Informationstechnik und neue Transportwege machten die Welt kleiner und den Handel mit Gütern leichter. Der weltweite Austausch von fertig produzierten Waren kam in den Fünfzigerjahren richtig in Schwung. Zwischen 1950 und 1960 stieg die industrielle Produktion weltweit um fast zwei Drittel, der Handel mit Waren verdoppelte sich aber, und im folgenden Jahrzehnt beschleunigte sich die Entwicklung sogar noch.[7]

Einige Industrieunternehmen in den USA gehörten und gehören zu den Verlierern der Entwicklung – eine Tatsache, die US-Präsident Donald Trump heute auf unfaire Handelspraktiken anderer Länder zurückführt. 1971 rutschte die US-Handelsbilanz erstmals ins Minus und wies ein Defizit von 1,3 Milliarden Dollar auf. Seither ist der Saldo fast ohne Unterbrechung gestiegen – bis auf rund 660 Milliarden Dollar im Jahr 2020.[8] Daran hat auch Donald Trumps »America first«-Politik nichts geändert. Trotz Handelskriegen und Sonderzöllen stieg das Defizit in seiner Amtszeit kräftig um rund 40 Prozent.

Die Finanzierung dieser Defizite war für die führende Wirtschaftsmacht der Welt nie ein Problem. Denn egal ob Japan oder China, die großen Handelspartner der USA waren immer gerne bereit, ihre Exporterlöse in US-Staatsanleihen zu investieren und somit in das Land zurückzubringen.

Die eigentlich großen Stärken der US-Wirtschaft wurden aber einigen Regionen zum Verhängnis: der fast unerschöpfliche Vorrat an Fläche, die hohe Mobilität der Arbeitnehmer und die Weigerung der Bundesregierung, lenkend in die Wirtschaftsstruktur einzugreifen. Das alles zusammen führte dazu, dass die alten nördlichen Industrieregionen schlicht verlassen wurden. Fabriken und Wohnhäuser wurden einfach zugesperrt und dem Verfall preisgegeben. Wie keine andere Region der USA ist der »Rust Belt« heute mit Industrieruinen durchzogen, denn die ehemalige Boomregion hatte jahrzehntelang mit rückläufigen Bevölkerungszahlen und schrumpfender Wirtschaftskraft zu kämpfen – eine Entwicklung, von der sich die betroffenen Städte und Gemeinden bis heute nicht erholt haben.

Gewinner der Entwicklung aber waren eindeutig alle Verbraucher, die von immer billigeren Waren profitierten und den Welthandel durch ihre Kaufentscheidungen so richtig in Fahrt brachten. Zum Beispiel für Bekleidung, die immer billiger wurde: Die Textilwirtschaft wanderte als eine der ersten Branchen in den Süden und ins Ausland ab, nachdem die Erfindung industrieller Klimaanlagen die Verarbeitung von Baumwolle auch in feuchten und heißen Regionen ermöglichte. Dort fielen keine Transportkosten für die Rohstoffe wie Baumwolle an und die Arbeitskräfte waren billiger. In den Sechzigerjahren kämpft daher auch Berkshire Hathaway, eine Textilfirma in New Bedford an der nördlichen Ostküste, ums Überleben. Auch von dieser Firma sollte ein halbes Jahrhundert später nur noch eine verlassene, backsteinerne Industrieruine übrig sein – und der dann sehr bekannte Firmenname.

Ein monumentaler Fehler

Berkshire Hathaway hatte Warren Buffett schon seit den frühen Sechzigerjahren auf dem Zettel. Denn die Firma war ein klassischer »Zigarrenstummel«. Die Aktie war für weit weniger zu haben als der Buchwert der Firma von knapp 20 Dollar je Aktie.

Die Firma war 1955 aus dem Zusammenschluss zweier großer Unternehmen entstanden. Nach der Fusion von der Berkshire Fine Spinning Associates und der Hathaway Manufacturing Company entstand ein Riesenunternehmen mit 10.000 Arbeitsplätzen und 14 Fabriken – ein Gigant der Textilindustrie in Neuengland.[9] Doch das Unternehmen hatte seine besten Zeiten hinter sich – genau wie die Stadt New Bedford. Sie war einst mit Walfang zur reichsten Stadt der USA geworden, doch mit der Zeit waren die Knochen und das Öl der Meeresgiganten überflüssig geworden und die großen Walbestände abgefischt. Die Textilindustrie bescherte der Stadt einen zweiten Frühling – bis die Globalisierung einsetze.[10]

Die Geschäfte liefen auch für das neu fusionierte Berkshire Hathaway immer schlechter. Der Zusammenschluss habe sich »bald in einen Suizid-Pakt verwandelt«, meint Buffett. In den folgenden sieben Jahren machte die Firma Verluste und ihr Vermögen sank um gut ein Drittel. Bald musste mehr als die Hälfte der Fabriken geschlossen werden.[11] In vielen der verblieben Produktionshallen wurde 1961 nur noch vier Tage die Woche gearbeitet.[12]

1962 leitet Haupteigentümer Stanton Seabury die Firma und wehrt sich nach Kräften gegen den Untergang. Seabury will Berkshire und New Bedford retten. Er will die Firma modernisieren und steckt Millionen in neue Maschinen und die Modernisierungen der Fabriken. Unter anderem versucht er, dabei auch mehr Kontrolle über die Firma zu erlangen, indem er die Zahl der Aktionäre durch regelmäßige Aktienrückkäufe verringert.

Für Warren Buffett ist das eine interessante Option. Mit hoher Wahrscheinlichkeit würde er ein Aktienpaket mit Gewinn direkt an Seabury verkaufen können. Am 12. Dezember 1962 erwirbt er also seine ersten Berkshire-Anteile: 2000 Aktien zu je 7,50 Dollar, für die er inklusive Provision für den Broker 15.020 Dollar bezahlt. Heute ist dieses Aktienpaket rund 600 Millionen US-Dollar wert.*

Wenig später taucht Warren Buffett in New Bedford in der Backsteinfirma von Berkshire Hathaway auf und bespricht einen möglichen Rückkauf mit Seabury. Warren erklärt, dass er seine Aktien für 11,50 Dollar verkaufen würde, und Seabury ist einverstanden. Er sagte: »Fein, wir haben einen Deal«, erinnert sich Warren Buffett.[13]

Nur kurze Zeit später erreicht Warren das offizielle Rückkaufangebot von Seabury und er ist entsetzt: Der bietet 11,3750 je Aktie, also genau

* Die Berkshire Hathaway A-Share ist heute die teuerste Aktie der Welt und kostete zum Jahreswechsel 2018/2019 mehr als 300.000 US-Dollar. Ohne Warren Buffett wäre sie aber vermutlich überhaupt nicht mehr am Markt.

12,5 Cent weniger als mit Warren besprochen. »Ich habe mich sehr über Seaburys Verhalten geärgert und nicht verkauft«, sagt Buffett. »Das war eine monumental dumme Entscheidung.«[14] Er beschließt aber nicht nur, sein Paket zu behalten: Mehr noch, er beginnt über die folgenden Jahre systematisch Berkshire-Anteile hinzuzukaufen und ignoriert auch weiter attraktive Rückkaufangebote von Seabury.

1965 hat er schließlich ein gutes Drittel an dem Unternehmen für die BPL zusammengekauft und übernimmt den Aufsichtsrat. »Durch Seaburys und mein kindisches Verhalten – was waren schließlich 12,5 Cent für uns beide? – hat er seinen Job verloren und ich habe mehr als 25 Prozent des Kapitals der BPL in ein schreckliches Geschäft investiert, über das ich sehr wenig wusste. Ich wurde der Hund, der das Auto gefangen hatte«, sagt Buffett.[15]

Das Auto hat da noch 2300 Angestellte und zwei Fabriken. Unter dem neuen Manager Ken Chace gelingen zwar noch ein paar ertragreiche Jahre. Doch das Textilgeschäft in New Bedford hat im Kampf gegen die Globalisierung keine wirkliche Chance mehr. Buffett, der seit seiner Erfahrung bei Dempster Mill harte Entscheidungen hasst, hält dennoch daran fest. »Ich habe kein Interesse, massiv in das Leben zahlreicher Menschen einzugreifen, nur um jährlich ein paar Prozentpunkte mehr Rendite zu erwirtschaften«, schreibt er seinen Partnern 1969.[16] Trotz steigender Kosten und hoher Verluste wird er die Textilproduktion in den Fabriken in New Bedford erst 1985 stilllegen.[17]

Blaue Marken

Dass das Textilgeschäft keine wirkliche Zukunft hat, weiß Warren Buffett schon 1965. Dennoch arbeitet er unverdrossen an seinem Plan B. Er will eine Reihe von Unternehmen und Beteiligungen ansammeln, die ohne großen Aufwand dauerhaft anständige Erträge einbringen. Mit Grahams Methode ist das nicht zu erreichen: Denn sie geht nur dann auf, wenn die Unterbewertung aufgelöst wird, danach sind keine weiteren guten Erträge mehr zu erwarten. In den »Zigarrenstummeln« sind eben nur noch ein oder zwei gute Züge drin.

Warren Buffett braucht also Unternehmen, die dauerhaft Einkommen bringen, und das geht nur, wenn das Geschäft ständig Gewinne abwirft. Seine ersten Unternehmen – die Diversified Retailing und Berkshire – kommen aber ausgerechnet aus Branchen, wo das sehr schwierig ist. Doch ein drittes Unternehmen macht ihm unerwartet Hoffnung.

Mitte der Sechzigerjahre hatte er damit begonnen, Aktien der Blue Chip Stamps zu kaufen, denn die Firma lag auf dem Operationstisch: In Kalifornien hatte das Unternehmen ein Rabattmarkenmonopol aufgebaut und daher eine Klage der Regierung und eine weitere der Konkurrenz am Hals. Die Regierung verfügte schließlich 1968, dass die Einzelhandelsketten, die bislang die Mehrheit von Blue Chip hielten, einen Großteil der Firma an Dritte verkaufen mussten, und Warren und auch Charlie Munger standen bereit. Auch die Klage der Konkurrenten konnte schließlich beigelegt werden, und als Blue Chip wenig später erstmals an der Börse notiert werden soll, haben die beiden für 2 Millionen Einsatz auf dem Papier 7 Millionen Gewinn gemacht.

Warren Buffett, der gerade seine Partnerschaft auflöst, will seine Blue-Chip-Anteile gerne verkaufen. Immerhin hat er das seinen Partnern gegenüber angekündigt. Doch der Kurs beginnt plötzlich abzustürzen und der Börsengang scheitert: Es gibt neue bedrohliche Klagen gegen die Firma.[18] Warren und Charlie erkennen, dass das Unternehmen für den niedrigen Kurs aber wieder ein guter Kauf geworden ist, bauen ihre Anteile daher weiter aus und übernehmen 1970 den Aufsichtsrat und die Investmententscheidungen.

Denn das Geschäftsmodell der Firma gefällt den beiden: Die Firma Blue Chip Stamps stellt Rabattmarken her, die Kunden für jeden Einkauf erhalten und wie Briefmarken auf einen Bogen aufkleben können. Erst wenn der voll ist, gibt es eine Prämie. Die Einnahmen durch den Verkauf der Marken an die Einzelhändler fallen also wieder einmal lange vor den Ausgaben an. In der Spitze hatte Blue Chip etwa 100 Millionen Dollar freies Kapital auf Konten, die man gewinnbringend investieren konnte.

Und die Begeisterung der Kunden für die klebrigen Rabattmarken ist Ende der Sechzigerjahre gewaltig.[19] 1970 werden rund 60 Milliarden Marken eingelöst und der Umsatz von Blue Chip erreicht 126 Millionen Dollar. »Unser Belohnungskatalog war 116 Seiten dick und voll mit verlockenden Dingen«, sagt Warren Buffett. »Als mir gesagt wurde, dass sogar bestimmte Bordelle und Leichenhallen ihren Gönnern unsere Rabattmarken gaben, hatte ich das Gefühl, endlich eine sichere Sache gefunden zu haben.«[20]

Doch seine Zuversicht hält nicht lange. Die Begeisterung für das Sammeln und Kleben kleiner Marken lässt in den Siebzigerjahren rapide nach, denn die Inflation beginnt zu steigen und Kunden achten mehr auf Preise als auf Rabattprogramme. Erste Händler nehmen Blue Chip aus dem Programm und die Umsätze und Gewinne fallen. 35 Jahre später gibt es die Firma Blue Chip Stamps zwar immer noch und sie gehört schon lange zu Berkshire Hathaway. Doch sie ist winzig geworden: Zum Gesamtergebnis von 98 Milliarden Dollar trägt das Rabattmarkengeschäft 2004 gerade einmal 25.920 Dollar bei. [21] Indirekt ist der Beitrag von Blue Chip Stamps für Berkshire Hathaway aber bis heute erheblich größer. Denn Warren Buffett und Charlie Munger treffen im Management von Blue Chip erstmals gemeinsam Investmententscheidungen für den gigantischen Kapitalbestand. Und finden dabei unglaublich ertragreiche Investments, die wesentlich zum Vermögen von Berkshire beitragen werden.

Die erste Cash-Maschine

Den Traum, auch mit Berkshire eine gute und dauerhafte Firma zu haben, hat Warren Buffett Ende der Sechzigerjahre noch lange nicht aufgegeben. Weil er weiß, dass das Textilgeschäft dafür aber nicht genug einbringen wird, beginnt er, Berkshire zu einer Holding umzubauen: Er verwendet jeden Cent nicht genutzten Kapitals und kauft Firmen dazu, die höhere Erträge versprechen und das Gesamtergebnis so aufbessern.

1968 erwirbt er für etwas mehr als 1 Million Dollar die *Omaha Sun* von seinem Freund Stanford Lipsey für Berkshire, die kleinere der beiden Zeitungen der Stadt. Der Platzhirsch *Omaha World-Herald* reagiert etwas verschnupft und weist in einer Kolumne darauf hin, dass das Führen einer Zeitung etwas anderes sei als das Austragen von Zeitungen oder die Leitung jener Unternehmen, mit denen Buffett bisher erfolgreich war.[22] Ein paar Monate später berichtet er zudem genüsslich, dass Warren Buffett wieder nur noch den *Herald* lese: Der Bote des *Sun* traue sich nämlich nicht mehr zum Haus in der Farnam Street, nachdem Buffetts Hund ihn gebissen habe. Die Sympathie des Autors – das spürt man in der Meldung – gilt dem Hund, den Susan Buffett nach Recherchen des *Herald* als »etwas neurotisch« bezeichnet.[23]

Warren Buffett erhofft sich eine ordentliche Rendite von dem Kauf der *Sun* von etwa 100.000 Dollar im Jahr, also knapp 10 Prozent. Wirtschaftlich ist das für ihn inzwischen eine Kleinigkeit. Doch ganz offensichtlich hat er Spaß daran, im Zeitungsgeschäft mitzumischen. »Ich war schon immer von Zeitungen fasziniert«, erklärt er und kündigt an, sich persönlich in die Firmenpolitik einzubringen.[24]

Ebenfalls eine ordentliche Rendite und absolut höhere Einnahmen erhofft er sich von der Illinois National Bank and Trust Company of Rockford, eine kleine Bank mit einem langen Namen und extrem hohen Erträgen. Buffett kauft die Bank für 15,6 Millionen Dollar[25] und das ist etwa 1 Million weniger, als der eigenwillige Chef der Bank, Eugene Abegg, von einem anderen Interessenten bekommen hätte. Doch der ist Abegg unsympathisch und hat ihn damit verärgert, dass er in der Bilanz herumgestochert und Tausende kritische Fragen gestellt hat.[26] Buffett lernt, dass ein Eigentümer beim Verkauf seines Lebenswerkes nicht unbedingt auf den maximalen Erlös aus ist. Wichtiger ist oft eine gute Zukunft für ihr Unternehmen bei einem neuen Eigentümer, den sie schätzen – eine wertvolle Lektion, die Warren noch oft nutzen wird.

Die beste Verwendung für das ungenutzte Kapital seiner schwächelnden Textilfirma hat Buffett aber bereits zwei Jahre vorher gefunden: Im März 1967 kaufte er eine Versicherung aus Omaha, die National Indemnity samt ihrer Schwesterfirma National Fire & Marine.

Warren Buffett kennt das Unternehmen gut, denn Gründer und Mehrheitseigentümer Jack Ringwalt ist schon lange ein Freund[27] – auch wenn er zu denen gehört hat, die eine Beteiligung an der Partnerschaft in den

Fünfzigerjahren abgelehnt hatten. Während der Großen Depression war Ringwalt ins Versicherungsgeschäft eingestiegen, »nachdem es mir nicht gelungen war, einen Job zu finden und irgendetwas anderes zu machen«.[28]

Ringwalt gründete die Firma rund zehn Jahre später und von da an setzte er für so gut wie alles Policen auf: Eine Radiostation versicherte er gegen das Risiko, dass ein hoher Geldbetrag in einem Gewinnspiel tatsächlich fällig wird. Erben sichert er gegen das Risiko ab, dass der verschollene Erblasser wiederauftaucht, dessen Guthaben sie sich auszahlen haben lassen. Löwentrainer und Artisten des Ringling-Brother-Zirkus schreibt er Policen gegen das Risiko, bei der Arbeit verletzt zu werden.[29] Sein Brot- und Buttergeschäft waren aber Taxifahrer, die viele andere Versicherungen wegen der hohen Unfallzahlen nicht annahmen. Sie galten als »schlechte Risiken«, doch Ringwalts Motto war: »So etwas wie schlechte Risiken gibt es nicht, es gibt nur schlechte Prämien.«[30]

Ringwalt liebt sein Geschäft, aber er ist impulsiv. »Für ungefähr zehn Minuten im Jahr fühlte er den Drang, sein Geschäft zu verkaufen«, erzählt Buffett.[31] Als es so weit ist, verzichtet Warren auf alle Betriebsprüfungen oder Formalitäten, um Ringwalt später keine Ausrede zu geben, zurückzutreten. Er bietet Ringwalt 8,6 Millionen Dollar und der akzeptiert. »Wir haben uns die Hände geschüttelt, das war alles.«[32]

Ringwalt bleibt den Versicherungen als Manager erhalten und investiert den Erlös aus dem Verkauf in Berkshire-Aktien. Und National Indemnity wird zur ersten echten Cash-Maschine für Buffett. Sie liefert nicht nur zuverlässige Gewinne, sondern vor allem auch richtig viel Kapital zum Investieren. Schon beim Kauf liegt der Float* bei 17 Millionen Dollar im Jahr.[33]

Doch von dem genialen Deal profitierten nicht nur Buffett und seine Partner in der BPL, sondern auch all die anderen, die zufällig Aktien von Berkshire haben. »Ich entschied mich dafür, 100 Prozent an einem exzellenten Geschäft (National Indemnity) mit 61 Prozent an einem furchtba-

* Float ist der Betrag, den ein Unternehmen zur Verfügung hat, weil seine Einnahmen zeitlich vor den Ausgaben liegen, weil die Prämienzahlungen für Versicherungen früher anfallen, als die Schadensregulierung fällig wird.

ren Geschäft (Berkshire Hathaway) zu verbinden. Eine Entscheidung, die letztendlich ungefähr 100 Milliarden Dollar von den BPL-Partnern zu einer Gruppe von Fremden umleitete«, schreibt Buffett mehr als 50 Jahre später.[34] Der Kauf von National Indemnity zementiert den Entschluss, Berkshire nicht zu verkaufen, obwohl das Textilgeschäft schrecklich ist und alle Erträge von da an mit den Minderheitsaktionären geteilt werden mussten. Bis heute fragt sich Buffett daher, warum er dieses hervorragende Geschäft nicht einfach für die BPL gekauft hat. »Ich habe bis heute keine gute Antwort. Ich habe einfach einen kolossalen Fehler gemacht.«[35]

1967 gibt Warren Buffett der Gruppe vom fremden Anteilseigner darüber hinaus nach und bewilligt allen Berkshire-Aktionären gegen seine Überzeugung eine kleine Dividende – die letzte bis heute. Denn Dividenden sind abfließendes Kapital, das sich nicht weiter vermehren kann, und genau das ist Warren Buffett ein Graus. Wenig später bietet er daher allen Anteilseignern an, ihre Berkshire-Aktien gegen Anleihen zu tauschen. 32.000 weitere Aktien (die heute rund 6,7 Milliarden Dollar wert sind) gelangen so in den Besitz von Warren Buffett, und er wird gleichzeitig alle Aktionäre los, die auf ein regelmäßiges Einkommen aus sind. Die meisten von denen dürften ihren Tausch inzwischen allerdings schwer bereut haben.[36]

Alles wird teuer

Anfang der Siebzigerjahre hat Warren Buffett für sich und Susie rund 36 Prozent aller Berkshire-Aktien zusammengekauft. Ein weiteres Drittel der Firma halten befreundete Investoren und alte Partner. Auch bei Diversified Retail und Blue Chip hält er große Pakete, teilweise direkt, teilweise über die Versicherungen, die jetzt zu Berkshire gehören.

Die Party am Aktienmarkt war zu der Zeit endgültig beendet. Mr. Market litt nach der langen, exzessiven Fete in den Sechzigerjahren ganz eindeutig unter einem heftigen Kater mit depressiven Schüben: Der S&P 500 fiel zwischen Ende 1968 und Mitte 1970 fast ununterbrochen und lag am Ende rund 30 Prozent niedriger.[37] Charlie Munger, der seine Partnerschaft weiterführte, machte in diesem Jahr erstmals keinen Gewinn, sondern ein Miniminus von 0,1 Prozent.

Aber nicht nur für alle Anleger, auch für die Wall Street selber brachen schwere Zeiten heran. Die Börse in New York büßte ein Stück ihrer unangefochtenen weltweiten Vormachtstellung ein. In Europa entstand ein neues Wirtschaftszentrum mit eigenen wichtigen Handelsplätzen, und europäische Aktien und Anleihen machten den Papieren aus den USA Konkurrenz. Zudem sorgten steuerliche Nachteile in den USA dafür, dass viele ausländische Anleger ihre Dollar lieber in London anlegten, wo ein eigener Investmentmarkt für sie entstand, der sogenannte Eurodollarmarkt. Alles Geschäfte, die New York nun entgingen.

Und Chicago, das sich vor allem auf den Handel mit Rohstoffen konzentriert hatte, drang mit einer neuen Idee in das Revier der Wall Street ein: Bislang hatte es eine Art Arbeitsteilung gegeben: In New York dominierte der Handel mit Anleihen und Aktien, Chicago war für Agrargüter und Rohstoffe zuständig. Hierfür wurden schon lange Optionen und Future-Kontrakte* in Chicago gehandelt. Farmer konnten ihre Ernte so vorab schon verkaufen und damit hatten sie genau wie die Lebensmittelkonzerne, die die Kontrakte kauften, Planungssicherheit. Doch diese sogenannten Derivate** waren vor allem ein gefundenes Fressen für Spekulanten, die auf Preisänderungen hofften. Und Chicago machte dies nun auch für Aktienanleger möglich, indem es ab 1973 den Handel mit Derivaten für Aktien und etwas später auch für Währungen anbot.[38] Erst 1980 reagiert die NYSE mit einer eigenen Future-Börse, konnte Chicago aber nicht mehr einholen.

Für Spekulanten war Chicagos neues Konzept ein attraktives Angebot, denn die Erträge mit dem Handel von einfachen Anleihen und Aktien an der Wall Street waren Anfang der Siebzigerjahre klein und die Inflation

---

* Eine Option oder ein Future ist ein handelbarer Vertrag, der den Kauf oder Verkauf eines genau festgelegten »Basiswertes«, z. B. eine bestimmte Menge Mais, zu einem festgelegten Preis an einem festen Tag in der Zukunft regelt. Bei einem Future müssen beide Parteien den Vertrag erfüllen, bei einer Option hat der Käufer der Option die Wahl, ob er das Geschäft tatsächlich durchführen will.

** Derivate (von lateinischen *derivare* – »ableiten«) sind alle Verträge wie Futures und Options, die sich auf den Handel mit einem anderen Wertpapier, einem Rohstoff oder anderweitigen Vertrag beziehen, also davon abgeleitet sind.

fraß dazu immer mehr davon auf. Seit 1966 waren die Preise weitflächig gestiegen und die Inflation erreichte mit gut 5,5 Prozent 1970 ihren vorläufigen Höhepunkt.[39]

Die Geschäfte der US-Firmen begannen unter der internationalen Konkurrenz zu leiden und die US-Regierung lebte über ihre Verhältnisse. Die Kosten für den Vietnamkrieg und die neuen Sozialleistungen waren hoch, aber diesmal wollte die Regierung auf keinen Fall Steuern erhöhen. Die Staatsverschuldung wuchs und gleichzeitig steigerte die Fed beständig die Geldmenge. Zudem stiegen die Ölpreise und viel Druck von den Gewerkschaften sorgte für höhere Löhne. Die Inflationsspirale drehte sich und drohte den Wohlstandsgewinn der vergangenen Jahrzehnte wieder aufzufressen.[40] Der Dollar verlor an Kaufkraft, die wichtigste Währung der Welt schwächelte plötzlich und das Vertrauen schwand.

Privatleute konnten ihre Dollar zwar schon seit 1933 nicht mehr gegen Gold eintauschen. Doch noch galt die Garantie des Staates gegenüber anderen Ländern, dass es für je 35 Greenbacks eine Feinunze Gold gibt. Viele Notenbanken, die bisher den Dollar als Reservewährung gebunkert hatten, machten aber nun angesichts der Probleme gerne von dem Angebot Gebrauch: Frankreich fuhr gar mit Containern voller Scheinen vor.[41]

Nixon griff daher 1971 zu zwei radikalen Mitteln: Im Inneren versuchte er, die Inflation mit einem Preis- und Lohnkontrollgesetz zu stoppen, und gegenüber den anderen Ländern kündigt er offiziell den Goldstandard auf. Kontrovers diskutiert wurde dabei vor allem die Preiskontrolle, der Wechselkurs galt eher als Randthema, das nur für Experten interessant war.[42]

Und die Maßnahmen hatten kurzfristig Erfolg. Zwei Jahre lang wuchs die Wirtschaft wieder kräftig und die Inflation ging zurück, bevor die Krise später noch viel stärker in die USA zurückkehrte. Nixon verhalf die vorübergehende Erholung aber zu seiner Wiederwahl im Jahr 1972. Doch mit der wenig beachteten Aufgabe des Goldstandards hatte Nixon gleichzeitig die festen Wechselkurse von Bretton Woods unterhöhlt und der Dollar musste immer wieder abgewertet werden. Das verteuerte alle importierten

Waren und gab der Inflationsspirale schon wenig später einen ganz neuen bedrohlichen Schub.

Watergate

Mitte der Siebzigerjahre steckten die USA in vielerlei Hinsicht in der Krise: Die Maßnahmen von Nixon gegen die Inflation waren nicht von Dauer. Immer noch verbrauchten die USA mit dem Vietnamkrieg, der erst 1975 mit dem Fall von Saigon endgültig zu Ende ging, und den neuen Sozialleistungen viel Geld. Und die Aufgabe des Goldstandards für den Dollar versetzte die Zentralbank nun in die Lage, viel Geld zu drucken.[43] Der innere und äußere Wert des Greenback verfiel geradezu.

Zudem hatten die Ölförderländer ein Kartell gebildet – die OPEC – und beschlossen, den Preis für ihr flüssiges Gold kräftig zu erhöhen. Im Herbst 1973 verhängte die arabisch geprägte OPEC sogar ein Embargo für Lieferungen in die USA, weil diese Israel im Jom-Kippur-Krieg gegen mehrere arabische Staaten unterstützt hatten. Öl und Benzin wurden nun ernsthaft knapp und die Schlangen an den Tankstellen lang.[44] In der Ölkrise 1973 stiegen die Energiepreise sprunghaft an, verstärkten die Inflation zusätzlich und schickten die Börse im Oktober 1973 in einen Crash.[45]

1974 erreichte die Preissteigerung in den USA mehr als 12 Prozent und als Leitwährung der Welt taugte der Dollar nun nicht mehr. Nur zwei Jahre nach dem Ende des Goldstandards zerbröselte das Währungssystem von Bretton Woods auch offiziell. Die festen Wechselkurse zum Dollar wurden aufgegeben. Die Börse blieb bis Anfang 1975 auf kräftiger Talfahrt: In zwei Jahren verlor der S&P 500 mehr als 43 Prozent.[46]

Denn nicht nur wirtschaftlich, auch politisch steckten die USA in einer Krise. Die »Watergate-Affäre« kochte immer mehr hoch und stürzte das Land in die schwerste Verfassungskrise des 20. Jahrhunderts. Angefangen hatte sie im Wahlkampf 1972: Am 17. Juni waren Einbrecher im Hauptquartier der Demokratischen Partei im Washingtoner Watergate Hotel überrascht worden. Anführer der Verhafteten war James McCord, ein ehemaliger CIA-Agent und Sicherheitschef des »Komitees für die Wiederwahl des Präsidenten«.[47]

Richard Nixon konnte die Affäre zwar zunächst erfolgreich herunterspielen und wurde wiedergewählt, doch durch die emsige Aufklärungsarbeit der *Washington Post*, durch einen Sonderermittler, der einige Nixon-Mitarbeiter, die ihre eigene Haut retten wollten, zum Reden brachte, und einen Untersuchungsausschuss des Senats wurde nach und nach deutlich: »Tricky Dick« Nixon hatte vielleicht den Einbruch ins Watergate Hotel nicht direkt angeordnet. Zumindest hat er aber danach alles dafür getan, die Verbindungen zum Weißen Haus und seinem Wahlkampfteam zu vertuschen und zum Beispiel Schweigegelder für die verhafteten Einbrecher organisiert. Und auch ansonsten hatte er einigen Dreck am Stecken, unter anderem ermittelte die Steuerbehörde, dass er rund eine halbe Million Dollar Steuerschulden hatte.

Richard Nixon kommt seiner Absetzung durch ein laufendes Impeachment-Verfahren* zuvor, indem er am 8. August 1974 zurücktritt.

Süße Erkenntnis

Während die USA ab Anfang der Siebzigerjahre unaufhaltsam auf eine Krise zusteuern, kommen Charlie Munger und Warren Buffett mit ihren Überlegungen weiter, was ein *wirklich hervorragendes* Unternehmen ausmacht. Es funktioniert wie ein Goldesel, der für jeden Dollar, mit dem man ihn füttert, zum Beispiel 10 Prozent, also 10 Cent, hinten auswirft – jedes Jahr. Ein bisschen Geld wird der Esel auch zum Wachsen brauchen, also ein bisschen weniger ausscheiden, als er eigentlich produziert, doch das sollte möglichst überschaubar sein.

Das funktioniert nicht immer: Einige Branchen, etwa Fluglinien, werden vielleicht immer wertvoller, die Gewinne landen aber nicht als Gut-

* Das amerikanische Amtsenthebungsverfahren, das weit mehr ist als ein Misstrauensvotum, kann nur bei »Hochverrat, Bestechlichkeit oder anderen schweren Verbrechen oder Vergehen« gegen den Präsidenten eingeleitet werden.

haben auf dem Konto der Eigentümer, sondern müssen ständig in neue Flugzeuge gesteckt werden, damit das Unternehmen weiterwachsen kann. Ein großer Teil der Gewinne bleibt also im Esel stecken, und um sie zu realisieren, muss man das Tier schlachten oder verkaufen. Ein wirklicher Goldesel scheidet die Münzen aber aus, hat also einen hohen Cashflow.* Der Eigentümer kann dann selber entscheiden, ob er die 10 Cent Dollar wieder vorne hineinwirft, um hinten dann insgesamt 11 Cent herauszuholen, oder ob es woanders einen noch attraktiveren Goldesel gibt.

Die Sache hat allerdings einen Haken: Sobald jemand ein Geschäftsmodell gefunden hat, das einem solchen Wundertier gleicht, werden andere natürlich sofort versuchen, es zu kopieren. Und Konkurrenz kann das schöne Geschäft kaputtmachen, weil dann ein Preiswettbewerb einsetzt. Größe alleine schützt da nicht: Als Beweis dafür führt Munger die Liste der 50 größten Unternehmen an, die 1911 an der Wall Street gehandelt wurden. Nur eines davon – General Electric – hat bis heute als profitables unabhängiges Unternehmen überlebt. »Das ist die Macht, die die zerstörerische Kraft des Wettbewerbes hat«, meint Charlie Munger.[48]

Um das Überleben zu sichern, ist es natürlich unabdingbar, dass das Unternehmen keine hohen Schulden und genügend finanzielle Reserven hat, um auch einmal eine längere Durststrecke zu überstehen. Es ist aber vor allem wichtig, dass es im Wettbewerb nicht so einfach aus dem Rennen geworfen werden kann oder auch nur weniger profitabel wird. Zum Beispiel, weil das Management eine neue Entwicklung verschlafen hat. Diese Gefahr ist bei Tech-Firmen besonders groß, deren Produkte heute noch in, morgen aber schon obsolet sein können. »Ein gutes Geschäft sollte auch ein Idiot führen können«, erklärt Warren Buffett gerne, »denn genau das wird eines Tages passieren.« Das Problem dabei ist aber: Je einfacher das Geschäftsmodell ist, desto leichter ist es zu kopieren. Deshalb muss das Unternehmen einen »Burggraben« gegen die Konkurrenz

* Wörtlich: »Bargeldfluss«, Überschuss aller Einzahlungen in das Unternehmen über alle Auszahlungen eines Unternehmens ohne Rücksicht auf Vermögensänderungen.

haben, wie es Warren und Charlie nennen. Etwas, das niemand nachahmen kann.

1972 entdecken die beiden ein Unternehmen, das diese Kriterien genau erfüllt: Den Süßwarenhersteller See's Candies, den sich Charlie Munger als möglichen Kauf für Blue Chip Stamps näher ansieht. Er ist schnell begeistert: Mit Sachanlagen von etwa 8 Millionen Dollar erwirtschaftet See's einen Jahresgewinn von 4 Millionen Dollar. Um zu wachsen, braucht das Unternehmen nur wenig Kapital, und vor allem hat es einen wunderbaren, fast unzerstörbaren Burggraben: Keine andere Schokoladenmarke ist in Kalifornien auch nur annähernd so anerkannt wie See's – wer also mit der Pralinenschachtel einer anderen Marke bei der Schwiegermutter oder beim Chef aufkreuzt, macht sich unmöglich, selbst wenn oder gerade weil See's eben etwas teurer ist.

Die Familie, der See's gehörte, will 30 Millionen Dollar für das Unternehmen und Charlie ist sich schnell sicher, dass es das auch wert ist. »Ich wollte aber nicht mehr als 25 Millionen bezahlen und war auch darüber nicht begeistert«, erinnert sich Warren Buffett. »Ein Preis, der das Dreifache des Vermögens der Firma betrug, ließ mich schlucken.«[49] Doch die Familie schlägt für 25 Millionen ein und Warren stürzt sich enthusiastisch in die Tiefen der Schokoladenindustrie, sobald Blue Chip offiziell die Kontrolle übernommen hat: Eine Zeit lang beobachtet er Zucker- und Kakao-Futures, spricht mit den Managern von Einkaufszentren über neue See's-Läden und streicht die Versandliste für kostenlose Pralinenschachteln des ehemaligen Besitzers zusammen.[50]

Buffetts Einsatz schwindet mit der Zeit, doch See's ist bis heute ein wesentlicher Teil seiner Goldeselherde: Bis 2014 flossen neben dem Kaufpreis noch insgesamt 40 Millionen Dollar in den Ausbau der Firma. See's erwirtschaftete aber in der gleichen Zeit insgesamt 1,9 Milliarden Dollar Gewinn vor Steuern – eine Rendite von etwa 2800 Prozent, mit dem wiederum der Kauf vieler weiterer ertragreicher Firmen finanziert wurde. »Stellen Sie sich vor, dass Sie Kaninchen züchten«, rät Warren Buffett jedem, der das Prinzip der Vermehrung seines Kapitals durch hervorragende Firmen wie See's verstehen will.[51] Er schätzt den Wert dieser Firma aber auch aus einem weiteren Grund hoch ein: »Durch die Beobachtung von See's habe ich zudem eine Lektion über den Wert von starken Marken erhalten, die mir die Augen für viele andere profitable Unternehmen geöffnet hat.«[52]

Der zweitbeste Beruf der Welt

Das Pralinen-Business ist für Warren Buffett spannend, doch regelrecht fasziniert ist er nach wie vor vom Mediengeschäft. »Wenn ich nicht Investor geworden wäre, wäre ich gerne Journalist«, sagt er noch Jahre später. Kein Wunder: In beiden Berufen geht es darum, Fakten zu sammeln, auf Kleinigkeiten zu achten und Zusammenhänge zu finden, die andere übersehen. Nur dass der Investor für diese Arbeit, wenn er sie gut macht, mit sehr viel mehr Geld belohnt wird; daher ist Journalismus für Buffett nur der zweitbeste Beruf der Welt. Warren Buffett hat Anfang der Siebzigerjahre beides: Meist ist er Investor, doch als Eigentümer der *Omaha Sun* schnuppert er regelmäßig in die Welt der Journalisten hinein und nimmt an Redaktionssitzungen teil. Dort zerbrechen sich die Redakteure ständig den Kopf über gute Stories, mit denen sie gegen den großen Konkurrenten *Omaha World-Herald* bestehen können. »Wir waren eine Wochenzeitung gegen eine Tageszeitung, also mussten wir Geschichten initiieren – und suchten investigative Stücke«, erinnert sich der damalige Redaktionschef Stan Lipsey. »Wir saßen da und überlegten, was wir tun könnten.«[53]

Warren hat eines Tages einen Vorschlag: Im Westen von Omaha gibt es ein großes Gelände, das nationale Bekanntheit genießt. Boys Town ist eine Einrichtung, die heimatlose Jugendliche aufnimmt. Sie finden dort ein Zuhause, Bildung und einen regelmäßigen Tagesablauf, und auf dem Gelände gibt es Wohnhäuser, Schulen, eine Farm, eine Sportanlage, ein Postamt und sogar eine Polizeistation. Gegründet wurde Boys Town von Edward J. Flanagan im Jahr 1921, nachdem sein Heim für obdachlose Jugendliche in Omaha aus allen Nähten geplatzt war. Der junge irische Priester baute das Projekt mit unglaublicher Energie, gegen viele Widerstände und trotz ständiger Geldprobleme auf.

Ein Held ganz nach dem Geschmack der Amerikaner: 1938 war seine Geschichte mit Spencer Tracy in der Hauptrolle verfilmt worden (»Teufelskerle«) und seither gehört eine Spende für die heimatlosen Boys in Omaha an Weihnachten zum Ritual vieler US-Familien. In der Spitze wurden in Boys Town weit mehr als 1000 Jungs betreut.

1948 starb Flanagan während eines Aufenthalts in Berlin überraschend an einem Herzinfarkt und sein Nachfolger, Monsignor Nicholas Wegner, erbte mit der Organisationsleitung auch einen gigantischen Schuldenberg von rund 50 Millionen Dollar aus den unermüdlichen Erweiterungsaktivitäten seines Vorgängers. Wegner wollte die Finanzen sanieren und verwaltete das Vermögen von Boys Town von da an mithilfe der Morgan Trust Company of New York. Vor allem aber professionalisierte er das Spendensammeln: Millionen von Bettelbriefen mit Boys-Town-Briefmarken verließen seitdem alljährlich zu Weihnachten und Ostern das Postamt.[54]

Doch er vernachlässigte die eigentliche Mission der Einrichtung: »Es war in Omaha allgemein bekannt, dass zwar das Geld hereinfloss, die Zahl der Jungs jedoch zurückgegangen war«, erinnert sich Warren Buffett. »Ich dachte, da gibt es vielleicht eine Geschichte.«[55] Die *Sun* findet heraus, dass Boys Town eine bislang unbekannte Spendenzentrale in Downtown Omaha unterhält. Die Redakteure machen dort heimlich Fotos der langen Reihen von Frauen an Schreibmaschinen, die Bittbriefe und Dankesschreiben unter dem Namen der betreuten Jugendlichen tippen.[56]

Die Redakteure und Warren treffen sich heimlich und recherchieren – immer getrieben von der Angst, dass der große Konkurrent *World-Herald* ihnen die Geschichte wegschnappt. Mit Warrens Hilfe graben die Redakteure endlich eine Vermögenserklärung der Organisation aus, die beweist: Wegners Bemühungen, Boys Town auf finanziell solide Füße zu stellen, sind weit über das Ziel hinausgeschossen: 700 Jungs hat er noch aufgenommen, doch mit jährlichen Spendeneinnahmen von etwa 18 Millionen Dollar ein Vermögen von 209 Millionen Dollar angehäuft. Alleine die Einnahmen aus dem Vermögen bringen jährlich etwa 25 Millionen Dollar und decken die Ausgaben bei Weitem.[57]

Am 30. März 1972 erscheint die *Sun* mit einem achtseitigen Artikel mit dem Titel »Boys Town – die reichste Stadt Amerikas?« und löst damit eine landesweite Welle aus: Wichtige Publikationen wie die *Times* oder die *Newsweek* greifen das Thema auf, das Gebaren vieler wohltätiger Organisationen wird untersucht.[58] Monsignor Wegner tritt zurück, Boys Town ändert seine Politik, investiert wieder in den eigentlichen Zweck und ist heute landesweit anerkannt.

Der *World-Herald* hat die weit beachtete Geschichte komplett verschlafen. Am Tag nach der *Sun* bringt zwar auch der große Konkurrent eine Geschichte über Boys Town auf der Titelseite. Die dreht sich allerdings darum, dass von der Farm der Organisation fünf Kälber gestohlen wurden.[59] Buffetts Appetit für Medien ist nun nochmal größer geworden, allerdings lernt er an der *Sun*, dass eine mittelgroße Stadt nur eine lokale Zeitung trägt. Denn die Boys-Town-Story kann die *Omaha Sun* auf Dauer nicht retten. Gegen den großen Konkurrenten *World-Herald* hat sie keine Chance.

Die *Sun*-Redakteure und Warren Buffett dürfen sich trotzdem freuen: 1973 bekommen sie den Pulitzerpreis für lokalen investigativen Journalismus verliehen. Im selben Jahr wird das Foto des Journalisten Huynh Cong Út geehrt, das zum Symbolbild für den Schrecken des Vietnamkrieges geworden ist. Es ist das Bild der Kinder, die nach dem Abwurf einer Napalmbombe weinend fliehen. Den wichtigsten Preis für »Dienste an der Öffentlichkeit« erhält eine weitere Publikation, die in Warren Buffetts Leben schon bald eine wesentliche Rolle spielen sollte: Die *Washington Post* bekommt ihn für ihre Enthüllungsarbeit im Watergate-Skandal.

KAPITEL 8

NEUE DIMENSIONEN

GELD UND EINFLUSS

1971–1989

Die USA geraten in politische und wirtschaftliche Schwierigkeiten, und Warren Buffett nutzt die Flaute, um einen Unternehmensanteil nach dem anderen zu kaufen. Dabei wird er immer bekannter. Erst Ronald Reagan beendet die Krise der USA und der Börse.

Das Streben nach Wahrheit

Außer der Branche und dem Pulitzerpreis zur selben Zeit hatten die *Omaha Sun* und die *Washington Post* nicht viel gemeinsam: eine lokale kleine Wochenzeitung mit niedriger Auflage hier, ein großes, einflussreiches, politisches Medium aus der Hauptstadt dort. 1973 hatte die *Post* bereits eine lange Geschichte mit mehreren Besitzerwechseln, journalistischen Krisen, Pulitzerpreisen, aber auch Dramen hinter sich. Gegründet wurde die Zeitung 1877 zunächst als ein Sprachrohr für demokratische Politiker. 1933 war die Zeitung am Ende und ging pleite. Sie wurde versteigert.

Der Finanzier und frisch pensionierte Gouverneur des Federal Reserve Board, Eugene Meyer, bezeichnete sie als »geistig, moralisch, physisch und in jeder anderen Weise bankrott«. Dennoch kaufte er sie und führte sie mit viel Geld zu neuer Größe. Viele hatten befürchtet, dass die *Post* unter Meyer, einem Republikaner und weitgehend unbeleckt von journalistischen Kenntnissen, schnell zu einer Art Parteiblatt diesmal für die andere Seite würde. Doch Meyer definierte die Mission der *Washington Post* messerscharf in sieben Thesen, die heute in Messingbuchstaben über dem Eingang des Newsroom hängen: »Die wichtigste Aufgabe einer Zeitung ist es, die Wahrheit so nahe zu erzählen, wie sie festgestellt werden kann«, lautet die erste These, und in Nummer sechs verlangt Meyer: »Im Streben nach Wahrheit soll die Zeitung bereit sein, Opfer ihres materiellen Vermögens zu bringen, wenn dies für das Gemeinwohl notwendig sein sollte.«[1]

Meyer hielt sich an die Prinzipien und die *Washington Post* wurde schnell zu einer renommierten Hauptstadt-Zeitung. Allerdings dauerte es zehn Jahre, bis sie den ersten kleinen Gewinn abwarf, und erst nach dem Kauf eines lokalen Konkurrenten, des *Times-Herald*, war ihre Zukunft wirtschaftlich gesichert.[2]

Geld spielte für Meyer aber nur eine untergeordnete Rolle. Die Familie war reich, besaß mehrere repräsentative Wohnsitze und verkehrte in den besten politischen und gesellschaftlichen Kreisen. Das und die Unterstützung von Künstlern wie Thomas Mann und Walter Gropius waren Eugene Meyer und seiner Frau Agnes Ernst wohl wichtiger als ihre Kinder. Tochter Katharine, geboren 1917, wuchs überwiegend in Schloss Mount Kisco im Staat New York auf – erzogen von Kindermädchen und Gouvernanten.[3] Materiell wurde sie unendlich verwöhnt, doch sie bekam wenig Zuneigung oder gar Beachtung, und wenn, dann betonte gerade ihre Mutter immer wieder ihre Unzulänglichkeit.

Mit Anfang 20 wurde Katharine »Kay« Meyer Journalistin und heiratete 1940 den Jungstar der Republikaner und Juristen Philip Graham. Dem verkauft Meyer später die Mehrheit der *Washington-Post*-Aktien und gab Katharine lediglich den Rest. Denn Meyer war zutiefst von der Überlegenheit des männlichen Geschlechts überzeugt und glaubte, dass kein Mann dazu gezwungen sein sollte, für seine Frau zu arbeiten.[4]

1946 wurde Eugene Meyer Chef der Weltbank und übertrug die Leitung der Zeitung Philip Graham. Der erwies sich schnell als begnadeter Verleger: Er schärfte das journalistische Profil der *Post* und stärkte sie durch kluge Zukäufe wie etwa dem Magazin *Newsweek*. Doch menschlich war Philip eine Katastrophe. Er trank heftig, hatte Affären, war gewalttätig und hatte vor allem seine Freude daran, seine Frau Katharine herabzusetzen. Auch in der Öffentlichkeit demütigte er sie immer wieder. Katharine rutschte immer tiefer in ein Loch aus Selbstzweifeln und Angst. Dennoch war sie überzeugt, dass sie glücklich sein müsse, einen derart brillanten Mann an ihrer Seite zu haben.[5]

Anfang der Sechzigerjahre wollte Philip sie verlassen, allerdings wollte er ihr dabei auch die *Washington Post* wegnehmen, und endlich wehrte sich Katharine: Sie kämpfte juristisch dagegen an. Mitten im Streit um die *Post* brach Philip zusammen und wurde mit einer manisch-depressiven Psychose in eine Nervenheilanstalt eingeliefert. Nur wenige Wochen später besuchte er »Kay« auf dem Landsitz der Grahams und erschoss sich dort, während sie ihren Mittagsschlaf hielt.[6]

1963 war Katharine Graham 46 Jahre alt, Mutter von vier Kindern, in der großen Welt zu Hause, aber dennoch der festen Überzeugung, dass Frauen allgemein, und sie im ganz Besonderen, nicht wirklich fähig zu irgendetwas sind. Aber sie war nun mit einem Schlag die wichtigste Verlegerin der USA und eine der einflussreichsten Frauen ihrer Zeit.

Die mächtigste Frau der USA

Nach dem Selbstmord ihres Mannes war Katharine Graham unsicher und verschreckt, doch eines stand für sie fest: Sie würde die *Washington Post* für ihre Kinder bewahren und nicht verkaufen. Daher übernahm sie die Leitung des Verlages, obwohl sie noch nie im Management eines Unternehmens gearbeitet hatte und sich vor allem in finanziellen Dingen vollkommen hilflos fühlte. »Ich kannte weder die großen noch die kleinen Dinge«, erinnert sich Graham später, »und was noch schlimmer war, ich konnte beide nicht voneinander unterscheiden.«[7]

Graham erwies sich allerdings als talentiert bei der Wahl ihrer – natürlich männlichen – Berater und Mitarbeiter, auch wenn sie ständig Angst hatte, manipuliert zu werden, und es wohl auch immer einmal wieder wurde. Für Finanzen war der fähige Fritz Beebe zuständig. Und Katharine machte Graham Bradlee zum Chefredakteur, der erfolgreich daran arbeitete, das Renommee der *Post* weiter auszubauen. 1971 entschloss sich Katharine, einen Teil der Aktien an die Börse zu bringen, um Geld für weitere Expansionen einzusammeln. Das war mutig, doch nicht so mutig wie eine weitere Entscheidung, die sie wenige Tage vor dem Börsengang treffen musste.

Am 13. Juni 1971 hatte die *New York Times* einen ersten Artikel veröffentlicht, in dem die »Pentagon Papers« ausgewertet wurden. Die 7000 Seiten starke, als topsecret eingestufte Studie des Verteidigungsministers über den Vietnamkrieg bewies eindeutig, dass eine Reihe von hochrangigen Politikern seit Jahren wusste, dass der Vietnamkrieg nicht zu gewinnen war. Dennoch hatten sie die Öffentlichkeit weiter angelogen und viele junge Amerikaner in den Tod geschickt. Die Regierung Nixon reagierte scharf auf die erste Veröffentlichung: Sie ließ eine richterliche Verfügung an die *New York Times* schicken, um weitere Artikel zu verhindern.[8]

Katharine Graham stand damit vor einem gigantischen Dilemma: Denn auch die *Washington Post* hatte inzwischen die Pentagon Papers beschafft und einen Artikel vorbereitet. Eine Veröffentlichung könnte aber potenziell die Zukunft der Zeitung gefährden, denn noch war nicht absehbar, wie die Gerichte letztendlich entscheiden würden. Gleichzeitig würden die Aktien der *Post* weniger einbringen, wenn das Blatt zum Börsengang unter Beschuss der Regierung stand. Andererseits drohten Bradlee und andere Spitzenjournalisten damit zu kündigen, würde Graham kneifen, und das Renommee der Zeitung wäre wohl hinüber. Am 20. Juni telefonierte Graham mit der Redaktion und besprach noch einmal alle Aspekte der Sache. Einige Berater waren für, andere gegen eine Veröffentlichung. Am Ende musste sie entscheiden. »Ich sagte: ›Wir drucken!‹, und dann legte ich den Hörer auf«, erinnert sich Graham.

Die *Washington Post* stieg damit in den Olymp der wirklich wichtigen Zeitungen auf und schon einen Tag später entschied das erste Gericht zugunsten der Pressefreiheit.[9] Zwei Jahre später, 1973, enthüllten die *Post*-Journalisten Carl Bernstein und Bob Woodward den Watergate-Skandal und die Zeitung geriet nun endgültig ins Visier der Regierung Nixon.

Generalstaatsanwalt John Mitchell drohte, dass »Katie Grahams Titten in eine dicke fette Wäschemangel geraten werden, wenn die Berichterstattung nicht aufhört«.[10] Ein Freund von Richard Nixon klagte wenig später gegen die Verlängerung der Fernsehlizenzen der *Post* in Florida und plötzlich waren ein Großteil der Einnahmen gefährdet. Natürlich brach die Aktie der *Post* an der Börse ein und dann starb auch noch Fritz Beebe an Krebs. Als dessen Anwalt das Aktienpaket aus seinem Nachlass Warren Buffett anbietet, greift dieser sofort zu. Denn die *Post* ist ganz klar ein gutes Unternehmen, das gerade auf dem Operationstisch liegt, und Buffett hat schon eine Weile in den angeschlagenen Mediengiganten investiert. Zusammen mit Beebes Anteilen besitzt er im Frühjahr 1973 etwa 5 Prozent der Aktien.

Katharine Graham ist alarmiert. Sie hat Panik davor, dass nach ihrem Mann nun wieder jemand versucht, ihr die *Post* wegzunehmen, diesmal ein »Rechtsaußen aus Nebraska«, wie ihr Sohn Donald befürchtet.[11] Als sich Katherine und Warren aber wenig später in Kalifornien treffen, um ihre gegenseitigen Absichten auszuloten, beginnt ganz zögerlich eine höchst unwahrscheinliche, aber sehr intensive Freundschaft, die bis zu »Kays« Tod anhalten wird. Katharine Graham ist Mitte 50, eine der mächtigsten Frauen der Welt. Auf ihren verschiedenen Anwesen ist sie eine legendäre Gastgeberin für Präsidenten, Mitglieder von Königshäusern und berühmte Künstler. Sie ist stets teuer und korrekt gekleidet und hat dazu beigetragen, einen US-Präsidenten zu stürzen. Warren Buffett ist 13 Jahre jünger und zwar reich, aber er kommt unverkennbar aus einem Haus in der Farnam Street in Omaha, Nebraska. »Sein Anzug sah so aus, als sei er für jemand anderen geschneidert worden, er hatte keinen gepflegten Haarschnitt«, erinnert sich Katharine Graham.[12]

Doch sie mag ihn, seinen Humor und seinen Verstand und lädt ihn samt Susan zu einer ihrer berühmten »Kay-Partys«, wie Warren ihre pompösen Einladungen nennt, in Washington ein. Dort, bei seinem ersten Auftritt in der großen weiten Welt, ist Warren von all den silbernen Fischmessern, Kristallgläsern, wichtigen Gästen und vielen Kellnern so überwältigt, dass er es nicht schafft, einen Toast zu erwidern, den »Kay« auf ihn ausbringt. »Ich fühlte mich so unwohl, dass ich meinte, mich übergeben zu müssen«, erinnert er sich. »Ich konnte einfach nicht vor dem ganzen Kabinett aufstehen und sprechen.«[13]

Alte und neue Feinde

Auch nachdem die *Post* dabei geholfen hat, Nixon aus dem Amt zu drängen, kamen die USA nicht zur Ruhe: im Gegenteil. Während der gesamten Siebzigerjahre schien eine Krise die nächste zu jagen. Der alte Vize und neue Präsident Gerald Ford sorgte zwar nach Nixons Rücktritt für einen reibungslosen Übergang, doch beliebt war er nicht: Eine seiner ersten Amtshandlungen war, seinen Ex-Chef mit einer Amnestie von jeder Strafverfolgung für dessen zahllose Verfehlungen zu schützen. Etwas, dass ihm nach Meinung einiger die Wiederwahl kostete.[14]

Und die USA sahen unter Ford nach wie vor schwach aus: 1974 und 1975 kam zu den wieder hohen Inflationsraten auch noch eine waschechte Rezession. Der Aktienmarkt brach ein. Und die Gewerkschaften wurden nicht nur immer einflussreicher, ihre Proteste auch zunehmend gewalttätig.

In New York trugen sie mit ihren unnachgiebigen Forderungen dazu bei, dass die Stadt 1975 zahlungsunfähig wurde. Wie zahlreiche Metropolen in den USA litt Big Apple in den Siebzigerjahren unter stark rückläufigen Steuereinnahmen, weil immer mehr Betriebe und Bürger ins günstigere Umland zogen. Gleichzeitig hatte die Stadt umfangreiche, aus Sicht der Republikaner »sozialistische« Programme etwa für den Nahverkehr oder für die Bildung eingeführt, die Unsummen verschlangen.[15] Der republikanische Präsident Gerald Ford und sein Stabschef Donald Rumsfeld ließen die Stadt daher auch erst einmal im Regen stehen, als ihre Anleihen plötzlich einbrachen. Letztendlich mussten sie aber doch ein Rettungspaket auflegen, weil der Staat New York mit seinen Hilfeleistungen gescheitert war.[16] Das weltweite Vertrauen in die Solidität der USA schwand während dieser Machtspielchen mit den Finanzen der symbolträchtigen Stadt aber immer mehr.[17]

Auch außenpolitisch schienen die USA alles andere als stark: Militärisch hatten die USA die Auseinandersetzung mit der Sowjetunion in Vietnam endgültig verloren. Schon zwei Jahre zuvor hatte US-Präsident Nixon den Rückzug der Amerikaner eingeleitet, und als Saigon, die südvietnamesische Hauptstadt, im Jahr 1975 fiel, waren die meisten US-Soldaten schon wieder in der Heimat.

Präsident Ford, der aus Omaha stammte, galt als tollpatschiger Midwestener und konnte das Selbstbewusstsein der Amerikaner nicht wiederaufbauen.[18] Konsequenterweise verlor Ford 1976 die Präsidentschaftswahlen, obwohl sich Aktienmarkt und Wirtschaft da gerade ein wenig zu erholen begannen. Allerdings nur kurzfristig, denn die Inflation kam mit einem neuen Schub der Energiepreise ab 1979 mit Macht zurück. Der neue Präsident, Jimmy Carter, hatte da mit einer regelrechten Salve an schlechten Nachrichten aus dem In- und Ausland zu kämpfen. Immer wenn es so aussah, als wäre ein Problem gelöst, tauchte es erneut auf oder es entstand ein noch größeres.

Als der Kalte Krieg mit den Verhandlungen zu einem Abrüstungsvertrag abzuflauen schien, marschierte die Sowjetunion im Dezember 1979 in Afghanistan ein und machte alle Hoffnungen wieder zunichte.[19] In Camp David gelang Jimmy Carter, die Kriegsgegner Israel und Ägypten zu einem Friedensvertrag und einem Handschlag zu bewegen, und es sah fast so aus, als könnte er mit diesem historischen Akt das Misstrauen etwas mindern, das viele islamische Staaten gegenüber den USA hegten.[20]

Doch dann brachte die Iranische Revolution die radikalen Klerikale um Ajatollah Khomeini an die Macht, und die Ablehnung schlug in offenen Hass um. Denn die USA hatten dem abgesetzten Schah Reza Pahlewi nicht nur Jahrzehnte zuvor bei seinem Putsch an die Macht unterstützt.[21] Darüber hinaus hatten auch insgesamt acht Präsidenten – fest und teilweise freundschaftlich verbunden – an seiner Seite gestanden, obwohl er das Land mit Unterdrückung und Brutalität regierte.

Als die USA dem abgesetzten Schah auch noch die Einreise für eine medizinische Behandlung erlaubten, eskalierte die Situation: Studenten nahmen 63 amerikanische Staatsbürger im Botschaftsgelände in Teheran als Geiseln, um die Auslieferung des abgesetzten Schahs zu erzwingen. Der Vorfall war ein Tabubruch im Völkerrecht und die USA haben seitdem keine offiziellen diplomatischen Beziehungen mehr zum Iran unterhalten.[22]

Ein halbes Jahr später scheiterten die USA nach erfolglosen Verhandlungen um die Freilassung der Geiseln und einem ebenso erfolglosen Handelsembargo mit einer Militäraktion zur Befreiung der verbliebenen 52 Geiseln, weil die Hubschrauber nicht funktionierten. Das Land schien endgültig am Ende zu sein:[23] Nach wie vor gefangen im Kalten Krieg, gleichzeitig konfrontiert mit neuen Feinden in der islamischen Welt und wirtschaftlich ausgeblutet. Die USA waren zurück in die Rezession gerutscht, die Schlangen vor den Tankstellen wieder lang, die Inflation war wieder auf weit über 10 Prozent gestiegen.

Und der Aktienmarkt dümpelte in etwa auf dem Stand von 1968. Die *Businessweek* verkündet in einem Artikel den »Tod der Aktien«. »Die alte Einstellung, dass man solide Aktien als Eckpfeiler für seine Lebensersparnisse und seine Rente kauft, ist schlicht verschwunden«, schreibt der Autor und zitiert einen jungen Manager: »Waren Sie in letzter Zeit auf einer Aktionärsversammlung in Amerika? Dort sind nur alte Kerle. Der Aktienmarkt ist einfach nicht der Ort, an dem die Action ist.«[24]

Wirrwarr

Ein »alter Kerl« aus Omaha sieht das allerdings ganz anders als die *Businessweek*: Warren Buffett glaubt auch in den Siebzigerjahren wie in jeder Krise immer weiter unverdrossen an die grundsätzliche Stärke der USA und des Kapitalismus. Er ist inzwischen über 40 Jahre alt und nach wie vor kümmert er sich vor allem um seine Aktien und Unternehmen, auch um seine Familie, aber mit Sicherheit nicht wirklich intensiv um sein Aussehen: Er ist ein kleines bisschen kräftiger geworden, aber weit entfernt von übergewichtig. Als Zugeständnis an den Zeitgeist trägt er etwas breitere Krawatten und eine große Hornbrille. Und zu Susans Freude hat er seine Haare nicht mehr millimeter-, sondern nur noch zentimeterkurz geschnitten und einen Seitenscheitel. Damit ist er endlich nicht mehr die »absolut letzte Person in Amerika, die einen Bürstenhaarschnitt hat«.[25]

Auch mit neuer Frisur läuft Buffett in den Siebzigern und frühen Achtzigern angesichts der niedrigen Preise für Unternehmen zur Höchstform auf. Denn immer wenn Mr. Market depressiv ist, ist Warren Buffett glücklich und nutzt die Chancen. Anfang 1974 hat er daher ein altbekanntes Problem: Er hat jeden Cent seines persönlichen Kapitals investiert. Seine Ausgaben sind gestiegen: Alle drei Kinder besuchen inzwischen Schulen außerhalb von Omaha, Susan hat sich ihr Budget für wohltätige Aktivitäten erkämpft und auch Warren selber braucht mehr Geld, denn seine vielen Aktivitäten führen ihn allmählich immer öfter weg von Omaha.

Im Wesentlichen lebt er von einem Gehalt von 50.000 Dollar, das er sich als Chef von Berkshire genehmigt hat. Das reicht so gerade, für Investitionen hatte er aber nichts übrig. »Mir war der Sprit ausgegangen«, erinnert er sich. »Ich wachte eines Morgens auf und hatte überhaupt kein Geld mehr.«[26]

Warren beginnt daher noch intensiver, das Geld seiner Firmen für seine Ideen einzusetzen: Diversified hat freie Mittel, die er für die Gründung einer Rückversicherung und für den Kauf von Berkshire- und Blue-Chip-Aktien nutzt. Auch bei Blue Chip selber und bei Berkshire ist immer wieder Kapital für Investitionen da, mit dem er neue Ideen verfolgt, aber auch Anteile an bestehenden Firmen aufstockt.

Immer noch sind Charlie und er unermüdlich auf der Suche nach weiteren hervorragenden Firmen wie See's Candies. 1972 entdecken die beiden dabei eine kleine Sparkasse namens Wesco an der Westküste und beginnen, sie zu kaufen. Doch schon wenig später versucht die Financial Corporation of Santa Barbara den kleinen Konkurrenten zu schlucken, zu einem Preis allerdings, den Warren und Charlie für zu niedrig halten. Sie wollen Wesco lieber selber für Blue Chip haben und um die Fusion abzuwenden. Also »carnegiesiert« Warren die Gründerfamilie und bringt sie dazu, die Fusion abzublasen.

Als das bekannt wird, stürzt die Wesco-Aktie von 18 auf 11 Dollar ab. Warren und Charlie fühlen sich der Gründerfamilie und dem Manager allerdings verpflichtet und bieten ihnen 17 Dollar je Aktie, wenig später kaufen sie weitere Anteile für 15 Dollar und haben damit die Mehrheit am Unternehmen.[27]

Bis 2011 wird Wesco Financial von Charlie Munger gemanagt und ebenfalls als Investmentvehikel geführt, bevor es ganz in Berkshire aufgeht. Es ist ein wichtiger Teil der Goldeselherde: Munger erzielt hervorragende Ergebnisse mit Wesco und schlägt auf die Dauer so gut wie jeden Investmentfonds. Er hält seine eigene Hauptversammlung mit seinen eigenen Fans ab und schreibt eigene Aktionärsbriefe. Allerdings bleiben die Resultate immer etwas hinter denen von Berkshire zurück – auch weil Munger seine besten Ideen mit Warren teilt. »Wenn Sie meinen, Sie kaufen mit Wesco Klein-Berkshire, irren Sie sich«, warnt Munger regelmäßig seine Aktionäre. »Es ist Weniger-Berkshire«.[28]

Vorher sorgt »Weniger-Berkshire« aber noch für gehörigen Ärger. Denn die Börsenaufsicht SEC wird misstrauisch, weil Buffett und Munger freiwillig mehr für die Wesco-Aktien gezahlt haben, und leitet eine Untersuchung ein. Dabei stößt sie auf das Firmengeflecht der beiden, das inzwischen fast unüberschaubare Ausmaße angenommen hat.

Warren Buffett, seine Frau Susan, seine Kinder und Buffett als Verwalter besitzen Anteile an Blue Chip, Berkshire und Diversified Retailing, die wiederum Beteiligungen haben, die teilweise wieder in eine der drei großen Firmen investiert sind. So werden beispielsweise gut 60 Prozent von Blue Chip von elf Anteilseignern kontrolliert, an denen Warren Buffett direkt oder indirekt beteiligt ist, darunter sind Buffett persönlich, Diversified, an dem Buffett gut 50 Prozent besitzt, Berkshire Hathaway – hier ist sein Anteil gut 35 Prozent –, aber auch einige Berkshire-Töchter wie die National Indemnity. Insgesamt jongliert Buffett mit direkten und indirekten Anteilen an fast 40 Firmen, die sich teilweise gegenseitig gehören und die er in vier verschiedenen privaten Töpfen von sich und seiner Familie hält.[29] Charlies Investmentstruktur sieht kaum besser aus.

Bei der SEC schrillen alle Alarmglocken und die Angelegenheit wird zur Chefsache erklärt. Und Warren Buffett und Charlie Munger müssen plötzlich um ihr wichtigstes Kapital kämpfen: ihren guten Ruf. Alleine eine offizielle Anklage der SEC hätte ihre Reputation ziemlich ruiniert. Mithilfe der Partner aus Charlie Mungers Anwaltskanzlei gelingt es aber letztendlich, die Sache aus der Welt zu räumen. Es wird eine dieser verwirrenden Kompromissformeln erarbeitet, die typisch für die SEC sind: Blue Chip gibt zwar nicht zu, den Aktienkurs von Wesco vor und nach der versuchten Fusion manipuliert zu haben, verspricht aber, so etwas niemals wieder zu tun.[30]

Für Warren Buffett hat die Angelegenheit aber eine klare Konsequenz: Er will das Wirrwarr um seine Investitionen ordnen. 1973 kündigt er an, dass Diversified und Berkshire fusionieren werden. Ein Vorhaben, das allerdings länger dauert als erhofft, denn die komplexen Schachtelbeteiligungen aufzulösen braucht seine Zeit.[31] Doch Warren Buffett ist fest entschlossen, künftig nur noch eine Firma zu führen: Berkshire Hathaway. Bis 1978 dauert die Fusion von Diversified und Berkshire,[32] und im selben Jahr genehmigt die SEC einen Plan zur Fusion auch mit Blue Chip, doch erst nochmals fünf Jahre später, 1983, wird sie dann endgültig vollzogen.

Vom Investor zum Star

Mitte der Siebzigerjahre ist das Firmengeflecht von Warren Buffett etwa 130 Millionen Dollar wert und seine Anteile daran summieren sich auf mehr als 70 Millionen Dollar. Und das, obwohl eines seiner wichtigsten Investments – Berkshire Hathaway – an der Börse noch unbeliebter ist als viele andere Aktien. Der Kurs bewegt sich zwei Jahre lang kaum, bevor er 1974 um fast die Hälfte einbricht. Vielen Anlegern scheint der Mix aus einer ertragsarmen Textilfirma und einem Bündel verschiedener kleinerer Unternehmen und Aktienpakete plötzlich sehr unattraktiv.

Dabei wird Buffett allmählich immer bekannter, und das nicht nur bei Anhängern von Benjamin Graham. 1972 veröffentlicht George Goodman unter dem Pseudonym Adam Smith das Buch *Supermoney* und geht hart mit den Spekulanten der Go-go-Jahre ins Gericht. Ein ganzes Kapitel widmet er dabei dem Graham'schen Investmentstil und Warren Buffett, den er als leuchtendes Gegenbeispiel hinstellt und »den herausragenden Investor dieser Generation« nennt.[33] Das Buch wird ein Riesenerfolg: Es wird mehr als 1 Million Mal verkauft und in sämtlichen wichtigen Wirtschaftsmedien besprochen. Warren Buffett kommt dabei immer gut weg und wird quasi über Nacht zu einem Star.[34]

Bekannt wird er aber auch zunehmend als Mann, der häufig an der Seite von Katharine Graham auftaucht. Seit der ersten »Kay-Party« in Washington haben die beiden ihre Bekanntschaft vertieft. Warren hilft Katharine zum Beispiel dabei, einen Vortrag vor der New Yorker Vereinigung für Wertpapieranalysten vorzubereiten. Im Gegenzug führt sie ihn nach und nach in die Welt der wirklich Reichen und Wichtigen ein, in der sie sich bewegt. »Kay versuchte, mich auf ein höheres Niveau zu heben«, sagt Buffett. »Sie arbeitete so hart daran, aber es funktionierte nicht.«[35] Zumindest nicht, was seine Essgewohnheiten und sein Auftreten betrifft. Kay gibt irgendwann ein Stück weit auf und lässt ihren französischen Koch von da an »Ämbürsché« – also Hamburger – zubereiten, wenn immer Warren bei einer ihrer Einladungen anwesend ist.[36]

Immer weiter entfernt sich Warren Buffett nun von dem Image, das ihm bis heute bei einigen anhängt: dem des Hamburger kauenden, sonderlichen, fast autistischen Zahlenfreaks, der Cola schlürfend und einsam in seinem Büro in Omaha Millionen von Dollar anhäuft. Seine Essgewohnheiten bleiben zwar kindlich und seine Kleidung bestenfalls dem Anlass angemessen. Doch er lernt von Kay schnell, sich sicher unter wichtigen Leuten auch in einem luxuriösen Umfeld zu bewegen – und genießt es auch, solange er nicht selber bezahlen muss. Bei den »Kay-Partys« trifft er Filmstars wie Paul Newman, ihren guten Freund Truman Capote, Ted Kennedy, Barbara Busch und wichtige Wirtschaftsbosse und er wird gemocht: Sein schlichtes, unkapriziöses Auftreten wird immer positiver als Authentizität gewertet.

Spätestens ab dem Herbst 1974, als er in den Aufsichtsrat der *Washington Post* eintritt, ist Warren Buffett auf dem Weg, ein Teil der US-Eliten zu werden. Und er ist der wichtigste Berater der mächtigsten Frau der USA. Das bleibt nicht ohne Neider: Ein Artikel im *Time Magazine* bezeichnet ihn als Macht hinter Katharine Graham und einen unbezahlten Manager der Zeitung. »Er dominiert sie intellektuell«, behauptet ein anonymer Autor.[37] Wenig später legt das *Wall Street Journal* nach: »Buffett ist Kays finanzieller Guru geworden und fungiert auch als ihr Mentor, um letztendlich zu übernehmen«, behauptet ein – offensichtlich eifersüchtiger – ehemaliger *Post*-Manager anonym in der Zeitung.[38] Ganz sicher aber ist er inzwischen eine feste Größe in Katharine Grahams Leben: Wann immer er in Washington ist, wohnt er jetzt in ihrem Gästezimmer und hat dort sogar eigene Kleidung im Schrank.[39]

Susan geht

Spätestens seit dem Herbst 1974 ist aber auch Susan Buffett, die immer öfter alleine daheim in Omaha bleibt, auf der Suche nach einem eigenen Leben. Zwar begleitet sie Warren ab und zu auf seine Reisen in die Glitzerwelt der US-Eliten. Doch in Omaha ist sie oft alleine: Die Kinder sind aus dem Haus und Warren viel unterwegs. So spielt sie mit der Idee, ihre Leidenschaft zu singen zum Beruf zu machen,[40] und tritt im privaten Rahmen mit dem Jazzgitarristen Billy Rogers auf, dem Sohn ihrer Schwester. Warren unterstützt sie dabei, denn auch er sieht die Leere in ihrem Leben: »Warren wusste es. Er sagte zu mir: ›Susie, du bist wie jemand, der nach 23 Jahren seinen Job verloren hat. Was wirst du also jetzt machen?‹«, erzählt sie.[41]

Im Mai 1975 singt Susan in einem Restaurant in Omaha erstmals öffentlich und der Kritiker des *Omaha World-Herald* lobt am nächsten Tag ihren Auftritt und den »echten Charakter« ihrer Stimme.[42] Susan tritt weiter in Cafés und Kneipen auf – auf Vermittlung eines Freundes von Warren auch in New York. Doch das alleine scheint ihr Leben nicht neu auszufüllen. Immer öfter verbringt sie nun Zeit in San Francisco und Ende 1975 mietet sie sich dort eine Wohnung. Sie bittet Astrid Menks, eine Freundin, die als Kellnerin des French Café in Omaha arbeitet, nach Warren zu sehen und ab und zu für ihn zu kochen.

Und sie geht. Dass sie ihn mit ihrem Umzug nach San Francisco endgültig verlässt, will sich Warren zunächst nicht eingestehen und bemerkt es erst nach und nach. »Das hätte nicht passieren dürfen«, sagt er im Nachhinein, »und es war ganz alleine meine Schuld. Mein Job wurde im Lauf der Zeit immer interessanter und interessanter und interessanter. Als

Susan ging, hatte ich ihr nicht mehr das Gefühl gegeben, dass ich sie so sehr brauchte, wie ich sie in Wirklichkeit brauchte.«[43]

Astrid Menks, eine 31-jährige nordische Schönheit mit einer harten Kindheit und einem zurückhaltenden Temperament, ist aber genau die richtige Wahl, um Warren aufzufangen. Sie ordnet das Chaos im Haus, das Warren nach Susans Weggang angerichtet hat, kocht ihm die Mahlzeiten, die er mag, und ein halbes Jahr später zieht sie in der Farnam Street ein – mit dem Segen von Susan, nachdem diese den ersten Schock über die Entwicklung überwunden hatte. »Sie kümmert sich großartig um ihn. Und Warren ist ihr dankbar und ich bin es auch«, sagt Susan später.[44]

Es beginnt ein Arrangement, mit dem alle Beteiligten mehr oder weniger gut leben können – vor allem Warren Buffett. Susan und Warren führen beide ein eigenes Leben, bleiben aber verheiratet und sehen sich regelmäßig. Sie ist nach wie vor bei vielen offiziellen Anlässen und großen Reisen die Frau an seiner Seite. Beide haben neue Beziehungen, die aber im Hintergrund bleiben. Astrid ist in Omaha, wann immer Warren sie braucht. »Susan hat mich wieder zusammengesetzt und Astrid hält mich zusammen«, sagt Warren Buffett.[45]

Warren Buffett lebt das neue Arrangement ganz offen und ignoriert alle Kritik, etwa von seiner Mutter Leila, die entsetzt ist. »Ich bin sicher, dass einige in Omaha die Augenbrauen heben würden, wenn sie eine Umfrage machen würden. Aber das ist für mich okay. Für die Menschen ist das unterhaltsam und mir geht es gut.«[46] Denn wieder einmal denkt er unabhängig von Konventionen und Regeln, wie es ihm sein Vater Howard vorgelebt hat. »Solange die drei Menschen, die hier betroffen sind, zufrieden sind, ist das in Ordnung.«[47]

Alte Liebe, neu versichert

Immer wenn Mr. Market am Boden zerstört ist, verfällt Warren Buffett in einen Kaufrausch: so auch in den späten Siebziger- und frühen Achtzigerjahren. Er ist zwar froh, dass er die Verantwortung los ist, die Partnerschaften zu managen: »Ich denke nicht mehr durchgehend an Geschäfte«, sagt er.[48] Doch er denkt noch oft genug daran, um zu erkennen, wie billig Aktien und Unternehmen nun wieder geworden sind. Warren findet so viele gute Kaufgelegenheiten, dass er Ende der Siebzigerjahre sogar privat einen Kredit aufnimmt, um sie wahrzunehmen.

Er kauft Aktienpakete von Verlagen, Einzelhändlern und Industrieunternehmen und ein Viertel der privaten Ambassador-Zollbrücke, die Detroit mit Windsor in Kanada verbindet. Das Brückengeschäft hat den besten aller »Burggraben«, denn es gibt keine Konkurrenz. Doch um das Bauwerk entsteht ein Bieterwettbewerb[49] und Warren gibt die Anteile schließlich wenig später mit 20 Prozent Aufschlag wieder ab.[50] Viele seiner Investments verkauft er wieder – meist mit Gewinn. Ab und an erwischt er aber auch eine Niete, etwa die Vornado Inc., eine Discounterkette aus New Jersey, bei der er die Hälfte seines Einsatzes von 6 Millionen Dollar verliert.[51] Doch seine Fehlerquote ist minimal und die meisten Investments werfen gigantische Erträge ab.

1975 taucht bei seiner Suche nach unterbewerteten Papieren plötzlich ein vertrauter Name auf: Die Autoversicherung Geico, die zu seinen allerersten Big Deals gehört hat, scheint am Ende zu sein. Das Management hat jahrelang allein auf Wachstum gesetzt. Dabei hat es die Idee, nur überwiegend ordentlich fahrende Regierungsangestellte zu versichern, immer laxer ausgelegt – ohne die Prämien dem neuen Risikomix anzupassen. Mit der Zeit ist das Unternehmen daher immer mehr in Schieflage geraten. Anfang 1996 wird klar: Es gibt viele Schadensforderungen und keine entsprechenden Reserven. Die Firma ist so gut wie pleite und der Kurs der Aktie stürzt in kurzer Zeit von 61 auf 2 Dollar ab.[52] Zudem hat Geico nun auch noch eine Untersuchung der SEC wegen Verschleierung der Verluste am Hals.[53]

Warren beginnt sofort, Geico-Aktien zu kaufen. Denn das Geschäftsmodell von Geico hat einen großen »Burggraben«, wenn es richtig gelebt wird: Weil das Unternehmen nur hervorragende Risiken versichert und kein Vertreternetz finanzieren muss, kann es seine Policen für einen unschlagbaren Preis anbieten.

Doch 1975, als Buffett aggressiv Aktien kauft, ist es fraglich, ob Geico überhaupt überleben kann, denn dafür braucht es vieles: die Beilegung der

SEC-Klage, eine Rückversicherung für seinen schlechten Risikomix und die Genehmigung zur Prämienerhöhung in allen Staaten, in denen Geico tätig ist. Und vor allem: eine Überbrückungsfinanzierung, um die drohende Pleite zu verhindern. Der neue Manager, Jack Byrne, ist ein Temperamentsbündel irischer Abstammung und packt die Sanierung mit Wucht an: Als ihm die Behörden in New Jersey eine Prämienerhöhung verweigern, wirft er ihnen die Lizenz auf den Tisch und kündigt innerhalb von Stunden 30.000 Kunden und 2000 Angestellten in dem Bundesstaat die Verträge.[54]

Während Byrne darum ringt, die Geschäfte wieder auf solide Füße zu stellen, kümmert sich Warren Buffett intensiv darum, möglichst viele Anteile von Geico zu ergattern und gleichzeitig die Liquidität der Firma sicherzustellen. Als einzige Bank ist die Wall-Street-Firma Salomon bereit, eine Wandelanleihe* in Höhe von 76 Millionen Dollar zu garantieren, die die nötigen Mittel zur Rettung von Geico in die Kasse spülen soll. Der Manager John Gutfreund hat den Deal dort genehmigt. Warren, der bereits Geico-Aktien für mehr als 4 Millionen Dollar gekauft hat,[55] besucht Gutfreund und drückt noch einmal den Preis für die Emission. Anschließend stecken mehr als 19 Millionen Dollar in den Geico-Wandelanleihen.[56]

Mit Recht: Byrne gelingt es, einen Rückversicherungsvertrag mit anderen Versicherungen abzuschließen, mit der SEC wird man sich einig und die Geschäfte laufen bald wieder runder. Dass die Wandelanleihe genug Kapital für die Sanierung in die Kassen gespült hat, ist dabei nicht nur dem direkten Beitrag von Warren Buffett zu verdanken. Erstmals wirkt sein Name wie ein Magnet auf andere Investoren. Weil Warren Buffett an Geico glaubt, tun andere es auch.[57]

Während Warren einen immer größeren Anteil an Geico anhäuft, erreicht ihn im September 1976 eine traurige Nachricht aus Frankreich. Dort ist sein Freund und Mentor Benjamin Graham mit 82 Jahren gestorben. Zwar hat sich Buffett mit der Zeit immer weiter von der reinen

---

* Eine Wandelanleihe ist ein verbriefter Kredit an ein Unternehmen, der feste Zinsen einbringt und dem Käufer zudem das Recht einräumt, seine Papiere innerhalb einer festgelegten Frist in eine bestimmte Anzahl von Aktien des Unternehmens einzutauschen. Neben der Zinseinnahme kann der Käufer also zusätzlich an einem steigenden Aktienkurs verdienen und Anteilseigner des Unternehmens werden.

Lehre Grahams entfernt, doch er weiß, wie viel er dessen grundsätzlicher Sicht auf den Aktienmarkt verdankt. »Ben hätte keine einzige der Aktien gekauft, die wir heute besitzen«, sagt er einige Jahre später.[58] Dennoch wird er sein Leben lang mit Grahams Begriffen wie »Mr. Market« oder dem »inneren Wert« eines Unternehmens arbeiten und sich als Schüler von Graham bezeichnen.

Auch dass sich Warren schon in den Fünfzigern mit Geico beschäftigt hat, verdankt er Benjamin Graham. Geico wird nun ein festes Mitglied der Berkshire-Goldeselfamilie und Buffett wird nie wieder auch nur eine Aktie abgeben. Im Gegenteil: Er stockt den Anteil beständig bis 51 Prozent auf, bevor er 1995 schließlich für 2,3 Milliarden Dollar die restlichen 49 Prozente aufkauft.[59]

Harte Bandagen

Buffetts Erfahrung mit Dempster Mill hat ihn dazu gebracht, in den eigenen Firmen nie wieder den ganz harten Chef spielen zu wollen. Der Konkurrenz gegenüber gilt diese Nachsicht allerdings nicht. Das zeigte er eindrucksvoll bei seinem nächsten großen Schritt in seiner Lieblingsbranche: dem Zeitungsgeschäft. Neben seinem *Washington-Post*-Anteil, der inzwischen 12 Prozent der B-Aktien* beträgt, der *Sun* in Omaha und einem großen Anteil an dem Politmagazin *Washington Monthly* ergreift er jede Gelegenheit, weitere Zeitungen zu kaufen, und hat 1975 einige Aktienpakete kleinerer Blätter eingesammelt.[60] Wovon er aber träumt, ist eine eigene Tageszeitung.

Die Gelegenheit dazu kommt im Jahr 1977: Unweit der Niagarafälle an der Grenze zu Kanada sucht die *Buffalo Evening News* (ab 1982 *Buffalo News*) einen neuen Eigentümer, nachdem die letzte Besitzerin

---

* Amerikanische B-Shares sind das Pendant zur deutschen Vorzugsaktie: Sie gewähren weniger oder keine Stimmrechte als Stammaktien (oder A-Shares) und werden meist dann ausgegeben, wenn der Firmeneigentümer zwar Kapital an der Börse einsammeln will und auch bereit ist, künftige Gewinn zu teilen, die Stimmmehrheit und damit die Entscheidungshoheit im Unternehmen aber behalten will.

ohne Erben verstorben ist. Für Blue Chip zahlen Charlie und Warren 35 Millionen Dollar für die Zeitung – damit ist sie das teuerste Investment bisher –, und das für ein Unternehmen, das 1977 gerade einmal einen Gewinn von 751.00 Dollar erwirtschaftet hat.

Denn die *Buffalo News* hat – noch – keinen »Burggraben«. In Buffalo gibt es eine weitere Zeitung, den *Courier-Express*, und die beiden Blätter haben sich den Markt untereinander aufgeteilt: Unter der Woche dominiert die *Buffalo News* mit ihrer Abendausgabe die Auflagen, der *Express* bringt eine kleinere Morgenzeitung und vor allem eine Sonntagsausgabe heraus, mit der er den Großteil seiner Einnahmen generiert. Um die Gewinne der *News* zu steigern, verhandelt Warren nach dem Kauf sofort die Verträge für die Papierlieferungen neu – einer der größten Kostenblöcke. Zudem beschließen Warren und Charlie, eine eigene Sonntagsausgabe herauszubringen. Buffett will offensichtlich den Markt alleine beherrschen. Denn ein Monopol ist natürlich ein ganz besonders stabiler »Burggraben«. »Entweder würde die eine Seite gewinnen oder die andere«, fasst Charlie Munger die Lage zusammen.[61]

Doch der *Express* wehrt sich mit allen Mitteln: Einerseits startet er eine große Kampagne gegen die »Millionäre von außerhalb«, die die »Meinungshoheit in der Stadt« übernehmen wollen, andererseits geht er juristisch gegen die Sonntagsausgabe der *News* vor. Beides mit Erfolg: Ein Gericht untersagt der *News* die Sonntagsausgabe und die Bürger und Anzeigenkunden stellen sich auf die Seite des *Express* und boykottieren die *News*: 1978 machte das Blatt fast 3 Millionen Verlust vor Steuern.[62]

Warren Buffett ist kurz davor, sein Investment abzuschreiben, doch Charlie Munger will weiterkämpfen. Dabei steckt zu der Zeit nicht nur die US-Wirtschaft in der Krise: Auch Charlie Munger muss in den Crashjahren 1973 und 1974 herbe Verluste für sein Investmentportfolio hinnehmen, das mehr als die Hälfte seines Wertes einbüßte.[63] Zwar hat er das Minus inzwischen in beeindruckender Schnelligkeit wiedergutgemacht, dafür hat er massive gesundheitliche Probleme und muss sich letztendlich ein Auge entfernen lassen.[64]

Im April 1979 wird das Urteil gegen die *Buffalo News* aufgehoben.[65] Für beide Zeitungen ist die Lage dennoch desaströs: Die Inflation und die schlechte Wirtschaftslage ruinieren die Einnahmenbasis und harte, teilweise gewalttätige Auseinandersetzungen mit den Gewerkschaften gefährden die Existenz. Beide Verlage schreiben hohe Verluste und es wird immer klarer: Mehr als eine Zeitung trägt die Stadt Buffalo tatsächlich nicht mehr.

Drei Jahre und weitere 10 Millionen Dollar Vorsteuerverlust später sind es Charlie und Warren, die auf der Gewinnerseite stehen: Im September 1982 stellt der *Express* sein Erscheinen ein. Die *Buffalo News* bringen sofort eine Morgenausgabe heraus und schon 1983 liefert sie mehr als 19 Millionen Gewinn vor Steuern ab. Auch das hässliche Sorgenkind entpuppt sich also letztendlich als ein prächtiges Goldeselexemplar, das bis heute viele, viele Münzen bei Berkshire abliefert. Den Preis dafür haben die Leser, Kunden und Mitarbeiter des *Express* gezahlt.

1982 taucht Warren Buffett erstmals auf der *Forbes*-Liste der reichsten US-Amerikaner auf, denn Berkshire Hathaway ist mittlerweile eine echte Cash-Maschine geworden: Trotz der Wirtschaftskrise, die die Gewinne vieler Unternehmen drückt, und obwohl das Textilgeschäft und die *Buffalo News* Verluste einfahren, erwirtschaften die Tochterunternehmen und Firmenanteile 1982 einen Vorsteuerjahresgewinn von mehr als 45 Millionen Dollar. Ganz nebenbei hält die Firma Aktienpakete im Wert von fast 1 Milliarde Dollar.[66] *Forbes* schätzt Buffetts persönliches Vermögen auf 250 Millionen Dollar und beschreibt ihn als jemanden, der gerne Aktien »kauft, ›wenn Bären sie verschenken‹« und »bescheiden lebt«.[67]

Ein Cowboy räumt auf

Als Jimmy Carter 1980 zur Wiederwahl antrat, war seine Beliebtheit auf dem Tiefpunkt: Die Wirtschaft stagnierte bei hoher Inflation, die USA war vom Iran mit der anhaltenden Geiselhaft der US-Diplomaten gedemütigt und der Kalte Krieg nach dem Einmarsch der UdSSR in Afghanistan auf einem neuen Höhepunkt und für jedermann spürbar: 1980 boykottierten die USA und 64 weitere westliche Staaten die Olympischen Spiele in Moskau und im Gegenzug traten die UdSSR und ihre Verbündeten 1984 bei den Spielen in Los Angeles nicht an.

Die US-Bürger sehnten sich nach Wandel, nach jemandem, der ihnen Stärke und Selbstwertgefühl zurückbrachte. Der republikanische Kandidat Ronald Reagan schien genau der Richtige: In Western aus Hollywood hatte er als Schauspieler gerne den harten Sheriff gespielt und seine Gegner von der Leinwand gefegt. Und sein Programm schien schlüssig: Er wollte die Wirtschaft liberalisieren und klare Kante gegenüber den äußeren Feinden zeigen, vor allem gegenüber der Sowjetunion.

Reagan gewann mit großem Vorsprung, und nur Minuten nach seiner Vereidigung 1981 verbucht er seinen ersten großen Erfolg: Im Iran wurden die verblieben 52 Botschaftsgeiseln nach 444 Tagen in Gefangenschaft freigelassen.[68] Dass Zeitpunkt und Umstände der Freilassung einem fragwürdigen Deal zu verdanken waren, kam erst Jahre später mit der »Iran-Contra-Affäre« ans Licht. Die CIA hatte dem Iran ohne Wissen von US-Präsident Carter Waffen verkauft, um die Geiseln freizubekommen. Mit den Erlösen wurden dann heimlich und verfassungswidrig die Contra-Rebellen gegen die linke Regierung in Nicaragua unterstützt.[69] Oliver North, ein hochrangiger Militär, nahm Mitte der Achtzigerjahre alle Verantwortung auf sich und hielt die Affäre damit bis heute von Reagan fern. North ist noch heute ein Held für viele konservative US-Amerikaner.

Außenpolitisch markierte Reagan den harten kalten Krieger: Er setzte eine neue Aufrüstungsspirale in Gang, die nach Ansicht seiner Fans letztendlich zum wirtschaftlichen Zusammenbruch der Sowjetunion geführt hat, bevor er in seiner zweiten Amtszeit Abrüstungsverhandlungen vorantrieb. Und er schlug militärisch zu, wo immer er eine Rechtfertigung fand. »Lassen wir uns nicht täuschen«, war sein Credo, »die Sowjetunion steckt hinter allen Unruhen unserer Zeit.«[70] Kurz nachdem ein Selbstmordattentäter einen verheerenden Anschlag auf eine US-Kaserne im Libanon verübt hatte, ließ er seine Truppen 1983 auf der winzigen Karibikinsel Grenada landen, um die linke Regierung dort zu beseitigen. 1986 bombardierten US-Truppen Libyens Hauptstadt Tripolis, nachdem in Berlin ein Anschlag auf die bei US-Soldaten beliebte Diskothek »La Belle« drei Tote und 250 Verletzte gefordert hatte.

Die Botschaft war klar und kam vor allem bei den US-Amerikanern gut an: Wir sind wieder eine ernstzunehmende Weltmacht, mit der man sich besser nicht anlegt. Der Cowboystil gefiel den Amerikanern, die Reagan auch deshalb 1984 wiederwählten. Im westlichen Ausland sorgte er aber vielerorts für Stirnrunzeln und vor allem in der islamischen Welt verstärkte sich der Hass gegen die USA weiter.

Ein Boom mit Folgen

Von seinen Anhängern wurde Reagan für seine Außenpolitik geliebt. Doch noch mehr US-Bürger verehrten ihn für seine Wirtschaftspolitik, die unter dem Namen Reagonomics in die Geschichtsbücher einging. »Ich mag keine Russen«, sagte der US-Präsident, aber auch »Ich mag keine Steuern, ich mag keine Inflation.«[71] In den Siebzigerjahren waren Politiker und Zentralbanker damit gescheitert, die Wirtschaft mit den Ideen von Keynes wieder auf die Beine zu bringen: Das viele Geld, das sie in die Wirtschaft pumpten, hatte einfach nur zu immer mehr Inflation geführt, aber kein wirkliches Wachstum kreiert.

Reagan besann sich daher auf die Grundideen der Laissez-faire-Politik. Er wollte einen Staat wiedererschaffen, der sich möglichst weitgehend aus der Wirtschaft heraushielt. Sein Slogan dafür hieß »Let's make America great again«, ein Spruch, den ihm Donald Trump im Wahlkampf 2016 schlicht klaute, vermutlich auch, um sich als wahrer Erbe des bis heute bewunderten Präsidenten zu geben.

Gleich in Reagans erstem Amtsjahr gab es einen großen Schritt: Mit dem Kemp-Roth Tax Cut wurden die Einkommenssteuersätze für alle US-Bürger stufenweise um etwa 25 Prozent gesenkt.[72] Für reiche US-Bürger ging der Geldsegen aber noch viel weiter: Ihre Steuerbelastung verringerte sich nach einer weiteren Steuerreform 1986 von vorher 70 auf wenig mehr als 30 Prozent.[73]

Gleichzeitig sorgte Reagan dafür, dass alle Bereiche der Wirtschaft liberalisiert wurden und so frei wie möglich agieren durften: Jede Vorschrift für Unternehmer wurde kritisch überprüft und viele gekippt. Denn Reagan hasste nicht nur Russen, Steuern und Inflation, sondern auch jede Einmischung des Staates in die Angelegenheiten der Bundesstaaten oder Bürger: Sogar den »Civil Rights Act« von 1964, Grundlage für alle Fortschritte für die schwarze Bevölkerungsminderheit, kritisierte Reagan deshalb, obwohl er kein Rassist war.[74]

Die Therapie von Reagan hatte schnell Erfolg: Nach einem harten Rezessionsjahr 1982 gewann die US-Wirtschaft an Kraft, das Wachstum stieg, die Arbeitslosigkeit ging zurück und der Dollar erreichte ungeahnte Stärke.[75] Die USA waren auf der Weltbühne zurück. Reagan profitierte dabei allerdings in hohem Maße von der mutigen Geldpolitik des neuen Fed-Chefs Paul Volcker. Der war seit 1979 im Amt und hatte die Leitzinsen gleich nach seinem Amtsantritt kräftig angehoben, um die Inflation endlich zu stoppen. Im Oktober 1979 erhöhte Volcker die Zinsen in einem einzigen Monat gleich um 4 Prozent und in der Spitze im Jahr 1980 auf über 20 Prozent.[76] Als Ronald Reagan sein Amt antrat, war die Inflation daher schon fast besiegt.

Seinem Nimbus als Retter der USA tat das aber bei seinen Fans keinen Abbruch, auch nicht die Kehrseiten des Reagan-Booms: Der Wirtschaftsaufschwung war nur zum Teil dem Zuwachs an Produktionskraft und Wettbewerbsfähigkeit zu verdanken, viel war einfach ein Mehr an Konsum – auf Pump.

Eigentlich wollte Reagan die Steuerausfälle durch eine Kürzung der Ausgaben finanzieren und holzte daher rabiat vor allem in jenen Programmen, von denen die untersten sozialen Schichten profitierten: Die Ausgaben für kostenloses Schulessen, Lebensmittelmarken und andere Hilfeleistungen wurden gestrichen oder eingefroren und die Familieneinkommen der schwächsten 20 Prozent sanken dramatisch. In Reagans erster Amtszeit stieg die Zahl der Menschen, die unter den offiziellen Armutsgrenzen lebten, von knapp 30 auf mehr als 35 Millionen Menschen an und die Deregulierungen sorgten dafür, dass ein Arbeitsplatz alleine keine Garantie für ein Auskommen mehr war, zumal die Reallöhne der unteren Schichten stark sanken. Das Phänomen der »Working Poor« entstand und die Spaltung der Gesellschaft in Arm und Reich nahm dramatisch zu.[77]

Während die Steuereinnahmen also zurückgingen, blieben die Ersparnisse für den Staatshaushalt aus dem Sozialabbau überschaubar, und gleichzeitig stiegen die Ausgaben, weil sich Reagan teure Aufrüstungsprogramme leistete. Die Staatsverschuldung stieg heftig. Doch nicht nur das hohe Staatsdefizit und die nötigen Investitionen der Unternehmen wollten finanziert werden, der ständig wachsende private Verbrauch führte zudem dazu, dass die USA immer mehr Waren im Ausland bestellten. Japans Auto- und Elektronikkonzerne verdanken ihren Aufstieg zum Großteil dem Konsumrausch der US-Bürger. Das Handelsbilanzdefizit der USA explodierte in Reagans Amtszeit förmlich, von 16,7 Milliarden Dollar im Jahr 1981 auf 151,7 Milliarden im Jahr 1987.[78]

Aus inländischen Quellen war das alles nicht zu bezahlen: Denn zu allem Überfluss vernachlässigten die US-Bürger in ihrem Kaufrausch die Doktrin von Zebulon Buffett immer mehr, einen Notgroschen zur Seite zu legen. Die Sparquote der Privaten Haushalte sank in Reagans Amtszeit von mehr als 10 auf knapp 8 Prozent.[79] Zur Finanzierung ihrer Defizite begannen die USA, vormals der wichtigste Finanzier der Welt, massiv Geld im Ausland zu leihen.

Die von Reagan und seinen Partnern wie Großbritanniens Margret Thatcher liberalisierten, globalen Finanzmärkte machten es möglich: Immer mehr Staatsanleihen und Unternehmensschulden wurden an die Ausländer verkauft. In nur acht Jahren wurden die USA vom größten Gläubiger der Welt zum größten Schuldner.[80] Und Ausländer kauften nicht nur Staatsanleihen. Zum Entsetzen vieler setzten sie ihr Geld auch für Unternehmen und Immobilien ein: Als japanische Investoren Mitte der Achtzigerjahre das Rockefeller Center in New York kauften, flammten neue Ressentiments gegen Asiaten auf.[81]

Ein extrem hohes Handelsdefizit, ein ausuferndes Minus im Staatshaushalt und eine in Arm und Reich gespaltene Gesellschaft: Die Probleme, die Reagan seinem Land hinterließ, blieben den USA nach dem Boom der Achtzigerjahre bis heute erhalten und fielen ihnen in den folgenden Jahrzehnten immer wieder auf die Füße. Gleichzeitig verstärkte Reagan aber den Glauben vieler US-Amerikaner, dass eine schlechte Wirtschaftslage am besten mit weniger Sozialausgaben und mehr selbstbewusstem Auftreten in der Welt zu heilen ist. Eine Überzeugung, die das republikanische Lager nachhaltig stärkte.

KAPITEL 9

MEILENSTEIN

DER HELD AUS OMAHA

1989–1991

Durch Washington-Post-*Herausgeberin Kay Graham wird Warren Buffett ein Teil der US-Eliten. Wirtschaft und Börse boomen unter Präsident Reagan und an der Wall Street regiert die Gier. Buffetts Erfolgsserie hält an und zudem rettet er die Wall Street vor dem Chaos.*

Management mit Carnegie

1983 gelingt Warren Buffett und Charlie Munger endlich die Fusion von Blue Chip Stamps und Berkshire Hathaway. See's Candies, die *Buffalo News* und Wesco gehören nun direkt zu Berkshire und erstmals sind Warren und Charlie auch offiziell ein Team. Warren ist Chef von Berkshire, Charlie sein Vize, der nebenher noch die Tochter Wesco leitet. Es ändert sich allerdings wenig: Die beiden arbeiten unverändert in Omaha beziehungsweise Kalifornien und besprechen sich überwiegend am Telefon.

Lediglich die Rockford Bank gehört nun nicht mehr zum Konzern, denn die Behörden haben deren Verkauf gefordert, weil sie mit den Versicherungsgeschäften kollidiert.[1]

Die beiden sind sich darin einig, auf welche Art sie die Geschäfte führen wollen. Sie wollen ihre Goldeselherde ausbauen, Zeit und Energie in ihre Hege und Pflege wollen sie aber nicht investieren, das überlassen sie den jeweiligen Managern. Alles was sie wollen, sind die Münzen aufsammeln und weitere Esel kaufen. Dafür »carnegisiert« Warren Buffett die Manager seiner Tochterfirmen. Ganz nach den Lehren von Dale Carnegie belohnt er jede gute Leistung mit Lob und feuert ihren Ehrgeiz an. In die Geschäfte der Firmen mischt er sich aber nicht ein.

Berkshire ist inzwischen ein milliardenschweres Unternehmen, im August 1983 wird die Aktie erstmals für 1000 Dollar gehandelt.[2] In Omaha sind aber gerade einmal vier Leute mit seiner Verwaltung beschäftigt: Bill Scott arbeitet allerdings nur noch Teilzeit. Er macht jeden Nachmittag Musik mit seiner Polka-Band. Nur fünf Stunden am Tag sitzt er im Büro im Kiewit Plaza und kümmert sich um das Anleihendepot. Dazu gibt es Warrens Sekretärin Gladys Kaiser und einen Angestellten für die Finanzbuchhaltung.[3] Auch Warren arbeitet nicht rund um die Uhr und macht regelmäßig pünktlich Feierabend. »Wir sind wie die Deutschen«, sagt Charlie Munger. »Wir arbeiten weniger und erreichen mehr.«[4]

Das trägt wesentlich zum Erfolg von Berkshire bei: Andere Konzerne vergleichbarer Größe stecken Millionen in ihre Hauptverwaltung, beschäftigen PR-Manager, Personalchefs und ein Heer von Kontrolleuren. Warren Buffett spart das Geld und investiert es lieber. Er kontrolliert seine Firmen ausschließlich über die Ergebnisse, die sie erzielen. Deshalb entgeht es ihm und Charlie auch jahrelang, dass Wesco-Manager Lou Vincenti an Alzheimer leidet. Denn die Geschäfte laufen nach wie vor gut. »Wir hatten ihn so gerne, dass wir ihn, als wir von seiner Krankheit erfuhren, seinen Job weitermachen ließen, bis er schließlich in die Alzheimerklinik ging«, erzählt Warren.[5]

Dem Zeitgeist widersprach das vollkommen: Rücksicht war out, in den Achtzigerjahren war der Aktienmarkt mehr denn je ein Haifischbecken, in dem Schwache ganz schnell gefressen werden. Die Börse boomte seit

Jahren und die Gewinne und Gehälter für Investmentbanker und Fondsmanager erreichten astronomische Höhen. Der allein gültige Kompass an der Wall Street hieß: kurzfristige Gewinne, egal was es langfristig für andere bedeutete.

Die Achtzigerjahre brachten den »Corporate Raider«, den »Heuschrecken«-Typ, in Mode, einen Investorentyp, der komplette Firmen – oft gegen deren Willen – kauft. Nach der feindlichen Übernahme krempelt er sein Opfer meist komplett um, feuert das Management, entlässt Mitarbeiter oder er zerschlägt die Firma gleich ganz, um die Einzelteile dann mit Millionengewinn zu verkaufen.[6]

Die Stars der Wall Street waren Typen wie Michael Milken, der die Junkbonds* populär gemacht hatte und in der Spitze ein Milliardenvermögen angehäuft hatte. Doch das reichte ihm anscheinend nicht: Er nutzte die große Übernahmewelle dieser Zeit, um gemeinsam mit einigen anderen Wall-Street-Millionären einen Insiderhandel aufzuziehen. Finanziell war das nicht rational: Für 150.000 Dollar extra in seiner Tasche verkaufte zum Beispiel der mehrfache Millionär und Wall-Street-Star Martin Siegel sein Wissen über eine anstehende Fusion, die die Kurse nach oben treiben würden, und ging später dafür ins Gefängnis.[7]

Doch Gier und auch die Kriminalität regieren die Wall Street der Achtziger, und Warren Buffett, der sparsame Investor aus Omaha, wird zum wohltuenden Gegenbeispiel. Vor allem ist er das Gegenteil eines »Corporate Raider«. Für Unternehmensgründer, die eine Nachfolgelösung für ihr Lebenswerk suchen, ist ein Verkauf an ihn eine attraktive Option, die auch etwas weniger Verkaufserlös einbringen darf. Er lässt nicht nur das Unternehmen intakt, er wünscht sich auch, dass die bisherigen Eigentümer einen kleinen Anteil behalten und es weiter managen. »Wenn ich die Tochter heirate, bleibt sie bei ihren Eltern wohnen«, erklärt er sein Konzept. »Ich mag Leute, die vergessen, dass sie ihr Geschäft an mich verkauft haben und die Show wie ein Eigentümer führen.«[8]

---

* Junkbonds (Hochzinsanleihen) sind Anleihen von Unternehmen mit sehr schlechter Bonität, die hohe Zinsen bringen. Milken machte sie populär, indem er sie bündelte und damit das Ausfallrisiko gegenüber einer einzelnen Anleihe senkte. Nachdem Milken wegen Insiderhandels verurteilt wurde, brach der Junkbond-Markt allerdings in sich zusammen.

Den Abstand zum Finanzzentrum in New York empfindet er dabei immer mehr als Vorteil: »Ich glaube, die Menschen nehmen das Verhalten ihres Umfelds auf«, so erklärte er mir einmal den Nutzen, den er davon hat, dass Berkshire in Omaha sitzt. »Wenn die Wall Street verrückt spielt, benehmen sich alle anders, als wenn sich die Leute dort besser verhalten würden.«[9]

Mrs B. und die Faulenzer

Einer der ersten Eigentümer eines großen Unternehmens, die Warren Buffetts Managementphilosophie überzeugt, ist eine Eigentümerin – und was für eine. Die fast 90-jährige Rose Blumkin besitzt in Omaha eines der größten Möbelhäuser des Landes, die Nebraska Furniture Mart.

Geboren wurde Mrs B., wie sie in Omaha genannt wird, am 3. Dezember 1893 im zaristischen Russland in Schidrin, einem Dorf in der Nähe von Minsk. Sie war eines von acht Kindern eines Rabbis und lebte in bitterster Armut und ständiger Angst vor den Pogromen, die damals in Russland gegen Juden regelmäßig ausbrachen.[10] Ab dem sechsten Lebensjahr arbeitete sie im kleinen Lebensmittelgeschäft ihrer Mutter mit.[11] Mit 13 Jahren machte sie sich auf die Suche nach einem besseren Leben: Barfuß lief sie etwa 30 Kilometer zum nächsten Bahnhof und fuhr in die Stadt Gomel, wo sie sich einen Job in einem Laden suchte. Drei Jahre später, mit 16 Jahren, war sie dort leitende Angestellte und hatte sechs verheiratete Männer unter sich.[12]

Rose heiratete mit 20 Jahren Isadore Blumkin, und als der Erste Weltkrieg ausbrach, gab sie ihm alle Ersparnisse, damit er aus Russland fliehen konnte und nicht eingezogen wurde. Isadore ging in die USA und Rose sparte, um ihm folgen zu können. Doch im Dezember 1916 wurde der umstrittene »Wunderheiler« und Zarenvertraute Rasputin ermordet und die Stimmung gegen den Zaren wurde immer explosiver. Rose hatte zwar noch nicht genug für eine Reise in die USA gespart, dennoch wollte sie nicht länger warten: Mit wenig Geld und ohne gültige Ausreisepapiere schlug sich die 23-jährige, nicht einmal 1,50 Meter große Rose alleine über China und Japan mit Zügen und Schiffen bis in die USA durch, wo sie nach dreimonatiger Reise Isadore wiederfand.

Die beiden gingen nach Omaha und bekamen vier Kinder. Isadore pachtete eine Pfandleihe und handelte mit Kleidung, wobei ihn Rose immer wieder unterstützte. Es gelang ihnen so, genug Geld nach Russland zu schicken, dass zehn weitere Verwandte in die USA gelangen konnten.

1937 – Rose war jetzt 44 Jahre alt – lieh sie sich 500 Dollar und mietete einen Kellerraum, um ein Möbelgeschäft zu gründen. »Verkaufe billig, sag die Wahrheit, betrüge niemanden und lass dich von Rückschlägen nicht entmutigen« waren ihre Leitsprüche. Doch sie musste unzählige Schwierigkeiten überwinden, bevor ihr Geschäft in ruhiges Fahrwasser kam.[13] Weil Rose nur 10 Prozent über dem Einkaufspreis verkaufte, weigerten sich Großhändler auf Druck der Konkurrenz immer wieder, ihr Waren zu verkaufen, und Rose wurde eine Art »Möbelschmuggler«, die mit dem Zug Restposten aus fernen Städten nach Omaha brachte.

Rose Blumkin war Analphabetin – sie befand sich zum ersten Mal in ihrem Leben in einer Lehreinrichtung, als sie von der New York University 1984 einen Ehrendoktor erhielt[14] –, dennoch musste sie verschiedene Gerichtsverfahren überstehen und einmal alle Möbel aus ihrer eigenen Wohnung verkaufen, um Schulden zu begleichen.[15]

Doch letztendlich schlug ihre Preisgestaltung die Konkurrenz aus dem Rennen. Gemeinsam mit ihrem Sohn Louis baute sie die Nebraska Furniture Mart zu einem der größten Möbel- und Teppichgeschäfte der USA aus. Sie beschäftigte eine Heerschar von Verwandten, die sie auch vor Kunden und Angestellten gerne als »Faulenzer« abkanzelte. Im Jahr 1950 starb Isadore und Rose arbeitete von da an noch mehr: Sechseinhalb Tage die Woche verbrachte sie im Laden und am Sonntagnachmittag forschte sie die Schaufenster der Konkurrenz aus, um herauszufinden, wie sie am besten zu schlagen waren.[16]

Mit über 80 Jahren denkt Rose darüber nach, ihr Geschäft zu verkaufen. Warren Buffett, der das mitbekommt, schreibt ihr einen langen Brief. Er lobt sie und die Furniture Mart über den grünen Klee und erklärt ihr, warum nur Berkshire als neuer Eigentümer das Unternehmen tatsächlich so erhalten würde, wie Rose es aufgebaut hat. Und kann sie damit überzeugen: 1983 willigt Mrs B. ein, 90 Prozent ihres Geschäftes für 55 Millionen Dollar an Berkshire zu verkaufen, und die beiden besiegeln das an Warrens 53. Geburtstag innerhalb von Minuten mit einem Handschlag – ohne Betriebsprüfung oder Anwälte.

Louis Blumkin übernimmt offiziell die Geschäftsführung. Doch Rose ist noch lange nicht ausgebrannt. Sie leitet weiter die Teppichabteilung und kanzelt auch weiterhin die Familienmitglieder ab. Irgendwann kommt es zu einem heftigen Streit. Rose beschließt 1989, mit 95 Jahren, die Furniture Mart zu verlassen und gründet wenig später »Mrs. B's Clearance and Factory Outlet«, ein Teppichgeschäft gleich gegenüber der Mart. Schnell wird es zum drittgrößten Teppichhändler in Omaha und eine ernsthafte Konkurrenz. Warren Buffett kauft 1992 auch dieses Geschäft für 5 Millionen Dollar, nachdem er gehört hat, dass Rose sich nach einer Versöhnung mit ihrer Familie sehnt. Diesmal ist er allerdings schlauer als beim ersten Kauf: Er lässt die 99-jährige Rose Blumkin eine Klausel unterschreiben, die ihr untersagt, mit Berkshire oder ihren Verwandten in Konkurrenz zu treten. Doch das hat Rose gar nicht vor. Bis kurz vor ihrem Tod mit 104 Jahren braust sie – glücklich über die Versöhnung mit ihrer Familie – mit ihrem elektrischen Rollstuhl und einer Sauerstoffflasche durch Nebraska Furniture Mart und tut das, was sie am liebsten in ihrem Leben getan hat: Teppiche an den Mann bringen, indem sie blitzschnell einen Preis samt Rabatt dafür im Kopf ausrechnet.

Wissenschaft versus Realität

In den Achtzigerjahren wird Warren Buffett immer bekannter und hat immer mehr Fans. Doch allmählich tauchen auch die ersten Kritiker auf, die seinen Erfolg hinterfragen. Da ihm niemand moralische Verfehlungen nachweisen kann, versuchen einige zu belegen, dass seine Gewinne wenig mit Können zu tun haben. Sie sehen ihre Chance gekommen, als ein Professor der University of Chicago eine Theorie entwickelt, die das Anlageverhalten vieler nachhaltig prägen sollte: Eugene Fama, der später den Wirtschaftsnobelpreis erhält, vertritt die These, dass der Kurs jeder Aktie zu jeder Zeit alle verfügbaren Informationen enthält, selbst wenn nicht jeder über diese Informationen verfügt. Denn wenn auch nur wenige wissen, dass die Aktie XY besonders gute Aufträge hat, werden sie kaufen und der Kurs daher steigen. Auch der Kurs selber ist daher eine Information für alle.[17] Und Risiken kann man messen und beherrschen, indem man sich die Kursschwankungen einer Geldanlage, die sogenannte Volatilität ansieht.

Ein Warren Buffett, der unterbewertete Aktien in langsamen Medien wie dem *Moody's Manual* herausfiltert, ist in dieser »Effizienzmarkttheorie« schlicht unmöglich und Benjamin Grahams Investmentansatz blanker Unsinn. Weil niemand Buffett unterstellen will, dass sein Erfolg auf Insiderhandel beruht, schreiben es viele etwas anderem zu: dem Zufall. Ein Ökonom aus Princeton geht so weit, dass er Investoren wie Warren Buffett, die den Markt dauerhaft schlagen, mit einem besonders glücksverwöhnten Affen vergleicht. Der findet zufällig erfolgreiche Wertpapiere, indem er mit Pfeilen auf die Aktienliste des *Wall Street Journal* wirft.[18]

Charlie Munger hält die Risikodefinition für »Quatsch mit Soße«[19] und die ganze Theorie nur dafür gemacht, dass mathematisch begabte Professoren hübsche Berechnungen ausführen können.[20] Warren Buffett hängt sich eine *Wall-Street-Journal*-Aktienliste-Dartscheibe ins Büro und macht sich auf den Weg, seinen inzwischen verstorbenen Helden Benjamin Graham (und sich selber) zu verteidigen. 1984 hält er einen Vortrag bei einem Seminar an der Columbia University anlässlich des 50. Jahrestags des Erscheinens des *Intelligenten Investors* von Graham und Dodd. Der Vortrag »The Superinvestors of Graham-and-Doddsville« erscheint später als Artikel der Universitätszeitung *Hermes* und gilt als Pflichtlektüre für jeden Buffett-Fan.

Dass unter allen Investoren der USA einige erfolgreicher als andere seien, könnte Zufall sein, gibt er zu. Genau wie es bei einem Münzwurfwettbewerb unter allen Amerikanern, bei dem der Gewinner jeweils das ganze Geld bekommt, nach ein paar Tagen Millionen Verlierer, aber eben ein paar Hundert Millionäre gäbe. Die würden dann vermutlich durchdrehen und viel Geld mit Büchern und Seminaren über erfolgreiches Münzwerfen verdienen, bis kluge Professoren nachweisen würden, dass das statistisch einfach unvermeidlich war.

Statistisch unmöglich wäre es aber, dass die meisten der Gewinner zufällig aus ein und derselben kleinen Stadt kämen, nämlich aus »Graham-and-Doddsville«.

Warren Buffett beweist, dass signifikant viele der Graham-Schüler wie Charlie Munger, Walter Schloss, Bill Ruane und andere über Jahre hinweg mit ganz verschiedenen Investments und unterschiedlicher Streuungsbreite beständig hervorragende Ergebnisse erzielt haben. Gemeinsam war ihnen nur die geistige Heimat in Grahams Theorie.

Warren Buffett ist überzeugt, dass die Kurse an der Börse alles andere als rational und effizient sind. Seit er sein Büro bezogen hat, hängt dort die Titelseite der *New York Times* vom Tag des Crashs im Oktober 1929. Sie soll ihn daran erinnern, »dass Aktienkurse kurzfristig von Menschen gemacht werden – Menschen, die mit Emotionen agieren«.[21]

Doch auch wenn ihn die Kränkung seines Helden Graham ärgert, profitiert er doch lange von der Popularität der neuen Finanzmarkttheorie. Anhänger der Effizienzmarkttheorie sind nämlich keine Konkurrenz in der Suche nach unterbewerteten Aktien. »Oh, ich mag diese Leute«, sagt er mir später. »Je mehr von ihnen unterwegs sind, desto mehr Gelegenheiten gibt es für mich.«[22]

Ein Inder zündet den Turbo

Das meiste lief rund in den Achtzigerjahren für die US-Wirtschaft. Wirtschaft und Börse boomten, die Inflation war unter Kontrolle und all die grundsätzlichen Probleme, die Reagans Wirtschaftspolitik schuf, blieben noch im Hintergrund.

Auch für Warren Buffett ist es ein gutes Jahrzehnt. Sein Vermögen und die Goldeselherde von Berkshire wachsen beständig. Er kauft weitere Aktien, Unternehmen und gründet eine eigene Versicherung. Die Erträge seiner Firmen bringen regelmäßige Einnahmen, die er in weitere Firmen investieren kann. Versicherungen und ihre verfügbaren Gelder geben dem Ganzen einen Turboantrieb. Denn sie bringen Unsummen an »Float«, also ungenutzte Prämieneinnahmen, die er investieren kann.

Doch ausgerechnet Buffetts Versicherungssparte kommt Mitte der Achtzigerjahre ins Stocken: Jack Ringwalt von der National Indemnity ist in Rente gegangen und einige Betrugsfälle haben Berkshires Versicherungsimperium zugesetzt.[23] Plötzlich sind die Ausgaben für Schadensregulierungen deutlich höher als die Prämieneinnahmen. Buffett, der das Kapital der Versicherungen lange Zeit zu 0 Prozent oder sogar Negativzinsen bekommen hatte, musste plötzlich kräftig dafür zahlen, in der Spitze im Jahr 1984 fast 19 Prozent.[24]

Buffett mischt sich weiter nicht ein, obwohl seine Manager die Probleme eine ganze Weile lang nicht in den Griff bekommen. Erst als sein Versicherungsmanager Mike Goldberg einen neuen Mitarbeiter einstellt, dreht der Wind allmählich. Buffett ist gleich bei seiner ersten Begegnung mit dem Neuen begeistert: »Ich mochte den Kerl einfach. Am liebsten hätte ich mich an Ajit gekettet«, erinnert er sich.[25]

Ajit heißt mit Nachnamen Jain und kommt aus Indien. Er wurde 1951 in einer traditionellen Familie geboren, die der mehr als 2000 Jahre alten Glaubensgemeinschaft der Jainisten angehört. Sie leben vegetarisch und arrangieren die Ehen ihrer Nachkommen, eine Familie, die die Werte von Bildung und Askese lebt und viele erfolgreiche Manager hervorgebracht hat – Ajits Cousin Anshu wird später Chef der Deutschen Bank.[26]

Ajit studiert in Indien Ingenieurswissenschaften und heuert bei IBM an, bevor er ein Studium der Betriebswirtschaft in Harvard absolviert. Als er Warren Buffett begegnet, ist er Mitte 30 und hat keine Ahnung vom Versicherungsgeschäft. Doch Warren kümmert das nicht: »Sehr schnell wurde mir klar, dass wir ein außergewöhnliches Talent eingestellt hatten«, erinnert er sich. »Also machte ich das Naheliegende: Ich schrieb seinen Eltern in Neu-Delhi und fragte, ob sie zu Hause noch so einen wie ihn hätten? Natürlich kannte ich die Antwort schon. Es gibt keinen zweiten Ajit.«[27]

Und wieder einmal trifft Warrens Menschenkenntnis ins Schwarze: Ajit Jain ist ein Megatalent im Versicherungsgeschäft. In den folgenden Jahren wird er zum engen Vertrauen von Warren Buffett und nach und nach zum »Rockstar in der Versicherungsbranche«, wie das *Wall Street Journal* titelt.[28]

Er baut ein eigenes Rückversicherungsgeschäft für Berkshire auf und schließt – wie einst Ringwalt – auch jede außergewöhnliche Direktversicherung ab, ganz nach dem Motto von Warren: »Sobald wir dafür den richtigen Preis bekommen, versichert Berkshire einfach alles.«[29] Ajit Jain schreibt Policen für Lotterien mit Megagewinnen, versichert die Gesundheit des Boxers Mike Tyson, zwei chinesische Satelliten gegen einen Ausfall beim Start oder im ersten Betriebsjahr, Sportgroßereignisse, Lloyds gegen eine ungewöhnlich hohe Sterberate bei ihren hochkarätigen Lebensversicherungen. Er schreibt Rückversicherungen für Naturkatastrophen und nach dem 11. September 2011 eine Terrorversicherung nach der anderen – und verliert dabei nie die Risiken aus den Augen. »Es ist so einfach, dumme Fehler in diesem Geschäft zu machen«, sagt er. »Auch wenn man viele gute Geschäfte machen kann: Wenn man einen miesen Deal macht, gibt man alles zurück. Es ist dieser faule Apfel, gegen den man sich wehrt.«[30]

Ajit Jain erwirtschaftet Milliarden für Berkshire, die Warren dann wieder gewinnbringend anlegt, und trägt so wesentlich zum Erfolg der Holding bei. In jedem einzelnen seiner Aktionärsbriefe der vergangenen zwei Jahrzehnte zollt Warren ihm dafür Anerkennung. Er ist der Meinung, dass man Ajits Rolle gar nicht hoch genug bewerten kann: »Wenn Charlie, ich und Ajit in einem sinkenden Boot sitzen und Sie können nur einen von uns retten: Schwimmen Sie zu Ajit«, rät er seinen Aktionären.[31]

Der Crash aus dem Computer

Obwohl Ajits Turbo für Berkshire in der zweiten Hälfte der Achtzigerjahre noch nicht richtig in Gang ist, machen Warren und Charlie eine Million nach der anderen. Ihre Deals werden immer größer: 1985 kaufen sie 80 Prozent von Scott & Fetzer für 400 Millionen Dollar. Scott & Fetzer ist ein Konglomerat von Firmen, zu dem unter anderem der Staubsaugerhersteller Kirby und der Lexikonverlag World Book gehören, und zeichnet sich durch besonders beständige Einnahmen aus.[32] Wenig später stecken sie gut 45 Millionen in die Uniformfirma Fechheimer, eine Summe, die das Unternehmen noch ein paar Jahre vorher zur größten Berkshire-

Investition gemacht hätten. Doch das hat sich geändert: »Als Prototyp für Akquisitionen hat Fechheimer nur einen Nachteil«, stellt Warren fest. »Größe. Wir hoffen, dass unsere nächste Akquisition mehrmals so groß sein wird, aber in jeder anderen Hinsicht eine exakte Kopie.«[33]

Denn Berkshire hantiert inzwischen nicht mehr nur mit Millionen, die Firma ist da bereits mehrere Milliarden Dollar wert. Und auch Warren Buffett wird in den Achtzigerjahren Milliardär. Anfang Oktober 1987 ist er mit 2,1 Milliarden Dollar Privatvermögen bereits auf Platz neun der *Forbes*-Liste der reichsten Amerikaner vorgerückt, weit vor Microsoft-Gründer Bill Gates, damals mit 1,25 Milliarden Dollar noch auf Platz 29 und einem gewissen Donald Trump, Immobilienunternehmer aus New York, der mit 850 Millionen Dollar auf Platz 63 liegt.[34]

Wenige Tage nach Veröffentlichung Anfang Oktober 1987 ist die aktuelle *Forbes*-Liste allerdings komplett überholt. Am 19. Oktober 1987, dem »Schwarzen Montag«, brach die Börse in New York ohne jede Vorwarnung dramatisch ein. Zwar waren die Notierungen schon vorher deutlich gefallen, doch damit hatte niemand gerechnet: Innerhalb eines Handelstages crashten die Kurse um fast 23 Prozent. Das war der höchste Tagesverlust in der Geschichte der Wall Street und alleine in den USA lösten sich rund 500 Milliarden Dollar in nur sechseinhalb Stunden in Luft auf.[35] Der Überraschungscrash löste Schockwellen rund um die Welt aus. Erstmals exportierte die Wall Street einen Zusammenbruch quasi in Echtzeit auf alle anderen Börsen rund um den Globus.[36]

Schon die Tage davor hatten Gerüchte über neue Zinserhöhungen und die neuesten Zahlen zum hohen Handelsdefizit die Kurse unter Druck gesetzt, doch einen konkreten Auslöser für die Panik, die dann ausbrach, gab es nicht. Sie war wohl zum Teil von Computern gemacht. Denn immer mehr Handelshäuser arbeiteten mit automatischen Verkaufsordern, sogenannten Stopp-Loss-Orders, sollte eine Aktie unter einen bestimmten Kurs rutschen. Nun wurde eine nach der anderen davon ausgelöst.[37] Doch erstmals spielten wohl auch Derivate eine Rolle als Brandbeschleuniger,[38] denn mit ihnen konnten Spekulanten mit wenig Geld große Positionen auf Aktien eingehen, die sie dann im Notfall im Kursrutsch verschleudern mussten.

Der Crash und die darauffolgenden bitteren Handelstage erwischen auch die Berkshire-Aktien: Der Kurs bricht um knapp 32 Prozent ein,[39] und Warren Buffett ist in wenigen Tage auf dem Papier um fast 700 Millionen Dollar ärmer geworden. Und es erwischt Warrens Schwester Doris, die ihr gesamtes Vermögen verliert. Sie hat sich von einer dubiosen Maklerin riskante Fonds aufschwatzen lassen und steht nun vor dem Ruin. Als sie Warren um Hilfe bittet, siegt in ihm der prinzipientreue Ernest Buffett über den liebevollen Bruder: Er weigerte sich, die Forderungen von Doris' Gläubigern zu bedienen, und sorgt lediglich dafür, dass Doris früher als geplant eine monatliche Zuwendung aus dem Treuhandfonds erhält, den ihr Vater Howard hinterlassen hatte.[40]

Warren und die Wall Street

Warren und die Vertreter der Effizienzmarkttheorie kommen, so unterschiedlich sie auch die Welt der Aktien beurteilen, ironischerweise zu derselben Handlungsanweisung für Anleger: Geld für Vermögensverwalter oder Fondsmanager auszugeben, ist pure Verschwendung. Mit einem preisgünstigen Indexfonds,* der zum Beispiel den S&P 500 nachbildet und nicht aktiv gemanagt wird, fahren Anleger daher besser.

In der Effizienzmarkttheorie ist das immer so, für Warren so gut wie immer, und das liegt vor allem an den Gebühren, die Fondsgesellschaften und Vermögensverwalter ihren Kunden berechnen, obwohl die meisten von ihnen geringere Renditen nach Kosten erzielen als der Aktienmarkt. »Ernsthaft, Kosten sind wichtig«, rechnet Buffett immer wieder vor. »Bei Aktienfonds zum Beispiel entstehen Betriebskosten – im Wesentlichen Zahlungen an die Fondsmanager –, die durchschnittlich etwa 1 Prozent ausmachen.«[41] Das heißt, jedes Jahr geht 1 Prozent verloren, und weil

---

* In Deutschland: ETF. Bei einem solchen Fonds gibt es keine Kosten für Aktien- oder Marktanalyse und Fondsmanagement. Alle Kauf- und Verkauf-Entscheidungen folgen einfach der Zusammensetzung eines Index. In einem Dax-ETF sind also beispielsweise alle Dax-Werte genau in dem Verhältnis vertreten wie im deutschen Leitindex.

entsprechend weniger reinvestiert wird, summiert sich das über die Jahre zu richtig erheblichen Beträgen.

»Amerikanische Investoren zahlen jährlich schwindelerregende Summen an Berater, oft mit Folgekosten. Sind diese Investoren insgesamt auf ihre Kosten gekommen? Erhalten die Anleger in der Summe überhaupt *irgendetwas* für ihre Ausgaben?«, fragt er noch 2018.[42] Da hat er gerade eine Wette gegen eine renommierte Dachfondsgesellschaft gewonnen, dass er einen ausgewählten Dachfonds über zehn Jahre mit einem schlichten, billigen S&P Indexfonds schlagen würde.[43]

Mit seiner fortwährenden Kritik an Teilen der Finanzindustrie und ihren gut bezahlten Vertretern wird Warren aber nach und nach zum roten Tuch so mancher Investmentfirma. Und wie man weiß, lebt er in Omaha mit seinem kleinen Büro und dem Gehalt von 50.000 Dollar, das er sich für seine Tätigkeit genehmigt, ja zudem ständig das Gegenmodell zur Wall Street. Dort gibt es glitzernde Bürotürme und exorbitante Gehälter, bei denen Boni in Millionenhöhe zur Standardausstattung vieler Arbeitsverträge gehören.

Umso erstaunlicher, dass Warren Buffett sein Geld 1987 in eine Investmentbank steckt, die ganz und gar der Mentalität der Wall Street verfallen ist. Er kauft ein großes Paket des altehrwürdigen Hauses Salomon Brothers, das inzwischen von John Gutfreund geleitet wird, dem Manager, der ein paar Jahre vorher geholfen hatte, Geico zu retten.

Gutfreund galt da unangefochten als »König der Wall Street«[44], denn er hatte Salomon Brothers – lange Zeit eine eher unbedeutende Firma im Finanzdschungel New Yorks – zu einem bemerkenswerten Aufstieg verholfen. Erst hatte er die Fusion der Firma mit dem Rohstoffhändler Phibo vorangetrieben und auch persönlich prächtig daran verdient. Dann hatte er sich selber ein paar Jahre später mit einem »atemberaubenden Coup«, wie die *New York Times* schrieb, zum alleinigen Chef des finanziell gestärkten Unternehmens gemacht.[45]

Das zahlte sich für Salomon aus: Denn Gutfreund war ein Genie im Wertpapierhandel und trieb seine Angestellten zu Höchstleistungen an – mit Ratschlägen wie dem, jeden Morgen aufzuwachen, »um einem Bären in den Arsch zu beißen«. Bis heute ist das ein geflügelter Spruch an der Wall Street.[46]

Gutfreund machte Salomon zu *dem* Anleihenhaus und zur profitabelsten Firma an der Wall Street.[47] Salomon war einer der ausgesuchten Händler, die direkt von der Regierung amerikanische Staatsanleihen kaufen und dann anschließend mit Gewinn ihren Kunden weitergeben konnten. Doch Gutfreund wollte mehr: Nach dem Vorbild von Michael Milken und seinen Junkbonds ließ er seine Mitarbeiter Schulden aller Art zu Wertpapieren zusammenfassen. Sie wurden verbrieft, verpackt und an Investoren weltweit verkauft. Geleitet wurde dieses Geschäft von John Meriwether, einem brillanten Mathematiker, der ein Heer von ehemaligen Professoren von Eliteuniversitäten beschäftigte. Das revolutionierte den Markt für Anleihen, schuf aber auch die Methoden, die zwei Jahrzehnte später die weltweite Finanzkrise auslösen sollten. Salomon profitierte in den Achtzigerjahren aber auch davon, dass jeder Geld brauchte: Unternehmen, der Staat und viele Privatleute – alle verschuldeten sich. Und Salomon stand bereit, jede Art von Krediten in Wertpapiere zu verwandeln und zu handeln.

1987 nahmen allerdings unangenehme Investoren Salomon ins Visier, das durch schlechte Investments im zusammenbrechenden Junkbond-Markt plötzlich angeschlagen war.[48] Gutfreund bot Warren an, zu hervorragenden Bedingungen in die Firma einzusteigen, um die feindliche Übernahme abzuwenden. Der konnte nicht widerstehen: Investmentbanking sei zwar ein schwer vorhersehbares Geschäft, schrieb Warren seinen Aktionären 1987, aber: »Was uns Sicherheit gibt, ist, dass wir von den Fähigkeiten und der Integrität von John Gutfreund überzeugt sind. Charlie und ich mögen, bewundern und vertrauen John.«[49] 700 Millionen Dollar bezahlte er für eine Wandelanleihe von Salomon mit 9 Prozent Zinsen. Selbst wenn der Aktienkurs nicht so weit steigen würde, dass sich eine Umwandlung rentierte, hatte Warren mit dieser Anleihe eine garantierte Rückzahlung seiner Einlage und sichere Einnahmen von rund 63 Millionen Dollar im Jahr – solange die Firma nicht pleiteging.

Doch genau das drohte nur wenige Jahre später: Denn die fragwürdige Mentalität der Wall Street der Achtzigerjahre war da längst auch im Haus Salomon angekommen. Mit seinem großspurigen Lebensstil lebte es Gutfreund seinen Mitarbeitern vor: Er und seine zweite Frau Susan waren mit verschwenderischen Festen und gigantischen Immobilien in Europa und den USA fester Bestandteil der New Yorker Klatschkolumnen.[50] Doch nicht nur die Gier war inzwischen ein Teil der Unternehmenskultur von Salomon, auch der Betrug hielt wenig später Einzug. Für Warren Buffett wurde das ein Meilenstein in seinem Leben.

Eine süße Entdeckung

1988 nach dem Crash vom vergangenen Jahr sind Aktien plötzlich wieder günstiger. Klar, dass Warren Buffett nach neuen Investments Ausschau hält, doch er kämpft mit verschiedenen Problemen. Bisher hat er für Berkshire im Schnitt jedes Jahr einen Zuwachs beim Buchwert von mehr als 20 Prozent geschafft. Allmählich wird die schiere Masse an Geld aber schwindelerregend: Um einen durchschnittlichen Zuwachs von nur 15 Prozent in den nächsten zehn Jahren zu schaffen, müsse Berkshire bis dahin rund 10,3 Milliarden Dollar mehr wert sein, rechnet Buffett vor.[51] Zudem sind Aktien nach dem Crash 1987 zwar wieder etwas billiger, doch richtige Schnäppchen sind selten und der Markt holt schnell wieder auf. »Wenn jemand, der mit großen Summen umgeht, extrem hohe Erträge verspricht, sage ich: ›Halten Sie sich fern‹«, ist von da an sein Credo.

Doch natürlich hat Buffett auch weiter gute Ideen, und eine der wichtigsten hängt mit seinen Trinkgewohnheiten zusammen: Bis vor einigen Jahren hat Warren ausschließlich Pepsi getrunken, doch eines Tages hat er Post von einem ehemaligen Nachbarn bekommen: Donald Keough hat in den Sechzigerjahren in der Farnam Street gelebt und Warren damals weggeschickt, als der ihn als Investor für seine Partnerschaften gewinnen wollte.[52] Doch Keough hat es auch ohne Millionen aus Buffetts Partnerschaft geschafft: Er ist inzwischen Chef der Coca-Cola Company und ärgert sich, dass überall zu lesen ist, dass der geniale Investor Buffett Pepsi liebt. Deshalb überredet er Warren, eine neue Erfindung von Cola vorab zu testen, und schickt ihm ein paar Flaschen Cherry Coke.[53] Ab dem ersten Schluck verwandelt sich Warren vom Pepsi-Freak zum bekennenden Cherry-Colaholik: Von da an trinkt er Hektoliter der Kirsch-Cola-Brause, die er in seinem Büro und zu Hause bunkert.

1988 macht er seine Leidenschaft zur großen Investmentidee: Er kauft für mehr als 1 Milliarde Dollar rund 7 Prozent der Getränkefirma in Atlanta. Bis 2021 werden daraus mehr als 9 Prozent, für die Berkshire knapp 1,3 Milliarden Dollar bezahlt hat, die aber heute rund 22 Milliarden wert sind. Fast jede zehnte Cola, die irgendwo auf der Welt getrunken wird, geht seit fast 40 Jahren auf das Wohl von Warren Buffett, genau wie fast jede zehnte Sprite oder Fanta oder eine der anderen 500 Getränkemarken, die Coca-Cola produziert.

Immer wieder führt Buffett seither Cola als Paradebeispiel für ein »gutes Geschäft« an. »Wir suchen Geschäfte, die irgendeinen dauerhaften Vorteil gegenüber allen oder den meisten Wettbewerbern haben, sodass wir eine ziemlich gute Vorstellung davon haben, wie sie in fünf, zehn oder 20 Jahren dastehen werden«, sagt er. Den Cola-Umsatz kann er vor allem deshalb ziemlich genau vorhersagen, weil die Firma ein einfaches, ertragreiches Geschäftsmodell und eine paar so starke Markennamen hat, dass Buffett sie als »die Unvermeidlichen« bezeichnet. »Cola wird immer einen sehr hohen Anteil der Softdrinks der Welt verkaufen – Jahr für Jahr. Und wirklich nichts kann das ändern. Die Menschen werden es weiter trinken, in vielen Länder steigt sogar der Pro-Kopf-Verbrauch. Es ist also nicht schwer auszurechnen, wo es mit einem solchen Geschäft hingeht.«

Zudem hat Cola für Buffett gleich mehrere weitere Vorteile: Es ist groß genug, dass er Milliarden investieren kann, ohne dass der Kurs allzu sehr steigt. Es ist international tätig, sodass Berkshire vom dynamischen Aufschwung in anderen Ländern profitiert, ohne sich selber mit ausländischen Buchhaltungssystemen oder Rechtsrisiken herumschlagen zu müssen. Es hat mehrere Skandale überlebt und über Jahre ein mehr oder weniger schlechtes Management. Damit ist es ein Unternehmen, das offensichtlich »auch von einem Idioten geführt werden kann«, ohne dass es zugrunde geht, wie Buffett es liebt. Allerdings räumt Buffett in jüngster Zeit ein, dass der Burggraben der Firma allmählich kleiner wird, denn die Konsumenten werden experimentierfreudiger: »Es gibt immer noch einen riesigen Loyalitätsfaktor, aber er ist nicht mehr so stark wie früher«, sagt er.[54]

Dennoch hat Coca-Cola aber vor allem einen entscheidenden Vorteil für Buffett. Die Firma ist einer der sogenannten Dividende-Aristokraten, also der wenigen großen Aktiengesellschaften, die nicht nur seit Jahrzehnten ununterbrochen Gewinnanteile an ihre Aktionäre ausschütten, sondern sie auch jedes Jahr erhöhen – im Fall von Cola inzwischen seit 56 Jahren.[55] 1248 Dollar überwies Cola im Jahr 2020 nach Omaha – jede Minute. Im Gesamtjahr 2020 waren das rund 656 Millionen US-Dollar.[56] Die Getränkefirma spült damit dauerhaft zuverlässig riesige Summen in die Berkshire-Kassen, und das dürfte Buffett mehr freuen als der Kursgewinn, den er auf dem Papier erzielt hat. Denn sein Credo ist: »Der einzige Grund, Geld in ein Unternehmen zu stecken, ist, dass man Gewinne mit dem Geschäftsmodell machen will. Und nicht, dass man es wieder verkaufen will.«[57]

Wall Street in Not

Eine gute Geldanlage zu verkaufen, die regelmäßig Cash in die Kassen bringt – das widerstrebt Warren Buffett zutiefst. Zwar unterscheidet er schon eine Weile zwischen »Investments«, also Wertpapieren, die er nur für eine Zeit kauft und jederzeit abzustoßen bereit ist, wenn er das Kapital in eine bessere Idee stecken kann, und »seinen« Firmen. Dazu zählt er Anfang 1989 die »göttliche Versammlung«[58] der Unternehmen von der Nebraska Furniture Mart bis zur *Buffalo News*, die Berkshire fast ganz besitzt. Diese Sammlung von guten Unternehmen hat er da gerade um einen weiteren Familienbetrieb erweitert. Von einem Schwager von Mrs B. kauft er den Juwelier Borsheim's,[59] ein Geschäft, das ähnlich wie Furniture Mart ausgerechnet in Omaha zu einem der größten Läden der Branche herangewachsen ist.

»Seine« Firmen beinhalten aber auch einige Aktienpakete besonders guter Firmen – wie eben Cola. »Wir erwarten, dass wir diese Wertpapiere lange behalten werden«, schreibt er nach dem Kauf der Getränke-Aktien. »Wenn wir Anteile an außergewöhnlichen Geschäften mit außergewöhnlichem Management besitzen, ist unsere liebste Haltedauer für immer.«[60]

Sein Engagement bei Salomon gehört für Buffett allerdings in die Kategorie »Investment«, und er zeigt sich Ende der Achtzigerjahre offen für

Verhandlungen über einen Rückkauf der Wandelanleihen, der allerdings nicht zustande kommt. Eine Tatsache, die Warren Buffett zwischenzeitlich vermutlich sehr bedauern wird, die aber die Wall Street in der Folge vor großen Problemen bewahrt. Warren Buffett wird die Finanzindustrie aus einer echten Krise herausholen, die droht, weil Salomon 1991 über Nacht plötzlich vor dem Zusammenbruch steht.

Am 9. August 1991 wird bekannt, dass Paul Mozer, einer der Mitarbeiter aus dem Überfliegerteam von John Meriwether, ein Betrüger ist. Und er hat nicht irgendwen betrogen, sondern ausgerechnet das amerikanische Finanzministerium. Weil die Regierung sicherstellen wollte, dass keiner der »Primärhändler« für Staatsanleihen den Markt dominiert und die Preise für den Weiterverkauf diktieren kann, hatte sie verfügt, dass die Banken für jede Anleihe Angebote über maximal 35 Prozent der Emissionssumme abgeben dürfen.

Doch Mozer wollte unbedingt hohe Gewinne erzielen, vor allem um dadurch höhere Boni für sich zu erwirtschaften. Also begann er zu manipulieren. Er gab gefälschte Angebote unter dem Namen von Kunden ab und kam so teilweise bei neuen Staatsanleihen-Emissionen auf bis zu 57 Prozent. Zwischen 50 und 200 Millionen Dollar, schätzen Experten, machte er so mehr Gewinn.[61] Das war schlimm für den Ruf von Salomon. Schlimmer noch war allerdings, als herauskam, dass sowohl Meriwether als auch Gutfreund und einige andere eine Weile von den Verstößen gewusst hatten, das Finanzministerium aber nicht informierten und Mozer nicht einmal wirksam stoppten.[62]

Mit einem Schlag sind alle in einer riesigen Bredouille: Eigentlich müssten die Behörden dem Haus sofort die Lizenz als »Primärhändler« entziehen und damit wäre Salomon am Ende. Aber nicht nur die Angestellten, Kunden und Aktionäre von Salomon haben Angst vor dem Zusammenbruch. Das Investmenthaus ist inzwischen so groß, dass es auch andere mit in den Abgrund ziehen könnte. Zudem fürchtet die Regierung, dass der Ruf amerikanischer Staatsanleihen leiden könnte und sie künftig mehr Zinsen für die gigantischen Staatsschulden bezahlen müssten.[63]

Gutfreund, Meriwether und einige andere werden entlassen. Und Warren Buffett, zu dem Zeitpunkt der größte Aktionär der Firma, wirft sein komplettes moralisches Gewicht in die Waagschale und übernimmt den Job als Interimschef. Auch für ihn steht viel auf dem Spiel – 700 Millionen Dollar.

Der Held aus Midwest

Für Warren Buffett war seine Zeit als Chef von Salomon im Rückblick »alles andere als Spaß«.[64] Er tauscht sein ruhiges Leben im Kiewit Plaza in Omaha nur ungern gegen den hektischen Sturm in New York ein. Er ist entsetzt über die Vorgänge und die Wall-Street-Kultur von »Machismo und Anmaßung«, die seiner Meinung nach auch Salomon zu lange geprägt habe.[65] Zudem ist die Arbeit als Chef einer untergangsgefährdeten Bank auch nervenaufreibend. »Warren Buffett ist ein Manager, der gewöhnt ist, im Jahr vielleicht eine große Anlageentscheidung zu treffen«, schreibt seine Freundin Carol Loomis später im *Fortune Magazine*. Nun habe er plötzlich »täglich 25 operative Entscheidungen fällen« müssen, die meisten davon überlebenswichtig für Salomon.

Ganz besonders am 18. August 1991, den Buffett als »wichtigsten Tag meines Lebens« bezeichnet.[66] Denn an diesem Sonntag beschließt das Finanzministerium, Salomon tatsächlich die Lizenz als Primärhändler zu entziehen. Buffett braucht vier Stunden und viele Telefonate, um zu erreichen, dass die Entscheidung vorläufig aufgehoben wird.[67] Ausschlaggebend ist dabei wohl vor allem seine Glaubwürdigkeit.

Charlie Munger und sein Anwaltskollege Ron Olson klären in der Folge virtuos die komplizierten rechtlichen Aspekte mit der Fed, dem Finanzministerium und drei anderen Behörden.[68] Mit der Zeit wird immer klarer: Ob Salomon überleben darf oder nicht, ist letztendlich vor allem eine politische Entscheidung. Die gewinnt Buffett spätestens mit einer emotionalen, sehr amerikanischen Rede bei der Anhörung zum Salomon-Skandal im Repräsentantenhaus.

Erst entschuldigt er sich für die Vorgänge – auch im Namen der 8000 Angestellten von Salomon, die so gut wie alle »hart arbeitende, fähige und ehrliche« Leute seien.[69] Dann begrüßt er die Untersuchungen und

Maßnahmen der Regierung, die helfen würden, den Skandal vollständig aufzuklären. Schließlich skizziert er die neue Unternehmenskultur, die er bei Salomon einführen würde. Jeder Mitarbeiter solle künftig nicht nur alle Regeln einhalten, sagt er, sondern sich bei jeder Aktion auch fragen, ob er wolle, dass die am nächsten Tag als Artikel auf der Titelseite der lokalen Zeitung erscheint, »und von ihren Partnern, Kindern und Freunden gelesen wird, wobei der Bericht von einem informierten und kritischen Journalisten geschrieben ist«.[70]

Eine Botschaft auch an alle anderen Mitarbeiter des Berkshire-Imperiums, die Buffett in den vergangenen Jahrzehnten auf jeder Hauptversammlung abspielen lässt. Genau wie eine noch deutlichere Drohung vor allem an seine Manager aus seinem Statement vor dem Repräsentantenhaus: »Verlieren Sie Geld für die Firma und ich werde verständnisvoll sein; verlieren Sie ein Stückchen Reputation für die Firma und ich werde gnadenlos sein.«[71] Das Ansehen ist wichtiger als Geld – ein Ratschlag, den schon Buffetts Ahne Zebulon mehr als 100 Jahre zuvor mit Nachdruck erteilt hatte.

Buffett ist acht Monate lang Chef von Salomon und die Sanierung ist für alle ein voller Erfolg. Schon im September 1992 steht Salomon in einer Umfrage des *Forbes Magazine* über die »am meisten bewunderten Unternehmen Amerikas« auf Platz zwei unter 311 Unternehmen, weil es seinen Ruf so stark verbessert habe. Vor allem aber ist das Finanzhaus wieder profitabel: Die Vorsteuergewinne liegen um 34 Prozent höher als je zuvor.[72] Warren Buffett verdient daher letztendlich gut an Salomon. Als der aufstrebende Konkurrent Travelers Group das Haus 1997 übernimmt, ist Berkshires Anteil 1,7 Milliarden wert und Buffett verkauft bis 2001 alle Anteile.[73]

KAPITEL 10

TECH, TECH, TECH

VOM HELD ZUM LOSER

1991–2000

Die Welt verändert sich rasant schnell: Der Kalte Krieg ist Geschichte und der Internetboom scheint grenzenloses Wachstum zu ermöglichen. Warren Buffett, nach der Rettung von Salamon noch ein Held, gilt plötzlich als Verlierer, der die neuen Zeiten nicht versteht.

Warren und der Tech-Freak

Im Sommer 1991 ist Warren Buffett einmal wieder mit Katharine Graham unterwegs – er verbringt mit ihr und Freunden ein paar Tage auf Bainbridge Island, einer Insel im Bundesstaat Washington, gar nicht weit entfernt von Seattle. In der Nähe wohnt auch William Gates Senior, der Vater von Bill Gates, und er lädt die ganze Gesellschaft zu sich auf sein Anwesen ein.[1] Für Sohn Bill wird diese Einladung ein einschneidendes Erlebnis sein und bis heute weiß er das Datum genau: der 5. Juli 1991.

Dabei wollte er eigentlich erst einmal gar nicht so recht dabei sein. »Ich war sehr mit Microsoft beschäftigt und sagte, ich habe keine Zeit«, erinnert er sich, »aber meine Mutter bestand darauf, dass ich komme.«[2] Weil Bill Gates ohnehin ein bisschen neugierig auf die legendäre Verlegerin Katharine Graham ist, gibt er schließlich nach.

Doch Graham wird Bill Gates an diesem Tag nicht wirklich gut kennenlernen. Denn nachdem Warren und Bill einander vorgestellt wurden, sind die schon wenige Minuten später in ein intensives Gespräch vertieft. Sie diskutieren die Chancen von IBM, das Geschäftsmodell von Microsoft, und Bill Gates will Warren Buffett überreden, sich einen Computer anzuschaffen. »Wir redeten und redeten und redeten und merkten gar nicht, was um uns herum vorging«, erzählte mir Bill Gates.[3] »Die anderen meinten, wir hätten auch ein bisschen mehr mit ihnen sprechen können, aber das haben wir nur ein kleines bisschen getan«, ergänzt er grinsend.[4]

Die unwahrscheinliche Freundschaft von Warren Buffett mit Katharine Graham führt an diesem Tag somit zu einer weiteren unwahrscheinlichen Freundschaft, die ebenfalls ein Leben lang halten wird: Der fast 61-jährige Graham-Schüler und Technikverächter Warren Buffett und der 25 Jahre jüngere Computerfreak Bill Gates werden sich von da an regelmäßig treffen. Sie diskutieren über »Geschäfte, Regierungspolitik, Aktien, Unternehmensführung und alle Dinge, die rund um die Welt passieren«, wie Bill Gates erzählt. Sie teilen die Leidenschaft für das Bridgespiel und tauschen ihre Ansichten über Philanthropie aus und was die Welt verbessern könnte.

»Warren hatte einen riesigen Einfluss auf mich«, sagt Gates. »Es ist schwer zu sagen, wie viel ich davon profitiert habe, dass ich ihn kenne und gesehen habe, wie er handelt.« Gates ist beeindruckt von Warrens Fähigkeit, sein Leben einfach zu halten. »Ich liebe es, wenn er seinen Kalender herzeigt, der ist ziemlich leer. Das ist eine gute Erinnerung für mich, nur die Dinge auszuwählen, von denen ich wirklich begeistert bin.« Und die Art, wie Warren Probleme angeht: »Er sagt: ›Das wurde schon einmal gelöst‹, bringt ein bisschen Humor mit rein und die richtigen Leute.«[5]

Doch nicht nur Warren beeinflusst Bill, es ist auch umgekehrt: Wieder einmal lässt sich Warren Buffett von einem neuen Freund in eine neue Welt einführen. Gemeinsam mit Gates unternimmt er ausführliche Reisen – bis nach China, wo sie unter anderem mit einem Zug und einem Schiff quer durchs Land fahren. »Warren war noch nie in China, als ich ihn gefragt habe. Viele Menschen waren überrascht, dass er zugestimmt hat«, sagt Bill Gates. Ernährungstechnisch ist das natürlich eine Herausforderung. »Wir haben die Chinesen dazu gebracht, Burger zu machen«, erinnert sich Gates. »Was sie gemacht haben, war aber ziemlich schwach. Warren hatte also wahrscheinlich ein bisschen weniger zu essen als normal.« Doch Warren Buffett hat vorgesorgt: »Er hatte Gutscheine für McDonald's in China mitgebracht und eine Landkarte. Immer wenn wir etwa 200 Meilen von einem McDonald's entfernt waren, hat er seine Karte rausgezogen und gesagt ›Ich gehe hierhin‹.«[6]

Eine weitere gemeinsame Reise wird einige Jahre später allerdings verhindern, dass Warren Buffett und seine Milliarden dabei helfen, die Finanzwirtschaft ein zweites Mal aus einer großen Bredouille herauszuholen.

Eine neue Weltordnung

Während Warren Buffett 1988 seine Leidenschaft für Cherry-Coke in bares Geld umwandelte, tobte in den USA einmal wieder ein Präsidentschaftswahlkampf. Der war allerdings nicht besonders spannend, denn nach den zwei Amtszeiten von Ronald Reagan schien der republikanische Teil der Amerikaner größer und selbstbewusster denn je: Immerhin waren die USA wieder wer – außenpolitisch und wirtschaftlich.

Reagans Vize George H.W. Bush gewann die Wahl daher ganz klar: Er eroberte so gut wie alle Staaten. Und legte einen furiosen Start hin: 1989 fiel die Mauer in Berlin und die Sowjetunion begann auseinanderzubrechen. Bush sorgte mit der richtigen Mischung aus Aktion und Zurückhaltung[7] dafür, dass Deutschland wiedervereinigt wurde und viele osteuropäische Staaten letztendlich der NATO beitreten konnten. Nach mehr als 40 Jahren Feindschaft, Aufrüstung und unzähligen Stellvertreterkriegen hatten die USA den Kalten Krieg gewonnen und waren eine Zeit lang die einzig verbliebene Weltmacht.

Die zeigte unter Bush auch gleich, was andere zu erwarten hatten, wenn sie amerikanische Interessen gefährdeten. In seinem ersten Amtsjahr, kurz vor Weihnachten 1989, ließ er kurzerhand – und völkerrechtswidrig – US-Truppen in Panama einmarschieren und den dortigen brutalen Diktator Manuel Noriega absetzen und entführen. Der war einst ein Lieblingsverbündeter der CIA gewesen, hatte aber immer mehr seine eigenen Interessen verfolgt und wurde nun in die USA verschleppt und dort zu einer langjährigen Gefängnisstrafe wegen Drogenhandels verurteilt.[8]

Auch als der Irak unter Saddam Hussein 1990 in das benachbarte Kuwait einmarschierte und damit auf einen Schlag etwa ein Fünftel der weltweiten Ölreserven beherrschte, zögerte Bush nicht lange. Dieses Mal organisierte er aber ein Mandat der Vereinten Nationen und schmiedete eine Militärallianz: Im Januar 1991 startete sie eine monströse Luftoffensive auf den Irak, später vertrieben sie Saddams Armee mit Bodentruppen in nur 100 Stunden aus Kuwait.[9] Nach nicht einmal sechs Wochen war der Krieg vorbei. Saddam Hussein hatte die »Mutter aller Schlachten«[10], wie er den Krieg nannte, verloren. Zurück blieben 10.000 Tote auf irakischer Seite, 343 gefallene Soldaten bei den Alliierten und rund 700 brennende Ölquellen in Kuwait, die gigantische Umweltschäden verursachten.[11]

Bush war da auf dem Höhepunkt seiner Popularität – rund 90 Prozent der Amerikaner stimmten seiner Amtsführung zu. Um abschließend drastisch abzustürzen: Zwar hatte Bush in Yale Wirtschaft studiert,[12] doch gegen jede ökonomische Vernunft hatte er im Wahlkampf 1988 wieder und wieder betont, dass es unter ihm keine Steuererhöhungen geben würde. Sein Slogan »Read my lips: no new taxes!« gilt seither als Mutter aller Wahlkampflügen. Denn das Budgetdefizit, das unter Reagan schon dramatisch gestiegen war, lief in den ersten Bush-Amtsjahren vollkommen aus dem Ruder und war ohne höhere Steuern nicht mehr beherrschbar. Der Irakkrieg war teuer, die Wirtschaft rutschte in eine zwar flache, aber lange Rezession, die Arbeitslosigkeit stieg und zudem drohte die Pleite einer ganzen Reihe von Sparkassen.

Sie waren bereits in den Jahren der Hochinflation vor Reagan in die Krise geraten, als Sparkassen aufgrund gesetzlicher Vorschriften mit den hohen Zinsen anderer Banken nicht mithalten konnten. Sie verloren viele Spareinlagen und hatten dadurch Probleme, ihre – langfristigen, niedrig verzinsten – Hypotheken zu finanzieren. Virulent wurde die Krise aber ab Mitte der Achtzigerjahre, als die Sparkassen nach einer Reihe schlechter Investmententscheidungen und einigen Betrugsfällen reihenweise kurz vor der Pleite standen.[13] Da ging es um viel: Am Ende mussten 747 Sparkassen mit Vermögenswerten von mehr als 407 Milliarden Dollar abgewickelt werden – eine Maßnahme, die den Steuerzahler wohl bis zu 124 Milliarden Dollar kostete.[14] Und die wohl auch dazu beitrug, dass George H.W. Bush in seinem zweiten Wahlkampf 1992 scheiterte.

Das Woodstock der Kapitalisten

Berkshire Hathaway ist eine Aktiengesellschaft, und deshalb muss sie einmal im Jahr eine Hauptversammlung abhalten, bei der alle Aktionäre Gelegenheit haben, kritische Fragen an die Geschäftsführung zu stellen und Anträge einzubringen. Im Fall von Berkshire ist das allerdings eher langweilig, denn es ist klar, dass Ideen von außerhalb keine Chance haben: Warren Buffett hat gemeinsam mit seiner Familie, Charlie Munger und anderen Freunden eine klare Mehrheit am Unternehmen und damit an den Stimmen bei der Hauptversammlung.

Bei den ersten Versammlungen, die in New Bedford stattfanden, tauchte daher so gut wie niemand auf.[15] Auch als Buffett das jährliche Treffen in die Cafeteria der National Indemnity nach Omaha verlegte, war es quasi ein Non-Event: Nur ein paar Freunde aus Omaha und Angestellte waren dabei.

Das ändert sich erst in den Achtzigerjahren: Erst sind es ein paar einzelne Aktionäre von außerhalb. Doch Warren Buffett wird immer bekannter und es spricht sich allmählich herum: Der offizielle Teil der Versammlung ist zwar in wenigen Minuten erledigt, anschließend beantwortete Warren Buffett aber die Fragen der Aktionäre. Diese langen Frage- und Antwortrunden sind unterhaltsam und lehrreich und es kommen immer mehr Aktionäre. Schließlich sind es so viele, dass die kleine Cafeteria und dann auch ein Saal in einem Hotel nicht mehr ausreicht.

1988 kommen schon rund 1000 Buffett-Fans. Kurz vorher ist die Aktie von Berkshire erstmals auf 5000 Dollar gestiegen.[16] Buffett empfängt sie in einem angemieteten Saal im Joslyn Art Museum. Angesichts der Menge gut gelaunter, wohlhabender Menschen hat sein Münzensammel-Gen plötzlich eine Idee: Alle diese Menschen sind nicht nur Aktionäre, sie sind auch potenzielle Kunden. Warren mietet ein paar Schulbusse und karrt die Anleger nach der Hauptversammlung zur Nebraska Furniture Mart. Dort wartet schon Mrs B. und verkauft innerhalb weniger Stunden Teppiche und Möbel für 57.000 Dollar.[17]

Doch das ist nur ein Vorgeschmack auf das, was noch kommt. Denn Warren Buffett perfektioniert die Idee über die Jahre. Er macht die Hauptversammlung mehr und mehr zum »Woodstock der Kapitalisten«, wie er sie selber nennt. Und zu einem gigantischen Kaufrausch: Er lädt seine Aktionäre zu einer Party beim Juwelier Borsheim's am Vorabend der Versammlung ein, der dabei ganz nebenbei nicht nur Unmengen an Uhren und Schmuck zu Rabattpreisen an den Mann und die Frau bringt, sondern auch nach und nach ertragreich eigene Berkshire-Souvenirs ins Programm aufnimmt. Nach dem Aktionärstreffen gibt es einige Jahre lang ein Barbecue in der Nebraska Furniture Mart und auch dort klingeln die Kassen. Er lässt seine Tochterfirmen Verkaufsstände vor der Versammlungshalle aufstellen und dutzende Geico-Berater Autoversicherungen verkaufen.

Ab dem Jahr 2000 kommen so viele Menschen zum Annual Meeting nach Omaha, dass nur noch die größte Veranstaltungshalle der Stadt genug Platz bietet, in der ansonsten Sportveranstaltungen oder Popkonzerte stattfinden. Zehntausende lauschen stundenlang in der riesigen Halle den geduldigen und witzigen Antworten von Charlie Munger und Warren Buffett, die auf einem Podium sitzen und eine große Show bieten: Teils weise, teils schlagfertig, oft witzig, aber immer verständlich geben sie Auskunft zu allen Themen rund ums Geldanlegen, einzelne Unternehmen, die wirtschaftliche Lage und mehr.

Zehntausende stürmen aber auch die große Halle im Erdgeschoss des Centers, die für einen Tag zu einem riesigen Jahrmarkt der Berkshire-Firmen wird. Jahr für Jahr wird das Angebot größer, denn Buffett kauft immer mehr Firmen für Berkshire: Heute finden Aktionäre hier Fertighäuser, Cowboystiefel, Autoversicherungen, Süßigkeiten, Teppiche, Bücher, T-Shirts, Anteile an privaten Flugzeugen, Küchengeräte, Laufschuhe und vieles mehr. Für die Berkshire-Töchter ist das ein durchaus lukratives Event. Der Juwelier Borsheim's beispielsweise setzte während der letzten Hauptversammlung mehr um als im Weihnachtsgeschäft.

Ein Genie für ein paar Cent

»Letztes Jahr haben Sie Ihren Teil als Käufer getan«, lobt Warren seine Aktionäre 2015. »Während der neun Stunden am Samstag haben wir 1385 Paar Cowboystiefel verkauft (das ist ein Paar alle 23 Sekunden), 13.440 Pfund See's Candies, 7276 Paar Arbeitshandschuhe von Wells Lamont und etwa 10.000 Flaschen Heinz Ketchup.«[18] Alles Firmen, die inzwischen zu Berkshire gehören. Weil der Ansturm so groß ist, bieten nicht nur Borsheim's und die Nebraska Furnitur Mart ihren Aktionärsrabatt ein paar Tage länger an: Auch die Verkaufshalle wird inzwischen einen Tag früher geöffnet.[19] Buffetts Woodstock ist eben das eines waschechten Kapitalisten: Es macht Spaß und ganz nebenbei wirft es gigantische Profite ab.

Für Warren Buffett ist die Hauptversammlung aber weit mehr als ein gutes Geschäft. Ab Ende der Achtzigerjahre wird sie immer mehr zum Höhepunkt des Jahres. Kurz vorher lässt er sich eine Liste erstellen, in der ausgeführt ist, aus welchen Ländern wie viele Aktionäre Eintrittskarten angefordert haben, und kann sie natürlich sofort auswendig. »Ich bin nicht sicher, ob mich jeder liebt«, sagt er, »aber ich glaube, sie fühlen tatsächlich, dass sie ein Teil einer Familie sind, wenn sie Berkshire-Aktionäre sind, und das ist anders als anderswo.«[20]

Denn Warren betrachtet seine Anteilseigner als Partner und zumindest finanziell behandelt er sie sogar besser als die Mitglieder seiner ersten Partnerschaften: Seine Gewinne mit ihrem Kapital gehen nun nicht mehr anteilig an Buffett, wenn er bestimmte Renditemarken überschreitet. Jede Kurssteigerung von Berkshire – auch durch den Kaufrausch bei der Hauptversammlung – macht nicht nur Warren, sondern im genau gleichen Verhältnis auch jeden anderen Aktionär reicher.

Der beste Vermögensverwalter der Welt ist also für – fast – lau zu haben. Bis heute kostet Warren Buffett die Firma lediglich ein Jahresgehalt von 100.000 Dollar. Auf jede A-Aktie von Berkshire, die Ende 2017 rund 300.000 Dollar wert ist, entfällt also ein Gehaltsanteil für Warren von gerade einmal 3 Cent[21] und noch einmal 3 Cent für Charlie Munger plus ein paar Cent für Betriebsausgaben wie Sicherheitsdienst und Reisen.

Am kräftigsten dürfte dabei Warrens Abneigung gegen Linienflüge durchschlagen: Weil er viel reist, kauft er 1985 einen gebrauchten Firmenjet – gegen den Widerstand von Charlie Munger, dessen »Vorstellungen von stilvollem Reisen ein klimatisierter Bus ist –, ein Luxus, den er aber nur in Anspruch nimmt, wenn es Sonderangebote gibt«, wie Buffett meint.[22] Warren Buffett tauft den Jet und seine Nachfolger zunächst »The Indefensible«, »Die Nichtzurechtfertigende«, nennt sie aber später in »The Indispensible«, »Die Unverzichtbare«, um.[23] Als er später die Firma NetJets übernimmt, die ein Share-Flugzeugkonzept anbietet, wird er dort sein eigener Kunde und verkauft den Berkshire-Jet.

Doch Flugzeug hin oder her: Billiger als Warren Buffett ist ein hervorragender Vermögensverwalter nirgends zu haben. Kein Wunder, dass seine Aktionäre sich auch selber als Partner empfinden, von denen die meisten ohne Wenn und Aber zu ihm halten. In guten wie in schlechten Zeiten – auch als er plötzlich einige Jahre später einmal mehr als komplett aus der Zeit gefallen erscheint.

Billiges Geld

Gerade eben hatten die Finanzmärkte den Zusammenbruch der hoch gehypten Junkbond-Märkte und den Überraschungscrash von 1987 überstanden, da fanden Anleger schon das nächste heiße Spekulationsobjekt: An der Westküste der USA wurde die Computertechnologie immer weiter vorangetrieben. Spätestens als Bill Gates und seine Firma Microsoft 1983 das Programm »Windows« vorgestellt hatten[24], wurde klar: Computer sind für jedermann bedienbar und werden in allen Bereichen des Lebens und der Wirtschaft eine wichtige Rolle spielen.

Microsoft wurde schnell ein Weltkonzern, und nicht nur Bill Gates, sondern auch viele andere Computerpioniere dominierten bald die Milliardärs-Listen von *Forbes*: Anfang der Neunzigerjahre wurde dort noch Warren Buffett als reichster Mann der Welt geführt, am Ende des Jahrzehnts hatten ihn nicht nur Bill Gates, sondern auch Microsoft-Mitbegründer Paul Allen und der Chef der Firma, Steve Ballmer, überholt.[25]

Anleger versuchten, auf den Zug aufzuspringen. Sie kauften die Aktien von kleinen und großen Tech-Firmen, die vor allem an der Computerbörse Nasdaq gehandelt wurden. Fast alle Anleger – außer natürlich Warren Buffett. Der hatte seinen »Kompetenzzirkel« zwar ständig erweitert, die Einschätzung technischer Entwicklungen gehörte aber, wie in den Sechzigerjahren, nicht dazu. Technologie-Aktien waren einfach nichts für ihn. »Ich hatte mit Bill Gates zwar einen guten Lehrer«, sagt er immer wieder, »aber ich bin ein schlechter Schüler.«

Die US-Wirtschaft erholte sich unterdessen von der Schwächephase Anfang der Neunzigerjahre. 1992 gewann der junge Senator Bill Clinton die Präsidentschaftswahlen gegen den unbeliebten Bush Senior und machte sich mit Erfolg daran, das gigantische Haushaltsdefizit zu verringern und letztendlich in einen Überschuss zu verwandeln. Dabei half ihm, dass die Konjunktur rundlief, aber er hielt auch die Ausgaben unter Kontrolle. Clinton hinterließ den USA wenig von dem, wofür die Demokratische Partei eigentlich steht. Auch er scheiterte mit der Einführung einer Krankenversicherung für alle, und vor seiner Wiederwahl kürzte er kräftig die Sozialausgaben unter anderem für Zuwanderer und Alleinerziehende.[26] Denn auch unter Teilen der Demokraten hatte sich die Ansicht von Ernest Buffett über Sozialversicherungssysteme verfestigt: Sie galten als teuer und schädlich für die Freiheit und die Wirtschaft in den USA.

Fast wichtiger für die Börse war ohnehin ein anderer Mann: Als Nachfolger von Paul Volcker war 1987 Alan Greenspan als neuer Chef der Fed ernannt worden. Dass er mit den Bedürfnissen der Börsen umgehen konnte, musste er gleich kurz nach seinem Amtsantritt beweisen, als der Crash im Oktober alle überraschte. Er bestand den Test mit Bravour, indem er sofort mit einer kräftigen Zinssenkung reagierte und so half, schnell das Vertrauen der Anleger wiederherzustellen.[27]

Greenspan war ein Feind der Inflation und achtete während seiner insgesamt fünf Amtszeiten von 1987 bis 2006 mit Argusaugen darauf, dass die Preissteigerungen bei Gütern und Dienstleistungen nicht aus dem Ruder liefen. Tatsächlich war die offizielle Inflationsrate während der 19 Jahre unter Greenspan niedrig, mit Ausnahme des Rezessionsjahres 1990.[28] Doch er war auch ein Freund der Wirtschaft und auf jede Krise reagierte er wie 1987: Er senkte die Zinsen.

Das half der Wirtschaft, die wuchs und wuchs. Und wundersamerweise blieb die Inflation dabei niedrig. Das lag zum Teil daran, dass die Globalisierung Güter eher billiger als teurer machte. Andererseits wurde das viele Geld, das mit billigen Krediten in Umlauf kam, nur teilweise für Waren und Dienstleistungen ausgegeben. Ein großer Teil des Kapitals floss in Geldanlagen wie den Aktienmarkt. Dort stiegen die Kurse kräftig, statt eine Inflation bei Waren und Dienstleistungen gab es eine »Asset Price Inflation«, eine Vermögenspreisinflation. Die bemerkte Greenspan wohl. Ende 1996 sprach er von einem »irrationalen Überschwang« an den Aktienmärkten. Am Tag seiner Rede schloss der Dow Jones bei 6437,10 Punkten, drei Jahre später übersprang er erstmals die 10.000er-Marke.[29]

Die langfristigsten Folgen dieser Geldschwemme für die Finanzmärkte ignorierte Greenspan in letzter Konsequenz allerdings. Genau wie die möglichen Folgen daraus, dass die niedrigen Zinsen so gut wie alle zum Schuldenmachen verführten. Heute gilt Greenspans Politik als eine der wichtigen Voraussetzungen für die Blasenbildung sowohl am Aktienmarkt vor dem Jahr 2000 als auch am Immobilienmarkt vor der Finanzkrise 2008. »Ich habe furchtbar viele Fehler gemacht«, sagte der lange als unfehlbar geltende Ex-Fed-Chef später. »70 Prozent meiner Entscheidungen waren richtig, die restlichen 30 Prozent haben zur Finanzkrise beigetragen.«[30]

Der verhinderte Retter

Von billigen Krediten profitierte auch John Meriwether, der geschasste Manager von Salomon Brothers und Ex-Chef des Betrügers Paul Mozer. Zwei Jahre nach seinem Abgang bei Salomon meldet er sich mit einem neuen, eigenen Geschäft zurück. Mit seinem Long Term Capital Management Fonds – kurz LTCM – will er die Idee weiterverfolgen, mit der er bei Salomon viel Geld verdient hatte: Wieder versammelt er geniale Mathematiker und Professoren um sich, die mit komplizierten Berechnungen herausfinden sollen, wo es langfristig Gewinne geben könnte. Zwei von ihnen bekommen später einen Nobelpreis für ihre Modelle zur Berechnung von Optionspreisen.[31] Vor allem konzentrieren sich die Mathegenies auf Preisunterschiede, die zwischen einem Basisinvestment wie einer Anleihe und den Derivaten darauf entstehen können.* Einen kleinen Teil des Kapitals für den Hedgefonds bringen Meriwether und seine Kollegen selber ein, große Summen bekommen sie von einigen Banken und der Rest wird geliehen.[32]

Die Bedingungen für die Anleger sind harsch – sie müssen ihr Geld drei Jahre lang im Fonds lassen und jedes Jahr 2 Prozent des Kapitals plus 25 Prozent des Profits an die Manager abtreten.[33] Doch ein paar Jahre lang sind auch die Gewinne hoch. 1998 hat der Fonds ein Eigenkapital von 2,2 Milliarden Dollar eingesammelt.

Die Professoren berechnen genau, welche Investments logischerweise in einiger Zeit wie viel wert sein werden und mit welchen Optionen, Terminkontrakten oder Leerverkäufen damit etwas zu verdienen ist. Zwei Tatsachen beachten sie allerdings nicht: dass die Finanzmärkte eben nicht immer logisch sind und genau da landen, wo sie rechnerisch eigentlich sein müssten. Und dass ein Fonds ganz schnell in dramatische Schwierig-

---

* Ein einfaches Beispiel für so ein Geschäft:
Ein Wertpapier notiert bei 100 Dollar und der Spekulant geht davon aus, dass das auch so bleiben wird. Er schließt für 40 Cent ein Termingeschäft ab, dieses Papier nach einer gewissen Zeit für 99,50 Dollar kaufen zu können. Er macht also 50 Cent Kursgewinn, wenn er richtigliegt, seinen Kontrakt ausübt und anschließend das Wertpapier wieder verkauft.
40 Cent musste er für den Terminkontrakt bezahlen, heißt, ihm bleiben 10 Cent Reingewinn. Das sind aber immerhin 25 Prozent gegenüber dem ursprünglichen Einsatz von 40 Cent. Vorausgesetzt natürlich, der Spekulant liegt richtig und der Kurs des Wertpapiers fällt nicht. Der sogenannte »Hebel« ist gigantisch. Steigt das Wertpapier nur um 0,1 Prozent, kostet also 100,10 Dollar, gewinnt der Spekulant 20 Cent nach Abwicklung seines Geschäftes. Das sind schon 50 Prozent auf seinen Einsatz. Bei 100,50 Dollar sind es 60 Cent oder 150 Prozent.
Genauso gigantisch ist aber das Verlustrisiko: Bei einem Kurs des Wertpapiers von 99,90 ist der Gewinn des Spekulanten weg, bei 99,50 das Geld, das er ursprünglich eingesetzt hat. Unter 99,50 hat er plötzlich zusätzliche Schulden. Bei 99,00 zum Beispiel noch einmal 50 Cent für jeden Terminkontrakt, den er gekauft hat. Dieses Risiko ist unbegrenzt bis zu einem Kurs von 0. Dann hat der Spekulant 99,50 Dollar für jeden Kontrakt aufzubringen.

keiten kommt, wenn er vor allem mit geliehenem Geld agiert und durch den Einsatz von Derivaten aus kleinen Summen schnell große Forderungen werden.

1998 gab es einige schlechte Nachrichten aus fernen Ländern, die die Finanzmärkte ordentlich aus dem Tritt brachten. Bereits einige Zeit zuvor waren auch die bislang dynamischen Tigerstaaten in Südostasien wie Thailand, Indonesien und Südkorea in Wirtschafts- und Zahlungsprobleme gerutscht. Lange Zeit galten sie als heißeste Region der Welt und Anleger hatten Milliarden dort investiert. Dann fiel allen auf einmal auf, dass die Tigerstaaten dadurch ja gigantische Auslandsschulden angehäuft hatten. Die sogenannte Asienkrise sorgte zwar nur für einen vorübergehenden Dämpfer an den Aktienmärkten, an den Anleihenmärkten waren die Kurse aber nun ein ganzes Stück weit weg von dem, wo sie logischerweise hätten stehen sollen. Und es wurde noch schlimmer: Im neu entstanden Russland war die wirtschaftliche Lage so schlecht, dass der Rubel abstürzte und es immer zweifelhafter wurde, ob das Land seine Anleihen weiter würde bedienen können.

Alle wollten ihr Geld jetzt sicher anlegen und kauften US-Staatsanleihen. Genau gegen die hatte der LTCM aber mit mehr als 100 Millionen Dollar spekuliert. Der Fonds hatte mit Leerverkäufen auf die Veränderung der Preisdifferenzen zwischen verschiedenen Laufzeiten gesetzt. Und war damit in einer dramatischen Schieflage. Den Verantwortlichen bei der Fed und anderen Behörden wurde schnell klar, dass eine Pleite von LTCM einem Finanzerdbeben gleichkommen würde. Mit Leerverkäufen und Derivaten, die LTCM überwiegend einsetzte, waren für ein paar Dollar Kapital Rechte – oder Verpflichtungen – für Hunderte von Dollar zu haben. Dieser sogenannte Hebel hatte dafür gesorgt, dass LTCM in Geschäften mit einem Nominalvolumen von mehr als 1,25 Billionen Dollar steckte.[34] Und niemand – nicht einmal Meriwethers Nobelpreisträger – konnte vorhersagen, was passieren würde, wenn weltweit auf einmal Forderungen von 1,25 Billionen Dollar wertlos würden.

Meriwether bietet Warren Buffett an, den Fonds zu kaufen und mit frischem Kapital zu retten. Doch der ist erst einmal abgeneigt. Allmählich wird aber klar: Auch Berkshire wäre von einer Pleite betroffen, denn

LTCM schuldet nicht nur dem Unternehmen selber Geld, sondern auch viele Schuldner von Berkshire haben offene Geschäfte mit LTCM. »Derivate sind wie Sex«, sagt Buffett daraufhin, »das Problem ist nicht, mit wem wir schlafen, sondern mit wem unser jeweiliger Bettgefährte geschlafen hat.«[35] Andererseits fällt der Wert von LTCM ständig weiter, schließlich ist er so tief, dass der Fonds allmählich ein echter Graham-Zigarrenstummel ist. Warren beginnt, mit Meriwether zu verhandeln, denn nun will er LTCM tatsächlich kaufen.

Doch dazu kommt es nicht. Denn Warren, den Bill Gates zu einer Tour in den Yellowstone-Nationalpark überredet hat, hat dort keinen Handyempfang und kann die Verhandlungen mit Meriwether daher nicht zum Abschluss bringen. Unterdessen organisiert die Fed, die nun nicht mehr warten will, eine Rettungsgruppe von Banken, die LTCM schließlich übernimmt. Buffett geht leer aus.

Er hängt sich daraufhin den fertig ausgearbeiteten Kaufvertrag für LTCM mit seiner Unterschrift, aber ohne die von Meriwether, eingerahmt ins Büro und trauert den entgangenen Gewinnen ein bisschen nach: »Wir machen immer Witze, dass ich Warren ein paar Milliarden schulde, weil dieser Deal, wenn er ihn gemacht hätte, sehr gut gelaufen wäre«, sagt Bill Gates. »Das ist teilweise Spaß, tatsächlich ist es aber ein bisschen ernst.«[36]

»What's Wrong, Warren?«

Berkshires Ertragskraft kommt in den Neunzigerjahren so richtig in Schwung. Die Versicherungen Geico und National Indemnity, die Tochterunternehmen, aber auch Ajit Jains Versicherungsgeschäft überweisen eine Million nach der anderen an die Berkshire-Zentrale in Omaha. Zudem gehen regelmäßige Dividendenzahlungen aus den gigantischen Aktienpaketen und Gewinnausschüttungen der Tochterfirmen ein. Warren und Charlie finden eine gute Investmentidee nach der anderen dafür. Sie kaufen einen weiteren Juwelier, ein Kaufhaus für Wohnungsausstattung, das von Möbeln über Elektronik bis hin zu Bodenbelägen alles führt, womit man ein Haus bestücken kann. Sie übernehmen die Firma

FlightSavety, eine internationale Flugschule, die führend beim Einsatz von Simulatoren ist.

Dazu stocken sie die großen Aktienpakete von Berkshire ständig auf. 1996 besitzt Berkshire Mehrheiten an mehr als einem Dutzend Firmen und ein Aktienportfolio mit einem Marktwert von knapp 28 Milliarden Dollar, darunter fast 15 Prozent an der *Washington Post*, mehr als 10 Prozent von American Express, 3,6 Prozent von Walt Disney, gut 8,5 Prozent von Gillette und 4,3 Prozent von McDonald's. Pro Aktie, rechnet Warren seinen Aktionären vor, liegt die anteilige Summe des Berkshire-Wertpapierdepots jetzt bei 28.500 Dollar. Dazu kommen die Unternehmen und Versicherungen, deren Wert er nicht beziffert, die aber 1996 einen Gewinn pro Aktie von 421,29 Dollar erwirtschaften.[37]

Warren Buffett macht wenige Fehlgriffe bei seinen Investments, und wenn, dann spricht er offen darüber: »Der grausamste war Dexter Shoes«, sagt er später. Berkshire kaufte die Firma 1993 für 433 Millionen Dollar. Doch ähnlich wie bei seinem Engagement bei Berkshire selber 30 Jahre zuvor unterschätzte er die Effekte der Globalisierung. Die amerikanische Schuhfirma konnte letztendlich im Wettbewerb gegen Billiganbieter aus den Emerging Markets nicht bestehen. Doch schlimmer noch: »Tatsache ist, dass ich den Dexter-Verkäufern Berkshire-Aktien und nicht Bargeld gab, und die Aktien, die ich für den Kauf verwendet habe, sind jetzt ungefähr 5,7 Milliarden Dollar wert«, gesteht er 2014. Ein Betrag der in den vergangenen Jahren nochmals um ein paar Milliarden gestiegen ist. »Als finanzielles Desaster verdient dieses hier einen Platz im Guinness-Buch der Rekorde.«[38]

Doch selbst ein Desaster wie Dexter kann die Erfolgsserie von Buffett und Munger nicht stoppen. Denn alle anderen Investments sind so ertragreich, dass das Modell Berkshire immer runder läuft: Jedes Jahr wollen immense Summen investiert werden, und das tun Warren und Charlie so gut, dass es im Jahr drauf noch größere Summen sind. Die Berkshire-Aktie steigt und steigt. Im November 1992 war sie erstmals über 10.000 Dollar wert, nur drei Jahre später, im November 1995, sind es schon 30.000 und 1998 fast 80.000 Dollar.[39]

Doch Ende der Neunzigerjahre geht die Reise plötzlich rückwärts. Die Aktie fällt – bis auf ein Tief im März 2000 von etwas mehr als 41.000 Dollar. Zwei Jahre vorher hat Buffett die Firma NetJets – damals noch mit dem Namen Executive Jet – gekauft, ein Unternehmen, das Anteile an privaten Jets verkauft. Zudem hatte Berkshire die General Re übernommen, eine der größten Rückversicherungen der Welt, die – wie sich jetzt herausstellt – schlecht gemanagt war und prompt in heftige Ertragsschwierigkeiten rutscht. Bershires Gewinne gehen zurück.

Doch nicht die blanken Zahlen arbeiten gegen Buffett, es ist vor allem die Stimmung: Sein Imperium wirkt plötzlich veraltet, wie aus einer anderen Zeit. Berkshire sei ein »mittelständisches Versicherungsunternehmen, besetzt mit einer bizarren Mischung von Vermögenswerten, darunter Süßwarenläden, Hamburgerstände, Juweliergeschäfte, ein Schuhmacher und ein drittklassiges Lexikonunternehmen«, wie die angesehene Wall-Street-Zeitung *Barron's* einen Analysten zitiert.[40]

»What's Wrong, Warren?«, fragt *Barron's* Ende 1999 in dicken Lettern auf ihrem Titel und liefert auch gleich die Diagnose. »Berkshires Chairman und Chief Executive mag der größte Investor der Welt sein«, urteilt der Autor, »aber er hat den Boom der Technologie-Aktien in den letzten Jahren nicht vorhergesehen oder kapitalisiert.« Sein Genie sei, dass er Grahams Ansatz ausgeweitet habe. »Doch Buffett war nicht in der Lage, den nächsten Sprung nach vorne zu machen und sich an den aktuellen, von der Technologie getriebenen Bullenmarkt anzupassen. Der Grund: Technologie ist nicht in Buffetts ›Kompetenzzirkel‹, und so fühlt er sich nicht wohl bei der Suche nach langfristigen Gewinnern in der Branche.«[41]

Eine neue Wirtschaft

Dass es zu den Kursen Ende der Neunzigerjahre unter den Tech-Werten so gut wie keine langfristigen Gewinner mehr gibt, erkennt der Autor allerdings genauso wenig wie die meisten Anleger. In den Neunzigerjahren fließt Greenspans billiges Geld vor allem an den Aktienmarkt und ab der zweiten Hälfte des Jahrzehnts fast ausschließlich in Tech-Firmen und hier vor allem in Internetwerte. Die werden so beliebt – und so teuer –, dass gewiefte Verkäufer neue Kennzahlen für die jungen Unternehmen erfinden: Es sei nicht mehr interessant, welches Vielfache eines Jahresgewinns ein Unternehmen wert ist, sondern welches Vielfache seiner Umsätze, auch wenn es Verlust macht.

Denn die Welt stehe vor einer »New Economy«, die über das Internet gesteuert wird und die langfristig die »Old Economy«, also all die Fabriken, Händler und Verlage, dominieren werde. Wer jetzt einen großen Anteil an den neuen Technologie-Märkten erobere, werde später zu den Gewinnern gehören, so die Theorie. Das klang natürlich verlockend, und Millionen von alten und neuen Anlegern glaubten daran oder ließen sich von den schnellen Gewinnen locken, die mit egal welchem Tech-Wert zu erreichen waren. Selbst in Deutschland, der Börsenmuffel-Nation schlechthin, wollten nun alle plötzlichen Aktien – solange sie am Ende ihres Namens nur ein ».de« oder besser noch ein ».com« stehen haben. Taxifahrer, Putzfrauen und Bauern steckten ihre letzten Ersparnisse in die jüngsten Neuemissionen am »Neuen Markt«, dem Börsensegment für Tech-Aktien in Deutschland.

Der Neue Markt hob ab, genau wie die Nasdaq in den USA. Dort stiegen die Kurse seit dem Jahrestief von 1990 innerhalb von zehn Jahren immer schneller: bis zum Höchstkurs im Jahr 2000 um insgesamt sagenhafte 1900 Prozent.[42] Aktien der »Old Economy« wie die von Berkshire wollte dagegen niemand mehr haben, die Kurse fielen und eine bizarre Ungleichheit entstand: Ende 1999 war das Einkommen-Powerhaus Berkshire zu einem Kurs zu haben, der einem Gesamtwert des Unternehmens von 83 Milliarden Dollar entspricht, der Internetanbieter Yahoo war dagegen 120 Milliarden wert. Berkshire hatte da ein schlechtes Jahr und verdiente »nur« rund 1,5 Milliarden Dollar nach Steuern, knapp 1,3 Milliarden weniger als im Vorjahr. Das waren aber immer noch rund 375 Millionen pro Quartal. Yahoo schaffte dagegen pro Vierteljahr nur mühevoll einstellige Millionenbeträge und die Analysten flippten aus vor Begeisterung, als im dritten Quartal gut 40 Millionen Nettogewinn erreicht wurden.[43]

Die Theorie der »New Economy« scheint sich zu bestätigen, als im Jahr 2000 angekündigt wurde, dass der altehrwürdige Medienkonzern Time Warner per Aktientausch vom damals größten Internetanbieter AOL übernommen werden sollte.* Doch da war die Sause schon fast vorbei. Denn die Grundgesetze der Wirtschaft gelten auch für Firmen mit einem hübschen ».com« im Namen. Viele hatten das Geld aus ihren Börsengängen inzwischen verbrannt, ohne je einen Cent Gewinn gemacht zu haben. Wer aber kein Geld verdient, wird irgendwann seine Rechnungen nicht mehr bezahlen können und pleitegehen.

Der Absturz begann im Jahr 2000, als das Modeportal boo.com Insolvenz anmelden musste. In nur vier Monaten hatte es 135 Millionen Dollar für seine Geschäftsidee verheizt.[44] Hunderte andere Dotcoms folgten in die Pleite und die Nasdaq brach zusammen. Zwischen ihrem Hoch im Jahr 2000 und dem Tief zwei Jahre später verlor sie mehr als 80 Prozent.[45] Der Neue Markt in Deutschland fiel noch stärker und wurde später eingestellt und durch den Tec-Dax ersetzt. Der Traum von der New Economy war geplatzt.

Zurück blieben viele ruinierte Kleinanleger, einige Ex-Milliardäre und viele Ex-Millionäre unter den Unternehmensgründern und zahlreiche Klagen wegen Betrugs oder Insolvenzverschleppung. Und ein bestätigter Warren Buffett, den die Medien nun endgültig als »Wizard of Omaha« feierten. Die Berkshire-Aktie stieg rasch wieder auf mehr als 70.000 Dollar.

Warren mag vielleicht von der Kritik während der Dotcom-Euphorie gekränkt gewesen sein. Er hat aber nicht nur recht behalten, sondern auch die Chancen der wilden Tech-Euphorie erkannt: Er nutzte die Verachtung für Firmen und einige Aktien der »Old Economy« und sammelte neue Investments ein, die sonst keiner wollte und die daher billig zu haben waren. Darunter ein weiteres Möbelgeschäft, noch einen Juwelier und 1999 für 2 Milliarden Dollar die MidAmerican Energy, einen großen Versorger, der zwar wie alle Energieunternehmen einigen Regulierungen unterliegt, dafür aber beständige Einnahmen bietet.

---

* Das Geschäft wurde 2001 vollzogen, 2009 wurden die Unternehmen aber wieder getrennt.

Das ist aber noch nichts gegen den Kaufrausch, in den Buffett die folgenden Jahre verfallen wird: Denn Mr. Market muss einen Schicksalsschlag nach dem anderen hinnehmen und bricht immer mehr in sich zusammen.

KAPITEL 11

KRISENZEITEN

TERROR, BETRUG UND KOLLAPS

2000–2008

Das neue Jahrtausend beginnt traumatisch:
Die Terroranschläge des 11. September, ein neuer Krieg
und wenige Jahre später die Finanzkrise erschüttern das Land.
Warren Buffett führt Berkshire durch schwere Zeiten
und wird für die Finanzmärkte ein Fels in der Brandung.

Ein Präsident, der spaltet

Lange war die Abneigung zwischen den beiden politischen Lagern nicht mehr so stark gewesen wie nach der Präsidentschaftswahl im Herbst 2000. Die war denkbar knapp ausgegangen, in Florida, dem alles entscheidenden Bundesstaat, gab es Unregelmäßigkeiten. Es musste ein Gericht entscheiden und einzelne Stimmbezirke wurden nachgezählt.

Die Mehrheit der amerikanischen Bürger hatten sich für Al Gore, den Vize von Präsident Bill Clinton entschieden, und diese Mehrheit fühlte sich jetzt betrogen. Denn ins Amt kam George W. Bush, der Sohn von

Bill Clintons Vorgänger, auch weil wohl ungültige Stimmen in Florida für Bush dennoch gezählt hatten.[1] Das amerikanische Wahlsystem machte es möglich – wie später auch im Duell von Donald Trump gegen Hillary Clinton. In vielen US-Staaten bekommt derjenige sämtliche Stimmen der Wahlmänner, der dort gewinnt, und sei es mit knapper Mehrheit. Die Stimmen für den Gegenkandidaten zählen somit nichts.[2]

Bush stand für alles, was von einem konservativen Politiker in den USA erwartet wird. Für eine liberale Wirtschaftspolitik sowieso. Als Gouverneur von Texas hatte er unzählige Hinrichtungen befürwortet, auch wollte er sich gegen Abtreibungen einsetzen. Er zeigte eine martialische Art, mit den Gegnern der USA umzugehen: Die kamen allerdings jetzt nicht mehr aus Russland, sondern vor allem aus der islamischen Welt.

Busch war gerade einmal ein gutes halbes Jahr im Amt, als eine Terrorattacke die USA traf, die die Welt verändern sollte: Islamistische Terroristen entführten am 11. September 2001 vier Flugzeuge und lenkten drei von ihnen in die Türme des World Trade Center in New York und in das Pentagon in Washington. Die Welt hielt den Atem an. Live verfolgten entsetzte Menschen auf der ganzen Welt im Fernsehen die Ereignisse: Wie die Türme des World Trade Centers in New York erst brannten und sich Menschen aus den oberen Stockwerken in den Tod stürzten. Wie beide Türme nacheinander einstürzten und von Asche bedeckte Menschen zu Tausenden über die Brooklyn Bridge aus Manhattan flohen. Und wie immer klarer wurde: Die bereitgestellten Krankenhausbetten in New York würden kaum benötigt, denn es gab so gut wie keine Überlebenden in den eingestürzten Türmen. Nine Eleven kostete Tausende Menschen das Leben.

Das löste zunächst weltweit eine gigantische Solidaritätswelle mit den USA aus, selbst im zunehmend Amerika-kritischen Deutschland. Doch Bush verspielte das in atemberaubender Geschwindigkeit: Dass er in seinem »War on Terror« zunächst Afghanistan angriff, wo das fundamental islamische Regime der Taliban den Drahtzieher des Terroranschlags, Osama Bin Laden, beheimatete, trugen noch viele mit. Als Bush den Krieg aber ohne UN-Mandat gegen den Irak von Saddam Hussein ausweiten wollte, sprangen einige Verbündete, darunter Deutschland, ab.

Denn der Irakkrieg war militärisch zwar schnell gewonnen, eine Befriedung der Region gelang den USA aber nicht. Vor allem aber setzte er die USA in den Augen vieler moralisch ins Unrecht: Die Massenvernichtungswaffen, die der Irak angeblich besaß und die als Rechtfertigung für den Krieg angeführt wurden, wurden nie gefunden. Bush und sein Verteidigungsminister Donald Rumsfeld verschärften in vielen islamischen Ländern den Hass auf die USA und brachten zahlreiche Verbündete gegen sich auf: Sie brachen ein Tabu der westlichen Welt und erlaubten dem Geheimdienst, Gefangene zu foltern, unter anderem mit Waterboarding.

Auf Kritik reagierten Bush und seine Administration mit Arroganz und Verachtung: »Sie denken bei Europa an Deutschland und Frankreich? Ich nicht. Für mich ist das das alte Europa«, sagte Rumsfeld 2003[3] und kooperierte lieber mit ehemaligen Ostblockstaaten wie Polen, die auch keinen Einspruch gegen heimliche Foltergefängnisse für US-Geheimdienste in ihrem Land erhoben.[4]

Im Frühjahr 2003 erklärte Bush die Mission im Irak medienwirksam auf einem Flugzeugträger für beendet[5] – voreilig, wie sich herausstellte. Denn die Kämpfe dort gingen noch eine ganze Weile weiter und die komplette Region blieb über Jahrzehnte in Aufruhr. Doch schon damals konnte sich eine Mehrheit für eine rücksichtslose, polternde USA begeistern: 2004 wurde George W. Bush wiedergewählt – diesmal mit knapper Mehrheit auch der Stimmen.

Kaufrausch und Verluste

Der 11. September 2001 traf Mr. Market zu einem Zeitpunkt, als allmählich klar wurde, dass die schöne »New Economy« nur eine Einbildung gewesen war. Die Gefahr war real, dass die Börse implodieren würde. Natürlich senkte die Fed direkt nach den Anschlägen die Zinsen. Doch die meisten Anleger verkauften ihre Aktien dennoch, einige, weil sie die Liquidität brauchten, andere, weil sie Angst hatten – außer Warren Buffett, der mit seinem privaten Depot, aber auch für Berkshire, in einen regelrechten Kaufrausch verfiel. Schon bevor die Dotcom-Blase platzte, waren die Preise für die Unternehmen, wie Warren Buffett sie sucht, gut. Doch mit dem Zusammenbruch der Nasdaq und dem starken Rückgang des S&P waren sie richtig gut.

Berkshire wächst in einem schwindelerregenden Tempo. Alleine im Jahr 2000 kauft Buffett mehr als ein halbes Dutzend große und richtig große neue Tochterfirmen für mehrere Milliarden Dollar dazu. Darunter sind der Cowboystiefelhersteller Justin Boots; Cort Business Services, ein Vermieter von Büromöbeln; Shaw Industries, eine Teppichfabrik; Benjamin Moor, ein Farbenhersteller; eine weitere Juwelierkette; eine Ziegelfabrik; ein Baumaterialienhersteller und eine neue Versicherung.[6] Im Jahr darauf kommen Larson-Juhl, ein Bilderrahmenhersteller mit eigener Ladenkette, MiTek, der weltweit führende Hersteller von Verbindungsplatten, die im Dachbau verwendet werden, und XTRA, ein Leasingunternehmen für Anhänger, dazu. Und Berkshire ist in Kaufverhandlungen für Fruit of the Loom, die führende Marke im Sport- und Unterwäschegeschäft. Zudem hält Berkshire zwei große neue Aktienpakete: eines von der Ratingfirma Moody's und eines von H.R. Block, einem großen Steuerberatungsbüro mit zahlreichen Filialen.[7]

Für neue Tochterunternehmen muss Buffett jetzt nicht mehr um Ideen ringen, er kann einfach warten, dass sich Besitzer von guten Firmen bei ihm melden. »Das ist ein großes Plus«, erklärt er einmal. »Wir haben einen gewissen Selbstauswahlprozess unter den Firmen, die zu uns kommen, denn sie kennen unsere Kultur.«[8] Und sie sind in der Regel bereit, auf einen möglichst hohen Gewinn bei dem Verkauf zu verzichten, um dafür ihr Lebenswerk bei Berkshire in guten Händen zu wissen. Sie verkaufen zu fairen Preisen – was für Buffett heißt, dass er die Firmen mit einer Sicherheitsmarge erwerben kann.

Auch Berkshires Versicherungsbranche hat mit dem Zukauf der General Re einen großen Sprung gemacht – allerdings nur in Sachen Marktanteil, was Buffett normalerweise nicht besonders interessiert. Der Float beträgt jetzt mehr als 35 Milliarden Dollar. Natürlich hat der Terroranschlag von 11. September auch zu Verlusten bei den Versicherungen und Rückversicherungen der Holding geführt. Am kräftigsten hatte es dabei die General Re erwischt, die alleine 1,7 Milliarden Dollar verlor, denn immer noch ist das Haus in Sachen Risikostreuung nicht auf Berkshire-Standard. Der Gewinn bricht ein und zum ersten Mal, seit Warren Buffett das Management von Berkshire übernommen hat, sinkt der Buchwert pro Aktie – um 6,2 Prozent.[9]

Das kümmert Warren Buffett allerdings nicht allzu sehr, denn er ist sich sicher, dass sich sein gewagt aussehender Kaufrausch auszahlen wird. »Geld in Kombination mit Mut ist in Krisenzeiten unbezahlbar«, sagt er.[10] Er hält sich an sein grundsätzliches Credo: »Seit 240 Jahren war es ein schrecklicher Fehler, gegen Amerika zu wetten, und jetzt ist nicht die Zeit, damit anzufangen. Amerikas goldene Gans aus Handel und Innovation wird weiterhin mehr und größere Eier legen.«[11] Und Buffett will, dass möglichst viele davon im Nest von Berkshire landen.

Ein Betrug biblischen Ausmaßes

Einer der ganz großen Stars der New Ecomony, wenn nicht der größte überhaupt, war eine Firma, die den Sprung aus der »Old« Economy in die neuen Zeiten anscheinend mühelos und virtuos geschafft hatte. Die Firma Enron, vordem vor allem ein Gaspipelinebetreiber, hatte 1989 den Eintritt in einen neuen Markt gewagt und von da an mit Gas und Energie aller Art gehandelt. Bisher wurde dieses Geschäft von staatlich regulierten Monopolen dominiert, doch Enron bediente sich der Methoden der Wall Street und machte Gas, Strom und andere Energieträger als Wertpapiere und Optionen handelbar.

Die wurden nun online gedealt und Enron übertrug die Idee auf andere Bereiche: Werbeminuten fürs Fernsehen, Versicherungen oder Übertragungszeit in Hochgeschwindigkeitsdatennetzen und sogar Zeitungspapier, für immer mehr Güter gab es eine Handelsplattform bei Enron samt zugehöriger Wertpapiere. Enron galt nun als innovativstes Unternehmen schlechthin und wuchs zu einem Weltkonzern heran. Und die Firma hatte anscheinend so gut wie immer Erfolg. Zuverlässig meldete es jedes Quartal immer höhere Gewinne. Im Jahr 2000 stand Enron in der *Forbes*-Liste der größten Unternehmen der USA mit einem Börsenwert von 68 Milliarden Dollar[12] auf Platz sechs[13].

Heute taucht es allerdings nur noch auf einer *Forbes*-Liste auf: derjenigen der »zehn größten Betrugsfälle der jüngeren US-Geschichte«. Enron steht hier auf Platz eins.[14] Denn die schönen Gewinne hatte es nie gegeben. »Es stellte sich heraus, dass Enron gut darin war, Geschäfte zu erfinden, aber fürchterlich schlecht bei der mühsamen Arbeit, sie zu betreiben«, schrieb später ein Kommentator der *New York Times*.[15]

Das Unternehmen verbrannte Milliarden mit neuen Geschäftsideen und begann, die immer gigantischeren Verluste mit kriminellen Buchhaltungsmethoden in Tochterunternehmen zu verstecken. Im Oktober 2001 meldete Enron einen hohen Millionenverlust, Anfang Dezember brach das Kartenhaus zusammen: Enron war insolvent. Ein Untersuchungsausschuss des Kongresses stellt zwei Monate später ein Desaster »biblischen Ausmaßes« fest.[16] Milliarden fehlten, Zehntausende Mitarbeiter verloren durch den Betrug ihren Arbeitsplatz und Tausende Anleger ihr Geld. Nach dem Platzen der Dotcom-Blase und dem 11. September stürzte das den angeschlagenen Mr. Market nun vollkommen in Verzweiflung. Vertrauen in Bilanzen und damit in Aktien hatte vorerst niemand mehr, die Wall Street brach weiter ein.

Alle Macht dem Markt

Das erste Jahr seiner Amtszeit war für George W. Bush nicht nur durch den Terror des 11. September und den folgenden Krieg herausfordernd. Auch wirtschaftlich ging es bergab: Die lange Phase soliden Wachstums der Neunzigerjahre ging zu Ende und nach dem Platzen der Dotcom-Blase war die Arbeitslosigkeit plötzlich wieder ein Thema. Die Wirtschaft rutschte in eine kleine Rezession, doch Fed-Chef Allen Greenspan rettet sie schnell, mit seinem Allheilmittel: Zwischen Januar 2001 und Juni 2003 senkte er die Leitzinsen in 13 Schritten von 6,5 auf 1,0 Prozent.[17]

Auch Bush wollte die Konjunktur möglichst schnell wieder ankurbeln. Er folgte dabei der Angebotstheorie, die besagt, dass die Wirtschaft immer dann prosperiert, wenn die Bedingungen für Investitionen möglichst günstig sind. Bush senkte daher massiv die Steuern – vor allem für Reiche und für Kapitalanleger. Denn er glaubte, dass die mit dem Geldsegen die Produktion ankurbeln, Arbeitsplätze schaffen und so für alle mehr Wohlstand schaffen würden. Doch die Rechnung ging zunächst nicht auf, denn die Unternehmen arbeiteten ohnehin unterhalb ihrer Kapazitätsgrenze, Investitionen lohnten kaum.[18]

Gemeinsam mit vielen Kürzungen von Leistungen des Staates sorgte die Steuerreform allerdings dafür, dass die Schere zwischen Arm und Reich immer weiter auseinanderklaffte. Auch noch einige Jahre nach der Amtszeit von Busch kämpfte ein Teil der Mittelschicht gegen den wirtschaftlichen Abstieg. Die Mindereinnahmen aus den Steuergeschenken sorgten zusammen mit den gigantischen Ausgaben für Sicherheit und die Kriege nach dem Anschlag vom 11. September dafür, dass sich Clintons Haushaltsüberschuss in Rekordzeit in Luft auflöste und in ein neues gigantisches Defizit verwandelt.

Warren Buffett empört die Steuerpolitik von Bush. »Die Regierung existiert in einer gewissen Weise, um einen Teil der Einkommen, besonders der großen Einkommen, zu nehmen und sie zu den Alten, Bedürftigen und Schwachen umzuleiten. Eine prosperierende und gerechte Gesellschaft kümmert sich um diese Leute«[19], glaubt er. Genau das ist aber seiner Meinung nach jetzt aus dem Gleichgewicht. »Das System wurde mehr und mehr in Richtung der Reichen gedreht«, sagt er. »Wenn Sie meine Lohn- und Einkommensteuer nehmen, im Verhältnis zu meinem Gesamteinkommen, zahle ich gegenwärtig einen niedrigeren Steuersatz als meine Sekretärin oder die anderen Leute in meinem Büro. Und ich denke, das ist falsch.«[20] Auch die Abschaffung der Erbschaftssteuer empört ihn. »Ich glaube nicht an Dynastien«, sagt er. Stattdessen würde eine faire Wettbewerbsgesellschaft besser dafür sorgen, dass es der Wirtschaft besser geht.[21] Später wird er diese Kritik zu einem vielzitierten Satz zusammenfassen. »Es gibt Klassenkampf«, sagte er, »aber es ist meine Klasse, die reiche Klasse, die Krieg führt, und wir gewinnen.«[22]

Das verschafft ihm auf Dauer einige Feinde. »Leider ist Buffett ein Experte, dessen Ideen hauptsächlich verquer sind«, schreibt der konservative Journalist und Buchautor Martin Morse Wooster. »Wenn er Amerikas Wohlstand wiederherstellen will, sollte sich Buffett auf die politischen Prinzipien seines Vaters besinnen. Es ist nicht zu spät für ihn, niedrigere Steuern und eine kleine Regierung zu fordern.«[23]

Die Ideen der Laissez-faire-Politik leben immer noch fort und Bush verfolgt sie konsequent: Er senkt nicht nur Steuern für die oberen Zehntausend, er macht ihnen das Leben auch anders leichter: Er ist ein Fan der neoliberalen Wirtschaftspolitik, eine sehr weitgehende Auslegung der freien Marktwirtschaft. Sie besagte im Prinzip, dass Kapitalisten immer besser wirtschaften als der Staat und davon letztendlich alle profitieren. Neoliberale fordern daher die Privatisierung möglichst aller Bereiche, außer Verteidigung, und die weitestgehende Abschaffung von Regeln und Überwachung für die Wirtschaft.

Vor allem für die Investmentfirmen und Banken galten daher unter Bush immer lockerere Aufsichtsregeln. So locker, dass ein gewisser Bernie Madoff mit seinem Schneeballsystem einen Schaden von 65 Milliarden Dollar anrichten konnte, bevor er 2008 aufflog. Für die USA und die Welt hatte die neoliberale Politik von Bush aber noch viel weitreichendere Auswirkungen als »nur« einen Verlust von 65 Milliarden Dollar.

Häuser für alle

Für die Mittel- und Unterschicht der US-Amerikaner wurde das Leben unter Bush im Prinzip nicht unbedingt leichter, denn der Staat bot ihnen im Krisenfall immer weniger Unterstützung und überließ die finanziellen Belastungen zum Beispiel für die Ausbildung der Kinder fast ausschließlich ihnen selber. Dennoch ging es ihnen gut. Die niedrigen Leitzinsen von Greenspan halfen, einen hohen Lebensstandard zu erreichen – mit billigen Schulden. Die ohnehin niedrige Sparquote der Amerikaner halbierte sich in den Neunzigerjahren fast von mehr als 8 Prozent im Jahr 1991 auf 4,2 Prozent im Jahr 2000.[24] Vor allem schien plötzlich *der* große Lebenstraum vieler erreichbar: ein eigenes Haus. Denn die Finanzindustrie hatte neue Wege gefunden, riskante Hypotheken zu bewilligen.

Daran hatte auch die Regierung von Bill Clinton ihren Anteil: Schon 1998 erhielten alle Banken mit dem Glass-Steagall Act grünes Licht für alle Arten von Krediten und Spekulationen. Die Unterteilung in Geschäftsbanken, die staatlich garantierte Einlagen einsammelten und dieses Kapital möglichst sicher anlegen sollten, und Investmentbanken, die in so gut wie alles investieren durften, wurde aufgehoben.[25]

Die Boni der Chefs in der Finanzindustrie hingen weiter von den Gewinnen ab, die sie erwirtschafteten. An der Börse und mit Zinsanlagen war nach der Jahrtausendwende aber erst einmal kaum etwas zu verdienen. Also stürzten sich die Geldmanager auf den boomenden Immobilienmarkt und erfanden immer neue »kreative« Wertpapiere, mit denen sie Hypotheken handeln konnten. Besonders intensiv wurden sogenannte Subprime-Kredite verpackt, verbrieft und verkauft – also Hypotheken von Menschen, die mit kleinem Eigenkapital und wackliger Einkommenssituation viel Geld für ihr Häuschen aufgenommen hatten.

Schlaue Mathematiker und Computer berechneten, dass das Ausfallrisiko erheblich sinken würde, wenn man sie nur richtig mixte, also verschiedene Regionen, Berufe und Altersklassen zusammenfasste, und die Ratingagenturen waren begeistert. Sie verpassten vielen der neuen »Asset Backed Securities« (»Vermögensgedeckte Wertpapiere«) Bestnoten. Das war wichtig, denn es zog Anleger an, und viele Fonds dürfen ihr Geld auch nur in sichere, also gut benotete Investments stecken.

Nun entdeckten viele das Geschäft mit Derivaten auf diese Papiere. Und niemand bremste sie dabei: Derivate waren so gut wie nicht reguliert, die SEC kontrollierte nur lax und lockerte sogar die Kapitalanforderungen. Zudem wurden die Regulierungen für Hypotheken in einigen Bundesstaaten aufgehoben.

Weil viele Menschen sich nun eine Immobilie leisten konnten, stiegen die Preise für Häuser und Wohnungen. Die Kredite schienen damit locker gedeckt. Und weil das Ganze ein so gutes Geschäft war, versuchten alle, noch mehr rauszuholen: Menschen, die früher nicht einmal ein Gespräch beim Bankmitarbeiter über eine Hypothek bekommen hätten, wurden nun aggressiv umworben. Hausbesitzern wurden zusätzliche Hypotheken für halb abbezahlte Immobilien verkauft. Alle schienen glücklich.

Subprime à la Berkshire

2003 gerät auch Warren Buffett in die Häuser- und Hypothekenbranche. Oder besser gesagt, er kämpft richtig darum, die Firma Clayton Homes, einen Fertighausanbieter, zu übernehmen. Mit der Familie Clayton wird er sich schnell über einen Kaufvertrag und einen Preis einig. Doch andere Anteilseigner, darunter der Cerberus-Fonds, wollen das Unternehmen lieber selber übernehmen und überbieten ihn. Sie planen dabei allerdings, wie es immer üblicher wird, einen Großteil des Kaufpreises von dem Unternehmen selber tragen zu lassen, indem es sich verschuldet und sein Tafelsilber verkauft.

Das schreckt die Familie Clayton und viele andere Eigentümer ab, sodass Berkshire letztendlich den Zuschlag bekommt. Warren Buffett ist damit mittendrin im Business mit verbrieften Hypotheken: Clayton hat – wie alle anderen Konkurrenten auch – nicht nur Fertighäuser, sondern auch gleich eine Finanzierung dazu angeboten. Diese Kredite werden dann von Clayton Homes verkauft und werden vom Käufer in »Asset Backed Securities« verwandelt.

Anders als der übrigen Immobilienbranche ging es den Herstellern der billigen vorgefertigten Häuser Anfang des neuen Jahrtausends allerdings richtig schlecht. 2003 wurden gerade einmal 135.000 neue Fertighäuser verkauft – so wenig wie nicht mehr seit 1962.[26] Zudem war die Ausfallquote der Kredite höher als in anderen Bereichen. Der Verkauf der Schulden brachte also wenig ein und die gesamte Branche lag 2003 nicht nur auf dem Operationstisch, sie befand sich »auf der Intensivstation von Corporate America«, wie Buffett meint. [27] Genau das Richtige für ihn.

Nach dem Kauf von Clayton nimmt er mit Berkshires gutem Rating 2 Milliarden Dollar auf, die er mit einem Zinsaufschlag von 1 Prozent an Clayton Homes weiterleitet. Damit soll das Unternehmen seine Hausfinanzierungen nun wieder selber tragen und nicht mehr verkaufen. Für Buffett ist das gleich aus mehreren Gründen richtig: Die Kosten für Clayton werden niedriger. Und die Kunden bekommen nur dann einen Kredit, wenn sie ihn höchstwahrscheinlich auch tragen können, und werden nicht in eine geplante finanzielle Katastrophe gelockt. Denn, so Warren:

»Wenn wir einen Fehler bei der Vergabe oder dem Kauf eines Kredits machen, kostet uns das Geld, nicht einen Wertpapierkäufer Tausende Meilen weit weg.«[28]

Das Konzept geht auf: Während die Kreditausfallquote auf dem Höhepunkt der folgenden Immobilienkrise landesweit auf 6,4 Prozent steigt, liegt sie bei Clayton Homes unverändert unter 4 Prozent, obwohl das Klientel für Fertighäuser eine traditionell schlechtere Bonität hat. Die Zahl der Zwangsversteigerungen, die die Firma durchführen muss, ist gegenüber 2006 sogar um rund 20 Prozent gesunken.[29] Später kamen Vorwürfe auf, Claytons Kreditpolitik sei auch von Rassismus geprägt und gegen Schwarze, Latinos und indianische Bürger gerichtet, was die Geschäftsführung stets bestritt. »Wir bemühen uns sehr sicherzustellen, dass jeder Kunde, der ein Haus kaufen möchte, eine angemessene Rückzahlungsfähigkeit hat«, verteidigte sich Clayton-Chef Carl Hill 2016. »Es ist in niemandes Interesse, wenn ein Haus zwangsversteigert werden muss.«[30]

Der Grund für die einseitig weiße Kundschaft von Clayton ist wohl ein anderer, trauriger: Die Wahrscheinlichkeit finanzieller Probleme war für Minderheiten in den USA auch zu Beginn des 21. Jahrhunderts noch erheblich höher als für weiße Bürger. Sie verdienten weniger, hatten kaum finanzielle Reserven und wurden leichter arbeitslos. Das Durchschnittseinkommen einer schwarzen Familie war nur gut halb so hoch wie das einer weißen; lateinamerikanische Familien lagen bei etwa 70 Prozent. Das durchschnittliche Vermögen beider Minderheiten betrug nicht einmal 10 Prozent der weißen Mehrheit.[31]

Finanzielle Massenvernichtungswaffen

Die Lust der Finanzindustrie an verbrieften Krediten und anderen Vermögensgegenständen bereitet Warren Buffett schon länger Sorgen. Damit wird das Risiko, beispielsweise einer Hypothek bei Clayton, vom Geschäft abgetrennt und das setzt ganz neue, falsche Anreize. Noch mehr Sorgen macht ihm allerdings der Trend, auf die »Asset Backed Securities« dann auch noch Derivate auszustellen, die oft hochkompliziert konstruiert sind.

Denn mit ihnen kann mit kleinem Geldeinsatz eine große Forderung entstehen. Wenn beispielsweise irgendwo in der Provinz in den USA ein paar Hypotheken ausfallen, hat nicht nur derjenige ein Problem, der das entsprechende Kreditbündel als Wertpapier gekauft hat. Irgendwo auf der Welt könnte auch eine Bank oder ein Fonds eine Option auf dieses Wertpapier geschrieben haben, für die jetzt gigantische Verluste auflaufen. Mit der Option hat der Verkäufer versprochen, das Wertpapier zu einem bestimmten Preis zu kaufen. Der ist aber jetzt deutlich gefallen – auf der Differenz bleibt er nun sitzen –, ein Verlustgeschäft.

Und das Schlimmste daran: Derivate durfte nicht nur der Eigentümer eines Wertpapiers schreiben, sondern gegen die Hinterlegung einer kleinen Sicherheitsmarge so gut wie jedes Mitglied der Finanzindustrie. Weil damit hohe Gewinne zu erzielen sind, solange das Geschäft brummt, waren damals in vielen Bereichen die Zahlungsverpflichtungen aus den Derivategeschäfte höher als das Volumen der zugrunde liegenden Vermögensgegenstände oder Wertpapiere. Ein gigantisches Geschäft, das die Regierungen und Zentralbanken nicht nur in den USA einfach bedenkenlos laufen ließen. Denn sie glaubten fest an die neoliberale These, dass der Markt im Endeffekt immer ein Gleichgewicht finden und gute Ergebnisse liefern würde.

Nicht so Warren Buffett: »Charlie und ich sind einer Meinung, was wir von Derivaten und damit verbundenen Handelsaktivitäten halten: Wir betrachten sie als Zeitbomben, sowohl für die Parteien, die damit handeln, als auch für das Wirtschaftssystem«, schreibt er 2002 in seinem Brief an die Aktionäre und widmet dem Thema gleich mehr als zwei Seiten.[32] Darin beschreibt er genau den Kollaps, der sechs Jahre später tatsächlich stattfindet: »Große Mengen von Risiken, insbesondere Kreditrisiken, haben sich in den Händen von relativ wenigen Derivatehändlern konzentriert, die darüber hinaus intensiv miteinander handeln. Probleme des einen könnten schnell die anderen infizieren«, schreibt Buffett. Außerdem setzen viele auf Ähnliches: Daher könnte ein Großteil der Derivatehändler gleichzeitig ein Problem mit einem einzelnen Ereignis, etwa dem Kollaps einer wichtigen Industriebranche, bekommen.

Weil diese »Händler« oft Banken oder Finanzhäuser sind, die hohe Summen an andere, eigentlich unbeteiligte Parteien verliehen haben, sind dann plötzlich auch viele betroffen, die mit Derivaten eigentlich gar nichts am Hut haben. »In unseren Augen sind Derivate finanzielle Massenvernichtungswaffen, deren Gefahren zwar latent, aber potenziell tödlich sind«, schlussfolgern er und Charlie und machen ihren Lesern wenig Hoffnungen, dass die Sache schon irgendwie gut ausgehen wird: »Der Geist der Derivate ist weit aus der Flasche und ihre Vielfalt und Zahl wird sich so gut wie sicher so lange vervielfachen, bis irgendein Ereignis ihre Toxidität zeigt.«[33]

Abschiede

Im Jahr 2001 wird Warren Buffett 71 Jahre alt. Sein Haar ist nun grau, seine Augenbrauen buschig, doch noch immer bewegt er sich wie ein junger Mann und ist schlagfertiger und witziger denn je. Wie jedes Jahr fährt er im Sommer für eine Woche mit Teilen seiner Familie nach Sun Valley in Idaho. Dort veranstaltet die Investmentbank Allan & Co. eines der hochkarätigsten Treffen der Welt. Warren Buffett und Bill Gates sind regelmäßige Gäste und treffen auf Dutzende andere Unternehmer wie den Medienmogul Rupert Murdoch oder Facebook-Gründer Mark Zuckerberg. Anwesend sind aber auch regelmäßig wichtige Politiker wie Tony Blair oder König Abdullah von Jordanien und seine Frau Rania. 2017 reisen Präsidententochter Ivanka Trump und ihr Mann Jared Kushner an. Alle kommen mit Familie und die Atmosphäre ist entspannt: Während die Kinder von einer Schar Kindermädchen mit Schwimmen, Fischen oder Reiten unterhalten werden, lauschen die Gäste gegenseitigen Vorträgen und diskutieren darüber.

Im Juli 2001 ist auch Katharine Graham wieder einmal dabei. Sie ist inzwischen 84 Jahre alt. Nach einem Mittagessen mit Tom Hanks und einer kurzen Bridgepartie fühlt sie sich nicht wohl und will sich vor dem Abendessen mit Mexikos Präsident Vincente Fox noch etwas ausruhen. Doch auf dem Weg zu ihrem Apartment stürzt sie und verletzt sich so schwer am Kopf, dass sie wenige Tage später stirbt.[34]

Warrens Tochter Susie, die Kay und deren Sohn Don ins Krankenhaus begleitet und dort ausgeharrt hat, überredet ihren Vater, Kay noch einmal zu besuchen, obwohl sie bereits im Koma liegt. Für Warren ist das eine unglaubliche Tortur. Dass Kay stirbt, ist für ihn ohnehin ein riesiger Verlust, aber zudem bereitet ihm die Beschäftigung mit Tod und Krankheit schon immer große Probleme.[35]

Nur zwei Jahre später werden Schmerzen, Elend und Krankenhäuser allerdings ein fester, trauriger Bestandteil seines Lebens und es droht ein noch viel grausamerer Verlust: Warrens Frau Susan, die immer noch in Kalifornien lebt, bekommt im Sommer 2003 eine schreckliche Diagnose: Sie leidet an Mundhöhlenkrebs und die Aussichten sind schlecht.

Während der qualvollen Behandlungen mit Chemotherapie und Bestrahlung im kommenden Jahr wird Warren seine Ängste überwinden und fest an der Seite seiner Frau stehen. So gut wie jedes Wochenende verbringt er nun bei ihr, egal ob sie im Krankenhaus oder zu Hause gepflegt wird. Im Sommer 2004 sind die Behandlungen überstanden, ob Susan allerdings wieder gesund wird, ist noch unklar. Immerhin kann sie ihn aber wieder zu einigen Veranstaltungen begleiten und genießt es. Im Juli besuchen die beiden einen Freund auf einer Ranch in Wyoming. Es sollte Susans letzte Reise werden: Sie erleidet dort einen Schlaganfall und stirbt wenig später in einem Krankenhaus in der Nähe.

Viele enge Vertraute versuchen, Warren Buffett in den nächsten Tagen aufzufangen, doch er ist einfach nur verzweifelt. »Das war seine wichtigste persönliche Beziehung. Gar kein Zweifel«, sagt Sohn Howard. Einige fürchten, dass er zerbrechen könnte. Doch Warren Buffett trauert zwar, aber nach und nach kehrt er in sein altes Leben zurück. Viele Menschen – Astrid, die Kinder, seine Freunde und Mitarbeiter – helfen ihm dabei, sich aus der dunklen Zeit herauszukämpfen, was nach und nach gelingt. Zwei Jahre nach Susans Tod wird er an seinem 76. Geburtstag Astrid Merks heiraten. »Mein Vater ist ein Überlebenskünstler«, sagt Howard. »Wäre er ein Weichei, dann hätte er nicht das erreicht, was er erreicht hat.«[36]

Warren Buffett macht einfach weiter: Er arbeitet, er trifft sich mit Freunden und sein Verhältnis zu seinen Kindern wird wesentlich enger. Zudem beginnt er, sich mit einem praktischen Problem zu beschäftigen, das mit dem Tod von Susan entstanden ist: »Seine Frau sollte sich darum kümmern, das Vermögen wegzugeben, und nach den normalen Erwartungen – sie war ein bisschen jünger – hätte sie ihn überleben sollen«, erzählt Bill Gates.[37] Geplant war, dass Susan sein Vermögen nach seinem Tod spendet. Nun ist sie tot. Und Warren Buffett geht das neue Problem genauso an, wie er alle Probleme angeht. Ganz systematisch und rational sucht er einen anderen Weg, seine vielen Milliarden wieder sinnvoll loszuwerden. Er braucht nur ein Jahr, um eine unkonventionelle, aber sehr rationale Lösung zu finden.

Werkzeuge aus Israel

Warren Buffett ist ein Patriot. Er liebt die USA und hält sie – trotz aller Kritik an der aktuellen Steuerpolitik – für schlicht das beste Land der Welt. Daran liegt es allerdings nicht, dass er so gut wie nur US-amerikanische Firmen kauft. Er will seine Investments einfach durch und durch verstehen, und das ist für ihn nur möglich, wenn er auch alle öffentlichen Informationen wie Bilanzen richtig lesen kann. Unter seinen Käufen sind daher wenige aus dem Ausland, doch dass sie ihren »Kompetenzzirkel« im Zweifel auch durchaus ins Ausland erweitern können, haben Buffett und Munger bereits eindrucksvoll bewiesen: 1991 haben sie sich mit gut 31 Millionen Dollar am britischen Bierkonzern Guinness beteiligt;[38] 2002 und 2003 haben sie ein großes Aktienpaket der chinesischen Ölfirma Petrochina erworben. Besonders Letzteres hatte sich absolut ausgezahlt: 2007 wird Berkshire die Aktien mit einem Gewinn von etwa 3,5 Milliarden Dollar vor Steuern verkaufen, gekostet haben sie fünf Jahre vorher nicht einmal 500 Millionen.[39]

Beide Käufe fielen aber in die Kategorie »Investments«, die Buffett kauft, um sie später wieder mit Gewinn zu verkaufen. Die Goldesel aus der Herde der Tochterfirmen haben 2006 dagegen nach wie vor allesamt einen amerikanischen Pass. Das hat einen einfachen Grund: Gelegenheiten. Je bekannter Buffett, Munger und Berkshire werden, desto einfacher wird Warrens Geschäft. Die besten Unternehmen findet er immer öfter einfach dadurch, dass er das Telefon abhebt. Wenn jemand am anderen

Ende der Leitung eine interessante Firma zum Kauf anbietet, ist so gut wie immer ein Eigentümer aus den USA in der Leitung. Denn außerhalb seines Heimatlandes kennen und schätzen nur wenige potenzielle Verkäufer das Berkshire-Konzept.

Eitan Wertheimer ist eine Ausnahme. Er kommt aus Israel, wo er die Leitung der Firma seines Vaters Stef übernommen hat. Stef Wertheimer ist eine Legende und Autorität in Israel: Ohne Schulabschluss hatte er 1952 die Firma Iscar auf seinem Hof in Naharija in Israel gegründet.[40] Im selben Jahr wie Iscar wurde auch sein Sohn Eitan geboren, der das Unternehmer-Gen offensichtlich geerbt hat: Er steigt 1982 in die Firma ein und verbessert Produktionstechnik und Abläufe.[41] Iscar Metalworking Cos., kurz IMC, wächst und wächst und wird zum weltweit führenden Hersteller von Hartmetallwerkzeugen. Und zum Exportgiganten Israels: Fast 98 Prozent der Produktion gehen inzwischen ins Ausland, wo IMC nach und nach eigene Vertriebseinheiten und Fabriken aufgebaut hat.

2006 ist IMC ein Weltkonzern und einige Milliarden Dollar wert. Eitan ist Mitte 50 und macht sich Gedanken, wie es weitergehen soll. Langsam stößt die Firma an ihre Grenzen und stände mit einem internationalen Partner besser da. Zudem zeigt keines seiner fünf Kindern Ambitionen, ins Geschäft einzusteigen. »Wir haben unsere Werte und wollten die Firma nicht irgendwem verkaufen«, erzählt mir Eitan Wertheimer. »Und ich habe mich auf der ganzen Welt nach Lösungen umgesehen.«[42] Irgendwann stößt er dabei auf Berkshire und ist sofort von dem Ansatz überzeugt, die Kultur eines Unternehmens unangetastet zu lassen.

Eitan schreibt einen Brief nach Omaha, in dem er die wichtigsten Daten der Firma und einige Fakten aus den letzten 20 Geschäftsjahren zusammenfasst, und bekommt schnell Antwort: »Warren hat mir eine kurze Mail geschickt, in der stand: ›Das schaut wie eine großartige Firma aus, und ich mag es, über großartige Firmen zu reden. Wenn Sie also zufällig in Omaha sind, schauen Sie vorbei.‹ Und ich antwortete: ›Ich werde ganz zufällig am nächsten Montag in Omaha sein.‹« Als die beiden sich persönlich gegenüberstehen, mögen sie sich sofort und sind sich innerhalb kürzester Zeit einig. »Ich habe Warren gefragt, ob er die Firma anschauen will, bevor er sie kauft, aber er sagte: ›Ich mache das auf meine Art‹«, erinnert sich Eitan Wertheimer.[43]

Seine Art, das ist wie immer eine Mischung aus den Daten der Firma und dem Vertrauen in den Menschen, der ihm gegenübersitzt. Weil noch einige internationale Steuer- und Buchhaltungsfragen zu klären sind, dauert es zwar noch ein paar Monate. Doch im Mai 2006 verkündet Buffett die Übernahme von 80 Prozent von IMC für 5 Milliarden Dollar, 2013 kauft Berkshire dann die restlichen 20 Prozent für weitere 2 Milliarden. Der neueste Berkhsire-Goldesel ist Israeli.

Die Immobilienblase platzt

Als Fed-Chef Alan Greenspan ab 2004 die Minileitzinsen gegen die Folgen des Dotcom-Desasters nach und nach wieder anhob, kamen viele Subprime-Schuldner schnell in Bedrängnis: Ihren Traum vom eigenen Haus hatten sie meist mit Hypotheken mit flexiblen Zinssätzen finanziert, die nun ebenfalls stiegen, und um die höheren Raten zu bezahlen, fehlte vielen der finanzielle Spielraum. Immer öfter kam es daher zu Zahlungsausfällen und Zwangsversteigerungen. Nach und nach erreichte das Phänomen auch die höheren Preissegmente. Jetzt waren auch zunehmend die Kredite von Menschen aus der Mittelschicht bedroht.

Trotzdem stiegen die Verkaufspreise für Immobilien immer schneller.[44] Und damit konnte das schöne Geschäft noch eine ganze Weile weitergehen. Denn für die Kreditgeber war das Risiko gering. Musste ein Haus verkauft oder versteigert werden, um die Hypothek abzubezahlen, langte der Erlös meist locker. Subprime-Kredite und die Wertpapiere darauf waren weiter der Renner. 2006 gehörte ein Fünftel aller vergebenen Hypotheken in die Kategorie Subprime.[45]

2007 platzt die Preisblase am Immobilienmarkt: Die Leitzinsen waren inzwischen wieder auf mehr als 5 Prozent gestiegen, ein Haus zu finanzieren, das konnten sich immer weniger Menschen leisten. Gleichzeitig war das Angebot an Häusern massiv gestiegen. Nach einem Bauboom war es ohnehin groß, nun kamen auch die vielen Zwangsversteigerungen dazu.

Die Häuserpreise begannen, dramatisch zu fallen. Viele Hausbesitzer kamen nun in echte Schwierigkeiten. Bei Notverkäufen oder Zwangsversteigerungen reichten die Erlöse nun zunehmend nicht mehr aus, um den Kredit zu bedienen. Tausende US-Bürger standen vor den Scherben ihrer Existenz: Erstmals seit der Great Depression entstanden wieder Zeltstädte in einigen Regionen der USA – besiedelt von ehemals heftig umworbenen Subprime-Schuldnern.

Mit dem Verfall der Häuserpreise und dem massenhaften Ausfall von Hypotheken bekamen aber vor allem auch die Finanziers des schönen Immobilientraums massive Probleme: Denn die schlauen Erfinder der neuen Wertpapiere für gebündelte Hypotheken hatten zwar genau berechnet, wie man am besten die individuellen Risiken mischt, um die Folgen abzufedern, wenn einzelne Schuldner ihren Kredit nicht mehr bedienen können. Was passiert, wenn der Immobilienmarkt insgesamt zusammenbricht, hatte aber niemand durchdacht.

Die Zeitbombe explodiert

Im April 2007 musste der erste führende Subprime-Hypothekenanbieter, die New Century Financial Corp., Insolvenz anmelden. Wenig später reagierten die Ratingagenturen und stuften viele der Hypothekenpaket-Papiere herunter – auf Ramschniveau.[46] Milliarden an Investments in den Büchern von US-Investoren und Banken standen plötzlich im Feuer. Genau wie Milliarden bei Banken rund um die Welt, die vorher die heißen, vermeintlich sicheren Papiere aus den USA begeistert gekauft hatten. Die auf US-Hypotheken ausgestellten »Asset Backed Securities« verloren innerhalb weniger Monate zwischen 50 und 80 Prozent ihres Wertes.[47] Und schlimmer noch: Über Derivate gab es plötzlich zusätzliche Forderungen in Billionenhöhe.

Viele Banken standen vor einer dramatischen Schieflage, denn potenzielle Verluste aus Wertpapiergeschäften und Derivaten mussten sie in ihren Bilanzen sofort ausweisen, auch wenn sie noch gar nicht ausgeführt worden waren. Wie Warren Buffett 2002 vorhergesehen hatte, hatte ein einziges Ereignis – der Kollaps des US-Immobilienmarktes – die Finanzindustrie rund um den Globus in existenzbedrohende Schwierigkeiten gebracht. Die »Toxizität« von Derivaten war jetzt für jedermann erkennbar. So gut wie alle größeren Banken weltweit waren betroffen, einige ernsthaft gefährdet: In Europa kamen die französische BNP Paribas, die britische Northern Rock und zahlreiche deutsche Banken wie die Hypo Real Estate, die IKB und die Landesbanken SachsenLB und WestLB unter immensen Druck. Die Schweizerische UBS und die Citigroup in den USA meldeten Milliardenabschreibungen. Und im März 2008 stand die große US-Investmentbank Bear Stearns vor der Pleite, weil sie 200 Milliarden US-Dollar abschreiben musste, und konnte nur mit staatlichen Kreditgarantien und einer Notübernahme durch den Konkurrenten J.P. Morgen-Chase Chase gerettet werden.[48]

Weil niemand mehr wusste, wer die Katastrophe überstehen würde, trauten sich die Geldhäuser nun gegenseitig nicht mehr. Der Interbankenmarkt, der bisher dafür gesorgt hatte, dass Banken kleinere Liquiditätsengpässe mit sehr kurzfristigen Krediten von anderen Banken vermeiden konnten, kam zum Erliegen. Damit drohten auch gesunden Banken Zahlungsprobleme.

Weltweit bemühte sich die Politik, die Entwicklung in den Griff zu bekommen. Die Fed, seit 2006 von Ben Bernanke geleitet, senkt die Zinsen massiv – von mehr als 5 Prozent im Juni 2007 auf fast 0 Prozent Ende 2008.[49] Und überall, auch in Europa, ersetzten die Zentralbanken den Interbankenmarkt durch eigene Kontingente für kurzfristige Kredite.

Doch Mitte 2008 war die Krise immer noch nicht überstanden. Nun waren auch die beiden US-Hypothekengiganten Fannie Mae und Freddie Mac in so großen Schwierigkeiten, dass sie Anfang September unter staatliche Kontrolle gestellt werden mussten.[50]

Der schlimmste Tag kam aber erst noch: Am 15. September 2008 meldete die viertgrößte Investmentbank der USA, Lehman Brothers, Konkurs an, und Konkurrentin Merrill Lynch, damals Nummer drei, entging der Pleite nur um Haaresbreite, weil sie in letzter Minute von der Bank of America übernommen wurde. Plötzlich schienen die großen Investmentbanken der Wall Street, bisher Herz und Motor der globalen Finanzmärkte, eine nach der anderen wegzusterben wie Fliegen an einem kalten Herbstabend.

Warum die Fed und das Finanzministerium unter dem ehemaligen Goldman-Sachs-Chef Henry Paulson die Pleite von Lehman zuließen und ob das richtig oder falsch war, ist bis heute ein heftiger Streitpunkt unter Fachleuten.[51] Für viele gilt sie inzwischen als tragischer Fehler.[52]

Begründet wurde die Entscheidung immer mit der rechtlichen Situation. Es hätte keine Handhabe gegeben, eine private Firma mit öffentlichem Geld zu retten, die in einer absolut desaströsen Finanzlage gewesen sei, lautet das Mantra aller Fed-Offiziellen.[53] Doch ob die Schulden von Lehman wirklich so gigantisch waren, ist bis heute umstritten. Zudem hatte die Fed vorher Bear Stearns, Fannie Mae und Freddie Mac gerettet, wenig später griff sie bei der drohenden Pleite der Versicherung AIG und einer ganzen Reihe von Banken ein. Vielleicht dachten die Verantwortlichen einfach, dass die Krise mit einem Paukenschlag beendet werden könnte.

Vermutlich hat es auch eine Rolle gespielt, dass Lehman von einem der umstrittensten Menschen der Finanzwelt, Richard Fuld, groß gemacht und geleitet wurde. »Für viele Mitarbeiter und für die Außenwelt personifizierte er Lehman, sein Charakter war untrennbar verbunden mit dem der Firma«, sagt sein damaliger Kommunikationschef Andrew Gowers später. Fuld galt als selbst für die Wall Street ungewöhnlich aggressiv und arrogant. »Seine Bösartigkeit konnte einschüchternd sein«, so Growers, der spätere Chefredakteur der *Financial Times Deutschland*.[54]

Die Entscheidung gegen eine Rettung von Lehman hatte fatale Folgen: Die Wall Street, seit Anfang des Jahres ohnehin im steilen Abwärtstrend, brach nun vollständig zusammen und verlor in einem Monat fast ein Fünftel ihres Wertes. Der Interbankenmarkt kam endgültig zum Erliegen, denn wenn sogar eine so große Bank pleitegehen konnte, war nichts mehr sicher. Unzählige andere Banken rund um den Globus wie die deutsche Hypo Real Estate hatten nun existenzbedrohende Zahlungsprobleme, die sie nicht überstehen würden. Andere mussten mit Milliarden an Steuergeldern gerettet werden. Selbst Länder gerieten in den Abwärtsstrudel: Island, das extrem abhängig von einigen wenigen jetzt gefährdeten Banken war, stand vor dem Staatsbankrott.[55]

Die Krise drohte nun auch andere Bereiche der Finanzmärkte zu erfassen: In den USA kam der Markt für Geldmarktfonds ins Wanken und die Regierung musste mit einer staatlichen Garantie eine Panik verhindern. In Deutschland gaben Kanzlerin Merkel und ihr Finanzminister Peer Steinbrück ebenfalls eine staatliche Garantie ab, in diesem Fall für Spareinlagen, um einen möglichen Bankenrun abzuwenden. Plötzlich war es denkbar, dass die Finanzwirtschaft zusammenbrach und damit das komplette globale Wirtschaftssystem kollabierte. Einen Moment lang schaute die Weltwirtschaft in einen sehr, sehr tiefen Abgrund.

Warren Buffett warf sein gesamtes Gewicht als »Wizard of Omaha« in die Waagschale. Vier Wochen nach dem Zusammenbruch von Lehman schrieb er einen Kommentar in der *New York Times* mit dem Titel »Buy American, I Do«, in dem er die Kraft der USA herausstellte, Krisen zu überwinden.[56] Buffett war jetzt fast 80 Jahre alt und sein Wort galt viel in der Finanzwelt. Dennoch folgten nicht viele seinem Rat, jetzt US-Aktien zu kaufen.

15 Dollar pro Sekunde

Ab Ende 2008 erreichte die Krise in der Finanzindustrie die gesamte Wirtschaft. In den meisten Ländern der westlichen Welt waren die Banken vollauf mit ihrem Überlebenskampf beschäftigt und Kredite gab es so gut wie keine mehr. Viele Geschäfte waren daher nicht mehr finanzierbar. Zudem hatten viele Menschen ihren Arbeitsplatz und einige ihre Ersparnisse verloren und die Nachfrage brach ein. »Im vierten Quartal hatte die Kreditkrise zusammen mit den fallenden Haus- und Aktienkursen eine lähmende Angst ausgelöst, die das Land verschlang«, beschreibt das Warren Buffett. »Angst führte zum Rückgang der Geschäfte, was wiederum zu noch größerer Angst führte.«[57]

Am schlimmsten erwischte es die entwickelten westlichen Länder. Europa und die USA rutschten in eine kräftige Rezession. Damit ging auch der Welthandel in die Knie, und die Krise erreichte die aufstrebenden Exportstaaten in Asien und anderswo, deren Wachstum drastisch zurückging.[58] Und es traf auch Berkshire: Nach der Lehman-Pleite fiel der Kurs der Aktie bis März 2009 um fast 40 Prozent und damit fast genauso stark wie der S&P Index, der im gleichen Zeitraum knapp 43 Prozent verlor.[59]

Für Warren spielt es aber keine Rolle, wenn der *Preis* seiner Holding fällt. Was ihn wirklich schmerzt, ist, wenn auch der *Wert* von Berkshire in Mitleidenschaft gezogen wird: 2008 sinkt der Buchwert je Aktie um 9,6 Prozent – der zweite Einbruch nach dem Dotcom-Crash 2001 und der größte bisher. Zwar halten sich die Versicherungen und viele der Tochtergesellschaften erstaunlich gut, die Energiesparte kann die Gewinne sogar um fast 600 Millionen Dollar steigern. Doch auch in Berkshires Büchern, vor allem bei der Tochter General Re, schlummern Derivate und es wird eine Abschreibung von 4,6 Milliarden Dollar fällig.[60] Die Krise verschont eben so gut wie niemanden und Ende 2008 sind laut Buffett »Anleger aller Couleur blutig und verwirrt, als wären sie kleine Vögel, die sich in ein Badmintonspiel verirrt haben«.[61]

Wie sich schnell herausstellt, haben Warren Buffett und Charlie Munger zwar einige blutige Kratzer abbekommen, verwirrt sind sie aber keinesfalls. Berkshire gehört 2008 zu den wenigen großen Unternehmen, die nicht ernsthaft bedroht sind, weil die Banken kein Kapital mehr zur Verfügung stellen. Im Gegenteil: Das Konzept von Ernest Buffett, jederzeit eine Notreserve von 1000 Dollar in der Schublade zu haben, hat Warren immer angewandt und auf die Vermögensverhältnisse von Berkshire hochgerechnet. 2008 hat Berkshire daher Milliarden an freiem Kapital und kann es nun einsetzen, um einigen anderen Unternehmen – sehr ertragreich – aus der Klemme zu helfen. Mehr als 21 Milliarden Dollar steckt Buffett in Wandelanleihen von Dow Chemical, General Electric, Goldman Sachs, Swiss Re und Wrigley. Dafür wird es in den kommenden Jahren rund 10 Prozent Zinsen und Dividenden kassieren, also rund 2,1 Milliarden Dollar jährlich. Plus möglicher Erlöse, wenn sich die Aktienkurse erholt haben.

Dass auch die Investmentbank Goldman Sachs auf der Liste steht, wundert viele, denn es ist das erste Mal seit dem Salomon-Abenteuer, dass Buffett in eine Wall-Street-Firma investiert. Das bringt Warren Buffett viel Kritik ein. Denn Goldman Sachs ist nicht irgendeine Investmentbank, das Haus ist hoch umstritten. Immerhin spielte es eine unrühmliche Rolle in vielen Finanzgeschäften, unter anderem soll es Griechenland den Eintritt in den Euro ermöglicht haben, indem es die Staatsschulden mit fragwürdigen Swapgeschäften künstlich herunterzurechnen half.[62] Bis heute gilt Goldman Sachs für viele als Inbegriff der profitgierigen, rücksichtslosen Investmentwelt, die der Wirtschaft und Gesellschaft viel Schaden zufügt. Doch selbst als Goldman 2010 wegen möglicher Betrügereien ins Visier der SEC gerät, verteidigt Buffett die Bank und ihren Chef, Lloyd C. Blankenfein, vehement gegen die vielen kritischen Fragen auf der Hauptversammlung.[63] Für so einige Buffett-Fans ist das bis heute ein Rätsel.

Sicher zahlt sich das Engagement für Buffett finanziell aus. Noch fünf Jahre später freut er sich wie ein Kind an den Erträgen, die Vorzugsaktien von Goldman einbringen: Er hat ausgerechnet, wie viel Ertrag pro Sekunde dafür bei Berkshire auflaufen und schnippt im Sekundentakt mit den Fingern: »15 Dollar, 15 Dollar, 15 Dollar …« Doch dass Profit für ihn nicht alles ist, hat er vorher bereits mehrfach bewiesen. Und Berkshire ist da schon wieder so stark, dass er auch ohne die 15 Dollar je Sekunde von einer umstrittenen Investmentbank gut dastehen würde. Denn Buffett, inzwischen fast 80 Jahre alt, hat die Lust und die Fähigkeit am genialen Investieren auch nach dem finanziellen Fast-GAU der Weltwirtschaft nicht verloren und macht weiter und weiter.

KAPITEL 12

UMVERTEILUNG

MILLIARDEN NEHMEN UND GEBEN

AB 2008

Berkshire Hathaway ist inzwischen eines der größten Unternehmen der Welt und Buffett längst im Rentenalter. Doch aufhören – daran denkt er nicht und verdient weiter eine Milliarde nach der anderen. Gleichzeitig schenkt er so gut wie alles wieder her.

Politische Kämpfe

Im August 2008, kurz vor der Pleite von Lehman Brothers, geschah etwas Unerhörtes in Denver, Colorado: Die Demokraten kürten ihren Präsidentschaftskandidaten und entschieden sich für Barack Obama, ein Mann mit dunkler Hautfarbe und Sohn eines kenianischen Vaters.[1] Er warb für ein offenes, moralisches und soziales Amerika, und nach den Jahren des Polterns, des Krieges und vor allem der Folter im Namen der USA war der konservative Teil der Bevölkerung kleinlaut geworden. Die US-Bürger sehnten sich nach einem Neuanfang und Barack Obama wurde mit

Rekordwahlbeteiligung und klarer Mehrheit im November zum Präsidenten gewählt.

Obama enttäuschte seine Wähler nicht und konzentrierte sich als Präsident schnell auf die Versöhnung mit den alten Verbündeten in Europa und neuen Feinden in der islamischen Welt. Zudem trieb er ein Projekt voran, an dem bisher jeder Präsident gescheitert war: eine Krankenversicherung für alle. Und ihm gelang, was eine Reihe ehemaliger Präsidenten vergeblich versucht hatten: Obamacare, offiziell: Patient Protection and Affordable Care Act, wurde 2010 tatsächlich eingeführt.[2]

Warren Buffett hält das alles für richtig. Er hat Obama bereits finanziell im Wahlkampf unterstützt und vor seinem Amtsantritt sogar den Job als ökonomischer Berater in dessen Übergangsteam angenommen.

Obama macht sich Buffetts Ideen für eine gerechtere Besteuerung zu eigen und legt einen Gesetzesentwurf vor, nach dem alle Haushalte mit mehr als 1 Million Dollar Einkommen pro Jahr künftig mit mindestens 30 Prozent besteuert werden sollen.[3] Diese sogenannte Buffett Rule wird aber nie Realität werden. 2012 scheitert eine abgeschwächte Regel gemeinsam mit anderen Steuerplänen an der Mehrheit der Republikaner im Parlament.

Den Ärger und Zorn vieler Reicher in den USA bekommt Warren Buffett dennoch zu spüren.[4] Ebenso Kritik von seinen Aktionären. Einige von ihnen sind besorgt, dass Buffett mit seinen politischen Forderungen den Wert von Berkshire beschädigt. Auf der Hauptversammlung 2012 beklagt einer, dass sein »84-jähriger Vater wegen Ihrer Haltung in der Steuerpolitik nicht in Berkshire investieren würde«. »Klingt, als sollte Ihr Vater Aktien von Fox* kaufen«, meint Buffett und betont gleichzeitig seine politische Unabhängigkeit: »Als Charlie und ich diesen Job übernommen haben, haben wir nicht zugesichert, unsere Status als Bürger an der Garderobe abzugeben.«[5]

* Fox ist einer der konservativsten Sender der USA und machte zu dem Zeitpunkt aggressiv Stimmung gegen die Politik von Obama und später aggressive Stimmung für den Wahlkampf und die Politik von Donald Trump.

Warren Buffett, der ein Leben lang seine Worte gut abgewogen hat, hat nie ein politisches Amt angestrebt. »Keiner von uns war je politisch sehr aktiv«, sagt Charlie Munger noch 2010. »Wir mögen die Welt, in der wir uns bewegen, wir mögen die Geschäftswelt.«[6] Doch die beiden Hälften der Bevölkerung in den USA driften immer weiter auseinander: hier die Fans von Barack Obamas Versöhnungs- und Sozialpolitik, dort die Anhänger der sehr konservativen Seite, die später Donald Trump zum Wahlsieg verhelfen. Angefeuert von Sendern wie Fox News wird die Auseinandersetzung dabei immer aggressiver. Auch Warren Buffett kann sich jetzt nicht mehr heraushalten: Er bezieht sehr klar Stellung und wird das auch nicht mehr aufgeben.

Ökonomische Medizin, fassweise und global

Als Barack Obama im Januar 2009 sein Amt als 44. Präsident der USA antrat, griff die Krise der Finanzmärkte gerade auf die Realwirtschaft über und Obama reagierte mit dem größten Konjunkturprogramm aller Zeiten: Mehr als eine dreiviertel Billion Dollar, genau 787 Milliarden, steckte er in die Wirtschaft – das waren immerhin rund 0,5 Prozent des BIP in dem Jahr – und trug so dazu bei, dass an den Börsen ganz allmählich wieder Zuversicht einkehrte.[7] Ab März stiegen die Kurse an der Wall Street wieder.

Auch in Europa versuchen die Regierungen währenddessen alles, um die Konjunktur am Laufen zu halten. In Deutschland gab es neben milliardenschweren Steuererleichterungen und staatlichen Investitionsprogrammen[8] eine Abwrackprämie für alte Autos, um den Absatz von Neuwagen zu stützen, und die staatliche Unterstützung für Kurzarbeit wurde stark ausgeweitet.

Gleichzeitig fluteten die Zentralbanken die Märkte geradezu mit Geld: Es gab keine Zinsen mehr, aber kurzfristige Kredite für alle – »money for nothing«. Das alles wurde erst in den USA, später auch in Europa mit riesigen Programmen zum Aufkauf von Anleihen ergänzt. Zentralbanken gaben somit Staaten und Unternehmen indirekt Milliardenkredite und sorgten zudem dafür, dass die Anleihekurse stabil blieben. Das war wichtig, denn ansonsten hätten die angeschlagenen Banken auch noch Verluste aus Anleihegeschäften ausweisen müssen. »In der Pokersprache würde man sagen, das Finanzministerium und die Fed sind ›all in‹ gegangen«, urteilt Warren Buffett. »Ökonomische Medizin, früher löffelweise verabreicht, wurde nun fassweise ausgegeben.«[9]

Doch jede Medizin hat bekannterweise unangenehme Risiken und Nebenwirkungen, besonders wenn sie fassweise verabreicht wird: Sparer in den USA bekamen jahrelang keine Zinsen mehr und zahlten nach Inflation drauf, wenn sie ihr Geld zur Bank trugen oder in Anleihen steckten. In Europa ist das bis heute so. Das billige Geld sorgte dafür, dass die Schulden von allen – den Bürgern, den Unternehmen und den Staaten – weiter dramatisch stiegen. Zu hoch für einige Staaten: Sie gerieten durch die hohen Kosten der Bankenrettung und einbrechende Steuereinnahmen selber in die Bredouille – allen voran Griechenland.

Und noch einmal zeigte sich die »Toxizität« von Derivaten. Mit Credit Default Swaps, kurz CDS, die schon in der Immobilienkrise eine unrühmliche Rolle gespielt hatten, war es nämlich möglich, eine Art Versicherung gegen den Ausfall eines Kredits zu erwerben – ohne dass man ihn selber gegeben hatte. Das ist so, als könnte man als Spekulation eine Brandversicherung für das Haus des Nachbarn abschließen. Gewinnen kann man da nur, wenn es tatsächlich abbrennt, und die Versuchung ist groß, an einem trocknen Tag einmal ein Streichholz fallen zu lassen. Viele Hedgefonds wetteten daher gegen Griechenland, indem sie CDS auf griechische Staatsanleihen kauften oder gegen den Euro spekulierten, und trieben die Zinsen für Griechenland immer höher. Letztendlich konnte das Land – und der Euro – nur durch einen »freiwilligen« Schuldenverzicht der Gläubiger und mit weiteren Milliarden vom IWF der EU und anderen Eurostaaten vor dem Kollaps gerettet werden.

Die Börsen ließen sich davon aber nicht mehr aus dem Tritt bringen. Wenige Wochen nach Obamas Konjunkturprogramm im Februar 2009 begannen sie einen langen kräftigen Aufwärtstrend, genährt von der Erholung der Wirtschaft, aber auch vom billigen Geld der Zentralbanken.

Die Finanzkrise wurde überwunden – auf Kosten der Steuerzahler, der Anleger, der Arbeitnehmer, die ihren Job verloren, der Schwachen, die mit weniger Sozialleistungen auskommen mussten. Alle bezahlten – nur nicht die Verantwortlichen in den Banken, die das Desaster angerichtet hatten. Das empörte Warren Buffett zutiefst. Er setzte sich dafür ein, dass Manager künftig für ihre Handlungen haften sollen. »Es ist das Verhalten der Geschäftsführer und Aufsichtsgremien, das sich ändern muss«, forderte er. »Wenn ihre Institutionen und das Land durch ihre Rücksichtslosigkeit geschädigt werden, sollten sie einen hohen Preis zahlen – einen, der weder von den Unternehmen noch von einer Versicherung erstattet wird.«[10] Ein hehrer Appell, der allerdings bis heute nicht erhört wurde.

Werbetour

Sein Leben lang hat Warren Buffett nicht die richtige Menge an Geld. Entweder er besitzt viel zu wenig für die vielen guten Investmentideen, die er hat, wie zu Beginn seiner Partnerschaften. Oder er besitzt zu viel. Praktisch zu jedem Zeitpunkt nach der Finanzkrise ist es zu viel: Den Münzenhaufen seiner Goldeselherde muss er inzwischen mit dem Tieflader abholen lassen. Mehr denn je braucht er zwar nicht viele, aber ein paar sehr gute und vor allem sehr große Ideen, damit er diesen Riesenhaufen sinnvoll abladen kann. Denn auch Berkshire bekommt für sein Cash, das nicht in Unternehmen gesteckt werden kann, keine Zinsen mehr.

Gute Investments finden ist allerdings leichter gesagt als getan: Trotz des Crashs an den Aktienmärkten ist Buffett von den Preisen vieler Aktien und Unternehmen nicht überzeugt. In den USA gibt es offensichtlich nicht mehr genug Gelegenheiten. Gemeinsam mit IMC-Verkäufer Eitan Wertheimer beschließt er daher, auf Unternehmenseigentümer in der ganzen Welt zuzugehen und macht sich auf den Weg – zunächst nach Europa. Organisiert wird diese Tour im üblichen Berkshire-Stil: schnell und unkompliziert. Nur wenige Wochen vorher erhalte ich eine Mail von Eitan, der mich bittet, bei der Organisation zu helfen, und in Rekordtempo stellen wir die Tour und die Veranstaltungen zusammen. Nach wenigen Tagen bin ich Teil einer Truppe von Buffett-Freunden aus Italien, Spanien und Deutschland.

Es ist eine fröhliche Reisegruppe, zu der ich dann gehöre. In vier Tagen ziehen wir von Frankfurt über Lausanne und Madrid nach Mailand über den europäischen Kontinent. Warren und Astrid, Eitan und seine Frau Ariella und ein paar Freunde aus Europa sind dabei. Jeden Tag gibt es in einer anderen Stadt eine Pressekonferenz und einen Empfang für die wichtigsten Unternehmer im Land. Die Chefköche wichtiger Hotels versuchen sich an Hamburgern und Warren und Eitan machen aus allem einen Spaß. Warren Buffett, inzwischen fast 80 Jahre alt, hält uns alle mit seiner Energie auf Trab. Und jeder, der ihn erlebt hat, ist begeistert. Doch Angebote kommen weder aus Europa noch aus Asien, wo die beiden später eine weitere Tour absolvieren.

Das liegt zum Teil an der Mentalität. »Es gibt europäische Unternehmen, die seit Hunderten von Jahren in derselben Familie sind«, sagt Berkshire-Vize Charlie Munger. »Die Menschen wachsen in diesen Familien auf mit dem Gefühl, dass es ihre Pflicht ist, das Familienunternehmen zu erhalten. Das macht es natürlich schwerer, solche Geschäfte zu kaufen.« Doch gerade die großen Familienunternehmen, die oft ein Nachfolgeproblem haben, sind für Warren Buffett weiter hoch attraktiv – besonders die aus Deutschland.

Eine Werbetour setzt er nicht wieder an, doch er beauftragt einen seiner wichtigsten Mitarbeiter, Ted Weschler, den deutschen Markt weiter zu bearbeiten. Der hat 2015 tatsächlich Erfolg: Für 400 Millionen Dollar kauft Berkshire die Hamburger Einzelhandelskette für Motorradzubehör Detlev Louis.[11] Die Firma ist eigentlich zu klein für Berkshire, doch die Botschaft ist wichtiger: Berkshire will an Detlev Louis zeigen, dass es seine Versprechen hält, seinen Tochterunternehmen ein guter Eigentümer zu sein und sie in Ruhe wachsen zu lassen. »Es ist ein Türöffner«, sagt Buffett. »Wir haben den Code für Deutschland geknackt.«[12]

Doch ganz offensichtlich spielt die Zeit gegen Buffett: Die Bedenken gegen Kapital aus den USA wächst in Europa auch unter den Firmeneigentümern ständig: Zahlreiche Investoren, vor allem Hedgefonds, kamen, krempelten alteingesessene Unternehmen um, luden ihnen Schulden auf und richteten sie teilweise zugrunde. Und auch politisch entfremden sich die USA und Deutschland immer mehr: Die Skepsis gegen den großen

Verbündeten war in Europa bereits unter George W. Bush gewachsen, als die USA die Verbündeten massiv unter Druck setzten, seinen Krieg im Irak mitzutragen. Sie verschwand unter Barack Obama nicht über Nacht. Und nachdem Edward Snowden 2013 enthüllte, dass die Vereinigten Staaten hemmungslos die ganze Welt inklusive der Bundeskanzlerin ausspionieren, wurde der Blick vieler Europäer auf die USA wieder kritischer. Als Donald Trump als Präsident klarmachte, wie wenig er von Zusammenarbeit und den Werten hält, die bisher die westliche Welt prägten, war das Verhältnis endgültig getrübt und in offenes Misstrauen umgeschlagen.

Zudem bieten sich immer öfter chinesische Investoren als Alternative an. Sie agieren fast wie Buffett. Das Unternehmen wird nicht verändert und darf weiterarbeiten wie bisher. Doch einen großen Unterschied gibt es: Chinesische Investoren zahlen Höchstpreise. Dass China damit den langfristigen Plan verfolgt, die Märkte für wichtige Zukunftstechnologien zu beherrschen, wird dabei verdrängt. Auf der Hauptversammlung 2018 klingt Buffett daher weniger hoffnungsfroh und wiederholt nicht die Prognose, dass Berkshire in den kommenden Jahren vermutlich ein deutsches Unternehmen kaufen wird.

Großes Rad

Auch international sind die Milliarden also schwer unterzubringen, die ständig bei Berkshire auflaufen. Etwas Großes muss also her und 2009 werden Warren und Charlie fündig: Sie kaufen eine der wichtigen US-Eisenbahnlinien, die Burlington Northern Santa Fee, kurz BNSF.

Natürlich liegt das Unternehmen da »auf dem Operationstisch«. Denn die Rezession nach der Finanzkrise drückt die Erträge. In den USA verdienen Bahnlinien ihr Geld fast ausschließlich mit dem Transport von Gütern und nicht mit dem Personenverkehr. Und der steigt und fällt mit der Konjunktur. Doch Buffett ist sicher, dass es bald wieder aufwärtsgehen wird. »Amerikas beste Tage kommen noch« ist sein ständiges Credo. »Das menschliche Potenzial ist noch lange nicht ausgeschöpft, und das amerikanische System, dieses Potenzial freizusetzen – ein System, das trotz

Rezessionen und sogar einem Bürgerkrieg über zwei Jahrhunderte Wunder bewirkt hat –, ist weiter lebendig und effektiv.«[13]

Insgesamt 44 Milliarden Dollar steckt Berkshire in BNSF, für Anteile und eine Schuldenübernahme von 10 Milliarden Dollar.[14] Zum Vergleich: Das gigantische Haushaltsdefizit Griechenlands, das die globalen Finanzmärkte fast aus dem Tritt brachte, betrug im selben Jahr 35,97 Milliarden Euro, zum damaligen Wechselkurs gut 50 Milliarden Dollar.[15] Keine Frage: Buffett dreht nun ein ganz großes Rad.

Und das geht so weiter: 2011 steckt Buffett 9 Milliarden Dollar in das Chemieunternehmen Lubricol. Dabei kommt er allerdings einem Skandal so nahe wie nie zuvor. Sein enger Vertrauter David Sokol, der die Tochterfirma NetJets leitet, wird des Insiderhandels bezichtigt: Sokol hatte auf eigene Rechnung Lubricol-Aktien gekauft – nur eine Woche bevor er den Kauf der Firma durch Berkshire eingefädelt[16] und damit 3 Millionen Dollar Gewinn gemacht hatte. Buffett will es erst einmal nicht glauben: »So wie ich David Sokol gekannt habe, hatte ich nicht erwartet, dass so etwas passiert«, sagt er. Und er erzählt mir, wie Sokol vor ein paar Jahren auf rund 12,5 Millionen Bonus als Chef von MidAmerican Energy verzichtet hat, weil er wollte, dass das gesamte Managementteam gleichbehandelt wird.[17] Doch letztendlich muss Buffett einsehen: Ob bewusst oder aus Nachlässigkeit: »Sokols Verhalten hat unseren ethischen Code verletzt.«[18] Berkshire verliert einen wichtigen Mitarbeiter, der lange als potenzieller Nachfolger Buffetts gehandelt wurde.

Warren Buffett macht dennoch munter weiter: 2013 zahlt Berkshire 28 Milliarden für die Hälfte der Ketchup Firma Heinz, 2014 tauscht er Aktien im Wert von 4,7 Milliarden von Procter & Gamble – steuerfrei – gegen die Batteriefirma Duracell und kauft die größte Kette von Autohäusern der USA, die Tuyl Group. Buffett investiert in Aktien, er kauft Zeitungen und Verlage, er fusioniert Heinz und die Lebensmittelfirma Kraft zu einem neuen Giganten der Branche.

Und das Prinzip ist immer das Gleiche: So gut wie jedes Investment bringt Cash und damit das Geld für neue Investments. 2018 hat Berkshire ein Aktienportfolio im Wert von fast 173 Milliarden US-Dollar, zwölf Versicherungen, die einen Float von mehr als 122,7 Milliarden Dollar erwirtschaften, 23 Tochterfirmen aus dem verarbeitenden Gewerbe, die wieder selber Tochterfirmen haben, eine Eisenbahnlinie und 13 Versorger, 26 Einzelhändler und Servicefirmen, darunter vier Unternehmen aus dem Bereich Finanzdienstleistung, ein Netz von mehr als 40 teils sehr großen Immobilienmaklern, 75 Autohäuser und mehr als 30 Tageszeitungen. Dazu gehört inzwischen auch der *Omaha World-Herald*, den Buffett 2011 für 150 Millionen Dollar kauft.

389.373 Menschen arbeiten 2018 für das Berkshire-Imperium. Anfang 2019 steht Berkshire Hathaway nach Amazon, Microsoft, Google-Mutter Alphabet und Apple auf Platz fünf der Liste der wertvollsten Unternehmen der Welt – vor all den anderen großen Konzernen der »Old Economy« und weit vor jedem deutschen.

Buffetts persönliches Vermögen beträgt 2019 rund 83 Milliarden Dollar, damit ist er der drittreichste Mensch der Welt, hinter Amazon-Gründer Jeff Bezos und seinem Freund Bill Gates. Doch er könnte leicht Nummer eins sein, wenn er nicht beschlossen hätte, sein Vermögen mit den Berkshire-Aktionären zu teilen und von dem Rest viele Milliarden wieder herzuschenken. Warren Buffett ist nicht nur der erfolgreichste Investor der Welt – er ist auch der größte Philanthrop, den es je gab. Allein zwischen dem Jahr 2000 und 2016 hat er mehr als 46 Milliarden Dollar gespendet und will es weiter tun, bis so gut wie alles weg ist.[19]

Big Spender

Seit Warren Buffett ein Teenager war, wusste er, dass er einmal sehr reich werden würde. Susan und er fingen schon in den Fünfzigerjahren, quasi seit Beginn ihrer Ehe, damit an, darüber nachzudenken, was sie mit dem vielen Geld anfangen wollten. »Ganz sicher dachten weder Susie noch ich, dass wir große Beträge an unsere Kinder vererben sollten«, sagt Buffett, und »in dem Maße, in dem wir Reichtum angehäuft haben, waren wir uns einig, was wir damit anfangen wollen: es der Gesellschaft zurückgeben«.[20]

Die Arbeitsteilung war schnell festgelegt: Warren würde das Vermögen verdienen, Susan wäre für die sinnvolle Verteilung zuständig. Warren will damit aber möglichst lange warten. »Als jemand, der mit hohen Zuwachsraten Kapital ansammelt, dachte ich, es wäre besser, sich um die Philanthropie zu kümmern, die in 20 Jahren gemacht werden muss.«[21] Also unterstützte er Susan nur mit kleineren Beträgen bei ihren wohltätigen Aktionen.

1964 schufen die beiden einen rechtlichen Rahmen dafür und gründeten eine Stiftung, die Buffett Foundation. Als Susan 2004 starb, hinterließ sie der Stiftung den Großteil ihrer Berkshire-Aktien im Wert von etwa 2 Milliarden Dollar, und Warren benannte sie in Susan Thompson Buffett Foundation, kurz STBF, um. Sie ist inzwischen erheblich gewachsen und rangiert in den vorderen Rängen auf der Liste der großen US-Organisationen und wird von Buffetts Tochter Susie Jr. geleitet.[22] Sie kümmert sich intensiv um das Recht auf Abtreibung und unterstützt Bürgerrechtsgruppen, liberale Bildungseinrichtungen und viele andere Dinge »links der Mitte«, wie das konservative Capital Research Center bemängelt. Bis ein Jahr nach dem Tod von Susan Buffett gingen selbst seine guten Freunde davon aus, dass die Stiftung seine Milliarden einmal bekommen würde – nach seinem Tod.

Doch dann überrascht er alle mit einem Sinneswandel: Warren Buffett, der lange dem Drängen seiner Frau Susan und anderer widerstanden hat, Geld für Wohltätigkeit lockerzumachen, hat seine Ansichten geändert: Er hat einen Plan aufgestellt, nachdem er in den kommenden Jahren nach und nach seine sämtlichen Berkshire-Aktien spenden wird. Etwa 1 Milliarde Dollar davon fließen in die STBF, je 1 Milliarde Dollar an jedes seiner Kinder, die damit eigene Stiftungen finanzieren sollen. Der Rest geht an seinen Freund Bill Gates, der kurz vorher seinen Job bei Microsoft an den Nagel gehängt hat, um sich gemeinsam mit seiner Frau Melinda ganz der Arbeit in der Bill-und-Melinda-Gates-Stiftung zu widmen.

Warrens Ansatz beim Spenden ist dabei derselbe wie beim Investieren: Er findet Menschen, denen er sein Geld und eine Aufgabe anvertraut, und lässt sie dann machen. »Wenn es Ihr Ziel ist, Ihr Vermögen an die Gesellschaft zurückzugeben, indem Sie ein paar wirkliche große Probleme anpacken, die ansonsten keine angemessene Finanzierung haben, was könnte dann besser sein, als ein paar junge, unglaublich kluge Leute zu finden, deren Ansatz sich bewährt hat und die bereits bewiesen haben, dass sie mit großen Summen umgehen können und es richtig machen?«, erklärt er die Logik hinter dem ungewöhnlichen Schritt, den Großteil Bill und Melinda Gates anzuvertrauen.[23] Seinen eigenen Namen muss er dabei nicht im Logo der Stiftung sehen. »Wenn jemand hungrig ist«, sagt er mir, »kümmert er sich nicht darum, welcher Name auf dem Scheck steht.«[24]

Warren Buffett sammelt also weiter jeden Tag Geld, um es dann wieder herzuschenken. Er will mit der Zeit etwa 99 Prozent seines Vermögens an wohltätige Stiftungen verteilen und dennoch jeden Tag in sein Büro gehen und weitere Milliarden verdienen. Einfach weil er den Job liebt. »Ich brauche das Geld nicht, ich habe alles, was ich brauche, also ist es herzugeben überhaupt kein Widerspruch zu dem, was ich in meiner Arbeit tue«, sagt er.[25]

Das Milliardenversprechen

Doch Warren Buffett geht noch einen Schritt weiter. Er glaubt nicht nur, dass er verpflichtet ist, sein Glück mit anderen zu teilen, er ist überzeugt, dass das jeder Mensch tun sollte, der viel hat. Kapitalismus ist für ihn das beste denkbare System, wenn es darum geht, immer mehr Wohlstand für alle zu erwirtschaften. Aber ein miserables System, wenn es um Gerechtigkeit geht. »Ich lebe in einer Wirtschaft, in der jemand, der jemand anderen auf dem Schlachtfeld das Leben rettet, mit einer Medaille belohnt wird. Ein großartiger Lehrer wird mit Dankesbriefen von Eltern belohnt. Aber der, der einen falschen Preis für Wertpapiere erkennen kann, wird mit Summen belohnt, die in die Milliarden gehen. Kurz gesagt: Das Schicksal verteilt seine langen Strohhalme ausgesprochen kapriziös.«[26]

2010 gründet er daher mit seinen Freunden Bill und Melinda Gates die Initiative »The Giving Pledge«, »Das Versprechen zu geben«, einen etwas anderen Milliardärsclub. Wer dabei ist, verspricht, während seines Lebens oder mit seinem Testament mindestens 50 Prozent seines Vermögens für wohltätige Anliegen zu spenden. Unterstützung finden die beiden unter anderem bei dem Ölerben David Rockefeller. »The Giving Pledge« stößt nicht nur in den USA auf große Resonanz. Mehr als 220

Multimillionäre und Milliardäre aus 25 Ländern habe sich dem Versprechen inzwischen angeschlossen und es werden immer mehr. Allein die bisherigen Mitglieder des etwas anderen Milliardärsclubs werden mehrere Hundert Milliarden Dollar verteilen.[27]

Warren Buffett, der sich nach wie vor für höhere Steuern für Reiche einsetzt, ist zwar der Meinung, dass der Staat genug Einnahmen braucht, um eine Grundversorgung für alle Bedürftigen bereitzustellen. Die Kritik, dass eine Gesellschaft große Vermögen grundsätzlich über Steuern abschöpfen und dann in einer demokratischen Entscheidung über die Verwendung befinden sollte, lässt Warren Buffett nicht gelten. Für ihn ist private Wohltätigkeit eine wichtige Ergänzung zur staatlichen Fürsorge. Sie könne sich Fehler erlauben, Neues ausprobieren, Dinge finanzieren, die ein Politiker mit Steuergeldern nicht wagen kann. »Viele der Probleme, über die wir sprechen, brauchen letztendlich Regierungen, um sie zu lösen«, sagt auch Melinda Gates. »Was Philanthropie aber kann, ist, als ein Katalysator zu wirken. Sie kann bei Innovationen helfen.«[28]

Auf der anderen Seite können Spenden die Demokratie verändern: So greifen die extrem konservativen Brüder Charles G. und David H. Koch aktiv mit Millionengaben in die Politik und die Wahlkämpfe in den USA ein und unterstützen weit rechtsstehende Organisationen und Politiker. Doch sie können auch ausgleichen, wenn die Regierung Themen vernachlässigt, sei es, weil die wirtschaftliche Lage schlecht ist und die Mittel fehlen oder weil der politische Wille in eine andere Richtung geht. Ein aktuelles Beispiel: Nachdem US-Präsident Donald Trump das Pariser Klimaabkommen gekündigt hat, wird der ehemalige New Yorker Bürgermeister und Milliardär Michael Bloomberg die 4,5 Millionen Dollar, die die USA 2018 an die zuständige UN-Organisation hätte überweisen müssen, übernehmen und will das auch weiterhin tun.[29] Auch er ist Mitglied im »The Giving Pledge«.

Spaltung

2012 wurde der 44. US-Präsident, Barack Obama, wiedergewählt – mit einer Mehrheit der Stimmen und der Wahlmänner. Die Bilanz seiner ersten Amtszeit konnte sich durchaus sehen lassen: Als eine der ersten Amtshandlungen entzog er der CIA die Erlaubnis zur Folter. Er ging auf die islamische Welt und die alten Partner in Europa zu. Und vor allem half sein Konjunkturprogramm dabei, die USA nach der Lehman-Pleite aus der Wirtschaftskrise herauszuholen. Trotz der immensen Ausgaben dafür war das Haushaltsdefizit unter Kontrolle und sollte in den beiden Amtszeiten Obamas gegenüber dem von George W. Busch geerbten Minus um insgesamt 70 Prozent sinken.[30] Die Arbeitslosigkeit ging beständig zurück, von mehr als 10 Prozent zu Beginn der ersten Präsidentschaft auf weniger als 5 Prozent zum Ende von Obamas zweiter Amtszeit.

Und auch außenpolitisch schien er erfolgreich: Ein Jahr nach seinem Amtsantritt bekam er für seine Bemühungen um internationale Aussöhnung den Friedensnobelpreis verliehen – bis heute wird diese Entscheidung allerdings als voreilig kritisiert. Er schaffte den Ausstieg der US-Truppen aus dem Irak und im Mai 2011 stellten US-Truppen Osama Bin Laden, den Anführer der Anschläge des 11. September, der bei dem Zugriff erschossen wurde. Obama ordnete daraufhin einen umfangreichen Truppenabzug aus Afghanistan an.[31]

Dennoch waren viele US-Amerikaner unzufrieden: Die Rassisten ohnehin, immerhin ist Obama farbig und Sohn eines muslimischen Kenianers. Aber auch die Wirtschaftsliberalen waren aufgebracht und störten sich vor allem an der Gesundheitsreform und der geplanten Steuerreform. Alle außenpolitischen Hardliner empfanden Obamas Kurs darüber hinaus als zu weich und zu zögerlich. Vor allem aber waren die Bürger unzufrieden, die vom steigenden Wohlstand nicht profitierten. Im ehemaligen Industrie-Powerhaus im Norden und anderswo verfestigte sich die Spaltung des Landes in eine arme, perspektivlose Schicht einerseits und die boomenden Metropolen mit hochgebildeten Menschen an der Ost- und der Weltküste andererseits.

Die wachsende Ungleichheit etwa mit einer Steuerreform bekämpfen – das gelang Obama nicht. Denn ab 2013 hatte er es mit einem republikanisch dominierten Repräsentantenhaus zu tun, ab 2015 auch mit einer Senatsmehrheit der Republikaner. Und eine Gruppe sehr radikaler Abgeordneter gewann in der konservativen Partei immer mehr

Einfluss: Die Tea Party, ursprünglich eine erzkonservative populistische Protestbewegung gegen Obamas Bankenrettungsplan,[32] sorgte für eine Fundamentalopposition und machte Barack Obama in vielen Belangen handlungsunfähig.

Anhängern der Tea Party gelang es aber vor allem, die Wahrnehmung der US-Amerikaner zu spalten: Rechte Sender wie Fox News und eher linke wie CNN berichteten nun über dieselben Ereignisse mit zwei komplett unterschiedlichen Wahrnehmungen, ein Austausch oder gegenseitiges Zuhören fand immer weniger statt. Die zwei Teile der US-Bevölkerung, die sich seit mehr als einem Jahrhundert miteinander arrangiert hatten, entfernten sich plötzlich in rasantem Tempo voneinander bei so gut wie allen Themen. Nicht nur, was die Meinung betrifft, sondern vor allem auch, was sie als Wahrheit empfanden – befeuert durch Echoblasen in den Sozialen Medien wie Facebook, die nur noch die eigenen Standpunkte verstärkten.

Auch die besser etablierte Mittelschicht und Teile der Intellektuellen folgten nun plötzlich massenhaft den Wahrheiten der radikalen Republikaner: Den USA gehe es immer schlechter, ist deren Credo, und es sei Zeit, die alte Stärke durch radikale Veränderungen in Washington aufleben zu lassen. Donald Trump kanalisierte diese Gedanken auf virtuose Art und Weise. Im Vorwahlkampf schaltete er reihenweise gemäßigtere Kandidaten aus. Sein Auftreten verletzte jede Etikette, er erwies sich als Frauenverächter, verhöhnte Behinderte und schürte Vorurteile gegen Ausländer, er stieß so gut wie alle internationalen Freunde und Verbündete vor den Kopf. Alles Dinge, die in bisherigen Wahlkämpfen für jeden Kandidaten das Aus bedeutet hätten. Doch die Zeiten hatten sich geändert: Seine Anhänger interpretierten das als Unabhängigkeit – und werden die Welt damit nachhaltig verändern.

Zwei Lager radikalisieren sich

Warren Buffett steht im Wahlkampf 2016 ganz klar auf einer Seite: Er unterstützt die demokratische Kandidatin Hillary Clinton finanziell und mit gemeinsamen Auftritten während ihres Wahlkampfes. Damit bricht er ein bisheriges Tabu. Er mischt sich direkt in die Politik ein und attackiert den Kandidaten Trump persönlich. Wie schon mit einer TV-Show und seinem Buch *Trump: The Art of the Deal* stellt sich Donald Trump nämlich ständig als erfolgreicher Geschäftsmann dar, ein Argument, das Warren Buffett empört.

Denn in Warrens Kapitalistensicht sind einige von Trumps Geschäften das Gegenteil von erfolgreich. Dafür muss man nämlich schlicht aus Geld mehr Geld machen. Doch Trump hat das Kapital von sich und seinen Anlegern oft gemindert und ab und zu sogar komplett vernichtet: Er ist mit mehreren Unternehmen pleite gegangen. Unter anderem musste seine Firma Trump Hotels & Casino Resorts 2004 Insolvenz anmelden, die im Jahr 1995 an die Börse gegangen war. »Diejenigen, die an ihn geglaubt haben, die seinen Sirenengesängen zugehört haben, haben mehr als 90 Cent für jeden Dollar verloren", sagt Buffett und weist darauf hin, dass es nicht an der Marktsituation gelegen haben kann. »1995, als er seine Firma an die Börse brachte, hätte ein Affe, der mit Darts auf eine Aktienliste geworfen hätte, im Schnitt mehr als 150 Prozent gemacht.«[33]

Buffetts Einsatz bleibt erfolglos: Am 8. November 2016 wird Donald Trump zum 45. Präsidenten der USA gewählt. Das amerikanische Wahlsystem macht es wieder einmal möglich: Er erhält zwar deutlich weniger Stimmen als seine Konkurrentin Hillary Clinton, aber eine Mehrheit der Wahlmänner aus den einzelnen Bundesstaaten.

Viele hatten gehofft, dass das Poltern und die Tabubrüche von Donald Trump vor allem eine Wahlkampfmasche waren und er im Amt zu etwas mehr strategischem und staatsmännischem Verhalten übergehen würde. Sie wurden eines Besseren belehrt: Der 45. Präsident der USA veränderte den Stil der Politik und letztendlich das ganz Land in rasendem Tempo.

Er machte Falschaussagen und Polemik – vor allem über Nachrichtendienste wie Twitter – zum festen Bestand seiner Regierungsarbeit. Vom ersten Tag an: Trotz gegenteiliger Beweise behauptete er einfach, seine Amtseinführung sei die bestbesuchte aller Zeiten gewesen. Am Ende seiner vierjährigen Präsidentschaft zählt die *Washington Post* 30.573 nachgewiesene irreführende Behauptungen von Donald Trump während seiner Amtszeit auf – eine schwindelerregende Zahl.[34]

Und das Schlimmste daran: Er fand bei der knappen Hälfte der US-Bürger damit Zustimmung. Bisher hatten die Anhänger der beiden großen Parteien teils hasserfüllt über einzelne Themen gestritten – etwa die Sozialpolitik oder den Umgang mit Minderheiten. Dennoch gab es vor Trump einen breiten Konsens zu vielen Themen: die Würde des Amtes des Präsidenten etwa, die Menschenrechte, die Treue zu Fakten, zu Verbündeten oder auch nur der Begriff von Wahrheit.

Mit seinen ständigen Lügen und ununterbrochenen Salven auf Twitter – oft gegen einzelne Personen – wischte Donald Trump das alles beiseite. Unterstützung fand er in Medien, die ihm uneingeschränkt folgten, allen voran der Fernsehsender Fox News vom Medienmilliardär Rupert Murdoch. Trump machte so aus der latenten Spaltung des Landes einen offenen Lagerkampf, der quer durch verschiedene Gemeinden, Freundeskreise und teilweise Familien ging.

Trump zündet den Steuerturbo

»Make America great again« – die USA zu alter Größe zurückführen: Mit diesem von Ronald Reagan kopierten Versprechen trat Donald Trump an. Und es richtete sich diesmal vor allem an Wähler abseits der boomenden Metropolen: Frustrierte Arbeiter und Arbeitslose im Rustbelt oder im Bergbau und Farmer. Erreichen wollte er das, indem er versuchte, die Politik neu zu erfinden.

Schnell wurde klar, was er unter seiner propagierten »America First«-Politik verstand: Die Interessen der USA, oder besser der US-Wirtschaft um jeden Preis durchsetzen. Am liebsten gegenüber einem einzelnen unterlegenen Verhandlungspartner, den Trump dafür mit allen Mitteln unter Druck setzen konnte. Statt auf Diplomatie, Interessensausgleich und Kompromisse, setzte er also auf einseitige Brachialpolitik. Statt auf strategische, komplexe, multilaterale Abkommen auf einzelne Deals.

Das galt im Inneren genauso wie in der Außenpolitik. Sein größter gesetzgeberischer Erfolg gelang ihm gleich im ersten Amtsjahr und war ein einseitiges Geschenk an alle reichen Amerikaner: Ende 2017 senkten die USA die Steuern für Unternehmen von 35 auf 21 Prozent – der stärkste Rückgang seit 30 Jahren.[35]

Genau das Gegenteil also von dem, was Warren Buffett immer gefordert hatte. Denn nicht die Mittelschicht oder die ärmeren Teile der Bevölkerung wurden entlastet, sondern die Oberschicht, die Unternehmensanteile und Aktien besaßen.

Firmen mussten jetzt plötzlich Milliarden nicht mehr an den Fiskus abführen. Sie konnten sie stattdessen an ihre Eigentümer ausschütten oder investieren. Der Plan dahinter war, dass so neue Produktionskapazitäten entstehen würden und damit gut bezahlte Arbeitsplätze. Unterstützt werden sollte das von verschiedenen Maßnahmen, die Unternehmen von lästigen Umwelt- oder Klimaschutzauflagen befreiten. Meist schaffte Donald Trump die kurzerhand einfach per Dekret ab.

Der Traum vom entfesselten Wirtschaftswunder ging aber nur zu einem kleinen Teil auf. Denn viele Unternehmer und wohlhabende Bürger steckten die gesparten Steuer-Dollar eben nicht in den Ausbau bestehender Industriekapazitäten, sondern lieber in den Aktienmarkt. Aktienrückkäufe – also der Kauf von eigenen Anteilscheinen durch Aktiengesellschaften – hatten Hochkonjunktur. Solche Investitionen schaffen – genau wie jeder Kauf von bestehenden Aktien – aber keine neuen Produktionsstätten oder gar Arbeitsplätze, sondern sorgen lediglich für steigende Kurse.

Die Börse nahm diese Entwicklung voraus und boomte 2017 im ersten Amtsjahr von Donald Trump 2017 munter weiter – wie schon die Jahre zuvor seit der Finanzkrise. Bis auf das Jahr 2018 blieb das auch so: Eine gute Weltkonjunktur und die anhaltend niedrigen Zinsen machten Aktien attraktiv, die Kurse stiegen und stiegen.

Sehr zur Freude von Donald Trump, der die Kursentwicklung an der Wall Street als ultimativen Gradmesser für seinen Erfolg als Wirtschaftspolitiker ausgab. Als sich der Dow Jones nach dem Corona-Crash schnell erholte und sogar erstmals die 30.000 Punkte knackte, kam es zu einer bizarren Szene: Wenige Wochen nach der Präsidentschaftswahl und mitten in der schlimmen dritten Welle der Corona-Pandemie setzte Noch-Präsident Donald Trump überraschend eine Pressekonferenz an. Sie dauerte wenige Minuten, in denen Trump aber weder auf seine anhaltende Lüge über einen Wahlbetrug noch auf die Covid-19-Entwicklung in seinem Land einging. Stattdessen gab er ein kurzes Statement ab, um den Erfolg an der Wall Street zu feiern, die eine »heilige Zahl« durchbrochen hätte.

Gemischte Bilanz

Aktionäre hatten in den Trump-Jahren viel zu feiern, die Wirtschaft dagegen lief nicht viel besser oder schlechter als unter Obama. Entsprechend mager fällt die Bilanz von Donald Trump in Sachen Arbeitsplätze für seine Stammwähler aus: Zwar entstanden zwischen 2016 und Ende 2018 gut 400.000 neue Industriejobs. 2019 – also noch vor der Corona-Pandemie – stagnierte die Entwicklung aber bereits wieder.[36] Im Bergbau kamen unter Tage gerade einmal 300 neue Arbeitsplätze dazu.[37]

Neue Jobs gab es dennoch viele. Vor allem setzte sich der positive Trend im Dienstleistungssektor fort, wenn auch etwas gebremst. So wurden in den letzten drei Obama-Jahren – also von 2014 bis 2016 – monatlich im Durchschnitt 224.000 neue Stellen in den USA geschaffen. In den ersten drei Trump-Jahren waren es 182.000, und somit knapp 20 Prozent weniger.

Ein regelrechter Konjunkturboom entstand also trotz teurer Steuerreform nicht – auch wenn Trump im Wahlkampf zu seiner angestrebten Wiederwahl immer wieder behauptete, er habe die beste Wirtschaftslage aller Zeiten geschaffen. Unter Trump wuchs die US-Wirtschaft bis 2019 durchschnittlich um 2,5 Prozent pro Jahr. Unter Obama waren es in den Jahren 2014 bis 2016 2,4 Prozent gewesen. Trump hat sein Wachstum allerdings mit seiner Steuerkürzung gepuscht. Dabei hatte sich das Haushaltsdefizit unter Obama deutlich verringert, unter Trump stieg es wieder deutlich an.

Dass viele Menschen dennoch an Trumps Wirtschaftswunder glaubten, lag vor allem an zwei Dingen: Einerseits war der Arbeitsmarkt nach dem jahrzehntelangen Aufschwung seit der Finanzkrise langsam leergefegt. Die Arbeitslosenquote lag kurz vor Ausbruch der Corona-Pandemie im Januar 2020 bei 3,5 Prozent und damit so niedrig wie noch nie seit Beginn ihrer Berechnung im Jahr 1972. Und auch unter den Minderheiten wuchs die Beschäftigung. In der schwarzen Bevölkerung sank die Arbeitslosenquote auf 5,4 Prozent.[38] Einen Job zu bekommen oder zu behalten war also kein Thema. Die Menschen fühlten sich sicher.

Und zweitens ging es vielen Amerikanern tatsächlich finanziell spürbar besser: Mehr Arbeitsplätze, bessere Löhne und hohe Renditen vom Aktienmarkt sorgten für steigende Einkommen. 2019 stiegen die Realeinkommen in den USA um knapp 7 Prozent – unter den Schwarzen und Lateinamerikanern sogar noch stärker.[39]

Es waren also keine wirklich goldenen wirtschaftlichen Jahre unter Trump – sehr viele andere Präsidenten können eine bessere Bilanz in Sachen Wirtschaftswachstum, Haushaltsdefizit und Außenhandelsbilanz aufzeigen. Für die Bürger fühlte es sich aber so an. Die Wiederwahl von Donald Trump im Jahr 2020 schien lange also durchaus wahrscheinlich.

Elefant verzweifelt gesucht

Auch Warren Buffett und Berkshire profitieren natürlich massiv von Trumps Steuerreform. Bis auf das Jahr 2018 erzielt Berkshire auf dem Papier Gewinne wie noch nie. 2019 alleine sind es fast 81,5 Milliarden Dollar nach Steuer. Das ist aber auch den aktuellen Bilanzierungsvorschriften in den USA geschuldet. Seit einiger Zeit müssen hier Aktienpakete zum aktuellen Kurs an der Börse bewertet werden. Sprich: Steigen die Kurse macht Berkshire automatisch Milliarden Gewinne, ohne dass sich irgendetwas an der Geschäftstätigkeit geändert hätte.

Die läuft allerdings auch ohne die Buchgewinne aus den Aktienpaketen prächtig. Und Warren Buffett hat – mal wieder – ein Problem. Seine Goldeselherde ist kräftig und gesund wie nie und produziert jeden Tag Unmengen an Cash. In den boomenden Börsen und bei hohen Preisen für Unternehmen findet er aber nach wie vor keine guten Gelegenheiten, die er für kaufenswert hält. Das sollten am besten »Elefanten« sein, wie er selber sagt, also riesige Unternehmen, bei denen er gleich viele Milliarden los wird.

Seine letzten beiden »elefantischen« Goldesel haben durchaus gemischte Ergebnisse gebracht. Der Deal mit den Lebensmittelfirmen Heinz und Kraft ist nun ein paar Jahre her und es stellt sich allmählich heraus: Diesmal ist es gar kein Goldesel. Rund ein Viertel davon gehören Berkshire, seit Buffett 2013 mit dem Kapitalinvestor 3G die Ketchup-Firma Heinz übernommen und 2015 die Fusion mit dem Lebensmittelkonzern Kraft vorantrieb.

Der Lebensmittelgigant kränkelt aber seit Jahren. Die Umsätze und Gewinne entwickeln sich schlecht, der Aktienkurs fällt beständig. Die Kraft Heinz Company ist tatsächlich ein schlechter Deal und Buffett selber räumt ein, dass er für diese Firma zu viel bezahlt hat. Statt dem Kaufpreis von 28 Milliarden Dollar ist Berkshires Beteiligung an Kraft Heinz im Frühjahr 2021 an der Börse nur noch 11 Milliarden wert.

Der andere Elefant macht das aber mehr als wett. Er stapft als echter Exot durch die übrige Herde, denn im Jahr 2016 wurde Erstaunliches bekannt. Warren Buffett investierte im großen Stil in einen der großen Tech-Werte: Apple. Erst 1 Milliarde, dann weitere 5 und in den Folgejahren immer mehr: Inzwischen besitzt Berkshire 5,4 Prozent der Handy- und Computerfirma, die mehr als 120 Milliarden Dollar wert sind. Bezahlt hat Buffett dafür gut 30 Milliarden Dollar – ein Plus von rund 90 Milliarden innerhalb von 5 Jahren.

Ein Tech-Wert ist also heute einer der wichtigsten Beteiligungen von Berkshire. Hat Warren Buffett auf seine alten Tage seinen Investmentansatz verändert und spekuliert nun doch auf einzelne technische Innovationen? Nein, vielmehr hat sich Apple verändert. Die wichtigsten Produkte der Firma – Computer und Handys – sind inzwischen so ausgereift, dass so schnell keine unerwartete Neuerung kommen wird, die den Markt komplett auf den Kopf stellen kann.

Damit werden Umsätze und Gewinne aber vorhersehbar – vor allem weil Apple über eine extrem starke Marke und ungewöhnlich hohe Kundentreue verfügt. Und das war schon immer ein echtes Buffett-Argument für eine Firma. Wer einmal Apple-Produkte kauft, kauft in der Regel immer Apple. Wer den Computer mag, kauft auch den Laptop, das Handy und das Tablet. Die Kunden sind treu. Immer wieder.

Weil die Geräte in dem Markt alle paar Jahre ersetzt werden müssen, betrachtet man das Geschäftsmodell von Apple bei Berkshire wie eine Art Abo-Geschäft auf neue Produkte. Dabei sind die Geräte teuer und bringen vorhersehbar entsprechend guten Gewinn für das Unternehmen. Ein weiteres wichtiges Buffett-Argument.

Für die Investitionen in Kraft Heinz, Apple und ein paar kleinere Akquisitionen hat Buffett in den Jahren zwischen 2016 und 2020 also einen gigantischen Haufen Geld eingesetzt. Die Goldeselherde hat gleichzeitig aber einen noch größeren Haufen produziert – einen regelrechten Berg. Warren Buffett sitzt also mal wieder auf immens viel Cash: Anfang 2021 waren es gut 145 Milliarden Dollar. Und er sucht weiter jeden Tag nach einem neuen Deal: Die Elefantenbüchse ist geladen. Es fehlen nur attraktive Ziele.

Ein Angriff auf die Weltordnung

Während Warren Buffett in Omaha über Elefanten nachdenkt, war Donald Trump in Washington damit beschäftigt, die alte Weltordnung zu zerschlagen.

Die war immer noch geprägt von all den multinationalen Institutionen, die nach dem Zweiten Weltkrieg oder im Kalten Krieg meist unter der Führung und zum Wohle der USA entstanden waren: Das westliche Verteidigungsbündnis NATO, die Weltorganisation UNO, die Weltbank, der Internationale Währungsfonds IWF und unzählige Organisationen wie die Welthandelsorganisation WTO oder die Weltgesundheitsorganisation WHO. Seit 2016 war noch das Weltklima-Abkommen von Paris dazugekommen. Die USA trugen traditionell bei vielen dieser Institutionen eine große finanzielle Last – dafür hatten sie auch erheblichen Einfluss.

Donald Trump hasste sie alle. Denn sein ruppiger Verhandlungsstil brachte ihn dort nicht weiter. Viel lieber agierte Trump mit einem einzelnen, am besten unterlegenen Gegenüber, das er mit einer Mischung aus Drohung, Herabsetzung, Schmeicheleien und überzogenen Forderungen unter Druck setzen konnte. In multilateralen Organisationen lief er damit in der Regel gegen eine Wand aller anderen Beteiligten, die sich gegen ihn solidarisierten.

Folglich machte sich Donald Trump daran, alle die Institutionen so gut zu schwächen, wie immer er es vermochte. Er bezeichnete die NATO als »obsolet«, die engsten Verbündeten der USA – Europa – als »Feinde«. Er trat aus dem Atomabkommen mit dem Iran aus, genau wie aus dem Pariser Klimaabkommen und mitten in der Covid-19-Pandemie aus der Weltgesundheitsorganisation WHO. Für die Weltbank, die traditionell von einem US-Amerikaner geleitet wird, setzte er 2019 David Malpass als neuen Chef ein: Der hatte sich schon vorher einen Namen als ausgesprochen scharfer Kritiker der Weltbank gemacht.

Ein Dorn im Auge waren Trump auch alle Freihandelszonen. Einen seiner wohl langfristig folgenreichsten Schritte ging er daher auch gleich an seinem allerersten Amtstag im Januar 2017: Per Dekret beendet er die Mitgliedschaft der USA in der Trans-Pazifischen Partnerschaft TPP. Die war unter seinem Vorgänger Barack Obama entstanden und sollte bis zum Jahr 2020 in eine gemeinsame Freihandelszone weiterentwickelt werden. Das hätte die wirtschaftliche und damit auch politische Abhängigkeit der Mitgliedsländer vom Reich der Mitte etwas gebrochen. Denn dem TPP gehörten neben den USA Australien, Brunei, Chile, Japan, Kanada, Malaysia, Mexiko, Neuseeland, Peru, Singapur und Vietnam an. Aber eben nicht China.

Donald Trump beendete diese Strategie per Dekret mit seiner dicken Filzstiftunterschrift. Und China nutzte den Freiraum: Im Herbst 2020 wurden die Verträge für das RCEP Abkommen unterzeichnet. Eine Freihandelszone von 14 Ländern in Asien rund um den Pazifik – darunter auch einige, die dem TPP angehören. 2,2 Milliarden Menschen und rund ein Drittel der Weltwirtschaftsleistung sind künftig hier verbunden. Das ist die größte Freihandelszone der Welt – unter dem Einfluss von China. Aber ohne Europa und die USA.

Statt also mit strategischen Bündnissen versuchte Trump China direkt in die Knie zu zwingen – genau wie auch Mexiko, Kanada und Europa. Sein liebstes Instrument dafür war die Drohung mit oder die Anwendung von Strafzöllen für importierte Waren. Das verstieß zwar meist gegen die Regeln der Welthandelsorganisation WHO, der die USA immer noch angehören. Die setzte Trump aber mit einem Trick Schach matt. Er blockierte einfach die Neubesetzung von Richterstellen, so dass Urteile gegen die USA bis heute nicht abschließend bestätigt werden konnten, weil einfach kein Gericht ohne Richter tagen kann.

Trumps Handelskrieg bewirkte viel: Das Vertrauen in die USA als verlässlicher Partner war damit endgültig erschüttert und weltweit standen Unternehmen vor ungeahnten Problemen. Eines bewirkte es aber nicht: Das gigantische US-Handelsbilanzdefizit wurde unter Trump kein bisschen kleiner. Im Gegenteil: Im letzten Amtsjahr von Barack Obama hatten die USA für rund 481 Milliarden Dollar mehr Güter und Dienstleistungen importiert als exportiert. 2019 waren es unter Trump 577 Milliarden und 2020 im Corona-Jahr 682 Milliarden.[40] Lediglich die Bilanz beim Warenaustausch mit China verbesserte sich 2019 tatsächlich leicht.

Den Preis dafür bezahlten die amerikanischen Verbraucher: Denn die Unternehmen gaben die Kosten für Zölle auf Aluminium, Stahl und verschiedene Verbrauchsgüter an ihre Kunden weiter. Zwischen 600[41] und 1000 Dollar[42], schätzen Experten, zahlten US-Haushalte mehr für Kühlschränke, Autos und andere Waren.

Politik oder Geschäft

Warren Buffett kann die Politik von Donald Trump nicht gefallen. Dennoch hält er sich nach Trumps Wahl mit jeder offenen Kritik zurück. Dafür agiert er: Trump hebelt – letztendlich per Dekret – die Gesundheitsvorsorge Obamacare aus, nachdem alle seine Versuche gescheitert waren, sie per Gesetz abzuschaffen. Warren Buffett gründet wenig später gemeinsam mit Amazon-Gründer Jeff Bezos und der Investmentbank J.P. Morgan eine Krankenkasse. Deren Ziel ist es nach Aussage von Bezos, »Lösungen zugunsten unserer US-Angestellten, ihrer Familien und – möglicherweise – aller Amerikaner zu finden«[43] Ein Projekt, das in den folgenden Jahren allerdings nie richtig ins Laufen kommt.

Statt offen gegen Trumps Handelskriege zu wettern, betont Warren Buffett lieber, dass der internationale Warenaustausch eine Win-win-Situation schaffe – obwohl auch Buffett zuvor immer wieder die Gefahren des hohen Handelsbilanzdefizites betont hatte. Statt 2020 die Corona-Politik von Präsident Trump offen anzugreifen, dankt er auf der Hauptversammlung ausführlich Anthony Fauci für dessen gute Informationspolitik. Der Immunologe warnte damals regelmäßig vor der Pandemie und wurde mehr und mehr zum Gegenspieler von Donald Trump.

Die Zurückhaltung enttäuscht einige Buffett-Fans. Genau wie die Tatsache, dass er seine Geschäfte niemals für politische oder gesellschaftliche Ziele einsetzt. Als einzige Messlatte bei seinen Investitionen gilt für ihn die Einhaltung der geltenden Gesetze, sowie der in den USA übliche Boykott einiger Branchen wie der Tabakindustrie. Alles andere beurteilt er wertfrei und rein nach seiner Investmentmethode.

Schon mehrmals hat er Fragen nach einem Boykott von Firmen wegen zum Beispiel einer Verbindung zur Waffenlobby zurückgewiesen. Auf zwei Eingaben von Aktionären, die Berkshire auffordern künftig eine Umwelt- und Diversitätsbilanz für den Konzern zu erstellen, reagiert Buffett auf der Hauptversammlung 2021 regelrecht angefasst und wettert gegen die Antragssteller. Denn eine solche Bilanz würde das Prinzip Berkshire zerstören. Statt eigenständiger Tochterfirmen würde damit eine starke Zentrale entstehen, die zumindest bei den Themen auch Kontrollinstanz wäre.

Im Zweifel entscheidet sich Warren Buffett also gegen seine eigenen gesellschaftlichen Ideale und für seine Firmen: Sein als innovativ gefeiertes Spendenprogramm für seine Aktionäre, bei dem die Anteilseigner selber abstimmen können, wie viel Berkshire für welchen Zweck spenden, stellte er ein. Denn viele stimmten auch für Organisationen, die Familienplanung und Abtreibungen befürworten und Berkshire unterstützte sie daher mit viel Geld. Das brachte Abtreibungsgegner auf die Palme, die einen Boykott der Berkshire-Tochter Pampert Chef ausriefen. Die Firma, die bei Verkaufspartys Kochutensilien an Frau und Mann bringt, geriet dadurch schnell in große Schwierigkeiten. Warren beendete daraufhin das komplette Spendenprogramm.

Kurz nachdem er Derivate als »Massenvernichtungswaffen der Finanzindustrie« gegeißelt hatte, verkaufte er selber welche. Natürlich setzte er sie anders ein als andere: Er schrieb sie wie eine Versicherungspolice. Wenn der amerikanische Aktienmarkt nach einer langen Zeit erheblich eingebrochen wäre, hätte Berkshire viel Geld bezahlen müssen. Der Kontrahent konnte damit also bei Berkshire ein Art Versicherung gegen ökonomisches Chaos kaufen. Wirtschaftlich waren Buffetts Derivate somit weit von der exzessiven Spekulation vieler anderer entfernt, die Risiken für Berkshire waren durchkalkuliert und nicht höher als bei einem großen Rückversicherungsgeschäft, die Gewinne aus diesem Geschäft waren letztendlich stattlich. Allerdings schwächte es Warren Buffetts Kritik an der Derivateindustrie erheblich, als er selber damit agierte.

Und Geschäfte mit Unternehmen, die der umstrittenen Waffenlobby Amerikas, der NRA, nahestehen, ausschließen, wie es einige andere Manager tun, will er auch nicht. »Ich denke nicht, dass Berkshire sagen sollte: ›Wir werden keine Geschäfte mit Leuten machen, die Waffen besitzen‹«, rechtfertigt er das. »Ich glaube nicht daran, 370.000 Mitarbeitern und einer Million Aktionären meine Meinung aufzuzwingen. Ich bin nicht ihr Kindermädchen.«[44]

Bei der Muttergesellschaft Berkshire allerdings und in seinem persönlichen Leben lässt er nichts von dem zu, was er für falsch hält. Vor allen nichts was er als exzessive Bereicherung von Managern versteht – keine Aktienoptionen für das Management, keine Haftpflichtversicherungen für den Aufsichtsrat, der für Mitglieder jede Konsequenz aus falschen Entscheidungen abfedert.

Als Bürger und Chef der überschaubaren Holding Berkshire ist Warren Buffett also hellwach und kritisch, als Investor und Unternehmenschef so neutral wie es irgend geht. Er enttäuscht damit sowohl die Trump-Fans unter den Anlegern, die seine persönliche Weltsicht ablehnen als auch diejenigen, die meinen, dass er sein Ansehen und sein Investitionskapital durchaus auch für seine politische Überzeugung einsetzen könnte. Der Unmut von zwei Seiten beunruhigt Warren Buffett aber offensichtlich genau so stark wie andere öffentliche Kritik: Gar nicht.

Abschiedsvorstellung

Das Ritual ist dasselbe wie seit vielen, vielen Jahren: Schon mitten in der Nacht stehen die ersten Fans vor den Eingängen der Halle in der 10. Straße in Omaha. Sie haben sich mit Decken und heißem Tee bewaffnet, denn die Nächte sind kühl im Mai. Einige sind Studenten und verdienen sich ein ordentliches Taschengeld, um vorne in der Schlange zu stehen. Sie werden ihren Auftraggebern später ihre Plätze überlassen. Wenn sich die Türen zur Hauptversammlung von Berkshire Hathaway öffnen, beginnt der Wettlauf, die Ordner werden vergeblich versuchen, alle daran zu hindern zu rennen.

Ein großer Teil der Besucher macht sich direkt auf den Weg in die Veranstaltungshalle, um die besten Plätze vor dem Podium zu ergattern. Aus den Lautsprechern hört man »Money« von Pink Floyd. Andere laufen in die Ausstellungshalle, wo Warren um die Zeit oft eine Runde über die Stände seiner Firmen dreht, und versuchen, einen Blick oder ein Foto von ihm zu erhaschen. »Money«, dröhnt Pink Floyd, »Grab that cash with both hands« (»Geld! Pack das Geld mit beiden Händen«).

Warren Buffett ist 89 Jahre alt, sein Partner Charlie Munger 95. Munger sieht nicht mehr gut und hat Probleme mit dem Laufen. Auf das Podium in der Veranstaltungshalle wird er begleitet. Warren Buffett braucht schon längere Zeit ein Hörgerät.

Er ernährt sich weiter überwiegend von Fleisch, Nudelsuppe und Eiscreme, Obst und Gemüse gibt es nur in homöopathischen Dosen, doch er scheint fit wie eh. Und auch heute noch bringen die beiden alten Herren die Halle mit Zehntausenden Besuchern in Schwung. Stundenlang tun sie nichts anderes, als Fragen zu beantworten, aber die Menge lacht und johlt immer wieder, es gibt Standing Ovations.

Auch 2019 sind wieder Zehntausende nach Omaha gekommen, obwohl die Veranstaltung live im Internet übertragen wird. Denn es geht nicht nur darum, Buffett und Munger zu sehen, es geht auch um die Begegnungen, die Anregungen und vor allem um die Begeisterung, die überall zu spüren ist.

Wenige Tage später kehrt wieder Ruhe ein in Omaha. Die Reisebusse, die vor dem Haus und dem Büro von Buffett Hunderte von neugierigen Aktionären ausgespuckt haben, sind verschwunden. Viele haben sich vor ihrer Abreise für das kommende Jahr bereits eine Unterkunft gesichert und sich mit anderen Buffett-Fans in Steakhäusern verabredet. Denn keiner weiß, dass ein Virus die Hauptversammlung für zwei Jahre nur im Internet möglich machen wird. Und niemand ahnt, dass 2019 wahrscheinlich die letzte große Warren- und Charlie-Show in Omaha war.

KAPITEL 13

PANDEMISCHE ZEITEN

DIE WELT WIRD AUSGEBREMST

AB 2020

Ein neuartiger Virus erobert die Welt: Die Covid-19-Pandemie schickt alle Länder nicht nur in eine Gesundheits-, sondern auch in eine Wirtschaftskrise. Warren Buffett steuert Berkshire solide, aber ohne Glanz durch die wilden Zeiten.

Eine neue Bedrohung

Das Bild, das weltweit live übertragen wird, ist vertraut und doch gruselig anders. Es ist der 2. Mai 2020 – in Deutschland schon abends. Warren Buffett sitzt auf der Bühne des Kongresszentrums in Omaha, das seit einiger Zeit CHI Health Center heißt. Der neue Name ist aber noch die geringste Änderung gegenüber den guten alten Zeiten. Denn neben Buffett sitzt nicht Charlie Munger wie die vergangenen fünf Jahrzehnte. Der ist zu Hause in Kalifornien geblieben. Stattdessen ist Greg Abel mit auf der Bühne, der inzwischen für die Industriebeteiligungen von Berkshire zuständig ist.

Doch vor allem sind die beiden mehr oder weniger alleine in dem gigantischen Gebäude. Nur eine Hand voll Mitarbeiter – Kameraleute, Buffetts Sekretärin Debbie Bosanek und einige Techniker – laufen durch die leere dunkle Halle.

Ende des Jahres 2019 waren die ersten Meldungen über ein neuartiges, hoch ansteckendes und oft tödliches Virus aus China um die Welt gegangen. Und es erkrankten immer mehr Menschen rund um den Globus. Am 2. Mai 2020 – dem Tag der Hauptversammlung – wurden nur in den USA neue Infektionen bei mehr als 27.000 Menschen registriert. 1732 Menschen starben alleine dort an diesem Tag mit oder an dem Coronavirus[1]. Weltweit gab es mehr als 75.000 gemeldete Neuinfektionen und knapp 5500 Tote.

Zwei Monate vorher schien die Lage in den USA noch beherrschbar: Anfang März meldete die Johns Hopkins University gerade einmal ein paar hundert Neu-Infektionen in den gesamten Vereinigten Staaten. Das Virus wütete da an anderen Orten: erst in China, dann auf einigen Kreuzfahrschiffen, und wenig später in Italien und bald in ganz Europa.

Viele ließen sich einlullen: Sie ignorierten die Gesetze der Exponentialrechnung und glauben, dass sich das Problem in den USA irgendwie schon erledigen werde. Präsident Donald Trump kannte die ersten Monate des Jahres nur ein Credo: dass die Zahl der Infizierten in seinem Land gegen Null tendiere, die Lage im Griff sei und der Virus mit der wärmeren Jahreszeit ohnehin verschwinden werde.[2] Mitte März behauptete er dann, dass er schon immer wusste, dass es sich um eine Pandemie handelt. Ende März beschloss er aber dann, alle drastischen Maßnahmen für Kontaktbeschränkungen schnell wieder aufzuheben.[3]

Nicht so Warren Buffett. Trotz niedriger Inzidenzzahlen sagt er bereits Ende März alle Veranstaltungen für die Hauptversammlung in Omaha ab. Angesichts von Zehntausenden Besuchern aus aller Welt schätzte er das Risiko als zu hoch ein, seine Heimatstadt Omaha in ein Corona-Epizentrum zu verwandeln.

Schon früh hat er die Dramatik der Lage erkannt. Statt einem großen Fest gibt es in Omaha 2020 also nur schaurige Leere. Und statt dem traditionellen witzigen Filmchen über Buffett, Munger und einige Berkshire-firmen hält Warren Buffett einen foliengestützten Vortrag – launig zwar, aber mit einer für ihn wichtigen Botschaft. Eine Dreiviertelstunde Zeit nimmt sich Buffett um seine wichtigste These zu untermauern: »Don't bet against America«, »Wette nicht gegen die USA«.

Er zeigt historisch auf, wie erfolgreich in den USA Wohlstand und Wachstum geschaffen wurden – trotz Bürgerkrieg, Spanischer Grippe, Weltkriegen und der großen Rezession. An Letzterer bleibt er vergleichsweise lange hängen.

Damals brauchte der Aktienmarkt bekanntermaßen 21 Jahre, um sein altes Hoch wieder zu erreichen. Nach zwei Jahren hatte es zwar ganz gut ausgesehen, doch das wahre Drama fand erst nach der anfänglichen Erholung statt. Buffett zieht zu keiner Zeit eine Parallele zu heute, dennoch wird klar: Er hält weitere Probleme in naher Zukunft für möglich, vielleicht sogar für wahrscheinlich. Er spricht sogar davon, dass er nicht jede Berkshire-Firma um jeden Preis durch die Krise retten würde – neue Töne aus Omaha.

Buffett wirkt nicht panisch – aber hoch besorgt. Und es ist ihm anzumerken, dass er vor allem eines im Sinn hat: Sein Lebenswerk Berkshire so unbeschadet wie möglich durch diese Krise zu steuern.

Ein Präsident versagt

Präsident Donald Trump hatte währenddessen vor allem sein Image im Sinn. Er versuchte, den Eindruck zu erwecken, er habe die Pandemie im Griff und als seien die Gouverneure der Bundesstaaten, die Medien oder die Chinesen Schuld an allem. Meist verharmloste er das »chinesische Virus«, wie er Corona gerne anklagend nannte. Regelmäßig griff er Experten wie den Immunologen Anthony Fauci an, bestritt Fakten und wissenschaftliche Erkenntnisse und propagierte unbewiesene, einfache Lösungen – wie zunächst das umstrittene Malariamedikament Hydroxychloroquin. Das nahm er selber ein, obwohl keine Studie dessen Wirksamkeit belegte. Später verstieg er sich sogar zu dem Vorschlag, Desinfektionsmittel zu injizieren – eine Idee die potentiell tödlich ist.

Vor allem aber machte Trump den Kampf gegen das Virus zu einem ideologischen Thema. Ein echter Republikaner – so die Botschaft – trägt keine Masken und lehnt Kontaktbeschränkungen ab. Seine Fans folgten ihm massenhaft.

Die Konsequenzen sind bekannt: Nirgendwo auf der Welt erkrankten bis zum 2. Quartal 2021 mehr Menschen an Covid-19 als im führenden Industrieland USA. Bis zum 18. Mai 2021 waren es knapp 33 Millionen. Mehr als 585.000 Menschen starben hier an oder mit dem Virus.

Als die Fakten immer mehr auch republikanisch geführte Bundesstaaten letztendlich doch dazu zwangen, einen mehr oder weniger harten Lockdown zu verhängen, zeigte sich eine grundlegende Problematik des US-Kapitalismus: das fehlende soziale Netz. Für Arbeitnehmer gibt es weder Kündigungsschutz noch eine längerfristige soziale Abfederung. Die Arbeitslosenquote in den USA schnellte von weniger als 4 Prozent im Februar 2020 innerhalb von acht Wochen auf rund 15 Prozent im April hoch. Überdurchschnittlich betroffen waren davon einmal mehr die schwächeren Gruppen der Gesellschaft – schwarze und lateinamerikanische US-Bürger und Menschen ohne Highschool- Abschluss.[4] Gruppen ohne finanzielle Reserven, die schnell in echte Not gerieten.

Trumps Ignoranz der Gefahr hat also Hunderttausenden Menschen das Leben gekostet. Millionen erkrankten und viele von ihnen hatten dank Trump keine Krankenversicherung mehr. Noch viele mehr verloren ihren Arbeitsplatz oder ihre Existenz. Vor den »Foodbanks«, also den kostenlosen Essensausgaben bildeten sich lange Schlangen.

Mehr Tote und mehr Elend – aber dafür ein weniger starker Wirtschaftseinbruch in der ersten Welle als beispielweise in Europa – waren die Folgen von Trumps Politik. Im schlimmsten zweiten Quartal 2020 brach das Bruttoinlandsprodukt in den USA um 9 Prozent ein. Das waren etwa zwei Prozentpunkte weniger als in Deutschland oder dem Schnitt der Industrieländer und deutlich weniger als zum Beispiel in Frankreich, das eine harte Lockdownpolitik verfolgte. Allerdings fiel andernorts die Erholung seit Sommer 2020 auch entsprechend dynamischer aus: Frankreichs Wirtschaftsleistung hatte Anfang 2021 wieder das Vor-Corona-Niveau erreicht, die USA lagen da noch leicht darunter.

Dass die Erholung weltweit gelang, lag einmal mehr an der Stützungspolitik aller Zentralbanken und vieler Regierungen. Die Geldpolitik pumpte nochmals mehr Liquidität in die Wirtschaft. Und fast überall wurden gigantische staatliche Stützungsprogramme aufgelegt. 2,2 Billionen Dollar schwer war das Konjunkturpaket, das die USA im März 2020 beschlossen hat. Das war die größte Stützungsmaßnahme aller Zeiten und entsprach fast 10 Prozent der US-Wirtschaftsleistung. Das bisherige Rekord-Konjunkturpaket von Barack Obama nach der Finanzkrise wirkte plötzlich winzig. Im April 2020 wurde das Corona-Paket noch einmal um 480 Milliarden aufgestockt und im Dezember 2020 weitere 900 Milliarden an Hilfen beschlossen.

Die Maßnahmen umfassten verschiedenen Kreditprogramme für Unternehmen, Unterstützung für Gesundheitseinrichtungen und einen direkten Geldsegen von einigen hundert Dollar für alle US-Bürger mit einem Jahreseinkommen von weniger als 75.000 Dollar. Die wurden per Scheck von der Steuerbehörde IRS versandt, und Trump brachte die Beamten in Verlegenheit. Er bestand darauf, dass seine Unterschrift auf den Schecks stand – was weder vorgesehen noch rechtmäßig war. Letztendlich brachte man sie in einer Notizzeile unter.

Der schnellste Crash aller Zeiten

Mitte Februar 2020 war die Börsenwelt noch in Ordnung. Die Indizes an der Wall Street in Frankfurt und anderswo taten, was sie nun schon seit einem guten Jahrzehnt taten: Ein Kurshoch nach dem anderen anpeilen. Zwar hatten die umfangreichen Lockdowns in China, wo das Virus seit Dezember wütete, Spuren im Weltwirtschaftswachstum hinterlassen. Doch im Reich der Mitte flaute die Epidemie bereits ab. Wirtschaftsexperten, die sich besorgt über die Folgen des neuartigen Virus äußerten, waren eher die Ausnahme. Die Optimisten hatten die Oberhand: Immerhin konnte man auf die Erfahrungen aus den Jahren 2003/2004 und 2013/2014 mit der Lungenkrankheit SARS verweisen. Die hatte zwar auch für kleine Dellen in Wirtschaftswachstum und bei den Börsenindizes gesorgt.

Die Verluste waren aber schnell aufgeholt, nachdem die Krankheit eingedämmt war.

Sehr besorgt klangen aber auch in der Politik nur wenige. Zwar wurden Ende Februar die ersten europäischen Corona-Toten aus Italien gemeldet. Viele, wie New Yorks Gouverneur Andrew Cuomo, fühlten sich aber unverwundbar. Der verkündete noch Anfang März unter Zustimmung von Bürgermeister Bill de Blasio, dass es in Big Apple nicht so schlimm werden könne wie woanders auf der Welt. »Entschuldigen Sie unsere New Yorker Arroganz. Aber: Wir haben das beste Gesundheitssystem auf dem Planeten hier in New York.«[5] Nur wenige Wochen später gingen die Bilder von Kühllastwagen für die Corona-Toten in New York um die Welt.

Ende Februar wurde die Situation aber nach und nach immer bedrohlicher: In Norditalien gab es wie aus dem Nichts plötzlich exponentiell steigende Fallzahlen und Tote, und immer mehr Länder meldeten schnell wachsende Krankheitswellen. Weltweit regierten Regierungen nun mit Ausgangssperren, Grenzen wurden geschlossen und Unternehmen stillgelegt. Es kam zu Problemen bei den Lieferketten und zu Produktionsausfällen.

Anfang März gerieten dann auch die Anleger weltweit mehr und mehr in Panik. Am 9. März verlor der Dow Jones in New York fast 8 Prozent – einer der stärksten Kurseinbrüche an einem Tag in der Geschichte. Doch das war nur der Auftakt: Am 12. März rutschten die Kurse um fast 10 und am 16. März noch einmal um fast 13 Prozent.[6] In wenigen Wochen verloren die meisten Weltbörsen rund ein Drittel ihres Wertes. In Deutschland fiel der Dax innerhalb von nur 28 Tagen um 38 Prozent. Während der Finanzkrise 2008 hatte der Index für einen ähnlichen Verlust 102 Tage gebraucht.[7]

Der Corona-Crash war somit einer der schnellsten Börsencrashs, den es je gab – genau wie die anschließende Erholung eine der schnellsten der Geschichte war. Bereits eine Woche nach dem heftigen Ausverkauf Mitte März strebten die Kurse wieder nach oben. Und sind seither kaum zu stoppen. Alle wichtigen Weltindizes haben inzwischen neue Allzeit-Hochs erreicht. Angefeuert vom billigen Geld der Zentralbanken und billionenschweren staatlichen Stützungsprogrammen weltweit.

Buffett auf der sicheren Seite

Im Crash wird natürlich auch die Berkshire-Aktie mitgerissen. Sie fällt aber weniger stark als der gesamte Markt – um rund 20 Prozent – und ist am Tiefpunkt immer noch 228.000 Dollar wert. Stärker erwischt es da schon das Aktienportfolio von Berkshire. Weil die Kursverluste nach US-Bilanzierungsrecht direkt in die Gewinn- und Verlustrechnung einfließen, schreibt Berkshire im ersten Quartal 2020 eine historische Zahl: Rund 50 Milliarden Verlust muss Warren Buffetts Holding ausweisen. Ihn selber lässt das vergleichsweise kalt. Mehr Sorgen machen ihm die unüberschaubaren wirtschaftlichen Folgen der Pandemie.

Einige Wochen verbringt Warren Buffett zu Hause im Homeoffice. Doch irgendwann hält er es nicht mehr aus und erscheint wieder täglich im Büro in der Farnham Street. Bei Berkshire achten alle darauf, dass sie ihn nicht gefährden können. Regelmäßig berät er sich weiter telefonisch mit Charlie Munger.

Doch jeder der erwartet hatte, dass Buffett den Kurssturz für neue gigantische Zukäufe nutzen wird, wird enttäuscht. Weil er nicht abschätzen kann, wie tief und wie lang die wirtschaftlichen Einschnitte sein werden, kann er die Gewinne interessanter Firmen nicht prognostizieren. Und weil er damit keine »fairen« Preise für Unternehmen herausfinden kann, kann er nicht kaufen.

Was er dagegen relativ sicher prognostizieren kann, ist, dass einige Branchen wie Fluggesellschaften durch die Pandemie existenzgefährdende Geschäftseinbußen erleiden. Und dass Unternehmen hier ohne staatliche Hilfe wohl kaum überleben werden. Folgerichtig verkauft er alle Anteile an Airlines aus dem Berkshire-Depot. Auch seine Aktienpakete an Banken reduzierte Buffett etwas. Von Goldman Sachs trennt er sich sogar ganz.

Ein paar Aktien kauft Buffett dann doch im Frühsommer 2020, Pakete von Barrick Gold, einer Goldmine, oder dem Telekommunikationskonzern Verizon. Dafür gibt er mehrere hundert Millionen oder gar 1 Milliarde aus. In den Dimensionen von Berkshire ist das aber eher unwichtig. Sein wichtigstes Investment im Corona-Jahr 2020 ist ein ganz anderes:

Berkshire-Hathaway. Für 25,7 Milliarden Dollar kauft Berkshire eigene Anteile zurück.

»Sei gierig, wenn andere Angst haben, und ängstlich, wenn sie gierig sind«, war schon immer einer der Lieblingssprüche von Warren Buffett. Warum hat er ihn also diese mal nicht berücksichtigt? Sogar von seinem Starinvestment Apple verkauft er ein paar Aktien, nachdem ein Aktienrückkaufprogramm den Anteil von Berkshire an dem Unternehmen deutlich erhöht hatte. Ein Fehler, wie er später zugibt, er habe besser auf Charlie Munger hören sollen, der optimistischer war als Buffett.[8]

Buffetts Problem war wohl, dass die Börse bereits wieder Kursgewinne feierte, als noch gar nicht klar war, welche Konsequenzen die Pandemie für die Unternehmen haben werden. Getrieben von dem Vertrauen auf noch viel, viel mehr billiges Geld von den Zentralbanken und Regierungen griffen die Anleger zu. Und wie immer in Marktlagen, die vor allem von viel Hoffnung getragen werden, sind die Kurse für Warren Buffett schnell nicht mehr attraktiv, weil Hoffnung in seiner Investmentrechnung kein Faktor ist.

Auf der Hauptversammlung 2021 merkt man ihm dennoch an, dass er sich ein bisschen ärgert – vor allem, weil er seinen Apple-Anteil reduziert hat. Charlie Munger erinnert aber an die außergewöhnliche Situation im März 2020: »Wenn Sie von dem, was vor sich ging, nicht verwirrt waren, haben Sie es nicht verstanden.« Charlie Munger mag 97 Jahre sein – für ein Bonmot ist er allemal noch jung genug.

Und Buffett hat zwar vielleicht keinen gigantischen, genialen Deal im Crash gemacht: Berkshire ist dennoch kerngesund. Im ersten Quartal 2021 erwirtschaftet die Holding operativ – also ohne die Kursveränderungen im Aktiendepot – rund 7,8 Milliarden Gewinn. Obwohl Corona weiterhin viele Geschäfte erschwert.

Ein Präsident versucht den Umsturz

Das Jahr 2020 war für Donald Trump nicht nur wegen der Covid-19-Pandemie ein Desaster-Jahr. Anfang des Jahres musste er sich mit einem

Amtsenthebungsverfahren herumschlagen. In einem Telefonat mit dem ukrainischen Präsidenten Wolodymyr Selenskyj forderte er mehr oder weniger deutlich eine Untersuchung, die seinem potenziellen Gegner um die Präsidentschaft, Joe Biden, schaden sollte. Und deutete an, dass die staatliche Unterstützung der USA an die Ukraine ansonsten in Frage stehe. Nun wurde ihm Amtsmissbrauch vorgeworfen. Zwar sprach ihn die Mehrheit im Senat, die aus seinen getreuen republikanischen Parteigenossen bestand, am 5. Februar 2020 frei. Der Makel des Verfahrens blieb dennoch.

Der Börsencrash und die unzureichende Reaktion auf die Pandemie taten ihr Übriges: Trumps Umfragewerte blieben – wie schon meist während seiner gesamten Amtszeit – mäßig. Seine Wiederwahl war mehr und mehr unsicher. Trotz Corona versuchte Donald Trump, das Ruder mit großen Wahlkampfveranstaltungen herzumzureißen. Und mit anhaltenden Angriffen auf seinen Gegner – Joe Biden – in den sozialen Medien.

Der führte einen Pandemie-gerechten Wahlkampf – weitgehend online und ermunterte seine Anhänger ihre Stimme per Briefwahl oder »early voting« abzugeben. Bei dem konnten Wähler schon vorab ohne Massenandrang wählen gehen und das Infektionsrisiko somit verringern. Die Möglichkeiten hierzu wurden in vielen Bundesstaaten massiv ausgebaut – gegen den Widerstand von Trump, der schon früh und ohne Beweise behauptete, diese Verfahren seien betrugsanfällig.

Die neuen Wahlmöglichkeiten und die Polarisierung in der Gesellschaft führten zu einer Rekordwahlbeteiligung bei der Wahl am 3.November 2020. 66,2 Prozent der wahlberechtigten US-Bürgerinnen und -Bürger gaben ihre Stimme ab.[9] Joe Biden holte die Mehrheit sowohl der Stimmen als auch der Wahlmänner und wurde am 20. Januar 2021 zum 46. Präsidenten der Vereinigten Staaten vereidigt.

Zu Unrecht wie Trump bis heute behauptet. Denn erst sah es so aus, als läge Trump vorne, bevor die Auszählung auch der Briefwahl- und »Early vote«-Stimmen eine Mehrheit für Biden ergab. Schon nach dem Wahltag sprach Trump ohne Belege von Wahlbetrug. Leidenschaftlich forderte er seine Anhänger zur »Rettung Amerikas« auf und dazu, »den Diebstahl zu stoppen«.[10] Einen solchen Diebstahl hatten aber mehrere

Gerichte nicht feststellen können, bei denen verschiedene Trump-Getreue gegen das offizielle Wahlergebnis klagten.

Am 6. Januar 2021 schließlich sollte Joe Bidens Wahlsieg im Parlament in Washington bestätigt werden. Donald Trump hatte seine Anhänger per Twitter schon vorher aufgefordert, an diesem Tag in die Hauptstadt zu kommen. »Seid dabei, es wird wild«, hatte er versprochen.[11]

Genau das wurde es dann auch: Nach einer aufpeitschenden Rede von Trump vor dem weißen Haus marschierte ein rechter, teilweise bewaffneter Mob zum Kapitol – dem Parlamentsgebäude der USA – und stürmte es. Donald Trump rief weder die Nationalgarde noch versuchte er, in den sozialen Medien die Lage zu beruhigen.

Der Aufruhr scheiterte letztendlich. Das Kapitol wurde geräumt und noch am selben Abend setzten die beiden Parlamentskammern ihre Sitzung fort und bestätigten die Wahl von Joe Biden. Der 6. Januar 2021 hinterließ aber fünf Tote und mehr als 50 Verletzte – und das Bewusstsein bei vielen Amerikanern, dass auch ihre Demokratie nicht selbstverständlich ist. Das Bild von teilweise maskierten und bewaffneten Randalierern im Kapitol bleibt wohl dauerhaft im kollektiven Gedächtnis der USA verankert. Donald Trump wurde später für sein Verhalten vor und während des Sturms ein weiteres Mal mit einem Amtsenthebungsverfahren belegt, das wieder von seinen Parteigenossen abgelehnt wurde. Sein Name wird aber auf immer mit dem gefährlichsten Angriff der Geschichte auf die US-Demokratie verbunden bleiben.

Neustart gesucht

Das Jahr 2021 scheint tatsächlich einen Neuanfang für die USA zu markieren. Hoffnung macht der gelungene Start der Präsidentschaft von Joe Biden: Mit weiteren billionenschweren Paketen kurbelte er die Konjunktur weiter an und milderte die wirtschaftlichen Folgen der Covid-19-Pandemie für sein Land. Er kümmerte sich dabei um Energiethemen, Klimapolitik und Bildung und fand erstaunlich viel Zustimmung: Deutlich über die Hälfte der US-Amerikaner sind mit seiner Amtsführung einverstanden – mehr als sein Vorgänger Donald Trump je erreicht hat. Und auch im Ausland war man erleichtert über den neuen Mann im Weißen Haus. Der setzte nämlich wieder auf Kooperation und multinationale Zusammenarbeit: Die USA sind nun wieder Mitglied im Klimaabkommen und in der Weltgesundheitsorganisation.

Wirtschaftlich profitieren die USA erheblich von der gelungenen Impfkampagne gegen das Coronavirus. Die ist allerdings weniger dem neuen Regierungsstil von Joe Biden zu verdanken, als der Vorbereitung der Trump-Regierung und dem Trumpschen »America First« Prinzip: Die USA haben sich große Mengen der ersten Impfdosen gesichert und der übrigen Welt schlicht nur wenig gelassen.

100 Tage nach dem Amtsantritt von Joe Biden ist die US-Gesellschaft dennoch nach wie vor gespalten: Der eine – liberale – Teil hat Angst, ihr Land an eine politische Richtung zu verlieren, die offensichtlich alle bisherigen nationalen und internationalen Strukturen in Frage stellt. Einschließlich der Demokratie und dem Prinzip des friedlichen Machtwechsels. Ein kleinerer Teil will endlich keine Rücksicht mehr nehmen und glaubt weiter, dass Donald Trump um seinen zweiten Wahlsieg betrogen wurde. Wie die beiden wieder zu einem Dialog oder auch nur einer gemeinsamen Vorstellung der Wirklichkeit kommen sollen, ist derzeit offen. Noch hat Trump »seine« republikanische Partei fest im Griff – Kritiker werden aussortiert. Zwar ist es unwahrscheinlich, dass die Partei mit dieser Ausrichtung künftig wichtige Wahlen gewinnen kann. Hinter ihr steht aber eine sehr große, knappe Minderheit der US-Amerikaner, die kein Präsident auf Dauer ignorieren kann.

Zumindest ein Stück müssen sich die USA also neu erfinden und ein neues gemeinsames Wir-Gefühl entwickeln. Das bisherige Erfolgsrezept des amerikanischen Kapitalismus stößt dabei allmählich an seine Grenzen: Die Freiheit zum Handeln und die Abwesenheit des Staates in vielen Bereichen wie der Bildung haben den ›amerikanischen Traum‹ von den grenzenlosen Möglichkeiten geschaffen. Doch nach dem Jahrhundert des US-Kapitalismus scheint er für viele zerstört. Stattdessen sind gesellschaftliche Klassen entstanden, deren Durchlässigkeit immer geringer wird. Die Demokraten unter Joe Biden versuchen, das gerade ein Stück weit zu heilen.

Die USA stehen aber nicht nur im Inneren mitten in einer Zeitenwende. Lange Zeit waren die Vereinigten Staaten unangefochten die wirtschaftlich dominante Größe auf der Welt – und politisch der Anführer für alle westlichen demokratischen Länder. Sie haben nicht immer alles richtig gemacht, waren nicht immer gerecht und moralisch einwandfrei, doch im Großen und Ganzen ging es allen Verbündeten gut.

Doch damals gab es nur einen ernstzunehmenden Konkurrenten: Die Sowjetunion und ihr Warschauer Pakt. Der war aber wirtschaftlich immer unterlegen.

Anders heute: Die Machtverhältnisse haben sich verschoben, die USA dominieren die Weltwirtschaft inzwischen weit weniger als nach dem Zweiten Weltkrieg. Zwischen 1950 und 1970 lag der Anteil der USA am gesamten Weltexport bei rund 20 Prozent, inzwischen sind es gerade noch gut 10 Prozent. Auch die EU hat an Bedeutung verloren, andere Länder, allen voran China sind weit nach vorne gerückt.[12] Und über kurz oder lang wird China die globale Wirtschaftsmacht Nummer eins werden.

»Make America great again« – Amerika wieder so groß machen, wie es einst war, war von Anfang an ein unhaltbares Versprechen von Donald Trump. Der einzige Weg wird darin bestehen, den Schulterschluss mit Freunden zu suchen und Stärke durch moralische Führung zu erlangen. Und bei den ganz großen Herausforderungen wie dem Klimawandel, auch mit Konkurrenten wie China oder Russland zusammenzuarbeiten. Joe Biden wird genau das versuchen. Dennoch gilt: Das Jahrhundert der mehr oder weniger unangefochtenen Dominanz der USA könnte schneller zu Ende gehen als gedacht.

Was bleibt

Warren Buffett fährt weiter jeden Morgen in sein Büro am Kiewit Plaza, das inzwischen eine ganze Etage einnimmt. Berkshire, beschäftigt jetzt rund zwei Dutzend Mitarbeiter – die meisten in der Bilanzbuchhaltung.

Damit ist es aber immer noch das unglaublich kleinste Headquarter eines Milliardenkonzerns auf der ganzen Welt, und innen ist es kaum verändert. Über dem Eingang hängt ein gelbes Schild, auf dem in großen Buchstaben steht »Invest like a champion today« (»Investiere wie ein Champion heute«). Die Büros sind unspektakulär und klein, einer der größten Räume ist das Archiv, in dem alphabetisch die Bilanzen und Informationen zu Unternehmen in schwarzen Hängeregistern sortiert sind. Im Eingangsbereich hängen Tierfotos von Warrens Sohn Howard, in den Gängen Erinnerungen an ein langes Investorenleben: Die erste Abrechnung der Partnerschaft. Der nicht abgeschlossene Vertrag zum Kauf des LTCM Fonds. Ein Foto, das zeigt, wie Warren von Präsident Barack Obama die Freiheitsmedaille verliehen bekommt – gleichzeitig mit dem Ex-Präsidenten George Bush und der deutschen Kanzlerin Angela Merkel.

Das Büro wird es irgendwann einmal nicht mehr geben. Denn Buffetts Nachfolger werden nicht notwendigerweise in Omaha arbeiten. Doch Buffett hat die Zukunft seiner Firma abgesichert. »Berkshire ist mein Gemälde«,[13] sagt er und hat alles dafür in die Wege geleitet, dass es so schnell von niemandem umgestaltet werden kann. Nichts ist für immer, doch das Prinzip Berkshire könnte noch eine ganze Weile halten: Es heißt Vertrauen. »Bei uns gibt es weniger Papierkram und mehr Vertrauen als an den meisten Orten«, sagt Charlie Munger. »Es ist tatsächlich herzerwärmend, wenn einem vertraut wird, und man bekommt das nicht, ohne das Vertrauen zu verdienen. Oder zumindest kann man es nicht lange halten. Wenn Sie in die Berkshire-Firmen gehen, werden sie dort teuflisch viel verdientes Vertrauen finden.«[14]

Dass das so bleibt, soll einmal Buffetts Sohn Howard als Aufsichtsratschef sicherstellen. Die Investments werden Todd Combs und Ted Weschler führen. Beide verantworten schon jetzt jeweils Milliarden an Anlagegelder und haben bereits einiges an frischem Wind in die Firma gebracht. Die Firmen beaufsichtigt seit Anfang 2018 der Chef der Energiesparte von Berkshire, Greg Abel, die Versicherungsgeschäfte natürlich Ajit Jain.

Und alle werden so weiter machen, wie es Warren Buffett getan hat: Gelegenheiten wahrnehmen, die einzeln das Kapital mehren, ohne eine große Gesamtstrategie zu suchen. Die hat Warren Buffett nämlich nie gehabt. »Es gibt keinen Masterplan. Wenn Sie einen Masterplan von Berkshire finden, ist es eine Fälschung«, sagt er.[15]

Allerdings werden es gerade die Investoren schwerer haben als Buffett Mitte des vergangenen Jahrhunderts. Denn sie brauchen nicht nur ein, zwei unterbewertete Aktien kleinerer Unternehmen zu entdecken, wie Buffett und Munger in den ersten Jahrzehnten ihrer Karriere. Sie müssen milliardenschwere Deals finden – ständig.

Warren Buffetts Vermögen beläuft sich laut *Forbes* im Mai 2021 auf 96 Milliarden US-Dollar.[16] Und das, obwohl er seit Jahren viele Milliarden für wohltätige Zwecke verschenkt und viele Berkshire-Aktionäre mit reich gemacht hat. Das Vermögen, das er für sich und andere in seinem Leben geschaffen hat, ist wohl das Größte derzeit. Eine einzige Aktie von Berkshire notiert im Frühjahr 2021 bei rund 430.000 Dollar. Eine Zahl, die Informatikern zu schaffen macht. Denn sie bringt die digitalen Börsensystem allmählich an die Grenzen des Darstellbaren.[17]

Warren Buffett hat in seinem Leben aber mehr erreicht, als nur Milliarden anzuhäufen. Er hat eine andere Art von Konzern geschaffen, in dem die Fähigkeiten des Einzelnen mehr zählen als Vorschriften oder Pläne. »Wie viel Gutes hätten wir für die Welt getan, wenn wir nichts gemacht hätten, als ein paar Wertpapiere zu kaufen und sie in einem Depot zu halten? Und wir würden nur da sitzen mit der immer größeren Box voll Wertpapiere. Das wäre nicht genug für ein Leben«, meint Charlie Munger.[18]

Warren Buffett hat eine Schule des Investierens begründet, der heute viele andere folgen. Er hat bewiesen, dass ihm seine Überzeugungen und Gedanken wichtiger sind als Applaus. Er ist der erfolgreichste Investor, den es je gab. Er hat ein skandalfreies, anständiges und materiell bescheidenes Leben gelebt. Gemessen an den Summen, die er verschenkt, ist er der größte Philanthrop, den es je gab.

Für das alles verehren ihn Tausende, doch auch 2021 gibt es neue Kritiker. Erneut gilt er einigen als alter Mann, der die Zeichen der Zeit nicht lesen kann, denn er übt scharfe Kritik an den neuen Kryptowährungen wie Bitcoin und Co oder wieder neuen Finanzprodukten und Plattformen für den Aktienhandel.

Ihn beeindruckt das nicht und er würde sein Leben wohl noch einmal sehr ähnlich leben, wenn er heute ganz neu beginnen dürfte. Und vermutlich wieder Milliarden anhäufen. Auch wenn die Börsen durch neue Internet-Tools und eine neue risikobereite Generation von Anlegern noch schneller und schwankungsanfälliger geworden sind: Buffett ist sicher, dass die Zyklen von Angst und Gier immer wieder zu kollektiven Fehleinschätzungen und damit zu günstigen Kurse für gute Firmen führen werden. »Wenn man mit kleineren Summen anfängt, findet man heute genauso viel gute Gelegenheiten wie damals«, sagt er. »Und das wird immer auch so bleiben.« [19]

DANKSAGUNG

Für die Chance, dieses Buch zu schreiben – und schlauer zu sein als früher –, bin ich Warren Buffett und Charlie Munger unendlich dankbar. Über Jahrzehnte haben sie meine einmal mehr, oftmals weniger klugen Fragen geduldig beantwortet und mich an der Berkshire-Welt teilhaben lassen. Geduld im Übermaß hatte auch Debbie Bosanek, die Sekretärin von Warren Buffett. Sie ist ein ganz besonderer Mensch, wie viele im Umfeld von Warren Buffett. Und dieses Umfeld hat mir immer das Gefühl gegeben, willkommen zu sein, egal ob es die Truppe von Berkshire, Charlie Mungers Sekretärin Doerthe Obert, der Freundeskreis von Warren Buffett oder seine Familie war – auch wenn ich sicher immer wieder einmal das durchschnittliche Vermögen pro Kopf um ein paar Milliarden Dollar gesenkt habe, sobald ich einen Raum betreten habe.

Meine Kollegen von finanzjournalisten.de, Antonie Klotz, Hans G. Linder und Brigitte Watermann, haben stoisch hingenommen, dass ich gemeinsame Projekte vernachlässigt habe. Hans Linder ist ein wandelndes Börsen- und Wirtschaftslexikon und ich habe ihn natürlich weidlich ausgenutzt und vieles lesen und ergänzen lassen.

Meine Mutter, Marieluise Baur, hat als »Erstleserin« weit mehr getan, als nur Tippfehler und Grammatik zu korrigieren. Mit ihren 86 Jahren verfügt sie über ein unglaubliches Wissen, einen scharfen Verstand und eine große Neugier, die sie hemmungslos eingebracht hat. Genau wie der Rest der Familie und alle Freunde hat sie sich zudem monatelang damit abgefunden, dass ich nie Zeit hatte.

Und wie sagt Warren so richtig: »Wen du als Lebensgefährten wählst, ist die wichtigste Entscheidung im Leben. Ich hatte in dieser Beziehung sehr viel Glück.« Dem schließe ich mich vollumfänglich an. Der beste Ehemann von allen und meine zwei unglaublichen Mädels Alexandra und Theresa haben wieder einmal lange ertragen, dass alle für Einkaufen, Essen machen und Wäsche zuständig waren – außer mir.

Danke!

ANMERKUNGEN

KAPITEL 1: WURZELN

1 Bill Buffett, 2009, Foods You Will Enjoy, The Story of Buffett's Store, S. 14.

2 Roger Lowenstein, 1995, The Making of an American Capitalist, S. 5.

3 Howard Cincotta (Hrsg.), An Outline of American History; Chapter 2: The Colonial Period, The United States Information Agency, Mai 1994.

4 Roger Lowenstein, 1995, a.a.O., S. 5.

5 Udo Sautter, 2013, Die Geschichte der Vereinigten Staaten von Amerika, S. 162f.

6 Ebenda, S. 207.

7 Eigene Berechnungen, Inflationsdaten der Federal Reserve Bank of Minneapolis, https://www.minneapolisfed.org/community/financial-and-economic-education/cpi-calculator-information/consumer-price-index-1800. Ab 2018: https://fred.stlouisfed.org/series/FPCPITOTLZGUSA.

8 Alice Schroeder, 2009, Warren Buffett – Das Leben ist wie ein Schneeball, S. 52.

9 Bill Buffett, 2009, Foods You Will Enjoy, The Story of Buffett's Store, S. 18.

10 Ebenda, S. 14.

11 Ebenda.

12 John P. Zipay, 1967, University of Nebraska at Omaha, The Changing Population of the Omaha SMSA 1860–1967 with Estimates for 1970, https://digitalcommons.unomaha.edu/cgi/viewcontent.cgi?referer=https://www.google.de/&httpsredir=1&article=1025&context=cparpubarchives.

13 Stefan Wagner, Buffalo Bill – der Mann der den Wilden Westen erfand, Einestages, http://www.spiegel.de/einestages/buffalo-bill-der-mann-der-den-wilden-westen-erfand-a-1129208.html.

14 Alice Schroeder, 2009, a.a.O., S. 52.

15 Bill Buffett, 2009, Foods You Will Enjoy, The Story of Buffett's Store, S. 23.

16 Harl Adams Dalstrom, Omaha, Encyclopaedia Britannica, Onlineversion, revidiert 7. Januar 2009, https://www.britannica.com/place/Omaha-city-Nebraska#ref279833.

17 Omaha History, Omaha.net, http://omaha.net/history.

18 »Read ›Success Letters‹ at S. H. Buffett Rites«, Omaha World-Herald, 1. Juni 1927, S. 2.

19 »60-Year-Old Grocery«, Omaha World-Herald, 21. August 1929, S. 5.
20 John Taylor, »Grocery Will Close After 100 Years«, Omaha World-Herald, 29. Oktober 1969, S. 8.
21 US Diplomatic Mission to Germany, About the USA, Geschichte: 1865 bis 1929, https://usa.usembassy.de/etexts/his/e_g_geschichte1.htm.
22 Udo Sautter, 2013, Die Geschichte der Vereinigten Staaten von Amerika, S. 257ff..
23 Christopher Conte, Albert R. Karr, An Outline of the U. S. Economy, Chapter 3: The U. S. Economy. A Brief History, https://usa.usembassy.de/etexts/oecon/chap3.htm.
24 Udo Sautter, 2013, a.a.O., S. 257ff.
25 US Diplomatic Mission to Germany, About the USA, Geschichte: 1865 bis 1929.
26 Charles R. Geist, 2007, Die Geschichte der WallStreet, S 22. Das »WallStreet Buttonwood-Abkommen« wurde im Mai 1792 unter einer Platane (»buttonwood«) in der heuten WallStreet Nr. 68 unterzeichnet.
27 Robert Sobel, Hofstra University, updated 15. Dezember 1997, Barrons, https://www.barrons.com/articles/SB881982190778120000.
28 Roger Lowenstein, 1995, a.a.O., S. 6.
29 Bill Buffett, 2009, Foods You Will Enjoy, The Story of Buffett's Store, S. 28.
30 Onlinearchiv des Omaha World-Herald, http://www.omaha.com/archive/.
31 Alice Schroeder, 2009, Warren Buffett – Das Leben ist wie ein Schneeball, S. 52.
32 Ebenda, S. 54.
33 Eigene Berechnungen, Inflationsdaten der Federal Reserve Bank of Minneapolis. https://www.minneapolisfed.org/community/financial-and-economic-education/cpi-calculator-information/consumer-price-index-1800.Ab 2018: https://fred.stlouisfed.org/series/FPCPITOTLZGUSA)
34 Der Omaha World-Herald meldet im Februar 1908, dass der Laden an der 14. Straße zwischen Harney und Farnam verkauft wird, weil das »Geschäft von Buffett & Son aus ihrem gegenwärtigen Standort herausgewachsen ist«, Omaha World-Herald, 12. Februar 1908.
35 Udo Sautter, 2013, a.a.O., S. 335.
36 Eigene Berechnungen, Inflationsdaten der Federal Reserve Bank of Minneapolis, a.a.O.Ab 2018: https://fred.stlouisfed.org/series/FPCPITOTLZGUSA)
37 Charles R. Geist, 2007, Die Geschichte der WallStreet, S. 75ff.
38 John P. Zipay, 1967, University of Nebraska at Omaha, The Changing Population of the Omaha SMSA 1860–1967 with Estimates for 1970.
39 »Death by the rope, is Verdict of Mob«, Omaha World-Herald, 29. September 1919, S. 1.
40 Alice Schroeder, 2009, a.a.O., S. 416.
41 Race Riot of 1919 in Omaha – The Lynching of Will Brown, Video, UNCA Ramsey Library Video Production, https://www.youtube.com/watch?v=2OytIIur3Ck.
42 Omaha World-Herald, 3. Januar 1915.
43 Omaha World-Herald, 21. August 1929, und Alice Schroeder, 2009, a.a.O., S. 54.
44 Roger Lowenstein, 1995, a.a.O., S 6.

45 Restorationsexchange Omaha, Ernest Buffett Home, http://www.restorationexchange.org/2015/06/25/ernest-buffett-home/.

46 Janet Lowe, Damn Right!, 2000, S. 31.

47 Berkshire Hathaway, Annual Report 2010, S. 22.

48 Alice Schroeder, 2009, a.a.O., S. 54.

49 U.S. Census Bureau, 1999, 20th Century Statistics, S. 12.

50 Alice Schroeder, 2009, a.a.O., S. 56.

51 Ebenda, S. 54.

52 Berkshire Hathaway, Annual Report 2010, S. 23.

53 Ebenda, S. 22.Und: Warren Buffett, Berkshire Hauptversammlung 2021.

54 Ebenda, S. 24.

55 Interview mit Warren Buffett, 2011.

56 Christopher Conte, Albert R. Karr, An Outline of the U.S. Economy, Chapter 3: The U.S. Economy. A Brief History, https://usa.usembassy.de/etexts/oecon/chap3.htm.

57 Udo Sautter, 2013, Die Geschichte der Vereinigten Staaten von Amerika, S. 333.

58 Christopher Conte, Albert R. Karr, An Outline of the U.S. Economy, Chapter 3, a.a.O.

59 Udo Sautter, 2013, a.a.O., S. 332.

60 Christopher Conte, Albert R. Karr, An Outline of the U.S. Economy, Chapter 3, a.a.O.

61 Nikolaus Piper, »100 Jahre US-Notenbank Fed – Kind der Panik«, Süddeutsche Zeitung, 23. Dezember 2013, http://www.sueddeutsche.de/wirtschaft/jahre-us-notenbank-fed-kind-der-panik-1.1849985.

62 Ebenda.

63 Jon Draft, International Trade Statistics 1900–1960, https://unstats.un.org/unsd/trade/imts/Historical%20data%201900-1960.pdf, S. 52.

64 Ebenda, S. 54ff.

65 Udo Sautter, 2013, a.a.O., S. 361.

66 US Government taxes and Revenues since 1900, https://www.usgovernmentrevenue.com/revenue_history.

67 Charles R. Geist, 2007, Die Geschichte der WallStreet, S. 168.

68 Ebenda, S. 174.

69 University of Nebraska, Anti-German Sentiment, http://unlhistory.unl.edu/exhibits/show/schillerlinden/uprootingthetree/antigermansentiment.

70 Udo Sautter, 2013, a.a.O., S. 365.

71 Ebenda, S. 369.

72 David Hendee, »During World War I, Nebraska and Iowa nearly lost sight of democracy«, Omaha World-Herald, 2. April 2017.

73 Alice Schroeder, 2009, a.a.O., S. 57.

74 WikiTree John Ammon Stahl (1867–1940), https://www.wikitree.com/wiki/Stahl-365.

75 Alice Schroeder, 2009, a.a.O., S. 58.

76 Roger Lowenstein, 1995, a.a.O., S. 7.

77 Alice Schroeder berichtet ausführlich über die Familie Stahl in: Alice Schroeder, 2009, a.a.O., S. 56ff.

78 Udo Sautter, 2013, a.a.O., S. 380f.

79 Marc von Lüpke, »Kein Alkohol war auch keine Lösung«, 5. Dezember 2013, Spiegel Online, Einestages, http://www.spiegel.de/einestages/ende-der-prohibition-1933-aus-fu-er-das-alkoholverbot-in-den-usa-a-951321.html.

80 Christopher Conte, Albert R. Karr, An Outline of the U.S. Economy, Chapter 3, a.a.O.

81 Robert Sobel, Coolidge and American Business, Coolidge Foundation, 1988, https://coolidgefoundation.org/resources/essays-papers-addresses-35/.

82 Alice Schroeder, 2009, a.a.O., S. 59.

83 http://www.history.com/topics/roaring-twenties.

84 Lutz Knappmann, »… und dann sprang er aus dem Fenster«, 5. Oktober 2015 Manager Magazin, http://www.manager-magazin.de/finanzen/artikel/schwarzer-freitag-der-boersencrash-1929-a-324425.html.

85 Ebenda.

86 Bill Buffett, 2009, Foods You Will Enjoy, The Story of Buffett's Store, S. 58.

87 The Daily Nebraskan, 11. April 1924, Onlinearchiv, http://nebnewspapers.unl.edu/search/pages/results/?lccn=sn96080312&sequence=&language=&dateFilterType=yearRange&date1=04%2F11%2F1924&date2=04%2F11%2F1924&ortext=&andtext=&phrasetext=&rows=20&searchType=advanced.

88 The Daily Nebraskan, 11. März 1923, Onlinearchiv, http://nebnewspapers.unl.edu/search/pages/results/?lccn=sn96080312&sequence=&language=&dateFilterType=yearRange&date1=03%2F11%2F1923&date2=03%2F11%2F1923&ortext=&andtext=&phrasetext=&rows=20&searchType=advanced.

89 The Daily Nebraskan, 18. September 1923, Onlinearchiv, http://nebnewspapers.unl.edu/search/pages/results/?lccn=sn96080312&sequence=&language=&dateFilterType=yearRange&date1=09%2F18%2F1923&date2=09%2F18%2F1923&ortext=&andtext=&phrasetext=&rows=20&searchType=advanced.

90 Michael Zitz, Giving it all away – the Doris Buffett Story, 2010, http://abcnews.go.com/GMA/Books/giving-dorris-buffett-story-michael-zitz/story?id=10827641.

91 Alice Schroeder, 2009, a.a.O., S. 58.

92 »Personal«, Omaha World-Herald, 19. Dezember 1925, S. 20.

93 The Daily Nebraskan, 15. März 1963, Onlinearchiv, http://nebnewspapers.unl.edu/search/pages/results/?lccn=sn96080312&sequence=&language=&dateFilterType=yearRange&date1=03%2F15%2F1963&date2=03%2F15%2F1963&ortext=&andtext=&phrasetext=&rows=20&searchType=advanced.

94 Edward Morrow, »World Can Save Itself, Buffett Feeds«, Omaha World-Herald, 11. Oktober 1942.

95 »Read ›Success Letters‹ at S. H. Buffett Rites«, Omaha World-Herald, 1. Juni 1927, S. 2.

96 Michael Zitz, Giving it all away – the Doris Buffett Story, 2010, a.a.O.

97 John P. Zipay, 1967, University of Nebraska at Omaha, The Changing Population of the Omaha SMSA. 1860–1967 with Estimates for 1970.

98 Story Harding, »City expects 1929 to be record Year«, Omaha World-Herald, 27. Januar 1929, S. 2.

99 Ebenda.

100 NYSE, Transactions, Statistics and Data Libery, Daily share volume in NYSE listed issues, 1920 through 1929, https://www.nyse.com/publicdocs/nyse/data/Daily_Share_Volume_1920-1929.prn.

101 John J. Raskob, »Everybody Ought to be Rich«, Ladies' Home Journal, August 1929.

102 Edward Morrow, »World Can Save Itself, Buffett Feeds«, Omaha World-Herald, 11. Oktober 1942.

103 Alice Schroeder, 2009, a.a.O., S. 1143.

104 Roger Lowenstein, 1995, a.a.O., S. 9.

105 Victor Navasky, »Tomorrow Never Knows«, New York Times, 29. September 1996.

KAPITEL 2: STÜRMISCHE ZEITEN

1 Lutz Knappmann, »… und dann sprang er aus dem Fenster«, Manager Magazin, 5. Oktober 2015, http://www.manager-magazin.de/finanzen/artikel/schwarzer-freitag-der–boersencrash-1929-a-324425.html.

2 New York Times, »Stock Collapse in 16,410,030-Share day, but Rallye at close sheers Brokers; Bankers optimistic, to continue aid«, 25. Oktober 1929.

3 Ebenda.

4 Udo Sautter, 2013, a.a.O., S. 403.

5 Die Situation der Buffett-Familie in der Weltwirtschaftskrise ist beschrieben bei Alice Schroeder, 2009, Warren Buffett – Das Leben ist wie ein Schneeball, S. 61ff.

6 New York Times, »On this day: Oktober 29, 1929« http://www.nytimes.com/learning/general/onthisday/991029onthisday_big.html.

7 Udo Sautter, 2013, a.a.O., S. 403.

8 Stanley W. Prenosil, »Stock Rally on Buying«, Omaha World-Herald, 30. Oktober 1929.

9 Ebenda.

10 Alice Schroeder, 2009, a.a.O., S. 62.

11 »Hooverizing in Food May Come Once More«, Omaha World-Herald, 30. August 1930.

12 Alice Schroeder, 2009, a.a.O., S. 62.

13 Bill Buffett, 2009, Foods You Will Enjoy, The Story of Buffett's Store, S. 80.

14 »Buffett, Sklenicka Form New Co.«, Omaha World-Herald, 13. September 1931.

15 »Bank lines vanish as open after Hours«, Omaha World-Herald, 16. August 1931.

16 Udo Sautter, 2013, a.a.O., S. 405.

17 Rudolf Renz, Wirtschaft- und Sozialgeschichte der USA, 2010, S. 86.

18 Charles R. Geist, 2007, Die Geschichte der WallStreet, S. 229.

19 Ebenda, S. 244.

20 Nikolaus Piper, »100 Jahre US-Notenbank Fed – Kind der Panik«, Süddeutsche Zeitung, 23. Dezember 2013, http://www.sueddeutsche.de/wirtschaft/jahre-us-notenbank-fed-kind-der-panik-1.1849985.

21 Später bekamen die Kunden einen Teil der Verluste über die New Yorker Bankenverrechnungsstelle zurück. Das Vertrauen war allerdings verloren. Charles R. Geist, 2007, a.a.O., S. 232.

22 Nikolaus Piper, »100 Jahre US-Notenbank Fed – Kind der Panik«, Süddeutsche Zeitung, 23. Dezember 2013, a.a.O.

23 Charles R. Geist, 2007, a.a.O., S. 231.

24 Ebenda, S. 236ff.

25 Udo Sautter, 2013, a.a.O., S. 405.

26 Buffett, Sklenicka Form New Co., Omaha World-Herald, 13. September 1931.

27 Bill Buffett, 2009, Foods You Will Enjoy, The Story of Buffett's Store, S. 82.

28 Ebenda, S. 84.

29 L.J. Davis, »Buffett Takes Stock«, Time Magazine, 1. April 1990.

30 Charles R. Geist, 2007, Die Geschichte der WallStreet, S. 245ff.

31 Roger Lowenstein, 1995, a.a.O., S 11, und Ralph Waldo Emerson Quotes, https://www.goodreads.com/quotes/28432-it-is-easy-in-the-world-to-live-after-the.

32 Alice Schroeder, 2009, a.a.O., S. 63.

33 Brian James Beerman, »Where in hell is Omaha?«, http://www.americanmafia.com/Cities/Omaha.html.

34 Rudolf Renz, Wirtschafts- und Sozialgeschichte der USA, 2010, S. 86.

35 Ebenda.

36 The Great Depression, Nebraskastudies.org, http://www.nebraskastudies.org/0800/frameset_reset.html?http://www.nebraskastudies.org/0800/stories/0807_0300.html.

37 Charles R. Geist, 2007, a.a.O., S. 237.

38 Alice Schroeder, 2009, a.a.O., S. 67.

39 Ebenda.

40 »Survey State Cattle Buying, will bring federal Plan in of needed Grasshopper War on«, Omaha World-Herald, 9. Juni 1934.

41 »Firm Name Changed«, Omaha World-Herald, 23. September 1934.

42 Alice Schroeder, 2009, a.a.O., S. 69.

43 Interview mit Charlie Munger.

44 Exzerpt aus: Michael Zitz, Giving it all away – the Doris Buffett Story, 2010, http://abcnews.go.com/GMA/Books/giving-dorris-buffett-story-michael-zitz/story?id=10827641.

45 Ebenda.

46 Ebenda.

47 Alice Schroeder, 2009, a.a.O., S. 66.

48 Exzerpt aus: Michael Zitz, Giving it all away – the Doris Buffett Story, 2010, a.a.O.

49 Ebenda.

50 Ebenda.

51 Alice Schroeder, 2009, a.a.O., S. 69.

52 Exzerpt aus: Michael Zitz, Giving it all away – the Doris Buffett Story, 2010, a.a.O.

53 Exzerpt aus: Michael Zitz, writer looks at the world through Doris Buffett's eyes, http://www.sunshinelady.org.

54 Alice Schroeder, 2009, a.a.O., S. 69.

55 Exzerpt aus: Michael Zitz, Giving it all away – the Doris Buffett Story, 2010, a.a.O.

56 Ebenda.

57 Interview mit Warren Buffett, 2010.

58 Interview mit Warren Buffett.

59 Roger Lowenstein, 1995, a.a.O., S 11.

60 Franklin D. Roosevelt, Address Accepting the Presidential Nomination at the Democratic National Convention in Chicago, 2. Juli 1932, http://www.presidency.ucsb.edu/ws/?pid=75174.

61 US-Geschichte, Wirtschaftskrise und der New Deal, https://usa.usembassy.de/geschichte-depression.htm.

62 Ebenda.

63 Udo Sautter, 2013, a.a.O., S. 411.

64 Franklin D. Roosevelt, Address Accepting the Presidential Nomination at the Democratic National Convention in Chicago, 2. Juli 1932, http://www.presidency.ucsb.edu/ws/?pid=75174.

65 Udo Sautter, 2013, a.a.O., S. 418.

66 Ebenda, S. 413.

67 U.S. Census Bureau, 1999, 20th Century Statistics, S. 883.

68 Alice Schroeder, 2009, a.a.O., S. 64.

69 Roger Lowenstein, 1995, a.a.O., S. 11.

70 Alice Schroeder, 2009, a.a.O., S. 64.

71 L.J. Davis, »Buffett Takes Stock«, Time Magazine, 1. April 1990.

72 Alice Schroeder widmet sich Warrens frühen Leidenschaften sehr ausführlich; Alice Schroeder, 2009, a.a.O., S. 70ff.

73 L.J. Davis, Buffett Takes Stock, Time Magazine, 1. April 1990.

74 Interview mit Warren Buffett, 2010.

75 Alice Schroeder, 2009, a.a.O., S. 86.

76 Interview mit Warren Buffett, 1997.

77 Diese Anekdote wird von allen Biografen beschrieben, z.B . Alice Schroeder, 2009, a.a.O., S. 80.

78 Interview mit Bill Buffett, 2010.

79 Roger Lowenstein, 1995, a.a.O., S. 16.

80 Alice Schroeder, 2009, a.a.O., S. 81.

81 Ebenda, S. 87.

82 Roger Lowenstein, 1995, a.a.O., S. 20.

83 U.S. Census Bureau, 1999, 20th Century Statistics, S. 870f.

84 Ebenda, S. 881.

85 Udo Sautter, 2013, a.a.O., S. 430.

86 Rare Footage: FDR Addresses NIH,1940, Franklin D. Roosevelt Libary & Museum, https://fdrlibrary.org/nih-footage.

87 Great Depression Facts, Franklin D. Roosevelt Libary & Museum, https://fdrlibrary.org/great-depression-facts.

88 Keynes' »Allgemeine Theorie der Beschäftigung, des Zinses und des Geldes« von 1936 gilt bis heute als einflussreichstes wirtschaftswissenschaftliches Werk des 20. Jahrhunderts.

89 US-Geschichte, Wirtschaftskrise und der New Deal, https://usa.usembassy.de/geschichte-depression.htm.

90 Udo Sautter, 2013, a.a.O., S. 424.

91 Ebenda, S. 431.

92 US-Geschichte, Der Zweite Weltkrieg, https://usa.usembassy.de/geschichte-ww2.htm.

93 A third term? Franklin D. Roosevelt Libary & Museum, https://www.google.com/culturalinstitute/beta/exhibit/ARasPjFd.

94 Die verfassungsgemäße Begrenzung auf zwei Amtszeiten wurde erst 1951 beschlossen.

95 Bill Buffett, 2009, Foods You Will Enjoy, The Story of Buffett's Store, S. 119f.

96 »Buffett sees ›Mess‹ Created by Politicians«, Evening World-Herald, 20. Januar 1939.

97 Roger Lowenstein, 1995, a.a.O., S. 18.

98 Edward Morrow, »World Can Save Itself, Buffett Feeds«, Omaha World-Herald, 11. Oktober 1942.

99 »Firm Name Changed«, Sunday World-Herald, 23. September 1934.

100 Alice Schroeder, 2009, a.a.O., S. 82.

101 L.J. Davis, »Buffett Takes Stock«, Time Magazine, 1. April 1990.

102 Alice Schroeder, a.a.O., S. 85.

103 Diese Episode wird häufig erzählt, unter anderem in Alice Schroeder, 2009, a.a.O., S. 88.

104 Interview mit Warren Buffett, 1997.

105 Alice Schroeder, 2009, a.a.O., S. 90.

106 Nicole Markwald, Der Tag der Schande, tagesschau.de https://www.tagesschau.de/ausland/pearl-harbour-109.html

107 Roger Lowenstein, 1995, a.a.O., S. 18.

108 Alice Schroeder, 2009, a.a.O., S. 91ff.

109 L.J. Davis, »Buffett Takes Stock«, Time Magazine, 1. April 1990.

110 Noah M. Clark, 2009, Howard Buffett: A Man of the Old Right, https://mises.org/library/howard-buffett-man-old-right.

KAPITEL 3: ACHTERBAHN

1 L.J. Davis, »Buffett Takes Stock«, a.a.O.
2 Alice Schroeder, 2009, a.a.O., S. 96.
3 L.J. Davis, Buffett Takes Stock, a.a.O.
4 Aus einem Brief von Charlie Munger, zitiert in: Robert Dorr, »Ex-Omahan Traded Law for Board Roam«, Omaha World-Herald, 31. September 1977.
5 Die Zeit in Omaha bei Ernest ist beschrieben in Alice Schroeder, 2009, a.a.O., S. 97ff., und Roger Lowenstein, 1995, a.a.O., S. 19f.
6 U.S. Census Bureau, 1999, 20th Century Statistics, S. 889.
7 Ebenda, S. 879, S. 881 und S. 883.
8 Udo Sautter, 2013, Die Geschichte der Vereinigten Staaten von Amerika, S. 467.
9 Charles R. Geist, 2007, Die Geschichte der WallStreet, S. 467.
10 U.S. Census Bureau, 1999, 20th Century Statistics, S. 879.
11 Roger Lowenstein, 1995, a.a.O., S. 20.
12 Alice Schroeder, 2009, a.a.O., S. 109.
13 Ebenda, S. 104f.
14 Ebenda, S. 110.
15 Abigail Hess, These childhood hobbies may have helped Warren Buffett become a billionaire, CNBC, https://www.cnbc.com/2018/01/17/these-childhood-hobbies-may-have-helped-warren-buffett-become-a-billionaire.html.
16 Alice Schroeder, 2009, a.a.O., S. 120.
17 Roger Lowenstein, 1995, a.a.O., S. 22.
18 Berkshire Hathaway, Annual Report 2015, S. 27.
19 Einkommenssteuererklärung Warren Buffett für 1944.
20 Roger Lowenstein, 1995, a.a.O., S. 23.
21 Alice Schroeder, 2009, a.a.O., S. 127.
22 Roger Lowenstein, 1995, a.a.O., S. 23.
23 Alice Schroeder, 2009, a.a.O., S. 123.
24 Noah M. Clarke, »Howard Buffett: A Man of the Old Right«, 2009, https://mises.org/library/howard-buffett-man-old-right.
25 Roger Lowenstein, 1995, a.a.O., S. 27.
26 Interview mit Becky Quick, CNBC, 2009, Transcript & Video: Ask Warren Buffett on CNBC's Squawk Box – Part 2, https://www.cnbc.com/id/29595412.
27 Noah M. Clarke, Howard Buffett: A Man of the Old Right, 2009, https://mises.org/library/howard-buffett-man-old-right.
28 Alice Schroeder, 2009, a.a.O., S. 123.
29 Bill Buffett, 2009, Foods You Will Enjoy, The Story of Buffett's Store, S. 138.
30 Alice Schroeder, 2009, a.a.O., S. 138.
31 L.J. Davis, »Buffett Takes Stock«, Time Magazine, 1. April 1990.

32 Claus Jacobi, »Harry S. Truman«, Die Zeit, 21. Dezember 1951, http://www.zeit.de/1950/51/harry-s-truman.

33 Jörg Nagler, 2014, »Kalter Krieg von 1945 bis 1989«, Bundeszentrale für politische Bildung, http://www.bpb.de/izpb/181036/kalter-krieg-von-1945-bis-1989?p=all.

34 Ebenda.

35 Bert-Oliver Manig, Vor 70 Jahren – US-Präsident Harry S. Truman verkündet die »Truman-Doktrin«, http://www.deutschlandfunk.de/vor-70-jahren-us-praesident-harry-s-truman-verkuendet-die.871.de.html?dram:article_id=381036.

36 »International Fireman«, Morning World Herald, 10. Juli 1950.

37 Alice Schroeder, 2009, a.a.O., S. 147.

38 Ebenda, S. 148.

39 Ebenda, S. 125ff.

40 Ebenda, S. 133ff.

41 Berkshire Hathaway, Annual Report 2005, S. 3.

42 Interview mit Beth Opishinski, 2010.

43 E-Mails an die Autorin, 2008 und 2009.

44 John Taylor, »Grocery will close after 100 Years«, Omaha World-Herald, 29. Oktober 1969.

45 Interview mit Warren Buffett, 2010.

46 Alice Schroeder, 2009, a.a.O., S. 149.

47 Abigail Hess, These childhood hobbies may have helped Warren Buffett become a billionaire, CNBC, https://www.cnbc.com/2018/01/17/these-childhood-hobbies-may-have-helped-warren-buffett-become-a-billionaire.html.

48 L.J. Davis, »Buffett Takes Stock«, Time Magazine, 1. April 1990.

49 Udo Sautter, 2013, Die Geschichte der Vereinigten Staaten von Amerika, S. 481.

50 L.J. Davis, »Buffett Takes Stock«, Time Magazine, 1. April 1990.

51 Siehe Alice Schroeder, 2009, a.a.O., S. 149ff., und Roger Lowenstein, 1995, The Making of an American Capitalist, S. 31ff.

52 Jörg Nagler, 2014, »Kalter Krieg von 1945 bis 1989«, Bundeszentrale für politische Bildung, http://www.bpb.de/izpb/181036/kalter-krieg-von-1945-bis-1989?p=all.

53 Board of Governors of the Federal Reserve System (US), https://fred.stlouisfed.org/series/INDPRO.

54 Hermann Sautter, 2012, »Das Bretton-Woods-System«, Bundeszentrale für politische Bildung, http://www.bpb.de/politik/wirtschaft/finanzmaerkte/54851/bretton-woods-system.

55 Martin Maniera, »Wahrlich historisch niedrige Zinsen«, NZZ, 22. August 2013, https://www.nzz.ch/finanzen/uebersicht/boersen_und_maerkte/wahrlich-historisch-niedrige-zinsen-1.18136804.

56 U.S. Census Bureau, 1999, 20th Century Statistics, S. 882.

57 Udo Sautter, 2013, Die Geschichte der Vereinigten Staaten von Amerika, S. 481.

58 U.S. Census Bureau, 1999, 20th Century Statistics, S. 888.

59 Ebenda, S. 879.

60 Ebenda, S. 881, und eigene Berechnungen.

61 Charles R. Geist, 2007, Die Geschichte der WallStreet, S. 303.

62 Alice Schroeder, 2009, a.a.O., S. 151.

63 »Buffett back to Grindstone«, Evening World-Herald, 3. Januar 1949.

64 Alice Schroeder, 2009, a.a.O., S. 166ff.

65 Ebenda, S. 169.

66 Ebenda, S. 170.

67 L.J. Davis, »Buffett Takes Stock«, Time Magazine, 1. April 1990.

KAPITEL 4: STARTKLAR

1 »Doris Buffett is Betrothed«, Sunday World-Herald, 20. August 1950.

2 »Three to Enter Nordwest«, Sunday World-Herald, 30. Juli 1950.

3 Benjamin Graham, The Intelligent Investor, 1997, Vorwort von Warren Buffett.

4 L.J. Davis, »Buffett Takes Stock«, Time Magazine, 1. April 1990.

5 Christopher Conte, Albert R. Karr, An Outline of the U.S. Economy, Chapter 3: A Brief History, https://usa.usembassy.de/etexts/oecon/chap3.htm.

6 Charles R. Geist, 2007, Die Geschichte der WallStreet, S. 482.

7 Taft-Hartley Act, Encyclopædia Britannica, https://www.britannica.com/topic/Taft-Hartley-Act.

8 Im Zweiten Weltkrieg wurden mehr als 100.000 Menschen japanischer Abstammung, davon viele US-Staatsbürger, in Camps interniert. History: Japanese Internment Camp, History http://www.history.com/topics/world-war-ii/japanese-american-relocation.

9 Charles R. Geist, 2007, a.a.O., S. 485.

10 Michael Kleff, Geschichte aktuell: Das Ende der Hexenjagd, Deutschlandfunk, 2004, http://www.deutschlandfunk.de/geschichte-aktuell-das-ende-der-hexenjagd.724.de.html?dram:article_id=97809.

11 Ebenda.

12 »Record Supports Buffett's Humanitarian, Anti-Communist Efforts«, Sunday World Herald, 20. August 1950.

13 »For the Good of America«, Morning World-Herald, 17. Oktober 1950.

14 Alice Schroeder, 2009, a.a.O., S. 174.

15 Ebenda, S. 175.

16 Roger Lowenstein, 1995, The Making of an American Capitalist, S. 43.

17 Ebenda.

18 Alice Schroeder, 2009, a.a.O., S. 184f.

19 Ebenda, S. 192.

20 Ebenda, S. 194.

21 Benjamin Graham, The Intelligent Investor, 1997, Vorwort von Warren Buffett.

22 Roger Lowenstein, 1995, The Making of an American Capitalist, S. 37.

23 Alice Schroeder, 2009, a.a.O., S. 188.
24 Ebenda, S. 193.
25 Benjamin Graham, The Intelligent Investor, 1997, Vorwort von Warren Buffett.
26 Benjamin Graham, »Is American Business Worth More Dead than Alive?«, Forbes Magazine 1932, http://www.valuewalk.com/2015/01/benjamin-graham-old-articles/.
27 Ebenda.
28 Alice Schroeder, 2009, a.a.O., S. 189.
29 Benjamin Graham, The Intelligent Investor, 1997, S. 1.
30 Keynes, The Speculator, https://www.maynardkeynes.org/keynes-the-speculator.html.
31 Roger Lowenstein, 1995, The Making of an American Capitalist, S. 39.
32 Benjamin Graham, The Intelligent Investor, 1997, S. 1.
33 Roger Lowenstein, 1995, a.a.O., S. 58.
34 Interview mit Warren Buffett, 1997.
35 Alice Schroeder, 2009, a.a.O., S. 191.
36 Ebenda, S. 198.
37 Diskussion zur Premiere von »Das Milliardenversprechen«, Filmfest München, Juni 2012.
38 Interview mit Warren Buffett, 2010.
39 Interview mit Warren Buffett, 2010.
40 Roger Lowenstein, 1995, a.a.O., S. 45.
41 Alice Schroeder, 2009, a.a.O., S. 217.
42 Daten zum S&P 500: http://www.multpl.com/s-p-500-historical-prices/table/by-month, und eigene Berechnungen.
43 »War hits the Stock Market«, Quick Magazine, 10. Juli 1950, http://www.oldmagazinearticles.com/1950-stock-market-trends#.WonSV2aX9Bw.
44 Alice Schroeder, 2009, a.a.O., S. 216f.
45 Ebenda, S. 200.
46 »1950: Beginn des Koreakriegs«, Bundeszentrale für politische Bildung, 2015, http://www.bpb.de/politik/hintergrund-aktuell/208700/koreakrieg.
47 Bernd Stöver, »Frieden wurde nie geschlossen«, Zeit Online, 23. August 2017, http://www.zeit.de/2017/35/korea-krieg-kalter-krieg-frieden/komplettansicht.
48 Ebenda.
49 »1950: Beginn des Koreakriegs«, Bundeszentrale für politische Bildung, 2015, a.a.O.
50 Bernd Stöver, »Frieden wurde nie geschlossen«, a.a.O.
51 Jon Draft, 1962, Internationale Trade Statistik 1900–1960.
52 U.S. Census Bureau, 1999, 20th Century Statistics, S. 887, und eigene Berechnungen.
53 Alice Schroeder, 2009, a.a.O., S. 202.
54 Al Pagel, »Susie Sings for More Than Her Supper«, Magazine of the Midlands, The Omaha World-Herald, 17. April 1977.
55 Charles Washinton in: Al Pagel, »Susie Sings for More Than Her Supper«, a.a.O.

56 Alice Schroeder, 2009, a.a.O., S. 237.
57 Charles Washinton in: Al Pagel, »Susie Sings for More Than Her Supper«, a.a.O.
58 Notizen aus dem Omaha World-Herald, 17. Nov 1950, 3. Januar 1952.
59 »Central High's Read Show Is Fast-Moving Program«, Evening World-Herald, 17. März 1949.
60 Al Pagel, »Susie Sings for More Than Her Supper«, a.a.O.
61 Ebenda.
62 Ebenda.
63 Alice Schroeder, 2009, a.a.O., S. 213.
64 Ebenda, S. 219.
65 U.S. Census Bureau, 1999, 20th Century Statistics, S. 877.
66 Udo Sautter, 2013, Die Geschichte der Vereinigten Staaten von Amerika, S. 504.
67 U.S. Census Bureau, 1999, 20th Century Statistics, S. 885.
68 Ebenda, S. 879.
69 Udo Sautter, 2013, a.a.O., S. 524.
70 Christopher Conte, Albert R. Karr, An Outline of the U.S. Economy, Chapter 3: A Brief History, https://usa.usembassy.de/etexts/oecon/chap3.htm.
71 Ebenda.
72 Alice Schroeder, 2009, a.a.O., S. 225.
73 Ebenda, S. 227.
74 »Buffett Rite April Event«, Evening World-Herald, 9. April 1952.
75 »Love Is The Only Thing That Stops Guard«, Sunday World-Herald, 20. April 1952.
76 Interview mit Warren Buffett, 2010.
77 Alice Schroeder, 2009, a.a.O., S. 221.
78 »Crow on Menu for Two Jaycees«, Evening World-Herald, 4 . November 1952.
79 Interview mit Warren Buffett, 2010.

KAPITEL 5: DIE FRÜHEN JAHRE

1 Alice Schroeder, a.a.O., S. 235.
2 Buffett, Wedemeyer to Ask Students for Taft Write-Ins, The Daily Nebraskan, 27. März 1952.
3 W.H. Lawrence, »Eisenhower nominated on the First Ballot«, Special to The New York Times, 12. Juli 1952,
4 Alice Schroeder, 2009, a.a.O., S. 235.
5 Ebenda, S. 240f.
6 Roger Lowenstein, 1995, The Making of an American Capitalist, S. 53, und Alice Schroeder, a.a.O., S. 242.
7 Alice Schroeder, 2009, a.a.O., S. 243.
8 Roger Lowenstein, 1995, a.a.O., S. 55.

9 Alice Schroeder, 2009, a.a.O., S. 249f.
10 Daten zum S&P 500: http://www.multpl.com/s-p-500-historical-prices/table/by-month, und eigene Berechnungen.
11 Roger Lowenstein, 1995, a.a.O., S. 54.
12 Alice Schroeder, 2009, a.a.O., S. 257.
13 Ebenda, S. 251ff.
14 Ebenda, S. 245.
15 Ebenda, S. 243f.
16 Roger Lowenstein, 1995, a.a.O., S. 58.
17 Alice Schroeder, 2009, a.a.O., S. 264.
18 Ebenda, S. 265.
19 Brief an seinen Freund Jerry Orans, in: Roger Lowenstein, 1995, The Making of an American Capitalist, S. 60.
20 Interview mit Charlie Munger, 2010.
21 Alice Schroeder, 2009, a.a.O., S. 265.
22 Christopher Conte, Albert R. Karr, An Outline of the U.S. Economy, Chapter 3: A Brief History, https://usa.usembassy.de/etexts/oecon/chap3.htm
23 U.S. Census Bureau, 1999, 20th Century Statistics, S. 887.
24 Histroy: Dwight D. Eisenhower, http://www.history.com/topics/us-presidents/dwight-d-eisenhower
25 Andrew J. Cherlin, »The 50's Family and Today's«, The New York Times, 18. November 1981.
26 Udo Sautter, 2013, Die Geschichte der Vereinigten Staaten von Amerika, S. 524.
27 Exzerpt aus: Michael Zitz, Giving it all away – the Doris Buffett Story, 2010, http://abcnews.go.com/GMA/Books/giving-dorris-buffett-story-michael-zitz/story?id=10827641.
28 Berkshire Hathaway, Annual Report 2018, S. 13.
29 Alice Schroeder, 2009, a.a.O., S. 239.
30 Interview mit Dick Holland, 2010.
31 Alice Schroeder, a.a.O., S. 268.
32 Ebenda, S. 278f.
33 George Kunhardt, Becoming Warren Buffett, 2017, TVdocumentary, HBO.
34 Daten zum S&P 500: http://www.multpl.com/s-p-500-historical-prices/table/by-month, und eigene Berechnungen.
35 NYSE Facts and Figures, NYSE Number of listed Companies 1929–2002, http://www.nyxdata.com/nysedata/asp/factbook/viewer_edition.asp?mode=table&key=3010&category=3.
36 American Stock Exchange, Historical Timeline, NYSE, https://www.nyse.com/publicdocs/American_Stock_Exchange_Historical_Timeline.pdf.
37 Daten zum S&P 500: http://www.multpl.com/s-p-500-historical-prices/table/by-month, und eigene Berechnungen.
38 Partnership Letter 1957.

39 Alle Daten und Zahlen zum Kauf von National-American-Fire-Insurance-Aktien aus Alice Schroeder, 2009, a.a.O., S. 279ff., und Roger Lowenstein, 1995, a.a.O., S. 65f.

40 »Sam Reynolds Home sold to Warren Buffett«, Sunday World-Herald, 9. Februar 1958.

41 Eigene Berechnungen, Inflationsdaten der Federal Reserve Bank of Minneapolis, a.a.O.Ab 2018: https://fred.stlouisfed.org/series/FPCPITOTLZGUSA)

42 Roger Lowenstein, 1995, a.a.O., S. 63.

43 Interview mit Warren Buffett, 2010.

44 Warren Buffetts Lieblingsjournalistin Becky Quick von CNBC übertitelte ihre Berichtserstattung über ihn lange Zeit mit »The Billionaire Next Door«.

45 Interview mit Dick Holland, 2010.

46 Alice Schroeder, 2009, a.a.O., S. 289.

47 Die Einladungen von Mr. und Mrs. Warren Buffett wurden regelmäßig im Omaha World-Herald angekündigt, z.B. am 20. Februar 1958.

48 George Kunhardt, Becoming Warren Buffett, 2017, TVdocumentary, HBO.

49 Sunday World-Herald, 4. Januar 1999.

50 Omaha World-Herald, 29. Januar 1961.

51 Evening World-Herald, 29. Januar 1959.

52 George Kunhardt, Becoming Warren Buffett, 2017, TVdocumentary, HBO.

53 Interview mit Peter Buffett, 2010.

54 George Kunhardt, Becoming Warren Buffett, 2017, TVdocumentary, HBO.

55 Evening World-Herald, 11. Mai 1960.

56 Omaha World-Herald, 30. März 1968.

57 Roger Lowenstein, 1995, The Making of an American Capitalist, S. 89.

58 Alice Schroeder, 2009, a.a.O., S. 348.

59 Gary Puckrein, The Dream is alive, in: The Civil Rights Movement and the Legacy of Martin Luther King, U.S. Department of State International Information Programs, https://usa.usembassy.de/etexts/hol/mlk.pdf.

60 »Chronologie: Der Kampf um Gleichberechtigung«, 27. Oktober 2008, Die Presse, https://diepresse.com/home/politik/uswahl/425665/Chronologie_Der-Kampf-um-Gleichberechtigung.

61 Historical Statistics of the United States, Colonial Times to 1970, Part 1, Bureau of the Census, S. 14.

62 Ebenda.

63 Manfred Berg, »Schnappt Euch die Nigger«, 7. März 2015, Zeit Online, http://www.zeit.de/2015/08/buergerrechtsbewegung-usa-alabama-bloody-sunday-selma-march/komplettansicht.

64 Michael Sontheimer, »Der schwarze Moses«, 3. April 2008, Spiegel Online, Einestages, http://www.spiegel.de/einestages/martin-luther-king-der-schwarze-moses-a-946809.html.

65 Alice Schroeder, 2009, a.a.O., S. 284.

66 Ebenda, S. 293.
67 Roger Lowenstein, 1995, The Making of an American Capitalist, S. 69.
68 Partnership Letter 1961.
69 Alice Schroeder, 2009, a.a.O., S. 285.

KAPITEL 6: NEUE PARTNER

1 Ebenda, S. 295.
2 Aus einem Brief von Charlie Munger, zitiert in: Robert Dorr, »Ex-Omahan Traded Law for Board Roam«, Omaha World-Herald, 31. September 1977.
3 Biografische Fakten zur Familie Munger aus: Janet Lowe, Damn Right! Behind the Scenes with Berkshire Billionaire Charlie Munger, 2000, S. 20ff.
4 Ebenda, S. 23.
5 »33 Years a federal Judge«, Sunday World-Herald, 12. März 1939.
6 Janet Lowe, Damn Right! a.a.O., S. 23.
7 Ebenda, S. 24.
8 Michael Broggie, A Portrait of Charles T. Munger, in: Poor Charlie's Almanack, Ed by Peter Kaufman, 2005, S. 6.
9 Janet Lowe, Damn Right!, a.a.O., S. 30.
10 Wendy Munger, Q and A with Susie Buffett, in: Poor Charlie's Almanack, Ed by Peter Kaufman, 2005, S. 16.
11 Ebenda, S. 15.
12 Ebenda, S. 16.
13 Interview mit Charlie Munger.
14 Warren Buffett, Vorwort zu: Poor Charlie's Almanack, Ed by Peter Kaufman, 2005, S. 15.
15 Aus einem Brief von Charlie Munger, zitiert in: Robert Dorr, »Ex-Omahan Traded Law for Board Roam«, Omaha World-Herald, 31. September 1977.
16 Alice Schroeder, 2009, a.a.O., S. 305.
17 Ebenda, S. 308.
18 Ebenda, S. 308
19 Omaha World-Herald, 6. September 1961.
20 Ebenda.
21 Partnership Letter 1962.
22 Alice Schroeder, 2009, a.a.O., S. 326f.
23 Evan Davis, The World's greatest Money Maker: Warren Buffett, 2009, BBC-TVdokumentary.
24 Interview mit Warren Buffett, 2010.
25 Partnership Letter 1960.
26 Alice Schroeder, 2009, a.a.O., S. 317.
27 Partnership Letter 1961.

28 Bill and Ruth Scott, Letter for The Giving Pledge, 2015, https://givingpledge.org/Pledger.aspx?id=284.

29 Interview mit Doris Buffett, 2010.

30 Alice Schroeder, 2009, a.a.O., S. 360.

31 Roger Lowenstein, 1995, The Making of an American Capitalist, S. 73.

32 Ebenda, S. 95.

33 Ebenda, S. 107.

34 History: John F. Kennedy, https://www.history.com/topics/us-presidents/john-f-kennedy/print.

35 Bert-Oliver Manig, US-Präsident John F. Kennedy und sein Rendezvous mit dem Schicksal, 29. Mai 2017, Deutschlandfunk, http://www.deutschlandfunk.de/vor-100-jahren-geboren-us-praesident-john-f-kennedy-und.871.de.html?dram:article_id=387247.

36 LeMO, Haus der Geschichte, Nikita Chruschtschow 1894-1971, https://www.hdg.de/lemo/biografie/nikita-chruschtschow.html.

37 Susanne Schattenberg, 2005, »Die Sache mit Chruschtschows Schuh«, damals.de, https://www.wissenschaft.de/magazin/weitere-themen/die-sache-mit-chruschtschows-schuh/.

38 Ebenda.

39 History: John F. Kennedy, https://www.history.com/topics/us-presidents/john-f-kennedy/print.

40 Roger Lowenstein, 1995, a.a.O., S. 88.

41 Partnership Letter 1962 und eigene Berechnungen.

42 Michael Broggie, A Portrait of Charles T. Munger, in: Poor Charlie's Almanack, Ed by Peter Kaufman, 2005, S. 17.

43 Alice Schroeder, 2009, a.a.O., S. 339.

44 Ebenda, S. 335.

45 Roger Lowenstein, 1995, a.a.O., S. 73.

46 Alice Schroeder, 2009, a.a.O., S. 316.

47 Ebenda, S. 320.

48 Daten zum nominalen GDP: https://fred.stlouisfed.org/series/A191RL1A225NBEA, und zum S&P 500: http://www.multpl.com/s-p-500-historical-prices/table/by-month, und eigene Berechnungen.

49 Alice Schroeder, 2009, a.a.O., S. 340.

50 Udo Sautter, 2013, Die Geschichte der Vereinigten Staaten von Amerika, S. 519.

51 Ebenda, S. 514.

52 Alice Schroeder, 2009, a.a.O., S. 346.

53 History: Lyndon B. Johnson, https://www.history.com/topics/us-presidents/lyndon-b-johnson.

54 Udo Sautter, 2013, a.a.O., S. 513.

55 Karin Beindorff, Protestmarsch von Selma nach Montgomery, 24. März 2015, Deutschlandfunk, http://www.deutschlandfunk.de/amerikanische-buergerrechtler-protestmarsch-von-selma-nach.871.de.html?dram:article_id=315038.

56 Udo Sautter, 2013, a.a.O., S. 516.

57 Bureau of Labor Statistics, The employment situation - April 2021, https://www.bls.gov/news.release/pdf/empsit.pdf).

58 Board of Govenors of the Federal Resserve System, Disparities in Wealth in Race and Ethnicity, https://www.federalreserve.gov/econres/notes/feds-notes/disparities-in-wealth-by-race-and-ethnicity-in-the-2019-survey-of-consumer-finances-20200928.htm)

59 Errin Whack, »Who was Edmund Pettus?«, 7. März 2015, https://www.smithsonianmag.com/history/who-was-edmund-pettus-180954501/.

60 Interview mit Warren Buffett, 2010.

61 Interview mit Charlie Munger, 2012.

62 Dan Ferris, Der Salat-Schwindel, 20. August 2003, Investorverlag, https://www.investor-verlag.de/allgemein/der-salatoel-schwindel/.

63 Charles R. Geist, 2007, Die Geschichte der WallStreet, S. 337.

64 Berkshire Hathaway, Annual Report 2020, Seite 7.

65 Partnership Letter 1969 und eigene Berechnungen.

66 Partnership Letter 1968.

67 Partnership Letter ab 1960.

68 Board of Governors of the Federal Reserve System (US), https://fred.stlouisfed.org/series/A191RL1A225NBEA.

69 Roger Lowenstein, 1995, The Making of an American Capitalist, S. 110.

70 Alice Schroeder, 2009, a.a.O., S. 379.

71 Ebenda, S. 398.

72 Interview mit Warren Buffett, 1997.

73 Partnership Letter 1966.

74 Alice Schroeder, 2009, a.a.O., S. 420.

75 Partnership Letter 1967.

76 Udo Sautter, 2013, Die Geschichte der Vereinigten Staaten von Amerika, S. 544.

77 LeMO, Haus der Geschichte, Vietnamkrieg, https://www.hdg.de/lemo/kapitel/geteiltes-deutschland-modernisierung/internationale-entwicklungen/vietnam-krieg.html.

78 Udo Sautter, 2013, a.a.O., S. 545.

79 LeMO, Haus der Geschichte, Vietnamkrieg, a.a.O.

80 Stichwort. Vietnamkrieg, Proteste in den USA, 20. April 2000, RP Online, http://www.rp-online.de/politik/proteste-in-den-usa-aid-1.2264908.

81 »Vietnam erinnert an Massaker von My Lai vor 50 Jahren«, Zeit Online, 16. März 2018, http://www.zeit.de/politik/ausland/2018-03/gedenktag-vietnam-usa-armee-my-lai-kriegsverbrechen.

82 Jeffrey Herf, Aus Kriegsgegnern wurden Gewaltprediger, Die Welt, 14. Januar 2008, https://www.welt.de/politik/1968/article1553217/Aus-Kriegsgegnern-wurden-Gewalt-prediger.html.

83 Alice Schroeder, 2009, a.a.O., S. 417.

84 »Housing Law Hearings Draws 250«, Omaha World-Herald, 14. April 1967.

85 Alice Schroeder, 2009, a.a.O., S. 409.

86 Sunday World-Herald, 16. Januar 1966.

87 Panel Cracks Wall of Prejudice With Humor, Common Sence, Evening World-Herald, 30. März 1962.

88 Roger Lowenstein, 1995, The Making of an American Capitalist, S. 89.

89 Alice Schroeder, 2009, a.a.O., S. 415.

90 Alice Schroeder, 2009, a.a.O., S. 417.

91 »Expert on Investing Plans to Slow Down«, Sunday World-Herald, 25. Februar 1968.

92 Partnership Letter 1967.

93 Partnership Letter 1967.

94 Alice Schroeder, 2009, a.a.O., S. 393.

95 Partnership Letter 1968.

96 Nachdruck des Artikels in: Sunday World-Herald, 2. November 1969.

97 Partnership Letter 29. Mai 1969.

98 Ebenda.

99 Ebenda.

100 Alice Schroeder, 2009, a.a.O., S. 445.

101 Robert Dorr, »Buffett Plans To Shut Down Finance Firm«, Omaha World-Herald, 2. Juni 1969.

KAPITEL 7: SAMMELWUT

1 John Taylor, »Grocery Will Close After 100 Years«, Omaha World-Herald, 29. Oktober 1969.

2 Daten zum GDP, hier real: https://fred.stlouisfed.org/series/A191RL1Q225SBEA.

3 Ebenda.

4 Christopher Conte, Albert R. Karr, An Outline of the U.S. Economy, Chapter 3: A Brief History, https://usa.usembassy.de/etexts/oecon/chap3.htm.

5 Lee E. Ohanian, Competition and the Decline of the Rust Belt, Federal Reserve Bank of Minneapolis, https://www.minneapolisfed.org/research/economic-policy-papers/competition-and-the-decline-of-the-rust-belt.

6 Ebenda.

7 »Entwicklung des grenzüberschreitenden Warenhandels«, Bundeszentrale für politische Bildung, 4. April 2018, http://www.bpb.de/nachschlagen/zahlen-und-fakten/globalisierung/52543/entwicklung-des-warenhandels.
8 U.S. Census, Economic Indicator Division, U.S. Trade in Goods and Services, https://www.census.gov/foreign-trade/statistics/historical/gands.pdf.
9 Berkshire Hathaway, Annual Report 2014, S. 24.
10 Alice Schroeder, 2009, a.a.O., S. 356f.
11 Berkshire Hathaway, Annual Report 2014, S. 24.
12 History of Berkshire Hathaway, https://www.warrenbuffett.com/berkshire-hathaway/history-of-berkshire-hathaway/.
13 Berkshire Hathaway, Annual Report 2014, S. 24.
14 Ebenda.
15 Ebenda.
16 Partnership Letter 26. Dezember 1969.
17 History of Berkshire Hathaway, https://www.warrenbuffett.com/berkshire-hathaway/history-of-berkshire-hathaway/.
18 Alice Schroeder, 2009, a.a.O., S. 460f.
19 Alice Schroeder, 2009, a.a.O., S. 426ff.
20 Berkshire Hathaway, Annual Report 2006, S. 19.
21 Ebenda.
22 »The Way it is, Mr. Buffett«, Omaha World-Herald, 16. Dezember 1968.
23 »And Furthermore«, Omaha World-Herald, 15. April 1970.
24 »Sun Papers, Printing Firm Are Sold To Buffett Company«, Omaha World-Herald, 5. Dezember 1968.
25 »Buffett Buys Control In Bank at Rockford«, Omaha World-Herald, 3. April 1969.
26 Alice Schroeder, 2009, a.a.O., S. 434f.
27 Berkshire Hathaway, Annual Report 2006, S. 7.
28 »›Unusual Risk‹ Ringwalt Specialty«, Sunday World-Herald, 12. März 1967.
29 Ebenda.
30 Ebenda.
31 Berkshire Hathaway, Annual Report 2006, S. 7.
32 Ebenda.
33 Ebenda.
34 Berkshire Hathaway, Annual Report 2014, S. 25.
35 Ebenda.
36 Alice Schroeder, 2009, a.a.O., S. 399f.
37 http://www.multpl.com/s-p-500-historical-prices/table/by-month.
38 Charles R. Geist, 2007, Die Geschichte der WallStreet, S. 352.
39 Inflationsdaten von http://www.macrotrends.net/2497/historical-inflation-rate-by-year.
40 Christopher Conte, Albert R. Karr, An Outline of the U.S. Economy, Chapter 3: A Brief History, https://usa.usembassy.de/etexts/oecon/chap3.htm.

41 Holger Zschäpitz, »Vor 40 Jahren begann die Ära des Gelddruckens«, Die Welt, 15. August 2011, https://www.welt.de/104633859.

42 Charles R. Geist, 2007, Die Geschichte der WallStreet, S. 346.

43 Holge

»r Zschäpitz, Vor 40 Jahre

«n begann die Ära des Gelddruckens, a.a.O.

44 Charles R. Geist, 2007, Die Geschichte der WallStreet, S. 347.

45 Christopher Conte, Albert R. Karr, An Outline of the U.S. Economy, Chapter 3: A Brief History, https://usa.usembassy.de/etexts/oecon/chap3.htm.

46 Daten zum S&P: http://www.multpl.com/s-p-500-historical-prices/table/by-month.

47 Manfred Berg, »Richard Nixon und die Watergate-Affäre«, Die Zeit, 12. Juni 1992, »Richard Nixon und die Watergate Affaire«, Die Zeit 25/1992, 12. Juni 1992

48 »The Munger Approach to Life, Learning, and Decision Making«, in: Poor Charlie's Almanack, Ed by Peter Kaufman, 2005, S. 71.

49 Berkshire Hathaway, Annual Report 2014, S. 27.

50 Alice Schroeder, 2009, a.a.O., S. 466.

51 Berkshire Hathaway, Annual Report 2014, S. 27.

52 Ebenda.

53 Warren Buffett talks newspapers with Bloomberg TV, 3. Mai 2012, Warren Buffett, Interview mit Bloomberg TV, 3. Mai 2012

54 Douglas E. Kneeland, »Boys Town Has an Embarrassment of Riches«, New York Times, 16. April 1974.

55 Warren Buffett talks newspapers with Bloomberg TV, 3. Mai 2012, Warren Buffett, Interview mit Bloomberg TV, 3. Mai 2012

56 Alice Schroeder, 2009, a.a.O., S. 484.

57 Ebenda, S. 483.

58 Ebenda, S. 486.

59 »5 Calves Rustled From Boys Town«, Omaha World-Herald, 31. März 1972.

KAPITEL 8: NEUE DIMENSIONEN

1 Policies and Standards, Washington Post, https://www.washingtonpost.com/news/ask-the-post/wp/2017/01/01/policies-and-standards/?utm_term=.44ac3d6768ef.

2 Chalmers M. Roberts, »Eugene Meyer Bought Post 50 Years Ago«, Washington Post, 1. Juni 1983, https://www.washingtonpost.com/archive/politics/1983/06/01/eugene-meyer-bought-post-50-years-ago/910a718e-e71f-46bd-9ad7-78ad9e2107b2/?utm_term=.90490f096e59.

3 Hans-Jürgen Jakobs, »Wir drucken«, Süddeutsche Zeitung, 17. Mai 2010, http://www.sueddeutsche.de/leben/grosse-frauen-katharine-graham-wir-drucken-1.244273.

4 Alice Schroeder, 2009, a.a.O., S. 497.

5 Ebenda, S. 498.

6 Ebenda.

7 Ebenda, S. 499.

8 Niraj Chokshi, Behind the Race to Publish the Top-Secret Pentagon Papers, New York Times, 20. Dezember 2017, https://www.nytimes.com/2017/12/20/us/pentagon-papers-post.html.

9 Niraj Chokshi, Behind the Race to Publish the Top-Secret Pentagon Papers, a.a.O.

10 Alice Schroeder, 2009, a.a.O., S. 510.

11 Roger Lowenstein, 1995, The Making of an American Capitalist, S. 182.

12 Alice Schroeder, 2009, a.a.O., S. 511.

13 Ebenda, S. 518.

14 »Der Präsident, der den Alptraum beendete«, Spiegel Online, 27. Dezember 2006, http://www.spiegel.de/politik/ausland/gerald-ford-tot-der-praesident-der-den-alptraum-beendete-a-456614.html.

15 Kim Phillips-Fein, »Die Krise, die New York veränderte«, taz-Archiv, http://www.taz.de/!483533/.

16 Charles R. Geist, 2007, Die Geschichte der WallStreet, S. 357.

17 Kim Phillips-Fein, Die Krise, die New York veränderte, a.a.O.

18 »Der Präsident, der den Alptraum beendete«, a.a.O.

19 Udo Sautter, 2013, Die Geschichte der Vereinigten Staaten von Amerika, S. 573.

20 »Camp David: Wendepunkt der Geschichte?«, Der Spiegel, 25. September 1978, http://www.spiegel.de/spiegel/print/d-40606803.html.

21 »Geiselnahme in Teheran«, Bundeszentrale für politische Bildung, 20. Januar 2016, http://www.bpb.de/politik/hintergrund-aktuell/218964/geiselnahme-in-teheran.

22 Ebenda.

23 Ebenda.

24 Barry Ritholtz, »The Death of Equities«, BusinessWeek, 13. August 1979, http://ritholtz.com/1979/08/the-death-of-equities/.

25 Roger Lowenstein, 1995, The Making of an American Capitalist, Fotostrecke.

26 Alice Schroeder, 2009, a.a.O., S. 529.

27 Ebenda, S. 525.

28 Charlie Munger, Wesco-Hauptversammlung 2009.

29 Alice Schroeder, 2009, a.a.O., S. 552f.

30 Alice Schroeder, a.a.O., S. 554.

31 »2 Buffett Firms Cancel Merger«, Omaha World-Herald, 1. Februar 1975.

32 Berkshire Hathaway, Annual Report 1978.

33 Robert Dorr, »Murdock and Buffett Share Approach«, Omaha World-Herald, 3. Juni 1981.

34 Alice Schroeder, 2009, a.a.O., S. 491.

35 Ebenda, S. 565f.

36 Ebenda, S. 567.

37 »Time Story Calls Omahan Power at Washington Post«, Omaha World-Herald, 4. Februar 1977.

38 Jonathan R. Laing, »Buffett piles up an Empire«, Wall Street Journal, reprinted in Omaha World-Herald, 31. März 1977.

39 Alice Schroeder, 2009, a.a.O., S. 567.

40 »A Chanteuse?«, Omaha World-Herald, 29. November 1974.

41 Al Pagel, »Susie Sings For More Than Her Supper«, Magazine of the Midlands, The Omaha World-Herald, 17. April 1977.

42 »Solid Buffett Voice Melts Debut Jitters«, Omaha World-Herald, 9. Mai 1975.

43 Alice Schroeder, 2009, a.a.O., S. 605.

44 Susan Buffett bei Charlie Rose, zitiert in: Evan Davis, The World's greatest Money Maker: Warren Buffett, 2009, BBC-TVdocumentary.

45 Alice Schroeder, 2009, a.a.O., S. 609f.

46 Evan Davis, The World's greatest Money Maker: Warren Buffett, 2009, BBC-TVdocumentary.

47 Ebenda.

48 Jonathan R. Laing, »Buffett piles up an Empire«, Wall Street Journal, reprinted in Omaha World-Herald, 31. März 1977.

49 Robert Dorr, »Bridge Gets Buffett's Eye«, Omaha World-Herald, 22. Januar 1978.

50 Joann Muller, »Why One Rich Man Shouldn't Own An International Bridge«, Forbes, 12. Januar 2012, https://www.forbes.com/sites/joannmuller/2012/01/12/why-one-rich-man-shouldnt-own-an-international-bridge/2/#511779237c3b.

51 Jonathan R. Laing, »Buffett piles up an Empire«, Wall Street Journal, reprinted in Omaha World-Herald, 31. März 1977.

52 Alice Schroeder, 2009, a.a.O., S. 576.

53 Ebenda.

54 Alice Schroeder, 2009, a.a.O., S. 581.

55 Berkshire Hathaway, Annual Report 1977.

56 Ebenda.

57 Alice Schroeder, 2009, a.a.O., S. 578.

58 L.J. Davis, »Buffett Takes Stock«, Time Magazine, 1. April 1990.

59 Michael Quint, »Buffett moves to acquire all of Geico«, New York Times, 26. August 1995, https://www.nytimes.com/1995/08/26/business/buffett-moves-to-acquire-all-of-geico.html.

60 »Buffett Expands Paper Holdings«, Sunday World-Herald, 4. Mai 1975.

61 Alice Schroeder, 2009, a.a.O., S. 617.

62 Berkshire Hathaway, Annual Report 1978.

63 Warren Buffett, »The Superinvestors of Graham-and-Doddsville«, Hermes, Columbia Business School Magazine, 1984, http://csinvesting.org/wp-content/uploads/2014/10/The-Superinvestors-of-Graham-and-Doddsville-by-Warren-Buffett.pdf.

64 Alice Schroeder, 2009, a.a.O., S. 625.

65 Alice Schroeder, 2009, a.a.O., S. 621ff.

66 Berkshire Hathaway, Annual Report 1982.

67 Robert Dorr, »Forbes Ranks Warren Buffett Among 400 Wealthiest«, Omaha World-Herald, 29. August 1982.

68 »Geiselnahme in Teheran«, Bundeszentrale für politische Bildung, 20. Januar 2016, http://www.bpb.de/politik/hintergrund-aktuell/218964/geiselnahme-in-teheran.

69 Peter Philipp, »Die Iran-Contra-Affäre«, 20. Juli 2009, DW, http://www.dw.com/de/die-iran-contra-affäre/a-4502179.

70 »Grenada-Invasion: ›Ronald Reagans größte Stunde‹«, Spiegel Online, 31. Oktober 1983, http://www.spiegel.de/spiegel/print/d-14024311.html.

71 Alexander Hagelüken, »Zu einfach gedacht«, Süddeutsche Zeitung, 6. Februar 2011, http://www.sueddeutsche.de/wirtschaft/ronald-reagan-geburtstag-zu-einfach-gedacht-1.1055631.

72 This Day in History: 13. August 1981, Reagan signs Economic Recovery Tax Act (ERTA), https://www.history.com/this-day-in-history/reagan-signs-economic-recovery-tax-act-erta.

73 Ebenda.

74 Hannes Stein, »Republikaner, vom Ronald auf den Donald gekommen«, Die Welt, 19. Januar 2016, https://www.welt.de/debatte/kommentare/article151083929/Republikaner-vom-Ronald-auf-den-Donald-gekommen.html.

75 Udo Sautter, 2013, Die Geschichte der Vereinigten Staaten von Amerika, S. 580.

76 Pradnya Joshi und Binyamin Appelbaum, »A History of Fed Leaders and Interest Rates«, New York Times, 16. Dezember 2015, https://www.nytimes.com/interactive/2015/12/11/business/economy/fed-interest-rates-history.html.

77 Udo Sautter, 2013, a.a.O., S. 580.

78 U.S. Census, Economic Indicator Division, U.S. Trade in Goods and Services, 2. März 2018, https://www.census.gov/foreign-trade/statistics/historical/gands.pdf.

79 Sparquote ist die Prozentzahl der Ersparnisse des verfügbaren Einkommens privater Haushalte, Daten der St. Louis Fed, https://fred.stlouisfed.org/series/A072RC1A156NBEA?show=info&sid=A072RC1A156NBEA.

80 Dieter Buhl, »Das Ende einer großen Illusion«, Die Zeit, 20. Januar 1989, http://www.zeit.de/1989/04/das-ende-einer-grossen-illusion/komplettansicht?print.

81 Charles R. Geist, 2007, Die Geschichte der WallStreet, S. 390.

KAPITEL 9: MEILENSTEIN

1 Alice Schroeder, 2009, a.a.O., S. 636.

2 Historische Aktienkurse von Berkshire: http://www.macrotrends.net/stocks/charts/BRK_A/prices/berkshire-hth-a-stock-price-history.

3 Alice Schroeder, 2009, a.a.O., S. 631.

4 Charlie Munger, Hauptversammlung Berkshire Hathaway 2016.

5 Alice Schroeder, 2009, a.a.O., S. 637.

6 »Corporate Raider, die Schrecken der Führungsetagen«, Frankfurter Allgemeine Zeitung, 18. Juni 2002, http://www.faz.net/aktuell/wirtschaft/corporate-raider-die-schrecken-der-fuehrungsetagen-161122.html#void.

7 Bill Taylor, »Crime? Greed? Big Ideas? What Were the '80s About?«, Harvard Business Review, Januar/Februar 1992, https://hbr.org/1992/01/crime-greed-big-ideas-what-were-the-80s-about.

8 Jonathan R. Laing, »Buffett piles up an Empire«, Wall Street Journal, reprinted in Omaha World-Herald, 31. März 1977.

9 Interview mit Warren Buffett, 2010.

10 Barnaby J. Feder, »Rose Blumkin, Retail Queen, Dies at 104«, The New York Times, 13. August 1998.

11 Ebenda.

12 Alice Schroeder, 2009, a.a.O., S. 649f.

13 Barnaby J. Feder, Rose Blumkin, Retail Queen, Dies at 104, a.a.O.

14 Berkshire Hathaway, Annual Report 1984, S. 3.

15 Alice Schroeder, 2009, a.a.O., S. 652.

16 Ebenda, S. 657.

17 Patrick Bernau, »Eugene Fama. Der Markt weiß alles«, Frankfurter Allgemeine Zeitung, 9. August 2014, http://www.faz.net/aktuell/wirtschaft/wirtschaftswissen/die-weltverbesserer/eugene-fama-hat-die-hypothese-effizienter-maerkte-aufgestellt-13077461.html.

18 Alice Schroeder, 2009, a.a.O., S. 705f.

19 Ebenda, S. 709.

20 Charlie Munger zitiert in: Valuewalk, 14. Januar 2017, https://www.valuewalk.com/2017/01/best-investors-ever-say-efficient-markets/.

21 »A Constant Reminder«, Omaha World-Herald, 11. Oktober 1979.

22 Interview mit Warren Buffett, 1997.

23 Alice Schroeder, 2009, a.a.O., S. 677ff.

24 Berkshire Hathaway, Annual Report 1990.

25 Alice Schroeder, 2009, a.a.O., S. 681.

26 Nils Rüdel, »Die Jains regieren die Welt«, Handelsblatt, 1. Juni 2012, http://www.handelsblatt.com/unternehmen/management/anshu-und-ajit-die-jains-regieren-die-welt/6698448.html.

27 Berkshire Hathaway, Annual Report 2008.

28 Nils Rüdel, »Die Jains regieren die Welt«, a.a.O.

29 Interview mit Warren Buffett, 2009.

30 Steve Jordan, »Meet Ajit Jain, the man in charge of Warren Buffett's profit machine«, Omaha World-Herald, 2. Mai 2015.

31 Berkshire Hathaway, Annual Report 2009.

32 Richard W. Stevenson, »Berkshire to Buy Scott & Fetzer«, The New York Times, 30. Oktober 1985.

33 Berkshire Hathaway, Annual Report 1986.

34 Forbes 400er-Liste 1987, http://articles.latimes.com/1987-10-13/business/fi-13869_1_real-estate.

35 »Crash von 1987. Die Mutter aller Börsenpannen«, Handelsblatt, 19. Oktober 2012, http://www.handelsblatt.com/finanzen/maerkte/boerse-inside/crash-v...87-die-mutter-aller-boersenpannen/v_detail_tab_print/7275944.html.

36 Charles R. Geist, 2007, Die Geschichte der WallStreet, S. 396.

37 »Crash von 1987. Die Mutter aller Börsenpannen«, Handelsblatt, 19. Oktober 2012, a.a.O.

38 Charles R. Geist, 2007, Die Geschichte der WallStreet, S. 401.

39 Historische Aktienkurse von Berkshire: http://www.macrotrends.net/stocks/charts/BRK_A/prices/berkshire-hth-a-stock-price-history.

40 Alice Schroeder, 2009, a.a.O., S. 734.

41 Berkshire Hathaway, Annual Report 1996.

42 Berkshire Hathaway, Annual Report 2017.

43 Ebenda.

44 Jonathan Kandell, »John Gutfreund, 86, Dies; Ran Wall Street Investment Firm at Its Apex«, The New York Times, 9. März 2016.

45 Ebenda.

46 Ebenda.

47 Christian Tenbrock, »Kartell der Schuldenmakler«, Die Zeit 36/1991, 30. August 1991, http://www.zeit.de/1991/36/kartell-der-schuldenmakler/komplettansicht.

48 Dealbook, »Warren Buffett and the Salomon Saga«, The New York Times, 24. September 2008..

49 Berkshire Hathaway, Annual Report 1987.

50 Jonathan Kandell, »John Gutfreund, 86, Dies; Ran Wall Street Investment Firm at Its Apex«, The New York Times, 9. März 2016.

51 Berkshire Hathaway, Annual Report 1988.

52 Roger Lowenstein, 1995, The Making of an American Capitalist, S. 278.

53 Ebenda.

54 Berkeley Lovelace Jr., »Warren Buffett: Changing consumer habits are hitting Coca-Cola and Kraft«, CNBC, 7. Mai 2018, https://www.cnbc.com/2018/05/07/warren-buffett-changing-consumer-habits-hitting-coca-cola-and-kraft.html.

55 »Cola steigert Dividende das 56. Jahr in Folge«, Finanzen.net, https://www.finanzen.net/nachricht/aktien/coca-cola-steigert-dividende-das-56-jahr-in-folge-5978632.

56 Motley Foll Deutschland, CocaCola schütte 1248 US-Dollar Dividende an Warren Buffett aus – jede Minute!,https://www.onvista.de/news/coca-cola-schuettet-1-248-us-dollar-dividende-an-warren-buffett-aus-jede-minute!-397702893.

57 Interview mit Warren Buffett, 1997.

58 Berkshire Hathaway, Annual Report 1988.

59 Ebenda.

60 Ebenda.

61 Christian Tenbrock, »Kartell der Schuldenmakler«, Die Zeit 36/1991, 30. August 1991, http://www.zeit.de/1991/36/kartell-der-schuldenmakler/komplettansicht.

62 Alice Schroeder, 2009, a.a.O., S. 756ff.

63 Christian Tenbrock, »Kartell der Schuldenmakler«, Die Zeit 36/1991, 30. August 1991, a.a.O.

64 Berkshire Hathaway, Annual Report 1992.

65 Christian Tenbrock, »Kartell der Schuldenmakler«, Die Zeit 36/1991, 30. August 1991, a.a.O.

66 Carol J. Loomis, »Warren Buffett's Wild Ride at Salomon«, Fortune Magazine, 27. Oktober 1997, http://fortune.com/1997/10/27/warren-buffett-salomon/.

67 Ebenda.

68 Berkshire Hathaway, Annual Report 1992.

69 »Buffett's 1991 Salomon Testimony«, Wall Street Journal, 1. Mai 2010, https://blogs.wsj.com/marketbeat/2010/05/01/buffetts-1991-salomon-testimony/.

70 Ebenda.

71 Ebenda.

72 Berkshire Hathaway, Annual Report 1992.

73 Dealbook, »Warren Buffett and the Salomon Saga«, The New York Times, 24. September 2008.

KAPITEL 10: TECH, TECH, TECH

1 Alice Schroeder, 2009, a.a.O., S. 846.

2 Interview mit Bill Gates, 2010.

3 Alice Schroeder, 2009, a.a.O., S. 847.

4 Interview mit Bill Gates, 2010.

5 Ebenda.

6 Ebenda.

7 Udo Sautter, 2013, Die Geschichte der Vereinigten Staaten von Amerika, S. 591.

8 Klaus Ehringfeld, »Der Kalte Krieger der Karibik«, Spiegel Online, 30. Mai 2017, http://www.spiegel.de/politik/ausland/manuel-noriegas-in-panama-gestorben-kalter-krieger-der-karibik-a-1149825.html.

9 History: George Bush, https://www.history.com/topics/us-presidents/george-bush.

10 Daniel Steinvorth, »Die Mutter aller Schlachten und ihr Erbe«, NZZ, 2. August 1015, https://www.nzz.ch/international/das-historische-bild/die-mutter-aller-schlachten-und-ihr-erbe-1.18588735.

11 »Der Verlauf des Golfkriegs 1991«, Spiegel Online, 16. Februar 2001, http://www.spiegel.de/politik/ausland/rueckblick-der-verlauf-des-golfkriegs-1991-a-118154.html.

12 History: George Bush, https://www.history.com/topics/us-presidents/george-bush.

13 Kenneth J. Robinson, »Savings and Loan Crisis«, Federal Reserve History, https://www.federalreservehistory.org/essays/savings_and_loan_crisis.

14 Ebenda.

15 Roger Lowenstein, 1995, »The Making of an American Capitalist«, S. 155.

16 Historische Aktienkurse von Berkshire: http://www.macrotrends.net/stocks/charts/BRK_A/prices/berkshire-hth-a-stock-price-history.

17 Alice Schroeder, 2009, a.a.O., S. 741.

18 Berkshire Hathaway, Annual Report 2014.

19 Ebenda.

20 Interview mit Warren Buffett 2010.

21 Eigene Berechnungen. Laut dem Berkshire-Jahresbericht 2017 waren rund 1,65 Milliarde A-Aktien und gut 2466 Milliarden B-Shares ausgegeben, die in etwa derselben Anzahl von A-Shares entsprechen.

22 Berkshire Hathaway, Annual Report 1998.

23 Matthew Stibbe, »Why Warren Buffett Owns A Private Jet«, Forbes, 22. September 2011, https://www.forbes.com/sites/matthewstibbe/2011/09/22/warren-buffeett-jet/#5f5eb31076c6.

24 Bill Gates, Who is Who, Biografie, http://www.whoswho.de/bio/bill-gates.html.

25 Andrew Bary, »What's Wrong, Warren?«, Barron's, 27. Dezember 1999, https://www.barrons.com/articles/SB945992010127068546.

26 Udo Sautter, 2013, Die Geschichte der Vereinigten Staaten von Amerika, S. 599.

27 Daten zu den US-Leitzinsen: http://www.macrotrends.net/2015/fed-funds-rate-historical-chart.

28 Inflationsdaten von: http://www.macrotrends.net/2497/historical-inflation-rate-by-year.

29 Sharon Reier and International Herald Tribune, »5 Years Later, Greenspan's ›Irrational Exuberance‹ Alert Rings True«, The New York Times, 1. Dezember 2001, https://www.nytimes.com/2001/12/01/your-money/5-years-later-greenspans-irrational-exuberance-alert-rings-true.html.

30 Markus Zydra, »Ich habe fruchtbar viele Fehler gemacht«, Süddeutsche Zeitung, 4. März 2011, http://www.sueddeutsche.d.e/geld/2.220/alan-greenspan-ich-habe-furchtbar-viele-fehler-gemacht-1.1068142.

31 Daniel Schäfer, »Der Schock durch den Fonds der Nobelpreisträger«, Frankfurter Allgemeine Zeitung, 13. März 2008, http://www.faz.net/aktuell/finanzen/fonds-mehr/historische-finanzkrisen-ltcm-1998-der-schock-durch-den-fonds-der-nobelpreistraeger-1236212.html.

32 Saul Hansell, »John Meriwether Rides Again, Without Salomon This Time«, The New York Times, 5. September 1993.

33 Ebenda.

34 Daniel Schäfer, »Der Schock durch den Fonds der Nobelpreisträger«, Frankfurter Allgemeine Zeitung, 13. März 2008, a.a.O.

35 Alice Schroeder, 2009, a.a.O., S. 902.

36 Interview mit Bill Gates, 2010.

37 Berkshire Hathaway, Annual Report 1996.

38 Berkshire Hathaway, Annual Report 2014, S. 27.

39 Historische Aktienkurse von Berkshire: http://www.macrotrends.net/stocks/charts/BRK_A/prices/berkshire-hth-a-stock-price-history.

40 Andrew Bary, »What's Wrong, Warren?«, Barron's, 27. Dezember 1999, https://www.barrons.com/articles/SB945992010127068546.

41 Ebenda.

42 Kursdaten Nasdaq: https://www.boerse.de/historische-kurse/Nasda.q-100.

43 »Yah.oo! Breezes Through 3Q«, CNN Money, 6. Oktober 1999, http://money.cnn.com/1999/10/06/technology/yahoo/.

44 Jens Meyer, »Dot.com-Sterben geht weiter«, Frankfurter Allgemeine Zeitung, 21. November 2000, http://www.faz.net/aktuell/wirtschaft/netzwelt-dot-com-sterben-geht-weiter-111877.html#void.

45 Kursdaten Nasdaq: https://www.boerse.de/historische-kurse/Nasdaq-100.

KAPITEL 11: KRISENZEITEN

1 David Barstow und Don Van Natta Jr., »Examining the Vote; How Bush Took Florida: Mining the Overseas Absentee Vote«, The New York Times, 15. Juli 2001.

2 Who's Who, George W. Bush, http://www.whoswho.de/bio/george-w-bush.html.

3 »Ich habe keine Ahnung, worum es geht«, Süddeutsche Zeitung, 9. Juli 201, http://www.sueddeutsche.de/politik/donald-rumsfeld-wird-ich-habe-keine-ah.nung-worum-es-geht-1.1056215.

4 Michał Kokot, »In Polen getan, was in den USA verboten war«, Zeit Online, 12. Dezember 2014, http://www.zeit.de/politik/ausland/2014-12/polen-cia-folter-gefaengnis.

5 US-Regie.rung will diesen. Bush-Auftritt vergessen, Die Welt, 1. Mai 2008, https://www.welt.de/politik/article1955064/US-Regierung-will-diesen-Bush-Auftritt-.vergessen.html..

6 Berkshire Hathaway, Annual Report 2000, S. 5f.

7 Berkshire Hathaway, Annual Report 2001.

8 Interview mit Warren Buffett, 2010.

9 Berkshire Hathaway, Annual Report 2001.

10 Alice Schroeder, 2009, a.a.O., S. 981.

11 Berkshire Hathaway, Annual Report 2015, S. 8.

12 »Lange Haft für Enron-Chef«, Zeit Online, 20. Oktober 2006, http://www.zeit.de/online/2006/43/Enron-Urteil.

13 E.nron Fast Facts, CNN, 27. April 2015, https://edition.cnn.com/2013/07/02/us/enron-fast-facts/index.html...

14 The 10 biggest Frauds in Recent U.S. History, Forbes, https://www.forbes.com/pictures/fhjj45eilg/1-enron/#14258b3863dd.

15 Bill Keller, Enron for Dummies, The New York Times, 26. Januar 2002.

16 Bilanztricks biblischen Ausmaßes, Frankfurter Allgemeine Zeitung, 8. Februar 2002, http://www.faz.net/aktuell/wirtschaft/enron-skandal-bilanztricks-biblischen-ausmasses-149354.html..

17 Daten zu Leitzinsen von Macrotrend: http://www.macrotrends.net/2015/fed-funds-rate-historical-ch.art.

18 Stephan Bierling, »Die US-Wirtschaft unter George W. Bu.sh«,. Bundeszentrale für politische Bildung, 20. Oktober 2004, http://www.bpb.de/apuz/28004/die-us-wirtschaft-unter-george.-w-bush.?p=.al.l.

19 Interview mit Warren Buffett, 201.0..

20 Ebe.n.da.

21 Interview mit Warren Buffett un.d Ariane de Rothschild, 2010.

22 Ben Stein, »In Class Warfare, Guess Which Class Is Winning«, The New York Times, 26. November 2006.

23 Martin Morse Wooster, »Warren Buffett: A Wealthy Philanthropist with Some Bad Ideas«, Capital Research Center, 2. November 2011, https://capitalresearch.org/article/warren-buffett-a-wealthy-philanthropist-with-some-bad-ideas/.

24 Sparquote ist die Prozentzahl der Ersparnisse des verfügbaren Einkommens privater Haushalte, Daten der St. Louis Fed, https://fred.stlouisfed.org/series/A072RC1A156N-BEA?show=info&sid=A072RC1A156NBEA.

25 Jonathan Swift, »Lest We Forget: Why We Had A Financial Crisis«, Forbes, 22. November 2011, https://www.forbes.com/sites/stevedenning/2011/11/22/5086/#3e-2aa3e1f92f.

26 Berkshire Hathaway, Annual Report 2004, S. 12.

27 Ebenda.

28 Jia Lynn Yang, »Warren Buffett's happy housing story«, Fortune Magazine, 11. September 2008, http://archive.fortune.com/2008/09/10/news/newsmakers/buffett_clayton.fortune/index.htm?postversion=2008091105.

29 Ebenda.

30 Reuters, »Warren Buffett's Home Builder Denies Charges of Racism«, Fortune Magazine, 1. Mai 2016, http://fortune.com/2016/05/01/warren-buffet-clayton-homes-racism/.

31 Tami Luhby, The black-white economic divide in 5 charts, CNN, 25. November 2015, http://money.cnn.com/2015/11/24/news/economy/blacks-whites-inequality/index.html..

32 Berkshire Hathaway, Annual Report 2002.

33 Ebenda.

34 Margaret Carlson, »A Woman of Substance«, Time Magazine, 23. Juli 2001, http://content.time.com/time/nation/article/0,8599,168576,00.html.

35 Alice Schroeder, 2009, a.a.O., S. 967.

36 Ebenda, S. 1090.

37 Interview mit Bill Gates, 2010.

38 Seth Faison Jr., »Guinness Stake Bought By Berkshire Hathaway«, The New York Times, 25. März, 1992.

39 Berkshire Hathaway, Annual Report 2007, S. 16.

40 Wladimir Struminski, Von Mann zu Mann, Jüdische Allgemeine, 26. Mai 2006, http://www.juedische-allgemeine.de/article/view/id/5931.

41 Aliza Davidovit, »Eitan Wertheimer – the tools to succeed«, lifestylesmagazine.com, http://www.davidovit.com/articles/Wertheimer.pdf.

42 Interview mit Eitan Wertheimer, 2010.

43 Ebenda.

44 Wissenschaftlicher Dienst des Deutschen Bundestags, Verlauf der Finanzkrise, Entstehungsgründe, Verlauf und Gegenmaßnahmen, 11. Mai 2009, S. 13, https://www.bundestag.de/blob/409652/69ed4dc7fa37c7fa3158d8b5ce274584/wd-4-075-09-pdf-data.pdf.

45 Udo Sautter, 2013, Die Geschichte der Vereinigten Staaten von Amerika, S. 610.

46 John V. Duca, Subprime Mortgage Crisis, Federal Reserve History, https://www.federalreservehistory.org/essays/subprime_mortgage_crisis.

47 Wissenschaftlicher Dienst des Deutschen Bundestags, Verlauf der Finanzkrise, Entstehungsgründe, Verlauf und Gegenmaßnahmen, 11. Mai 2009, S. 13, a.a.O.

48 Ebenda.

49 Daten zu Leitzinsen von Macrotrend: http://www.macrotrends.net/2015/fed-funds-rate-historical-chart.

50 Wissenschaftlicher Dienst des Deutschen Bundestags, Verlauf der Finanzkrise, Entstehungsgründe, Verlauf und Gegenmaßnahmen, 11. Mai 2009, a.a.O.

51 James B. Stewart, Peter Eavis, »Revisiting the Lehman Brothers Bailout That Never Was«› The New York Times, 29. September 2014, https://www.nytimes.com/2014/09/30/business/revisiting-the-lehm.an-brothers-bailout-that-never-was.html.

52 »Der Tag, an dem die Wall Street kollabierte«, Spiegel Online, 11. September 2009, http://www.spiegel.de/wirtschaft/unternehmen/15-september-2008-der-tag-an-dem-die-wall-street-kollabierte-a-648261.html.

53 James B. Stewart, Peter Eavis, »Revisiting the Lehman Brothers Bailout That Never Was«, The New York Times, 29. September 2014.

54 »Richard Fuld. Wie der Lehman-Boss .die Welt in Panik versetzte«, Spiegel Online, 21. Dezember 2008, http://www.spiegel.de/wirtschaft/richard-fuld-wie-der-lehman-boss-die-welt-in-panik-versetzte-a-597839.html.

55 Wissenschaftlicher Dienst des Deutschen Bundestags, Verlauf der Finanzkrise, Entstehungsgründe, Verlauf und Gegenmaßnahmen, 11. Mai 2009, a.a.O.

56 Warren Buffett, »Buy American, I do‹, New York Times, 16. Oktober 2008, https://www.nytimes.com/2008/10/17/opinion/17buffett.html.

57 Berkshire Hathaway, Annual Report 2008, S. 3.

58 »Globale Finanz- und Wirtschaftskrise 2008/2009«, 15. November 2017, Bundeszentrale für politische Bildung, http://www.bpb.de/nachschlagen/zahlen-und-fakten/globali.sierung/52584/finanz-und-wirtschaftskrise.

59 Daten des S&P: https://www.finanzen.net/index/S&P_500/Historisch.

60 Berkshire Hathaway, Annual Report 2008, S. 64.

61 Ebenda, S. 3.

62 »Die große Manipulation: Wie Goldman Griechenland in den Euro holte«, Deutsche Wirtschaftsnachrichten, 10. April 2014, https://deutsche-wirtschafts-nachrichten.de/2014/04/10/die-grosse-manipulation-wie-goldman-griechenland-in-den-euro-holte/.

63 Michael J. de la Merced, »Buffett defends Goldman at Berkshire Meeting«, The New York Times, 1. Mai 2010.

KAPITEL 12: UMVERTEILUNG

1 LeMO, Haus der Geschichte, Barack Obama, https://www.hdg.de/lemo/biografie/barack-obama.html..

2 Ebenda.

3 Leonard E. Burman, »The Buffett Rule: Right Goal, Wrong Tool«, The New York Times, 16. April 2012.

4 Martin Morse Wooster, »Warren Buffett: A Wealthy Philanthropist with Some Bad Ideas«, Capital Research Center, 2. November 2011, https://capitalresearch.org/article/warren-buffett-a-wealthy-philanthropist-with-some-bad-ideas/.

5 Andrew Ross Sorkin, »Reflecting on Buffett, Business and Politics«, The New York Times, 7. Mai 2012.

6 Interview mit Charlie Munger, 2010.

7 LeMO, Haus der Geschichte, Barack Obama, a.a.O.

8 »Konjunkturpaket«, Bundeszentrale für politische Bildung, http://www.bpb.de/nachschlagen/lexika/lexikon-der-wirtschaft/19773/konjunkturpaket.

9 Berkshire Hathaway, Annual Report 2008, S. 3.

10 Berkshire Hathaway, Annual Report 2009, S. 16.

11 »Wir haben den Code für Deutschland geknackt«, Handelsblatt, 22. Februar 2015, http://www.handelsblatt.com/finanzen/anlagestrategie/fonds-etf/warren-buffett-kauft-detlev-louis-wir-haben-den-code-fuer-deutschland-geknackt/11406534.html.

12 Ebenda.

13 Berkshire Hathaway, Annual Report 2009, S. 4.

14 Michael J. de la Merced, »Berkshire Bets on U.S. With a Railroad Purchase«, The New York Times, 3. November 2009.

15 https://de.statista.com/statistik/daten/studie/167429/umfrage/haushaltssaldo-von-griechenland/, und https://de.statista.com/statistik/daten/studie/200194/umfrage/wechselkurs-des-euro-gegenueber-dem-us-dollar-seit-2001/.

16 Interview mit Warren Buffett, 2011.

17 Ebenda.

18 Ebenda.

19 Robert Frank, »Warren Buffett is the most charitable billionaire«, CNBC, 21. September 2017, https://www.cnbc.com/2017/09/21/warren-buffett-is-the-most-charitable-billionaire.html.

20 Carol J. Loomis, »A conversation with Warren Buffett«, Fortune Magazine, 25. Juni 2006, http://archive.fortune.com/2006/06/25/magazines/fortune/charity2.fortune/index.htm.

21 Ebenda.

22 Influence Watch, »Susan Thompson Buffett Foundation«, https://www.influencewatch.org/non-profit/susan-thompson-buffett-foundation/.

23 Carol J. Loomis, A conversation with Warren Buffett, a.a.O.

24 Interview mit Warren Buffett, 2010.

25 Ebenda.

26 Warren Buffett, Letter for The Giving Pledge, 2010, https://givingpledge.org/Pledger.aspx?id=177.

27 https://givingpledge.org.

28 Interview mit Warren Buffett, Bill und Melinda Gates, 2010.

29 »Michael Bloomberg gives UN $4.5 million to fight climate change, softening blow from U.S. cuts«, USA Today, 23. April 2018.

30 Winand von Petersdorff, Obamas Bilanz seiner Wirtschaftspolitik, Frankfurter Allgemeine Zeitung, 29. April 2016, http://www.faz.net/aktuell/wirtschaft/wirtschaftspolitik/obamas-bilanz-seiner-wirtschaftspolitik-14207402.html.

31 LeMO, Haus der Geschichte, Barack Obama, https://www.hdg.de/lemo/biografie/barack-obama.html.

32 »Die Tea-Party-Bewegung«, Landeszentrale für politische Bildung Baden-Württemberg, http://www.uswahl.lpb-bw.de/tea-party-bewegung.html.

33 Tami Luhby, »Buffett: A monkey could outperform those who bet on Trump's stock«, CNN, 3. August 2016, http://money.cnn.com/2016/08/03/news/economy/buffett-trump-stock/index.html.

34 Nina Rehfeld, »Lügen als Lebensstil«, faz.net, 21. Januar 2021, https://www.faz.net/aktuell/feuilleton/medien/luegen-als-lebensstil-amerikas-medien-nehmen-abschied-von-donald-trump-17157951.html

35 Stefan Beutelsbacher, Das ist die faire Bilanz von Donald Trump, Welt, 29.Oktober 2020, https://www.welt.de/wirtschaft/article218860626/US-Wahl-Das-ist-die-faire-Bilanz-von-Donald-Trump.html

36 U.S. Bureau of Labor Statistics, Employment by Industry, https://www.bls.gov/charts/employment-situation/employment-levels-by-industry.htm

37 Stefan Beutelsbacher, Das ist die faire Bilanz von Donald Trump, Welt, 29.Oktober 2020, https://www.welt.de/wirtschaft/article218860626/US-Wahl-Das-ist-die-faire-Bilanz-von-Donald-Trump.html

38 Stefan Beutelsbacher, Das ist die faire Bilanz von Donald Trump, Welt, 29.Oktober 2020, https://www.welt.de/wirtschaft/article218860626/US-Wahl-Das-ist-die-faire-Bilanz-von-Donald-Trump.html

39 United States Census Bureau, Income and Poverty in the United States: 2019; https://www.census.gov/data/tables/2020/demo/income-poverty/p60-270.html

40 United States Census Bureau, U.S. International Trade in Goods and Services, 1992 - Present; https://www.census.gov/foreign-trade/statistics/historical/exhibit_history.pdf

41 Stefan Beutelsbacher, Das ist die faire Bilanz von Donald Trump, Welt, 29.Oktober 2020, https://www.welt.de/wirtschaft/article218860626/US-Wahl-Das-ist-die-faire-Bilanz-von-Donald-Trump.html

42 Stephan Bierling, Die Trump-Präsidentschaft: Eine Bilanz; Bundeszentrale für politische Bildung; 23.4.2021; https://www.bpb.de/apuz/USA-2021/331744/die-trump-praesidentschaft-eine-bilanz

43 stk/dpa, Amazon gründet Krankenkasse, Spiegel online, 30. Januar faz.net, 21. Januar 2021, https://www.faz.net/aktuell/feuilleton/medien/luegen-als-lebensstil-amerikas-medien-nehmen-abschied-von-donald-trump-17157951.html 2018, http://www.spiegel.de/wirtschaft/unternehmen/amazon-gruendet-krankenkasse-mit-jp-morgan-und-warren-buffett-a-1190596.html

44 Nathaniel Meyersohn, Warren Buffett says he won't stop doing business with gun owners, CNN, 27. Februar 2018, http://money.cnn.com/2018/02/27/news/companies/warren-buffett-guns/index.html

KAPITEL 13: PANDEMISCHE ZEITEN

1 John Hopkins University, https://coronavirus.jhu.edu/map.html; abgerufen am 12.5.2021

2 10.3.2020, Claus Hulverscheidt, Süddeutsche Zeitung, »Das Coronavirus bringt Trumps Welt ins Wanken« ; https://www.sueddeutsche.de/wirtschaft/trump-wiederwahl-wirtschaft-coronavirus-1.4839024

3 Tobias Dinkelborg, »Vom Leugnen bis zum Horrorszenario: Donald Trumps Aussagen in der Corona-Krise«, Redaktionsnetzwerk Deutschland, 30.03.2020; https://www.rnd.de/politik/vom-leugnen-bis-zum-horrorszenario-donald-trumps-aussagen-in-der-corona-krise-74FNP4BBNBG2JEYCDY54BBQNQ4.html

4 Bureau of Labor Statistics, The Employment Situation — April 2021; https://www.bls.gov/news.release/pdf/empsit.pdf

5 21.12.2020, Peter Mücke, tagesschau.de, Mit Arroganz in die Katastrophe; https://www.tagesschau.de/ausland/corona-usa-169.html

6 11. Februar 2021, Liz Frazier, Forbes, The Coronavirus Crash Of 2020, And The Investing Lesson It Taught Us; https://www.forbes.com/sites/lizfrazierpeck/2021/02/11/the-coronavirus-crash-of-2020-and-the-investing-lesson-it-taught-us/

7 19. Mai 2021, Forbes, Die reichsten Menschen der Welt 2021, https://www.forbes.at/artikel/die-reichsten-menschen-der-welt-2021.html

8 Warren Buffett auf der Hauptversammlung 2021, https://finance.yahoo.com/brklivestream

9 18. Januar 2021, Prof. Dr. Christian Lammert, Bundeszentrale für politische Bildung, Eine US-Wahl für die Geschichtsbücher, https://www.bpb.de/internationales/amerika/usa/325422/eine-us-wahl-fuer-die-geschichtsbuecher

10 6. Januar 2021, Dan Barry and Sheera Frenkel, `Be There. Will Be Wild!': Trump All but Circled the Date, New York Times, https://www.nytimes.com/2021/01/06/us/politics/capitol-mob-trump-supporters.html

11 6. Januar 2021, Dan Barry and Sheera Frenkel, `Be There. Will Be Wild!': Trump All but Circled the Date, New York Times, https://www.nytimes.com/2021/01/06/us/politics/capitol-mob-trump-supporters.html

12 Bundeszentrale für politische Bildung, EU – USA – China: Handelsanteile, 24.7.2017, http://www.bpb.de/nachschlagen/zahlen-und-fakten/europa/135825/handelsanteile

13 Interview mit Warren Buffett, 2010

14 Interview mit Charlie Munger 2010

15 Interview mit Warren Buffett, 2014

16 Bundeszentrale für politische Bildung, EU – USA – China: Handelsanteile, 24.7.2017, http://www.bpb.de/nachschlagen/zahlen-und-fakten/europa/135825/handelsanteile

17 7. Mai 2021, Sebastian Grüner, Aktie von Warren Buffett läuft bei 32 Bit über, golem.de, https://www.golem.de/news/softwarefehler-aktie-von-warren-buffett-laeuft-bei-32-bit-ueber-2105-156342.html

18 Interview mit Charlie Munger 2010

19 Interview mit Warren Buffett, 2014

Wirtschaftsnachrichten endlich verstehen

Gisela Baur

Egal ob im Radio, Fernsehen, in der Zeitung oder im Internet, der Wirtschaftsteil der Nachrichten ist für viele oftmals ein Rätsel. Doch Wirtschaft betrifft uns alle, jeden Tag und jeden Einzelnen. Die grundlegenden Mechanismen unserer Wirtschaft sind zudem gar nicht so schwer zu erfassen, wie Experten gerne behaupten. Dieses Buch bringt endlich den Durchblick. Dafür braucht es weder ein VWL-Studium noch eine Ausbildung zum Börsenanalysten. Gisela Baur, seit Jahrzehnten versierte Finanzjournalistin, hilft weiter, egal ob es um die beste Altersvorsorge, das Außenhandelskonzept der Lieblingspartei oder besonders aussichtsreiche Aktien geht.

320 Seiten | Hardcover | 19,99 € (D) | ISBN 978-3-95972-402-9

Die wichtigsten Lektionen für Investoren und Unternehmer

Die von Warren Buffett verfassten Essays genießen seit mehr als zwei Jahrzehnten Kultstatus. Zusammengestellt und aufbereitet von einem der renommiertesten Experten für Value-Investing, Lawrence A. Cunningham, sind die hier zusammengefassten Briefe von Warren Buffett an seine Aktionäre ein unverklärter Einblick in die Investment-Philosophie des erfolgreichsten Investors aller Zeiten. Die vierte, komplett überarbeitete Ausgabe enthält neue, bisher unveröffentlichte Essays, unter anderem zum 50-jährigen Jubiläum von Berkshire Hathaway (2015) sowie Beiträge von Charlie Munger.

416 Seiten | Hardcover | 34,99 € (D) | ISBN 978-3-95972-003-8

Investieren wie Warren Buffett

Yefei Lu

Warren Buffett ist der Superstar des Kapitalismus und unumstritten der erfolgreichste Investor aller Zeiten. Doch warum eigentlich ist er so erfolgreich? Was sind seine Erfolgsgeheimnisse? Und wie können andere sich diese aneignen? Anhand der 20 wichtigsten Investments von Warren Buffett in Firmen wie Coca-Cola, Washington Post, GEICO, US Air, Wells Fargo und IBM seziert der erfahrene Finanzanalyst Yefei Lu die langfristige Anlagestrategie des Starinvestors. Wie sieht das Timing von Buffett aus? Welches (Insider-) Wissen nutzt er für seine Entscheidungen? Lu arbeitet die Schlüsselfaktoren heraus, mit denen jeder Anleger, unabhängig von seinem Anlageschwerpunkt sowie der Größe und der Ausrichtung des interessanten Unternehmens, nach denselben Kriterien vorgehen kann wie der Erfolgsinvestor.

336 Seiten | Hardcover | 24,99 € (D) | ISBN 978-3-95972-198-1

Charlie Mungers einzigartige Investmentstrategien

Charlie Munger ist visionärer Vizepräsident von Berkshire Hathaway, einem der 20 größten Unternehmen der USA. Doch noch mehr ist er Warren Buffetts unersetzlicher Geschäftspartner, der über Jahrzehnte besser abgeschnitten hat als der Markt. Munger ist davon überzeugt, dass Sie als Investor dasselbe schaffen können. Seine Lebenserfahrung – ein Bündel interdisziplinärer Denkmodelle aus Wirtschaft, Psychologie und Philosophie – ermöglicht es ihm, Emotionen und Investitionen strikt zu trennen und so die üblichen Fallstricke beim Investieren zu meiden.

256 Seiten | Hardcover | 24,99 € (D) | ISBN 978-3-89879-958-4